Tito Prates
Agatha Christie

UMA BIOGRAFIA DE VERDADES

Copyright© 2022 Tito prates

Todos os direitos dessa edição reservados à editora AVEC.

Nenhuma parte desta publicação poderá ser reproduzida,
seja por meios mecânicos, eletrônicos ou em cópia reprográfica,
sem a autorização prévia da editora.

Editor: Artur Vecchi
Projeto Gráfico e Diagramação: Vitor Coelho
Imagem de capa: The Christie Archive Trust
Imagens internas: Acervo Tito Prates
Design de Capa: Vitor Coelho
Revisão: Mikka Capella

1ª edição, 2022
Impresso no Brasil/ Printed in Brazil

Dados Internacionais de catalogação na Publicação (CIP)
(Câmara Brasileira do Livro, SP, Brasil)

P 912

Prates, Tito

    Agatha Christie : uma biografia de verdades / Tito Prates.
– Porto Alegre : Avec, 2022.

    ISBN 978-85-5447-103-3

    1. Christie, Agatha, 1890 - 1976
    2. Escritoras inglesas – Biografia
    I. Título

CDD 928.21

Índice para catálogo sistemático: 1.Escritoras inglesas – Biografia 928.21 F 475

Ficha catalográfica elaborada por Ana Lúcia Merege — 4667/CRB7

Caixa Postal 7501
CEP 90430-970 — Porto Alegre — RS
📧 contato@aveceditora.com.br
🖱 www.aveceditora.com.br
🐦📷📘 @aveceditora

*Este livro é dedicado às memórias de meu tio,
Almírio Chaves, e Amadeu Júnior, meu amigo e
grande fã de Agatha Christie.*

"Quero assim fazer minha homenagem
Uma simples e pobre poesia aqui está
Escritora muito amada pelo que foi a sua vida
Repleta de verdadeiras emoções e vivida intensamente
Imagino sua humildade mesmo na fama no dia a dia
Destemida em suas lutas sempre fez o que certo lhe parecia
Autobiografia revela tudo isso. Sou sua fã, sua leitora que a ama. "

Maria Inês Menezes

AGRADECIMENTOS

Eu devo agradecer a tantas pessoas pela realização deste trabalho e deste livro que a lista será longa.

Primeiramente a minha família; principalmente minha tia Olga, que me apresentou Agatha Christie, e minha querida tia Zuzú.

A minha família inglesa, que sempre muito cordialmente me recebe e vibra com cada conquista de minha trilha no caminho deste livro: Becca, Rosana, Julian, tia Ditinha, Dú, Gerard e Regina.

A todos aqueles que me suportaram ouvir falar o tempo todo em Agatha Christie e souberam ter paciência com minha paixão.

Aos que me trouxeram material para esta biografia: Marcos Cunha, Angélica Bernardino, Lúcia Cerrone, Karina Sparks e tantos outros.

À Hermine Corvacho, por toda dedicação, empenho, vibração e auxílio com a revisão do texto da versão inglesa deste livro. Mais uma vez, sem você nada disso teria sido possível.

À Comunidade Agatha Christie Brasil, sempre presente na minha lembrança, em cada passo dessa jornada, como espectadores e amigos.

A minha querida amiga Maria Inês Menezes, que, sem saber, causou a troca do nome desta obra. O nome já estava decidido, porém, durante minhas leituras da correspondência entre Agatha Christie e Edmund Cork, acabei me deparando com um acróstico enviado à Dame Agatha por um fã, em que as letras do nome dela eram usadas como iniciais de suas obras. Gostei tanto da brincadeira que propus aos meus amigos da comunidade, querendo ver quem seria o mais original. Maria Inês enviou um lindo acróstico e ainda acrescentou uma terceira estrofe, com as iniciais da palavra "querida". Seu verso, Maria Inês, juntamente com outras demonstrações de arrebatamento e paixão por Agatha Christie de outros fãs, fizeram-me ver que todos seus fãs de verdade a amam do fundo dos seus corações. Por você e por todos os outros, ao ler seu verso rebatizei essa obra Agatha Christie From my Heart.

Ao jovem talento do romance policial brasileiro e meu grande amigo, Victor Bonini, que sempre acreditou nesta obra.

À equipe da Newspaper Library — Colinsdale e da British Library St. Pancras.

À toda a equipe da Universidade de Exeter, Special Collections e Divisão de Suporte a Pesquisa do Bill Douglas Centre — Velha Biblioteca. Especialmente Sue Inskip, Angela Mandrioli, Sue Guy, Michael Rickard and Gemma Poulton, que tão gentilmente me atenderam durante as semanas em que lá estive.

À Mahler, Elizabeth, Lucy e Mathew Prichard, em sua imensa generosidade, cordialidade e hospitalidade ao me receberem em sua residência e me dispensarem tanta atenção na visita ao The Christie Archive — Wales. Como eu disse na ocasião, para mim foi a mesma sensação que Agatha Christie sentiu quando jantou no Palácio de Buckinghan, com a Rainha Elizabeth II; o sonho de qualquer fã de Agatha e o grande momento de realização de uma vida. Espero retribuir à altura.

Agradeço, também, a Mathew Prichard, pela liberação de meu acesso aos documentos da Biblioteca da Universidade de Exeter e da Universidade de Reading.

A Joe Keogh, secretário do The Christie Archive, por sua paciência em tantas questões, pela sua ajuda na preparação de minhas visitas e vibração para o sucesso desta obra. Joe foi a segunda pessoa no mundo a ler o meu livro e o incentivou desde então.

À Lydia Stone, Bethany Fraser-Harding, Annabelle Manix, Christina Macphail, Hillary Strong, Julia Wilde, Sacha Brooks e James Prichard de Agatha Christie Ltd., sempre tão gentis, atenciosos e amigos para qualquer dúvida e solução de problemas durante toda a longa jornada de preparação deste livro.

À Mrs. Caroline Holton, que simpaticamente me recebeu para um chá sem hora marcada e me mostrou documentos e falou sobre sua mãe, Joan Hickson.

A David Suchet, por uma breve entrevista na saída do teatro, orquestrada por Sven W. Pehla.

A John Curran, por toda colaboração em inúmeros e-mails e conversas pessoais.

À incrível comunidade do grupo e página Agatha Christie Brasil, do Facebook, diretamente responsável pelo estímulo inspirador para a realização deste livro. Sem vocês, eu não sou ninguém. Especialmente, à grande mãe de nosso grupo, fundadora e amiga, Mônica Ferreira Santos.

Introdução

Escrever sobre Agatha Christie é um desafio. Sob diversos pontos de vista.

Primeiro, existem diversas biografias escritas sobre ela, fora a sua própria *Autobiografia / An Autobiography*, o livro de memórias de viagem *Desenterrando o Passado / Come Tell Me How You Live* — e alguns livros atribuídos de cunho autobiográfico de Mary Westmacott, pseudônimo de Agatha Christie para obras não ligadas a crime, detecção e mistério. Existem diversos livros de crítica literária, curiosidades, resumo de obras, dicionários de personagens — além de livros de resumo de obras com dicionário de personagem e biografia integrados.

Artigos de jornal, revistas, documentários de TV, *fanfictions*; livros de análise de personagens, de análise da própria Agatha Christie; manuais de contagem de ocorrências, de expressões idiomáticas, de comparação literária, de análise de seus cadernos de rascunho; guias de viagem de viagens a sua adorada terra natal. Estão, a maioria, em língua inglesa, porém alguma coisa só está disponível em francês. A França é, de longe, o país de língua não-inglesa a produzir a maior quantidade de textos sobre a autora. Temos algumas manifestações em alemão, espanhol e português, além de tantas outras. A bibliografia desta obra apresenta mais de cem desses títulos.

Segundo, além das dificuldades numéricas da bibliografia sobre Agatha Christie, há um fato estarrecedor: todas têm algum erro e algumas estão totalmente equivocadas em suas informações. Pior, outras manipulam a realidade para conduzir o leitor a um ponto de vista particular do autor.

Eu mesmo cometi erros em um pequeno guia de viagem pela Inglaterra de Agatha Christie, contando aventuras e um pouco de sua biografia, chamado *Viagem à Terra da Rainha do Crime*.

A própria *Autobiografia*, escrita por Agatha Christie, contém erros de datas, lugares e nomes. Tais imprecisões gerariam ainda mais erros nas demais obras e abririam brechas a especulações sobre se Agatha Christie manipulou ou não os fatos em benefício próprio de sua imagem.

Não vou deixar o leitor ansioso. Sob esse aspecto, asseguro e, durante o texto que se segue, comprovo: Agatha Christie, em sua *Autobiografia*, disse a verdade e tão somente a verdade; com erros de tempo e espaço, mas a verdade.

> *"If anyone writes about my life in the future, I'd rather they got the facts right"*
> **Agatha Christie, para *The Sunday Times* — 27/02/1966.[1]**

Por acaso, vinte dias após meu nascimento, Agatha Christie teve essa entrevista publicada.

Meu projeto de escrever sobre Agatha Christie começou muito cedo, acho que antes mesmo de eu estar na faculdade, o que o coloca há quarenta anos. Na época, eu já havia lido tudo o que ela havia escrito e podia ser encontrado em português.

Com o advento da Internet, viagens e compras internacionais, fui colecionando obras desse universo de livros escritos sobre a vida e obra de Agatha Christie; e meus projetos começaram a malograr. Tudo que eu pensava escrever sobre ela já havia sido feito. Depois de diversas ideias, todas frustradas por alguém já havê-las realizado, abandonei o projeto. Ele ficou esquecido uns bons vinte anos, até que, por volta de 2005, vi-me estimulado novamente a tentar escrever alguma coisa. Os empecilhos da falta de originalidade, porém, continuavam. Hoje eles já não seriam problema, pois, com o conhecimento adquirido, sei que muitas obras sobre Agatha Christie não apresentam nada de originalidade em relação a outras. Algumas ditas "biografias" são somente cópias de outras ou da própria *Autobiografia*. O grande problema é que essas biografias copiadas copiam os erros das biografias originais e, pior, acrescentam ainda mais erros às mesmas. Para o leigo que seja somente mero leitor de Agatha Christie, que, ao acaso, selecione uma dessas biografias rotas para conhecer um pouco mais de sua autora favorita, fica o grande problema de acreditar no que ali se apresenta.

Qualquer biógrafo moderno de Agatha Christie deve entender que escrever sobre ela hoje, além de ter em vista sempre a máxima por ela estipulada — de ser fiel aos fatos e à verdade —, terá que avaliar, pesar, medir e dirimir as informações obtidas para que o compromisso com à vontade de Agatha Christie seja mantido. Esse foi o tema de minha palestra O Desafio

---

1. "Se alguém escrever sobre minha vida no futuro, eu gostaria que citasse os verdadeiros fatos."

de Escrever uma Biografia Original de Agatha Christie, na Universidade de Cambridge, em 2017.

A tarefa se assemelha a de um turista a bordo de um iate, calmamente passeando pelo Pacífico, entre as ilhas da Micronésia e Guam, que resolve dar um mergulho no mar azul-safira em um dia de sol. Depois que ele já está na água, alguém o avisa que ele está nadando exatamente sobre a fossa das Marianas. Ele está sob o maior abismo do nosso planeta, com onze mil metros de profundidade.

Essa analogia serve não somente para se ter uma ideia do trabalho de se encontrar a verdade nos textos produzidos sobre Agatha Christie, mas também para ilustrar o potencial da obra da autora. Você pode pegar um de seus livros e ficar em sua superfície; ou pode mergulhar e analisar cada um e a obra como um todo. Uma coisa é certa: você nunca estará seguro.

O turista pode se afogar com o susto de saber onde está; pode ter uma câimbra nadando e ir parar no fundo do abismo; uma ave, em pleno voo, pode soltar uma pedra que carregava para o ninho e acertar sua cabeça, causando sua morte; ou algum ser espetacular, nunca visto pelo homem, pode emergir das profundezas e tragá-lo para a morte. Esse é o universo dos livros e contos de Agatha Christie; e esse é o universo do que foi escrito sobre ela.

Cabe ao moderno biógrafo de Agatha Christie puxar o folego e mergulhar no trabalho antropológico de buscar, no meio do caos, o que há de verdade no que foi escrito sobre ela, em cada informação obtida, o que é especulação e, o que é pior, o que foi escrito somente e tão somente para ter o nome dela na capa, como sinônimo de sucesso de vendas, visando somente o lucro, independente de um padrão ético nas alegações apresentadas.

Além disso tudo, o moderno biógrafo de Agatha Christie deve ter algumas coisas inéditas e interessantes para causar euforia e delírio nos fãs dela; o que é quase impossível e cada vez mais raro. No meu caso, além da consciência disso tudo, há uma forte admiração por Agatha Christie, como autora e como pessoa. Não me agrada ler coisas desagradáveis sobre ela e, principalmente, mentiras e manipulações dos fatos. Nunca se esqueçam de que esta é uma biografia de um verdadeiro e humilde fã e admirador de Agatha Christie. Apresento a vocês minha tentativa de encarar todos esses desafios e provar minhas teorias. Apresento a vocês: *Agatha Christie — uma biografia de verdades*

Jandira, Brasil, julho de 2022, Tito Prates

Nota Inicial

Como todo ávido leitor que quer começar logo a ler o novo livro cuja história lhe parece atraente, muitas vezes eu abro o livro direto na primeira página do texto.

Peço a você que não o faça com este texto. Para entender esta obra, a leitura da contracapa, da introdução, dos agradecimentos e das primeiras palavras é muito importante para a plena compreensão do texto.

Muito obrigado. Tenha uma boa leitura e uma boa viagem pelo universo da maior escritora de todos os tempos: Agatha Christie.

Agatha

"We never know the whole man, thought sometimes, in quick flashes, we know the true man. I think, myself, that one's memories represent those moments which, insignificant as they may seem, nevethless represent the inner self and oneself as most really oneself."[2]

Agatha Christie

Quem era Agatha Christie?

Não me refiro à pessoa histórica, mas sim ao seu verdadeiro "eu".

Sob esse aspecto, diversas versões nos são apresentadas por seus biógrafos, críticos e afins. Para chegarmos às conclusões verdadeiras, devemos investigar cada preposto apresentado, discernindo entre o que é ou não verdade. Pode parecer uma tarefa impossível, mas não é. Algumas verdades básicas e unânimes nos auxiliam nessa tarefa.

Todos aos autores que escreveram alguma coisa sobre Agatha Christie, gostando ou não dela, todas as pessoas que a conheceram, profissional ou familiarmente, são unânimes em dois pontos que auxiliam a investigação de quem era ela realmente.

Primeiro, todos afirmam que Agatha Christie era uma pessoa tímida ao extremo. Ela mesma nos conta, em sua *Autobiografia*, que era tímida e narra passagens de seu constrangimento com o fato. Vale citar o momento de sua adolescência em que ela nos conta do alívio que sentiu quando uma doença, que nada mais era do que a somatização da consciência de que seria o foco das atenções, fez seu médico declarar que ela não estava em condições físicas de se apresentar em um número musical solo como pianista, em um concerto.

---

2. *Nunca conhecemos a pessoa toda, apesar de algumas vezes, em rápidos flashes, conhecermos o verdadeiro ser. Eu penso que memórias representam esses momentos, nos quais, por mais insignificantes que pareçam, o verdadeiro ser, em si, é representado, muito mais do que a pessoa toda."*

Também temos o fato, por ela relatado — e também por Peter Saunders, em sua autobiografia, *The Mousetrap Man*, de 1972 —, quando, no aniversário de vinte e três anos de *A Ratoeira* — *The Mousetrap*, ela chegou à festa no Savoy sozinha e havia esquecido o convite. O porteiro barrou sua entrada, pois a festa somente abriria para os convidados dali a meia hora e, naquele momento, somente os convidados ligados diretamente à peça tinham permissão de entrar para fotos e brindes. Agatha deu meia volta e foi para o banheiro, incapaz de dizer ao homem que ela era Agatha Christie. A secretária de Peter Saunders, Veredity Hudson, resgatou-a de lá alguns minutos depois, surpresa por tê-la encontrado ali e não na festa. Obviamente todos riram muito quando ela contou o motivo, mas ninguém duvidou de que ela fosse capaz disso.

O outro fato que nos dá uma verdadeira e importante pista do que viria a acontecer na vida de Agalha Christie e não é contestado por nenhum autor, além de nos ser narrado pela própria, é que ela jamais imaginou ser uma escritora e, menos ainda, uma pessoa famosa.

Autor ao lado do Busto de Agatha Christie em Torquay, setembro de 2012

Agatha Miller

Genealogia

A família Miller se originou de um casamento peculiar. Clarissa (Clara) Boehmer[3] era filha de Mary Ann West (Grannie B.). Mary Ann se casou com Frederick Boehmer. Frederick era cerca de vinte anos mais velho do que a esposa. O casal teve cinco filhos em sequência; um morreu na infância. Quando a mãe de Agatha tinha nove anos de idade, seu pai, que era da cavalaria, sofreu uma queda do cavalo e morreu, deixando a avó de Agatha viúva com quatro filhos pequenos; três meninos e Clara.

Quinze dias antes da morte de seu pai, sua tia, irmã de sua mãe, Margaret West, havia se casado com um rico viúvo americano, Nathaniel Frary Miller. Nathaniel, também anos mais velho do que sua segunda esposa, tinha um filho americano de seu primeiro casamento.

Margaret Miller (Auntie-Grannie), em dificuldades financeiras, escreveu a sua irmã recém-viúva, perguntando-lhe se aceitaria que ela cuidasse de um de seus quatro filhos pequenos. Mary Ann, em sua privação e dor, nunca mais se casou, apesar de ter apenas vinte e seis anos quando ficou viúva. Aceitou a proposta e decidiu que Clara, por ser a única menina, deveria ser criada pela tia e ter uma vida melhor, com chances de um bom casamento.

Essa atitude de Mary Ann (Polly) jamais foi totalmente compreendida pela mãe de Agatha. Agatha nos conta que a mãe chorou noites seguidas no seu novo lar, apesar de amar a tia e ser bem tratada pelo tio americano. Além de separada da família, a distância era grande, pois Mary Ann mora-

---

3. Existem três grafias diferentes para o nome da família da mãe de Agatha — Boehmer, Boeckmer e Bohemer; usei o que Agatha usou em sua Autobiografia, o mesmo usado por Janet Morgan, que teve acesso a documentos da família; a diferente grafia de Boehmer e Boeckmer pode ser resultado de uma nacionalização do nome da família para o inglês.

va nas Ilhas Jersey, no canal Inglês, e Margaret em Manchester. Clara teria essa marca por toda sua vida e isso se refletiria diretamente no modo como criou a filha mais nova, Agatha, muito mais do que em seus dois irmãos mais velhos.

Clara e Frederik

Quando Clara tinha por volta de doze anos de idade, o filho americano do marido da tia, chamado Frederick, veio á Inglaterra para uma visita ao pai, Nathaniel.

Um dia, Clara ouviu o jovem de vinte anos falar a sua tia-avó: "Como são lindos os olhos de Clara."

Foi o suficiente. Clara se apaixonou pelo filho do tio e decidiu que um dia se casaria com ele.

Como o jovem morava nos EUA e tinha oito anos a mais do que ela, sua mentalidade romântica e totalmente vitoriana imediatamente começou a criar as mais incríveis fantasias com Frederick Alvah Miller. Em uma delas, ela ficava inválida, sofrendo, resignada, um amor impossível. O filho do tio se casava com uma americana, ficava viúvo, viajava para Inglaterra e se declarava à inválida Clara em seu divã. Dizia que sempre a amara, que queria se casar com ela e cuidar dela para sempre. Uma história muito cheia de lágrimas, doença, dor e angústia; tipicamente vitoriana e representativa do comportamento de Clara e das mulheres da época. As próprias histórias escritas por Clara, li três delas, retratam essa realidade.

O jovem Frederick Miller, por sua vez, começou a fazer comentários entusiasmados sobre Clara a seus amigos. Um deles riu-se e afirmou que Frederick acabaria por se casar com a "irmãzinha". Frederick ficou intrigado com a afirmação, mas seguiu com sua vida. Teve diversas namoradas. Entre elas, uma jovem inglesa, que viria a ser, anos depois, Lady Winston Churchill.

O destino, porém, estava escrito. Voltando à Inglaterra anos depois, encontrou a linda adolescente Clara, filha de sua madrasta. Ele a pediu em casamento. Clara, para sua própria surpresa, recusou o pedido; talvez um reflexo vitoriano automático para testar e apimentar a paixão. Frederick ficou muito decepcionado, mas refez o pedido algum tempo depois e Clara aceitou. Foram felizes para sempre e essa história tem todo o recheio de um excelente romance vitoriano.

Clara se casou aos vinte e quatro anos, em 1878, com Frederick. Logo no primeiro ano do casamento, nasceu sua primeira filha, Margaret Frary Miller (Madge), em 1879. Frederick, que pretendia voltar para Nova York com a família, levou a mulher e a filha para lá, onde nasceu o segundo filho do casal, Louis Montant Miller (Monty). O nome dele era uma homenagem a um grande amigo de seu pai.

Ashfield, Torquay, Devon

O casal voltou à Inglaterra, porém um contratempo nos negócios exigiu que Frederick voltasse imediatamente para Nova York. Ele instruiu Clara a alugar uma casa por um ano na região do Devon inglês que ele tanto gostou e partiu para a América.

Aqui existe uma pequena dúvida.

Clara, procurou a casa na região de Tor Bay Devon, onde Frederick queria, porém comprou uma casa, ao invés de alugá-la. Ela justificou a compra ao surpreso marido, dizendo que a única boa casa na região era aquela, para vender, e que não havia gostado de nenhuma das para alugar. Frederick concordou, achando que Clara havia feito um bom negócio e que a casa poderia ser vendida facilmente com algum lucro, um ano depois, e família se instalou em Ashfield, Barton Road, Torquay[4].

A dúvida que paira no ar é se Clara realmente comprou a casa pelo motivo apresentado ao marido ou com a intenção de não se mudar para os EUA e tentar fazê-lo gostar do padrão de vida inglês e por lá ficar. Clara tinha mais personalidade que Frederick e, por um motivo ou outro que a tenha levado a comprar a casa, o certo é que Frederick, que já havia gostado da região da Riviera inglesa, foi se envolvendo na sociedade local e o casal nunca foi morar na América.

O pai de Agatha se tornou membro do Torbay Yacht Club, que existe até hoje, no alto e de frente para a pequena praia de Beacon Cove e ao lado da Marina de Torbay. Além disso, integrou-se de tal forma à vida social local que foi um dos fundadores do Museu Histórico e de História Natural de Torquay, ao lado de pesquisadores e outros membros da mais alta classe da cidade. Frederick passava suas manhãs no Yacht Club, voltava para casa em um carro de aluguel e, à tarde, podia ou não voltar ao clube.

---

4. A informação sobre a origem do dinheiro para comprar Ashfield pode estar certa ou não. Alguns biógrafos dizem que Clara recebeu uma herança do tio Nathaniel, pai de seu marido, e com ele comprou a casa. Nathaniel morreu em 1898, então Ashfield deveria ter sido comprada depois deste ano, o que sabemos que não aconteceu. A origem do dinheiro pode ter sido o próprio Nathaniel, que cedeu o dinheiro, mas não sua herança.

Torquay

Em sentido horário Marina, Yatch Club, Beacon Cove e Torquay Museum,

As reuniões sociais e jantares na casa da família eram frequentes, dada a sua posição social no local. Frederick era frequentador assíduo dos antiquários locais e gostava de comprar móveis finos. Também era presidente e fundador do Clube de Críquete local, a pouca distância de Ashfield.

A vida familiar era tranquila e pacata. Naquela época, um cavalheiro de posses, como o pai de Agatha, não trabalhava; vivia de suas rendas e as administrava. O problema, porém, era que as rendas de Frederick estavam na América, sendo cuidadas por advogados e procuradores, não por ele próprio.

A família não era rica, o que é muito bem colocado por Laura Thompson, em sua biografia *Agatha Christie An English Mystery*. Viviam bem e tinham tudo o que queriam, porém não tinham inúmeros empregados, um mordomo, nem mesmo cavalos e carruagem próprios, como as famílias de alta classe e renda da época. Ashfield era uma casa grande e confortável, porém estava muito longe de ser uma propriedade com muitos acres de jardim, diversas construções e quartos. Poderíamos atribuir, para os padrões de hoje e da época, um padrão médio para a família.

A família Miller

As afirmações futuras de que Agatha Miller era rica, membro da alta burguesia e só retratava sua própria classe social em seus livros são completamente equivocadas.

O filho, Monty, estudava interno em um colégio, Harrow, como eram os padrões da época. O que não estava para os padrões da época era o fato da irmã mais velha de Agatha, Madge, também estudar em um colégio nesses padrões, em Brighton, colégio Roedean. As jovens eram educadas em casa e preparadas para o casamento, segundo as normas sociais da época, mas Clara pensava que as garotas deveriam ser tão bem educadas quanto os meninos.

Agatha Miller

Agatha Mary Clarissa Miller nasceu em 1890[5], em pleno reinado da Rainha Victória e em plena vigência dos costumes vitorianos da época. As influências de comportamento da avó e da tia-avó, bem como da mãe, que

---

5. Charles Osborne em The Life and Crimes of Agatha Christie erra o nome de Agatha dizendo que ela se chamava Agatha May; inicialmente, atribuí tal erro à digitação, pensando ser totalmente impossível um biógrafo errar o nome correto da pessoa da qual pretende escrever uma biografia; porém me conscientizei de que realmente era um erro do autor quando, na mesma página, linhas abaixo, ele diz que sua irmã se chamava Marjorie, sendo que seu nome verdadeiro era Margaret, apelidada Madge. O mesmo autor, antes da página nove de sua biografia, The Life and Crimes of Agatha Christie — versão revisada, cometeria mais três erros. Matthew Bunson, usando a biografia de Osborne como base, reproduziria o mesmo erro de nome da autora. Algumas fichas catalográficas dos livros de Agatha erram sua data de nascimento como 1891 e algumas contas de sua idade em diversas biografias estão erradas, como em Agatha Christie — Official Centenary Celebration, editada por Lynn Underwood, onde é dito que em 1906 ela tinha dezessete anos.

Linha do Tempo

1880 - 1890

★ 15/09/1890 • Nascimento de Agatha Miller

Athenaum

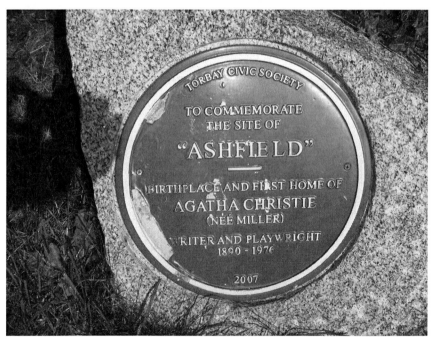
Plaque Ashfield

era eco do comportamento das duas matriarcas, estariam arraigadas nela por muito tempo. Nesse ambiente, nasceu Agatha Miller. Foi batizada na nova igreja de Torquay, All Saints[6], cujo um dos patronos da construção era seu pai, que fizera uma doação em nome do casal Miller e outra no nome da recém-nascida Agatha. Podemos ver o livro com essa doação hoje, no museu de Torquay.

Infância, Nursie e amigos imaginários

Em sua biografia, ela nos conta sua infância feliz, apesar de ser uma criança sozinha.

Os irmãos estavam na escola e poucas crianças costumavam frequentar Ashfield. Sua infância e juventude também serão contadas através dos personagens de *O Retrato/Retrato Inacabado/Unfinished Portrait,* que escreveu anos depois sob o pseudônimo de Mary Westmacott. Falarei desse livro no momento apropriado.

De acordo com os padrões vigentes, as crianças pequenas eram tratadas por uma babá, que, uma vez ao dia, arrumava-as muito bem e as levava para visitar os pais na mesma casa. A babá de Agatha, Nursie — nunca soubemos seu verdadeiro nome[7] —, era uma senhora de idade já bem avançada. Contava histórias para Agatha e a levava a passeios pelo jardim de Ashfield e arredores. Agatha, por não ter ninguém de sua idade por perto, brincava sozinha e, por já ter uma imaginação prodigiosa, criava amigos imaginários, como os Gatinhos e as Meninas. Até mesmo seu canário e seu cachorro se tornavam personagens das histórias de faz de conta que criava e de que participava.

Agatha começa a nos mostrar sua personalidade ao revelar que escutou uma conversa entre Nursie e uma das empregadas da casa. A empregada perguntou a Nursie com quem Agatha brincava, visto ser uma criança sozinha na casa. Nursie disse que ela não tinha problema nenhum com isso, pois brincava com os "Gatinhos" que havia criado em sua imaginação e também se achava uma gatinha.

6. Charles Osborne, em sua biografia de Agatha Christie, diz que ela foi batizada na antiga Igreja de Tor; Mike Holgate, em Agatha Christie True Crimes Inspirations, copia o erro.
7. Em O Gigante/Entre Dois Amores/The Giant's Bread, publicado em 1930, provavelmente escrito no período de 1927 a 1929, há uma passagem onde, surpreso, Vernon, o personagem principal na história, que tem traços da própria biografia de Agatha, descobre que Nursie se chama Sra. Pascal. Isso pode ou não ser exato.

1890 - 1895

O choque de Agatha foi tão grande que, aos sessenta anos, ao começar a escrever sua biografia, ainda se lembrava da sensação de traição por alguém saber seus segredos e revelá-los. Ela não imaginava que Nursie soubesse com quem ela brincava. Aqui nos é revelada outra característica de Agatha Miller. Ela mesmo o admitiria na biografia e mais pessoas lhe diriam, como Madge: "Você parece uma doida, andando por aí e falando sozinha."

Madge disse isso à Agatha quando ela estava escrevendo Styles. Por volta de 1940, Larry Sullivan e a esposa contariam que viram Agatha andando pela piscina deles e falando sozinha. Pouco depois, apareceria *A Mansão Hollow/The Hollow*, em que Agatha pediu desculpas ao casal na dedicatória, por ter usado a piscina deles como cenário do crime.

Agatha diz, quase no fim da biografia, que ainda falava com as "Meninas", que nunca havia deixado de falar. O que ela não imaginava, quando Nursie comentou dos "Gatinhos" com a empregada, era que Nursie sabia disso porque, com certeza, Agatha, como muitos ingleses, já falava sozinha nos primeiros anos de vida.

Seu brinquedo favorito era um arco, como os de bambolê ou que as balizas de bandas, líderes de torcidas e ginastas olímpicas usam. Para Agatha e sua imaginação, o brinquedo podia se transformar em qualquer coisa que ela quisesse.

Outra atividade que muito a interessava era ouvir histórias; fossem contos de fadas, a leitura de livros infantis ou até mesmo histórias que davam medo. Segundo ela, sua mãe era sua contadora de histórias favorita e muitas vezes criava, ela mesma, uma história na hora. Agatha geralmente gostava muito dessas histórias e quando pedia para a mãe contá-las de novo, ela não se lembrava mais.

As leituras que faziam para a pequena Agatha teriam um fator surpreendente e problemático em sua vida. Ela prestava muita atenção às histórias. Como tinha uma habilidade ímpar com associações, começou a olhar sozinha os livros que liam para ela e, com quatro anos, já conseguia ler por simples reconhecimento das palavras. Isso lhe traria problemas, pois, se ela lia, teria muitos para escrever.

Aqui é bom esclarecer um ponto. Como conhecedor de Agatha Christie, durante certo tempo, muitas pessoas me perguntavam se era verdade que ela era disléxica. Essa teoria foi proposta por Ronald Davis e Eldon Braun, no livro *The Gift of Dyslexia*, e publicada como verdadeira. Trata-se, porém, de um equívoco. Por ter aprendido a ler precocemente e sem uma orientação adequada para isso, Agatha reconhecia as palavras, porém soletrá-las era uma dificuldade. Ela só teria algum tipo de educação formal de escrita e leitura por volta dos dez anos de idade ou mais. Essa diferença de tempo entre ler e escrever causariam problemas à futura escritora, mas em momento algum podem ser associados à dislexia. Afinal, Agatha era perfeitamente capaz de escrever suas histórias, poemas e contos ainda na infância.

Madge e a "Irmã Mais Velha"

Um fato que ocorreu nessa época foi seu primeiro episódio de pavor. Agatha brincava com Madge, que fingia ser outra pessoa, chamada "Irmã mais Velha". Madge mudava a voz para uma voz cavernosa e começava a fazer olhares furtivos para a pequena menina. Também criaram uma história de que a "Irmã mais Velha" morava em uma casa na floresta e às vezes vinha visitar a família. A simples menção do nome da "Irmã mais Velha" bastava para provocar calafrios.

Isso era bem compreendido como uma brincadeira, porém um dia, passeando com Nursie pelas redondezas de Ashfield, ela e Agatha estavam colhendo flores do campo e não se aperceberam de estar em um terreno particular. Um homem surgiu e proferiu palavras ameaçadoras em um tom alto. Disse que "cozinharia as duas vivas senão saíssem imediatamente de sua propriedade". A pequena Agatha, que devia ter menos de cinco anos, ficou apavorada. Nursie disse ao homem que não estavam fazendo nada demais, pediu desculpas e saiu dignamente. Agatha, apavorada, puxava Nursie pela mão e queria fugir. Depois, Nursie compreendeu que Agatha havia levado a ameaça a sério e explicou que o homem estava falando figurativamente, mas o susto estava marcado para sempre na pequena.

Em sua *Autobiografia*, Agatha nada comenta sobre seus pesadelos recorrentes terem começado antes ou depois desse fato, mas o tema do sonho é bem semelhante[8]. Em seus pesadelos, que duraram grande parte de sua vida — porém, a partir de 1930, não temos mais referências a eles —, um sonho feliz com a família, Nursie e brincadeiras era subitamente invadido por um homem misterioso. Ele parecia um soldado francês das trincheiras do fim do século XIX, sujo e carregando um rifle. Algumas biografias falam que ele não tinha mãos, mas não há nada dito por Agatha em lugar nenhum. Essa versão é apresentada em um personagem de *O Retrato/O Retrato Inacabado*, que seria a representação do personagem de seu pesadelo. Ele não ameaçava Agatha, nem parecia querer fazer mal a ninguém, apenas a encarava com uma expressão neutra. Algo me faz crer que essa fosse a

---

8. Em O Gigante/Entre Dois Amores/The Giant's Bread, Agatha sugere que os sonhos começaram antes do ocorrido.

expressão que Madge usava quando personificava a "Irmã mais Velha". A história toda me faz acreditar que o pesadelo possa ter se originado do susto que ela levou quando passeava com Nursie.

Agatha chamava seu "Freddie Kruger" de *Gun Man* — Homem da Arma. Ela nos conta que tinha esses pesadelos de tempos em tempos e acordava gritando "O Gun Man, O Gun Man!". Com a idade, o sonho ganhou sutilezas ainda mais apavorantes, pois o Gun Man não mais surgia nos sonhos; apenas alguém querido, com quem ela conversava, ou um convidado do local onde estivesse subitamente assumia somente as afeições e o olhar do Gun Man.

Andrew Norman, em *Agatha Christie — The Finished Portrait*, biografia de Agatha Christie, escrita sob o ponto de vista psiquiátrico, faz um bom estudo desses pesadelos, da "Irmã mais Velha" e do episódio do susto com Nursie, analisando a influência do trauma na vida futura de Agatha Christie.

Aos cinco anos de idade, surpresas e reviravoltas alterariam a vida da pequena Agatha Miller.

O cachorro

Aos cinco anos de idade, ela ganhou seu primeiro cachorro, um filhote[9]. Ao nos contar isso em sua biografia, Agatha nos permite ter mais um vislumbre do problema de sua timidez em sua vida futura. Ela nos conta que, ao ganhar o cachorro do pai, ficou tão feliz e emocionada que não esboçou reação alguma. Agradeceu e saiu de perto de todos. Trancou-se em um cômodo da casa e ficou falando para si mesma que tinha um cachorro, em imensa felicidade.

O pai não entendeu sua atitude e disse para Clara que achava que ela não havia gostado do presente. Clara, em sua enorme compreensão da filha e do mundo, afirmou que ela havia gostado tanto que precisou se isolar para entender a emoção. Era exatamente o que havia acontecido.

A contadora de histórias

Agatha já era capaz de inventar histórias e contá-las às amiguinhas. Uma delas perguntou-lhe, certa vez, de que livro era. Agatha ficou sem jeito de dizer que ela mesma havia inventado. O surpreendente, porém, é sabermos que nessa idade Agatha escreveu sua primeira história. Era um texto sobre

---

9. A tradução brasileira da Nova Fronteira, de 1979, só refeita em 2018 pela L&Pm, contém um erro grosseiro em que the *fifth birthday* — o quinto aniversário, é traduzido como quinze. O pai de Agatha já havia morrido quando ela tinha quinze anos.

ela e Madge, em que uma era a irmã boa e a outra a sanguinária. Acredito que tenha se inspirado em Mary Tudor e Elizabeth I. Ela e Madge encenaram a história para os pais e Frederick riu muito com a apresentação. Outra coisa que chama atenção é que a pequena Agatha já era fascinada por teatro, como podemos ver, e por representação.

A crise financeira

Nessa época, Nursie deixou a família. Agatha ficou meio desconsolada, afinal era Nursie quem lhe mostrava e explicava as coisas do mundo à sua volta. Ela sempre estava por perto e era a segurança da pequena menina.

O pai de Agatha começou a vislumbrar uma crise financeira. O dinheiro na América havia sido mal gerido e a renda necessária ao provento da família começou a se tornar insuficiente.

Essa situação não era nenhuma exceção aos padrões da época. Muitos americanos casados com inglesas e muitas americanas casadas com ingleses, muito mais ricos do que a família de Agatha na época, passaram pela mesma situação e, com a I Guerra Mundial e a quebra da bolsa de Nova York, isso se tornou muito comum.

Como solução, a família resolveu alugar Ashfield, cuja renda seria suficiente para mantê-los em outro país, e viajar para a França. Viveram um ano entre as cidades de Pau, Paris, Dinnard e Guernecy[10]. Na França, Agatha começou a aprender francês, mais uma vez somente de ouvido, sem nenhum cuidado com escrita e leitura. Durante essa viagem, ela nos conta que um de seus principais passatempos era criar e encenar histórias para os pais, acompanhada da babá francesa, Marie, que viveria com a família por três anos.

A família voltou para Ashfield; nessa altura, também a pequena Agatha Miller deveria ser enviada para um colégio. Aqui surge nova dúvida nas intenções de Clara. Ela justifica haver mudado de ideia e achar que crianças não devem ir cedo para a escola, sendo preferível serem educadas em casa, pelos pais e mentores. Clara podia ser tão imprevisível em suas opiniões que isso pode realmente ter sido sua intenção, mas também existe outra justificativa para a súbita mudança — a situação financeira da família. Clara, conhecendo tão bem a pequena Agatha, pode ter tido medo de mandar

---

10. A data exata dessa viagem não é muito precisa, mas tudo indica que foi por volta de 1896, pois, no Jubileu de Diamante da Rainha Vitória, em 1897, Agatha estava lá com a avó e posteriormente nos fala que Marie, a babá francesa, ficou com eles dois ou três anos depois da viagem, mas já não se encontrava com a família quando Frederick morreu. Carol Dommermuth-Costa data essa viagem como sendo em 1899. Em O Retrato — The Unfinished Portrait, de 1934, Agatha diz que os pais de Célia foram, em seguida, para o Egito, tratar da saúde do pai, e deixaram-na com a avó.

a filha para um colégio e ela sofrer o mesmo trauma que sofreu quando foi enviada para morar com a tia. Qualquer desses motivos é válido.

Outro motivo não dito por ninguém, mas que pode ter movido Clara a essa atitude era o fato de Agatha ser considerada "lenta" pela família. Clara e Madge tinham um raciocínio que beirava a velocidade da luz. Já Agatha pensava devagar, não sabia lidar com suas emoções, travava frente a situações de exposição e falava sozinha. Na verdade, Agatha era muito capaz, visto ter aprendido a ler sozinha. Também tinha talento para matemática, pois adorava resolver os problemas de aritmética propostos pelo pai, que era seu mentor na falta de uma escola tradicional. Ela só não era tão rápida como Clara e Madge em seu raciocínio e, como ela mesma nos diria, era até muito mais rápida do que muitas pessoas, mas a irmã e a mãe eram excepcionais.

O retorno à terra natal

Ao voltar à Inglaterra, a saúde do pai de Agatha começou a demonstrar problemas. Monty, na África, onde foi alistado para participar da Guerra dos Boers, começou a dar problemas devido a sua insubordinação e foi julgado por um tribunal de guerra.

Agatha começou a ter suas primeiras "paixões", sempre por jovens muito mais velhos e, preferencialmente, impossíveis, como o coroínha da igreja e um amigo do irmão, doze anos mais velho; também começa a imaginar histórias repletas de doenças e mortes para ela, como a mãe o fez na adolescência, porém Agatha ainda era uma criança.

A rotina da família sofreu nova mudança, revezando-se entre Torquay e Londres, em Ealing, casa da madrasta de Frederick, Auntie Grannie, a tia de Clara que a criou. Essas visitas eram para consultas médicas, visando melhorar a saúde de Frederick. Nesse período, Auntie Grannie costumava levar a pequena Agatha uma ou duas vezes por semana ao teatro, arraigando sua paixão pela dramaturgia.

Com o tempo, Frederick conseguiu alguma melhora, porém as finanças da família estavam ainda piores. Frederick começou a pensar em arranjar um emprego em Londres.

Os primeiros contos

Nessa época, os bondes elétricos chegaram a Ealing e um jornal local publicou um pequeno poema chamado *Os Bondes de Ealing/The Trans of Ealing,* de autoria de Agatha Miller[11].

11. *Carol Dommermuth-Costa data o poema publicado em 1902.*

1896 - 1901

★Primeira publicação

Existe, no The Christie Archive, uma peça de teatro intitulada Antoniette's Mistake, que parece ter sido escrita por Agatha nessa época e nunca foi encenada. A capa é um desenho a mão de criança e o tema remete à Maria Antonieta, de quem Frederick era um grande fã. A peça pode ter sido escrita na temporada francesa de 1895, mas Frederick deve ter auxiliado, em grande parte.

Pouco depois, Frederick deixou a família em Torquay e voltou sozinho para Londres, para uma entrevista de emprego e pegou uma gripe que rapidamente se transformou em uma pneumonia. A família veio de Ashfield para Clara cuidar dele. Frederick Miller morreu em vinte e seis de novembro de 1901. Agatha acabara de completar onze anos de idade.

Desses primeiros anos de vida de Agatha Miller, já vislumbramos uma exímia criadora e contadora de histórias; uma escritora, uma dramaturga, uma criança que gostava de contos de terror e mistério; uma infância rodeada de adultos e seu caráter tímido. Uma inteligência extrema, mas não compreendida pela família; gosto e talento para resolver problemas; certa tendência nervosa um pouco maior do que a natural nos é transmitida pelos sonhos do Gun Man; nenhuma dessas coisas é adquirida ou forçada, é simplesmente a manifestação natural de uma criança em seus talentos e aptidões.

Torquay

Adolescência e Juventude

Agatha Christie nos conta, em sua *Autobiografia*, que depois da partida de Madge, após o casamento com James, começou a segunda parte de sua vida. Ela era ainda uma garotinha, mas a infância havia acabado. Toda a segurança e a completa ausência de preocupação com o dia seguinte, típicas de uma infância saudável, havia sido perdida. Ela não tinha mais uma família, eram apenas ela — ingênua e inexperiente — e sua mãe de meia-idade morando juntas. Nada parecia ter mudado e, ao mesmo tempo, tudo era diferente.

Essa é a melhor ilustração do que seria a vida da pequena Agatha Christie depois da morte de seu pai. Logo de saída, Clara entrou em um estado de depressão profunda, passando dias trancada no quarto escuro e chorando. A família começou a se preocupar, pois ela não reagia nem permitia a si mesma um minuto que não fosse de lamentação. Seu descontrole emocional era tão grande que um dia acabou tendo uma explosão com a própria Agatha. Clara pediu desculpas depois e a filha não a levou a mal, porém o momento ficou gravado para sempre nela como elucidação do estado mental de sua mãe na época.

Para piorar, a mãe pareceu somatizar a depressão e começou a apresentar problemas de coração. Agatha nos conta que, nessa época, desenvolveu o hábito de sair de seu quarto durante a noite e ir escutar atrás da porta se a mãe estava respirando, com medo de que ela tivesse morrido também.

Com o problema de saúde, Madge e a mãe viajam para o Sul da França[12], tentando melhorar a depressão de Clara. Agatha é deixada em Ashfield com as empregadas, talvez por dificuldade financeira, talvez por necessidade de saúde de Clara. Ela não comenta muito sobre o fato, mas acredito que uma criança sozinha, depois da perda de um dos pais na casa em que moravam, não deve ter contribuído em nada para seu desenvolvimento, aumentando a sensação de trauma e luto.

---

12. Carol Dommermuth-Costa diz que Agatha foi com Clara para a França.

Além da dor da perda do amado marido e do fim de seu casamento feliz, Clara enfrentava a realidade de que seria a responsável pela família. Apesar de com seu "jeitinho feminino" guiar Fredrick para fazer todas as suas vontades, o homem da casa era ele, cabendo exclusivamente a ele as responsabilidades de tomar atitudes em relação às finanças e assuntos desse tipo. Ele também era a pessoa que protegia a família e mimava a própria Clara.

O testamenteiro de Frederick veio de Nova York e esclareceu Clara da real situação financeira da família. A renda restante mal daria para cobrir as despesas básicas. A venda de Ashfield parecia ser a única solução possível para a manutenção de Clara e Agatha.

Vale citar, nesse momento, a dúvida sobre a ingenuidade de Clara. Ela tinha consciência, desde o início — apesar de amar Frederick —, do modo de vida do marido e se precaveu de uma tragédia financeira, que um dia poderia acontecer — e aconteceu —, ou foi uma feliz coincidência o fato dela ter comprado a casa e não alugado, como mandara o marido.

Agatha não falou de Monty presente em quaisquer desses momentos. Ela nos conta que, por carta, ele se manifestou veementemente contrário à venda da casa. Agatha, apesar de ser uma criança, pediu muito à mãe que não a vendesse. Madge, que já estava noiva, também tinha a mesma opinião e acreditava que seu noivo não se oporia a dar alguma ajuda à Clara. Clara parecia preferir vender a casa e mudar-se para uma cidade mais agitada, em uma pequena casa de rua, mas seus filhos a convenceram do contrário e Ashfield foi mantida. Cortaram-se empregados, reduziram-se as compras da despensa e o recurso para eventuais viagens ao exterior com o aluguel da propriedade sempre seria possível.

Madge e James

Em setembro de 1902, Madge se casou com James Watts, na pequena igreja de Tor[13]. Agatha foi sua dama de honra e, por um momento, a agitação da festa pareceu ofuscar a dor da morte de Frederick. Também não se falou sobre Monty estar presente nesse casamento.

James Watts era filho de uma colega de escola de Clara, Annie. Madge foi passar uma temporada com a amiga da mãe, que ainda residia em Manchester e conheceu seu filho mais velho, James, que estudava em Oxford e era extremamente tímido. Muito semelhante à Agatha, não sabia demons-

---

13. Charles Osborne diz que Agatha foi batizada na mesma igreja em que Madge se casou. Agatha foi batizada na nova Igreja de All Saints e Madge se casou na velha igreja de Tor.

trar seus sentimentos e se fechava diante de emoções. Ele apaixonou-se por Madge logo que a viu, mas isso fez com que tomasse uma atitude distante em relação a ela. Ela, por sua vez, sempre acostumada a ser o centro das atenções dos rapazes, ficou intrigada com o porquê de James não a tratar como os demais, desconfiando de que ele não gostasse muito dela. Com isso, começou a cobrir James de atenções. Quando voltou para casa, os dois estabeleceram uma correspondência não muito regular. Não demorou muito e James pediu Madge em casamento. Ela aceitou o pedido.

Agatha e os Watts

Agatha gostou de James desde o princípio, pois, além de tímido e com dificuldades de demonstrar emoções como ela mesma, ele era a única pessoa que não a tratava como criança. Seria um amigo para toda a vida, ponderando as tempestades de autoritarismo de Madge com seu bom senso e dando liberdade para os outros tomarem atitudes segundo suas próprias consciências, aliviando o peso das opiniões de sua esposa.

Na ocasião do casamento de Madge, Agatha foi apresentada à irmã mais nova de James, Nancy Watts (Nan). As duas eram o oposto uma da outra e Nan era meio que a ovelha negra da família. Agatha conta que foi alertada para entender os arroubos da irmã do cunhado, suas respostas duras e, às vezes, seus palavrões.

No começo, as duas se estranharam — uma era muito tímida e a outra, muito espalhafatosa —, mas, no final, descobriram gostos em comum e se tornaram amigas para a vida toda. Agatha sempre acreditou na fidelidade da amiga, porém, anos depois da morte de Agatha, apareceram fatos a serem esclarecidos que talvez demonstrassem que Agatha estivesse enganada.

Depois da partida de Madge, Clara e Agatha ficaram a sós na casa. Tinham apenas uma empregada e o jardineiro. A vida não era farta, mas nada lhes faltava. Li em algum lugar uma resenha de algumas linhas da vida de Agatha Christie em que diziam que ela foi muito pobre depois da morte do pai e ela e a mãe jantavam pudim de arroz todos os dias, pois era a única coisa que tinham para comer. Isso não é verdade e não sei de onde tiraram essa informação. Agatha ficou com uma pequena renda da herança do pai, algo em torno de cem libras anuais. Clara recebia trezentas. Esse dinheiro provinha dos juros dos investimentos de Frederick na América, em forma de fundo financeiro. A parte de Agatha, ela revertia para a manutenção das duas e da casa. James ajudava as duas e Monty dava-lhes as despesas.

Monty parece nunca ter tido muito juízo e ter herdado do pai o modo de viver de um cavalheiro vitoriano, porém seu pai tinha recursos para tal, ao passo que Monty nunca se preocupou com eles e desenvolveu gostos ambiciosos e caros para sua vida.

A escola

Nessa época, Agatha começa a frequentar seu primeiro curso regular em uma escola. A vida torna-se uma rotina: viver em Ashfield, ir três vezes por semana à escola, passar os natais em Manchester, com Madge e James, receber a visita das avós ou ir visitá-las em Londres. Ela também se matriculou em um curso de danças de salão, no Atheneaum, em cima do número 43 do The Strand, em Torquay.

A saúde de Clara, apesar de haver melhorado, ainda inspirava cuidados e frequentemente médicos eram consultados na tentativa de uma cura.

O sobrinho

Em 1903, Madge teve seu primeiro e único filho, James (Jack). O fato de Madge estar grávida causou à Agatha um estranho problema de entender como a irmã poderia estar grávida, demonstrando claramente a educação vitoriana das meninas, pois a mesma já tinha treze anos de idade.

O nascimento de seu sobrinho foi uma felicidade e um ponto alto na vida da família, pois finalmente o luto parecia suavizar. Agatha amava o sobrinho e adorava brincar com ele. Ele era uma criança grande e forte. Ela foi sua madrinha "honorária" em seu batismo em Torquay, pois a verdadeira madrinha era de outra cidade e, na última hora, não pôde comparecer. Jack seria um sopro de muita alegria e diversão na vida futura de todos eles.

Paris, canto e piano

Cerca de um ano depois, Clara decidiu que alugar Ashfield e passar o verão na França talvez fosse interessante e aproveitou a ocasião para levar Agatha para Paris, a fim de que ela tivesse mais estudos. Providenciou um pensionato para moças, onde Agatha moraria por cerca de um ano. No final do verão, Clara regressou à Inglaterra e Agatha estava, pela primeira vez em sua vida, sozinha. No começo, ela estranhou e chorou noites seguidas a falta da mãe. Aos poucos, acostumou-se, familiarizou-se com as outras garotas do pensionato e começou uma divertida rotina de estudos e passeios.

Foi em uma dessas ocasiões que presenciou, no Campo de Bagatelle, o brasileiro Santos Dumont fazer o primeiro voo da história em um objeto mais pesado do que o ar. O episódio renderia um comentário jocoso de

Agatha em algum luar, muitos anos depois: "Depois disseram que foram os Irmão Wright, mas eu não vi".

Seus principais objetivos eram as aulas de canto e piano. Agatha era uma médio-soprano de voz muito bela e tocava piano com talento. Ela acreditava que poderia ser uma coisa ou outra, tanto pianista como cantora de ópera, porém duas duras realidades frustrariam seus planos.

Uma cantora de ópera americana, amiga da família, escutou Agatha cantar e, apesar de elogia-lá, determinou o destino da jovem ao constatar que, apesar de bela, a voz de Agatha não tinha força suficiente para o canto lírico. Fechou-se uma de suas portas.

A outra esperança de Agatha, o piano, seria desencorajado por ela mesma. Como já comentei, um concerto dado por diversas pianistas em número solo foi programado e Agatha seria uma delas. Alguns dias antes, Agatha adoeceu misteriosamente. Finalmente, o médico declarou que ela não tinha condições de participar do concerto. Uma vez que isso foi determinado, Agatha ficou boa. Ela mesma teve consciência de que sua doença era o pavor de encarar o público de cima do palco e sua outra porta se fechou.

Max — que viria a ser seu segundo marido — nos disse, em sua biografia, *Mallowan's Memoirs*, que, em família e entre amigos, Agatha tocava piano com maestria e cantava com uma voz maravilhosa, mas jamais se atreveu a fazê-lo perante estranhos.

Não se enganem. Essas duas frustrações não deixaram nenhum trauma ou complexo em Agatha Christie única e simplesmente porque, apesar de seus sonhos de cantar e tocar, nenhuma jovem realmente levava a sério esses projetos. Eram sonhos de adolescência. O que toda jovem ansiava — e era criada para fazer — era o casamento perfeito, o príncipe encantado e o "felizes para sempre".

Agatha terminou seus estudos em Paris por volta de meados 1906[14] e retornou para a Inglaterra, onde começou a ter alguma vida social com as jovens da região; porém, logo no ano seguinte, Clara tomou outra de suas decisões.

A debutante no Egito

Estava na época de Agatha fazer seu "*debut*"[15] na sociedade, porém as finanças da família não permitiam uma cara estadia em Londres, a fim de que Agatha tivesse uma vida social e fosse apresentada aos rapazes da sociedade, visando um bom casamento.

Clara, por sua vez, estava farta dos médicos e seus tratamentos que pouco êxito tinham em melhorar seus problemas. Decidiu que alugar Ashfield

---

14. *Agatha Christie Official Centenary Celebration erra a conta ao dizer que, em 1906, ela tinha dezessete anos.*

15. *Estreia.*

e passar a temporada de bailes no Egito, então colônia inglesa e cheia de rapazes militares e diplomatas da sociedade, era o destino certo para as duas, resolvendo problemas sociais e matrimoniais de Agatha, de saúde de Clara e financeiros das duas.

A temporada na terra dos faraós foi um sucesso e Agatha retornou com Clara à Torquay cheia de novos conhecimentos. Por frequentar as aulas de dança e gostar de dançar, Agatha era, além de boa dançarina, muito bonita. Pouco depois, May, uma amiga americana da mãe, foi morar por um período em Florença, a fim de se recuperar de uma delicada cirurgia de bócio realizada na Suíça, e convidou Agatha para passar um mês com ela.

Logo ao voltar para a Inglaterra, Botton Fletcher, um oficial inglês bem mais velho do que Agatha, fez-lhe a corte e pediu-a em casamento muito rapidamente. Agatha se assustou um pouco com a intempestividade do rapaz e ficou confusa. Podemos ver as fotos dos dois hoje, no Museu de Torquay. Ele, com um bigode Eduardiano muito charmoso para a época, e ela em vestidos com chapéu amarrado embaixo da cabeça, com um lenço. Pela foto, acredito que, se ele não tivesse sido tão incisivo e precipitado, poderia ter tido um bom casamento com Agatha, mas uma foto nada diz e Agatha disse um não aliviado à proposta de casamento.

Os Mallock

Agatha passava seu tempo em Torquay, revezando-se entre peças de teatro, bailes, piqueniques e passeios com as amigas da família Lucy.

A família Mallock era descendente de um membro do parlamento pela região. A casa da família, Cockington Court, e seus arredores, bem como um enorme parque no centro da cidade, é preservada até hoje por um fundo instituído pela própria família, visando a preservação da região como no início do século. Agatha participava de peças de teatro amador nessa casa e podemos ver em alguns livros uma foto sua caracterizada para entrar em cena.

Os primeiros contos

Durante todo esse período, Agatha escreveu poesias — algumas aceitas e publicadas por The Poetry Review — que lhe rendiam um guinéu cada, mas isso não era nenhuma ambição profissional; apenas passatempo e satisfação pessoal, por um trabalho reconhecido e publicado.

Também a carreira de atriz jamais passou por sua cabeça, apesar dela nada dizer sobre isso, pois não era adequado a uma jovem de família.

Agatha teve uma forte gripe e passou algum tempo convalescendo. Naquela época, os médicos recomendavam repouso durante o tempo que durasse a gripe, depois semanas em casa para se recuperar; viviam todos apavorados com a pneumonia, uma vez que, na época, não existiam antibióticos. Por não poder sair de casa e já estar acostumada com uma vida mais dinâmica, ela ficou extremamente entediada.

Clara lhe propôs que escrevesse uma história, já que era boa nisso e a faria passar o tempo. Agatha concordou e, em minutos, a mãe retornou com lápis, canetas e um caderno. Assim nasceu A Casa da Beleza/*The House of Beauty*. Numa rápida sequência, Agatha escreveu O Deus Solitário/*The Loniless God*[16] e O Chamado das Asas/*The Claim of the Wings*. Na verdade, esses não são os primeiros contos de Agatha Miller. Ela já havia escrito alguns contos extremamente vitorianos antes desses, nunca publicados, como uma história romântica em que os personagens são talheres. Ela os enviou a revistas usando pseudônimos masculinos, pois na época não era muito elegante uma jovem escrever.

Madge também escreveu histórias quando tinha a idade de Agatha e algumas foram publicadas pela prestigiada revista Vanity Fair, na sessão *Vain Tales*. Madge sempre usou pseudônimo masculino. Clara talvez tenha estimulado Agatha a escrever alguma coisa a fim de testar a capacidade da filha. Madge desacreditava da capacidade de Agatha de fazer qualquer coisa. Não fica claro se Madge ou Clara usavam a expressão *low brain* ao se referirem à Agatha, mas o certo é que Madge claramente via seus talentos com pouco otimismo e Clara era apreensiva sobre eles.

Jared Cade, em *The Eleven Myssing Days*, apontaria as publicações dos contos de Madge como motivo de inveja e humilhação pela rejeição dos contos de Agatha; no entanto, Madge teve três ou quatro contos publicados, dos muitos que escreveu; Agatha, com onze anos, já tinha um poema publicado e, antes dos dezoito, já havia publicado diversos outros na tão conceituada quanto *Vanity Fair, The Poetry Review*. Madge, quinze anos depois de casada, quando Agatha já tinha diversos contos publicados e três livros, resolveu escrever peças de teatro. De quem seria a inveja, se é que existia? Eu não acredito.

Aprimorando seus conhecimentos musicais e como um passatempo, Agatha também compôs uma valsa chamada Uma Hora Contigo, cuja partitura pode ser vista hoje sobre o seu piano Steinway, na Drawing Room de

---

16. Presente em Enquanto Houver Luz/While the Lights Lasts. O Chamado das Asas/The Claim of the Wings está em A mina de Ouro/The Golden Ball, 1971.

Greenway, onde é tocada em ocasiões especiais. Tive o grande prazer de ouvir John Curran tocá-la quando estive jantando em Greenway com ele e vinte convidados, em setembro de 2014.

Primeiro livro

Entusiasmada com os contos, Agatha escreveu seu primeiro livro, Neve sobre o Deserto/*Snow upon Desert*. Trata-se da história de uma jovem surda e um enorme drama vitoriano, nos melhores padrões das fantasias de Clara, da própria Agatha e dos romances que faziam sucesso na época. O livro é dividido em dois, livro um e livro dois, com um capítulo chamado Intermediário no meio. No primeiro livro, a história se passa na Inglaterra; no segundo, no Egito. Há um naufrágio e o drama se intensifica, inaugurando o melhor estilo Agatha Christie, que seria uma das marcas de sua carreira. O final do livro é surpreendente e espetacular.

Ela nos conta que, ao escrever o livro, viu-se complicada com sua heroína surda. A história ficaria pequena, então ela mesclou com outra história, que tinha na cabeça, e assim nasceu o livro.

Ashfield tinha como vizinho um escritor e dramaturgo famoso, Eden Phillpots. Clara conversou com ele e contou do livro da filha e ele, amavelmente, propôs-se a ler e orientar o trabalho da jovem. Um de seus maiores conselhos a Agatha foi que cortasse as moralizações excessivas do livro e utilizasse bastante os diálogos, pois ela era muito boa neles. Apresentada por ele a seu agente literário, Hughie Mass, Agatha ouviu que seu livro era razoável, mas que não deveria perder tempo tentando transformá-lo em um bom livro. Melhor seria escrever outro.

Agatha escreveu um livro de caráter fantástico e sobrenatural, chamado *Vision*. Em *O Retrato/Retrato Inacabado*, em que Célia, o nome fictício de Agatha no livro, conta que tentou escrever um livro, ela conta que o tema é uma menina com poderes mediúnicos, mas que não tem conhecimento disso. A personagem acaba se envolvendo com um estabelecimento desonesto de leitura de sorte, que trapaceia em sessões espíritas. Ela se apaixona por um rapaz Gaulês e se muda para o país dele, onde coisas estranhas começam a acontecer.

Provavelmente esse é o enredo de *Vision*[17].

Anos depois, o próprio Eden Phillpots escreveria romances policiais usando o pseudônimo de Harrington Hext. Em uma prova de que quem vê cara não vê coração, Clara jamais teria consentido que sua querida filha pisasse na casa desse senhor, pois, muitos anos mais tarde, soube-se de

---

17. *Françoise Rivière em Agatha Christie Duchess de la Mort erra ao dizer que Vision foi o primeiro romance escrito por Agatha.*

sua atração incestuosa pela filha, que sofrera abusos dele na adolescência e nunca mais visitou o pai depois que se casou. Eden Phillpots, com sua cara de fauno (segundo Agatha), casou-se, depois, com uma prima muito mais nova, com quem tivera um caso enquanto sua mulher morria de câncer.

Compromisso

Agatha assumiu um compromisso com o filho de um amigo de seu pai, Winfrie Pirrie. Pelo que ela nos conta, percebe-se que ele é o oposto de Botton Fletcher. O namoro dos dois é mais uma boa amizade e parece não haver pressa em levar-se isso adiante. Um dia, ele telefonou para Agatha e disse que, em uma sessão espírita na qual estava — o Espiritismo começava a ser moda no momento —, um espírito revelou o mapa secreto de uma cidade de ouro na América do Sul. Perguntou a Agatha se ela se importaria muito se ele embarcasse imediatamente para lá, pois tratava-se de uma oportunidade única.

Agatha concordou prontamente e assim ele partiu. Acredito que Agatha tenha ficado, também, aliviada ao perceber o risco que correu de se casar com alguém tão imaginativo.

O desafio

Ao que tudo indica, durante esse namoro com o jovem Pirie, Madge — em uma de suas visitas à Ashfield e vendo os primeiros projetos literários de Agatha terem algum êxito — diz que Agatha não seria capaz de escrever um romance policial; que era muito difícil, que ela mesma tentara e não conseguira. Na hora, Agatha não levou a coisa muito em conta, porém uma semente foi plantada e a história soou meio que como um desafio da irmã.

Por essa época, Agatha foi a um piquenique em Ansteys Cove, uma praia na região de Babbacombe, vizinha à Torquay e a casa dos Lucy, com um jovem chamado Amyas Boston. Ela deve ter deixado alguma boa impressão nele, pois ele lhe deu um broche em formato de elefantinho como lembrança e ela o guardou por toda a vida. Muitos anos depois, ele quis rever Agatha, então com seus sessenta anos. Ela achou melhor que ele mantivesse para sempre a lembrança da jovem de cabelos loiros acobreados, alta, elegante e de lindos olhos azuis; não a decepção de encontrar uma senhora de sessenta anos já fora de forma (sic), em uma demonstração de vaidade tardia.

O irmão de suas inseparáveis amigas Lucy, um jovem militar, retornou de Hong Kong, onde prestava serviço, e foi apresentado a Agatha. Começou

_____ Linha do Tempo

1906 - 1912

Torquay

Busto de
Agatha Christie
em Torquay

a passear com elas e a amiga. Ofereceu-se para melhorar o jogo de golfe de Agatha. Ali, no Torquay Golf Course, ao lado de Ashfield, para a surpresa de Agatha, Reggie Lucy a pediu em casamento. Ele era cerca de dez anos mais velho do que Agatha e podemos vê-lo na foto da *Autobiografia*, em que estão suas irmãs e Agatha patinando no Píer da Princesa.

Agatha aceitou. Foi um pedido tímido. Ele deixou claro que não era nenhum compromisso muito sério e que se aparecesse alguém mais interessante ele entenderia. Ele retornaria para Hong Kong e ainda não tinha uma patente que lhe permitisse se casar. Estava apenas dizendo a Agatha quais eram suas intenções. Ela ficou feliz com o pedido e tudo parecia certo.

Reggie partiu e eles começaram uma intensa troca de correspondência. Clara parecia satisfeita pela filha ter encontrado um bom moço. Agatha continuou com sua vida social, de bailes e passeios, além de continuar estudando dança. Ela era convidada para todos os bailes e era considerada uma excelente dançarina. Na época, a moda era dançar tango e existiam danças mirabolantes, em que o casal subia e descia escadas dançando. Agatha não tinha problema algum com essas peripécias coreográficas.

Quase no final do ano de 1912, Agatha foi convidada para um baile que os Cliffords ofereceram; lorde e *lady* Chudleight, proprietários de Ugbrook House, uma grande casa próxima à Exeter. Esse baile seria para os militares baseados na região. Um amigo de danças de Agatha recomendou que ela procurasse por um jovem amigo seu, excelente dançarino, que estaria nesse baile e escreveu ao amigo, recomendando que dançasse com Agatha, que dançava muito bem.

Assim, em doze de outubro de 1912, Agatha Miller conheceu Archibald Christie — Archie.

Agatha Christie

No início dos anos 1910, o mundo ocidental era uma festa. A economia ia muito bem e o luxo era exuberante. Paris ditava a moda e uma maneira de viver glamourosa e agitada. Os Estados Unidos eram ricos pela exportação de recursos naturais para a Inglaterra e a revolução industrial enchia os bolsos dos ingleses. A vida era uma constante festa, cheia de luxo e sofisticação. As roupas ainda eram muito complicadas e cheias de detalhes, plumas, chapéus e rendas. As damas e os cavalheiros ainda tinham empregados, que os ajudavam a se vestir.

Transatlânticos de alto luxo cruzavam o Oceano Atlântico diariamente, como o malfadado Titanic, que nunca chegou ao fim de sua primeira viagem, o Olimpic, o Lusiânia e outros, que estariam presentes nos livros de Agatha. Os americanos ricos em geral buscavam casamentos com ingleses, visando melhorar seu status social.

Torquay era um badalado balneário inglês, a *Riviera Inglesa,* frequentado pela realeza e pessoas de alta classe, que tinham casas de veraneio na cidade. O Rei Eduardo VII mantinha, perto dos Lucy, uma residência para sua amante. A princesa Louise, irmã do rei, além de frequentar a cidade, lançou a pedra fundamental do Píer da Princesa, no Jardim da Princesa, na cidade.

Isso nada tem a ver com o casamento de Agatha, mas ilustra uma situação mundial que concorreria para a precipitação dos fatos.

Apesar de toda a atividade social, alegria e riqueza, já há alguns anos a ameaça de uma guerra pairava nos ares da Europa. Talvez devido a isso, toda a população vivia com intensidade cada momento, pois a qualquer hora tudo poderia mudar.

***

Agatha se hospedou na casa de amigos da família, para ir ao baile. No dia do baile, não tardou para que encontrasse o amigo de seu parceiro de danças, que havia sido recomendado como um bom dançarino. A primeira impressão de Archie em Agatha foi de um jovem alto, loiro, bonito, com uma "aparência despreocupada de confiança em si mesmo".

Agatha chamava atenção por seu porte em lugares sociais e Archibald não deixou de notá-la. O que talvez mais chamasse a sua atenção em Archie era seu ar de preocupado somente consigo mesmo, sem se preocupar com muitas convenções e costumes. Nada desrespeitoso ou audacioso, tudo dentro dos padrões, mas, ao mesmo tempo, ousado. Sua atitude e determinação em chegar onde queria eram evidentes em seu comportamento, o que fascinaria qualquer garota da época. De quebra, ele ainda tinha o ar do cavaleiro romântico, tão valorizado na época vitoriana e nas histórias que as moças liam, pois era um militar e em um aviador — sua licença de voo era a de número 245! —, sendo o avião o substituto glamouroso do cavalo nessa época e sinônimo de coragem e aventura. Os aviões haviam sido inventados há pouco mais de seis anos e eram considerados máquinas perigosas e fascinantes, como os dragões. Que fama não teria um belo domador desses dragões?

Demonstrando sua atitude diante do mundo, Archie dançou com Agatha e pediu a ela que dance somente com ele o baile todo. Agatha se viu em uma enrascada, pois, ao mesmo tempo em que queria dançar com ele e se sentiu lisonjeada, as regras sociais ditavam que uma jovem não dançasse mais de três vezes com o mesmo rapaz e até uma caderneta, presa por uma pulseira no braço, elas usavam para agendar as danças e seguir a etiqueta. Archie jogou fora a caderneta de danças de Agatha e ela, fascinada e vexada, riu.

O furacão Archie

Agatha voltou para casa e pareceu não dar muita importância ao episódio. Para sua surpresa, semanas depois ela estava praticando dança com seu amigo Max Mellor na casa em frente à Ashfield, quando foi chamada ao telefone por sua mãe[18]. Ela pedia que Agatha voltasse imediatamente, pois um jovem amigo seu havia aparecido inesperadamente para visitá-la.

Agatha não gostou muito da situação, mas ficou curiosa. Ao chegar em casa, encontrou a mãe fazendo sala para a última pessoa no mundo que ela poderia imaginar: Archie.

---

18. O diário de Archie, pesquisado por Janet Morgan, em sua biografia *Agatha Christie — a Biography*, diz que Agatha estava na casa dos Mellors jogando badminton. Em qual versão acreditar? Eu diria que nas duas. Agatha ou Clara devem ter dito isso a Archie, temendo algum mal-entendido, se dissessem que ela estava dançando com Max Mellor.

Linha do Tempo

1912 - 1913

Ele parecia muito sem jeito e aliviado ao vê-la. Para completar o efeito cavaleiro — domador de dragões — e príncipe encantado, veio de Exeter montado em uma motocicleta.

Eles conversaram durante algum tempo, Clara convidou o moço para o jantar, depois ele partiu em sua barulhenta moto. Essas visitas inesperadas aconteceram mais algumas vezes e, finalmente, ele convidou Agatha para um concerto em Exeter. Depois, ela o convidou para o Baile de Ano Novo, no belo Pavilhão de Torquay, hoje em constante disputa entre a prefeitura, que quer demoli-lo, e a sociedade, que quer preservá-lo por sua beleza arquitetônica e interna.

Depois do baile, eles combinaram de se encontrar dali a dois dias, para um concerto em Torquay. De lá, os dois foram para Ashfield e Agatha foi tocar piano. Archie estava estranho, inquieto, mas Agatha não imaginava por quê. Subitamente, ele a pediu em casamento.

Ela recusou, dizendo que já era noiva e que não seria possível. Archie descartou seu noivado com um gesto de mão. Aquilo era só um detalhe, ele queria se casar com ela e ela romperia o noivado e se casaria com ele. Agatha, depois de hesitar um pouco meramente por convenções sociais, aceitou o pedido do intempestivo Archie Christie.

Clara ficou meio chocada e preocupada com a notícia. Não que não gostasse de Archibald, mas sua intempestividade e modo direto de ser a assustavam e ela previu que um dia isso poderia causar problemas a Agatha. Archie era de boa família, um ano mais velho do que Agatha, muito jovem como ela, filho da viúva de um juiz civil na Índia, ainda com uma baixa patente militar, que não lhe permitia sustentar uma família. Um sonho aventureiro de aviador, com sua aura de encanto.

Algum tempo depois, Agatha escreveu para Reggie Lucy, acabando o compromisso com ele. O coitado e seu pedido tímido jamais tiveram chances contra o furacão Archie.

Gwen Robbins, em sua biografia *The Mystery of Agatha Christie*, questionaria o comportamento de Agatha de, apesar de noiva de Reggie Lucy, continuar sua vida social como antes. Ora, o próprio Reggie Lucy deixara claro que apenas estava avisando Agatha de suas intenções para com ela e praticamente deixou o terreno aberto para qualquer um que fosse mais incisivo ou interessante do que ele, ao dizer que, se aparecesse alguém, ele entenderia. Uma atitude típica de um cavalheiro, mas também de alguém com muito pouca firmeza de atitude. Na verdade, o questionamento de Gwen Robbins nada mais é do que sua indisfarçável acidez para com a família de Agatha Christie, que lhe negou acesso aos documentos e informações de Agatha para que ela escrevesse sua biografia pouco depois de sua morte, pois a própria *Autobiografia* seria lançada naquele ano.

A guerra

O ano de 1913 passou com encontros com Archie, cartas e, em algum momento, devido aos rumores de guerra, Agatha se inscreveu em um curso de primeiros socorros e enfermagem.

Durante o ano, a firma americana responsável pelos investimentos das duas faliu. Novamente, a única saída parecia ser vender Ashfield, porém os proprietários da firma escreveram a Clara e comunicaram que manteriam sua renda anual, o que acabou, mais uma vez, evitando a venda da casa.

Clara descobriu, nessa época, que estava com catarata e, por alguma complicação — acredito que o comprometimento cardíaco de anos antes —, não seria possível uma cirurgia. A progressão da doença poderia ser lenta ou não, tudo dependeria do tempo.

Essas inseguranças todas frustravam o jovem casal e o casamento parecia cada vez mais distante. No meio disso tudo, mais um fato ocorreu para complicar as coisas: a Inglaterra declarou guerra à Alemanha, em meados de 1914, e iniciou-se a Grande Guerra, assim chamada até 1938, quando foi declarada a II Guerra Mundial. A divisão aérea de Archie foi uma das primeiras a ser despachada para a França e ele e Agatha ficariam seis meses sem se ver.

Agatha ingressa no Bristish Civil Red Cross Vountiers e vai trabalhar no hospital local. Começou como assistente de enfermeira, fazendo faxina e lavando metais, porém grande parte das moças e senhoras que se inscreveram no serviço não suportou a carga e os afazeres. Em cinco dias, Agatha foi promovida a enfermeira. Ela não tinha problema nenhum com o ofício e até gostava da profissão. Chegou a cogitar adotá-la depois da guerra, caso não se casasse.

O casamento

Próximo ao Natal, Archie conseguiu uma licença de três dias e Agatha foi com Clara para Londres encontrá-lo. Clara regressou à Torquay e Agatha foi com Archie visitar a mãe e o padrasto dele, em Bristol. Na noite do dia vinte e três de dezembro de 1914[19], Archie entrou no quarto de Agatha e lhe disse que não podia mais esperar. Queria se casar com ela no dia seguinte. Ao invés de rejeitar a ideia, Agatha começou a discutir com ele como seria possível realizar esse casamento às pressas. Depois de pensarem, descobriram uma maneira e passaram a ação no dia seguinte, logo cedo.

---

19. Carol Dommermuth-Costa erra ao datar o casamento em 1915.

Pavillion

Grand Hotel de Torquay e Suite Agatha Christie

Peg, a mãe de Archie, fez uma cena, trancou-se no quarto e continuou seu escândalo. O padastro de Archie apoiou-os incondicionalmente, dizendo que não ligassem para a esposa e fizessem o que tinham que fazer.

Perto da hora do almoço, Agatha, com uma roupa surrada, sem nem mesmo lavar o rosto, casou-se com Archie, na Igreja da Paróquia de Emanuel. O organista, que estava ensaiando, tocou a Marcha Nupcial para eles e uma conhecida sua, Yvonne Bush, foi como uma das testemunhas. Agatha nos conta que Yvonne Bush estava passando pelo local e foi arrastada por eles para dentro da igreja, para ser testemunha do casamento. No registro de casamento da Agatha, consta que o padrasto de Archie foi testemunha também, segundo pesquisa de Gwen Robbins.

Gwen Robbins cita, em seu livro, uma colega de pensionato de Paris, Dorothy Hamilton Johnston, como tendo sida "convidada" para o casamento. No entanto, ao descrever o casamento, Gwen Robbins diz que ele foi realizado às pressas em Bristol, o que pode ter sido um truque para que o mesmo não fosse realizado próximo à Clara, que poderia se opor; ou, realmente, era mais um dos casamentos relâmpago de guerra, que se tornaram comuns nessas épocas.

Como Agatha poderia ter convidado alguém, se nem mesmo ela sabia que se casaria naquele dia? Trata-se do começo da manipulação da verdade, na biografia ressentida de Gwen Robbins e sua forma de tentar embasar com alguma credibilidade as testemunhas que consultou para saber a história através de observadores distantes da vida de Agatha Christie.

Terminado o casamento, o casal reservou a um quarto no Grand Hotel de Torquay, ao lado da estação ferroviária da cidade e embarcou para passar o dia de Natal com Madge e Clara. Agatha telefonou à Ashfield da estação, preocupada com a reação da mãe e ficou aliviada quando Madge atendeu ao telefone. Assim, ela poderia dar a notícia com calma à Clara. Acredito que, depois, Agatha se arrependeu de seu alívio, pois Madge aprontou um drama ao telefone, ao saber do casamento. Eles chegaram de trem, por volta da meia-noite e foram para o hotel.

Hoje, existe uma suíte de lua de mel de Agatha Christie no Grand Hotel Torquay, com um papel de parede imitando uma biblioteca, retratos de um casal parecido com Agatha e Archie, retratos da própria Agatha e de seus livros e peças de teatro nas estantes. Os móveis pesados e perfeitamente conservados ainda se encontram lá, apesar de todo o hotel ter sido modernizado e não se saber ao certo em qual quarto ela dormiu.

Agatha voltou no dia seguinte à Londres com Archie, para despedir-se dele, que embarcou novamente para a França e para a guerra. Voltariam a se encontrar somente seis meses depois, em meados de 1915.

Agatha retornou a seu serviço como enfermeira de hospital e sua rotina como casada pouco mudou, continuando a viver onde sempre viveu, com sua mãe.

A única alteração da rotina da vida das duas foi que Auntie Grannie começou a ficar com a visão muito comprometida, quase cega, e teve que se mudar para Ashfield por não poder mais morar sozinha. Se isso foi um problema devido aos hábitos da idade e de quem morava sozinho por muito tempo, adquiridos por Margaret Miller, por outro lado foi certo alívio financeiro. Antes da falência da firma americana que cuidava do dinheiro deixado por Nathaniel e Frederick Miller, o procurador de Margaret, mais consciente, aconselhou-a a tirar todo seu capital de lá e investir em outras empresas, o que preservou o capital e a renda de Auntie Grannie, além do dinheiro da venda da casa de Ealing.

Uma entrevista gravada para o Arquivo de Voz do Museu da Guerra — três gravações de quinze minutos — nos dá uma noção de como foi a vida de Agatha no hospital. Foi gravada em vinte e seis de outubro de 1974. Agatha contou à entrevistadora que se preparou para suas atividades lendo livros de bons médicos e trivialidades do dia a dia, como escrever cartas para as namoradas de um oficial ferido. Ingressou no Serviço de Voluntárias, assim como outras jovens, pois seu noivo estava na guerra e ela simplesmente precisava fazer alguma coisa para ajudar. Ela generalizou que os oficiais costumavam ter três namoradas. A entrevistadora, muito chata, queria saber detalhes de coisas sanguinárias, como se Agatha tivesse participado de amputações e outras coisas. Agatha desconsiderou as perguntas, até se irritar e dizer que era lógico que sim, ali era um hospital de guerra e isso era mais ou menos óbvio. Narrou, ainda, o episódio da tristeza de um oficial, que morreu com tétano, porém a rotina era: "todo dia morria alguém". Ela disse que sua avó não gostava que ela fosse enfermeira.

O ponto alto da entrevista foi quando ela revelou que, muitos anos depois, quando já era famosa como escritora, recebeu uma carta de um dos pacientes, agradecendo as horas que ela passara ao seu lado, no hospital. Não se lembrava do nome dele. As gravações dizem respeito às duas Guerras, porém na Segunda Guerra Agatha ficou quase todo o tempo no dispensário e não como enfermeira, portanto deduzo que essa informação provém da época da Primeira Guerra, bem como a maior parte do conteúdo das gravações. Quando fiz minhas pesquisas, o Emperial War Museum estava em reforma e o acesso às gravações era feito por requerimento. Hoje estão disponíveis para o público.

Pouco depois do reencontro com Archie, por três dias, em 1915, Agatha pegou uma forte gripe e foi obrigada a se afastar por um mês do hospital.

Linha do Tempo

1915

Agatha se engana em alguns meses na *Autobiografia*, o que pode levar a entender que Styles começou a ser escrito mais cedo. Ao regressar ao serviço, haviam aberto um dispensário, nada mais do que uma farmácia de manipulação de remédios, pois, na época, eles eram misturados de acordo com fórmulas prescritas pelos médicos e não comprados prontos, como hoje em dia. Agatha se inscreve em um curso preparatório e vai para esse setor. Por quase dois anos, ela não veria Archie.

Styles

Casada, mas vivendo a rotina que sempre tivera, longe das ocasiões sociais, suprimidas pela guerra e pelo casamento, Agatha, aproveitando as horas longas, solitárias e sem serviço no dispensário, decidiu escrever o romance policial que Madge lhe havia desafiado.

Quando estava no meio do livro, as idas e vindas do dispensário, as obrigações do dia a dia e a rotina de trabalho, bem como um ambiente não muito sossegado em Ashfield devido à tia-avó estar morando com elas, quase cega e apresentando sinais de senilidade — esse último fato não é mencionado por Agatha, mas facilmente dedutível pela realidade que se nos apresenta —, ela começou a se perder e a escrita ficou difícil. Clara sugeriu que ela usasse as férias que podia tirar e fosse para algum lugar, ficar sossegada e terminar o livro. Agatha ficou cerca de dez dias no Moorland Hotel, próximo de Torquay e terminou *O Misterioso Caso de Styles*.

Ela nos conta que se inspirou nos refugiados belgas asilados pela Inglaterra na região de Torquay para criar Poirot. A aparência e o maneirismo de Poirot foram inventados por ela mesma. O nome Hercule veio do herói mitológico, completamente oposto na aparência física ao pequeno dandy cabeça de ovo e bigodudo que ela criou, porém gigante como ele no ego.

Recentemente, descobriram a foto de um dos exilados belgas que viveu na região de Torquay durante a Grande Guerra e disseram que foi a fonte de inspiração de Poirot, porém a própria Agatha, sem saber dessa "descoberta" duvidosa do futuro, revelou que "viu" Poirot somente uma vez em sua vida, em um trem e que o desenho de 1922, feito para a capa da série de jornal Poirot Investiga, depois capa do livro homônimo por sua exigência, foram as coisas mais próximas que viu em vida de seu herói imaginário.

As gravações do Museu da Guerra nos dão uma pista de que talvez a cena da morte da Sra. Inglethorpe possa ter sida imaginada pelas convulsões da morte por tétano que Agatha Christie presenciara no hospital. Aliás, para quem diz que Agatha Christie não gostava de mortes violentas, acredito que essa cena seja muito pior do que a da morte de Simeon Lee, pois, em Styles, todos assistem à agonia.

O livro tem ainda as características primitivas da autora, tendo uma história romântica paralela; o recurso seria usado ainda muitas vezes em sua carreira e é um dos diferenciais dela em relação aos outros autores do gênero.

A teatralidade presente em alguns pontos nos remete diretamente à Cockinton Court, a residência dos Mallock, onde ela participava de peças de teatro amador; muito provavelmente, eles tinham um baú de fantasias no sótão, se na própria Ashfield não houvesse, pois Agatha nos conta que faziam jantares especiais em que se fantasiavam. Isso também era um passatempo comum e divertido da época, comum em diversas famílias e muito bem retratado pela personagem Sibyl, na série de televisão Downton Abbey.

Agatha deslocou a cena da ação para Essex, porém há nítidos indícios de Torquay no livro; recurso que também usaria muitas vezes: seu cenário habitual, com outros nomes. Entre esses pontos, podemos destacar a localização do Hospital de Torquay, a localização da casa de Poirot, a trilha lateral à Cockington Lane, Cockington Court, Ashfield, a estação de trem de Torre e Torre Abbey.

Agatha criou Styles Court, em Styles St. Mary. Ela ficava há meia distância do hospital onde trabalha Cynthia Murdock, no dispensário; Ashfield fica a meia distância do Hospital de Torbay, onde Agatha trabalhou na guerra, no dispensário.

Poirot mora em Leastways Cottage, perto dos portões de um parque, ao qual se chega por uma trilha; se seguirmos a trilha que passa pelo vale de Cockington, ao lado da Cockington Lane sinuosa e mais longa, hoje asfaltada, chegaremos à aldeia de Cockington e ao belo parque à volta de Cockington Court, a propriedade dos Mallock, onde existem alguns *cottages* próximos aos portões e o caminho feito por Hastings para buscar Poirot no dia do assassinato também. O termo "aldeia" está muito presente no livro todo e até hoje Cockington é conhecida como "aldeia".

Hastings nos fala que a casa dos Belgas ficava na aldeia, perto dos portões do parque. Existia um atalho mais rápido no meio do mato alto que margeava o caminho sinuoso; também conta que desembarcou em uma pequena estação de trens; a pequena estação de Torre fica no meio do caminho entre Ashfield e Cockington Court.

Abbey Farm, onde mora a senhora Reikes, fica a duas milhas do local; Torre Abbey fica próxima de Ashfield.

Venenos

Usando seus conhecimentos farmacêuticos e químicos, aprendidos no dispensário e em seu curso preparatório, Agatha Christie usaria o veneno como arma com toda a propriedade de conhecedora científica do assunto. Sua habilidade no tema renderia artigos de jornais especializados elogiando sua técnica, bem como, em 1993, o livro *The Poisons Pen of Agatha Christie*, de Michael Gerald, professor de Farmacologia da Universidade da Pensilvânia. Em 2015, Kathryn Harkup lançou um livro intitulado *A is for Arsenic — The poisons of Agatha Christie*, também explorando o tema. O livro foi publicado no Brasil em 2020, com o título *Dicionário de Venenos de Agatha Christie*.

Usando muito o diálogo, como estimulada por Eden Phillipots, e em um ambiente bem conhecido por ela, Agatha criou seu primeiro livro.

Pelas referências indiretas de tempo, seis meses depois do casamento e a forte gripe, concluímos que Agatha começou o livro em meados 1915. A data em que o terminou é estimada em meados de 1916. Laura Thompson, em *Agatha Christie An English Mystery*, analisando os diários de Archie, verificou que a data exata do encontro dos dois foi em outubro de 1915 e o livro ainda não havia sido começado. Portanto, ele deve ter se iniciado no final de 1915 ou mesmo no começo de 1916.

Não há nenhuma referência ao ano em que a história se passa, sendo necessário nós nos basearmos em fatos históricos para localizá-la; porém, em *Cai o Pano/Curtain*, publicado em 1975, mas escrito durante a Segunda Guerra Mundial, mais uma vez Hastings nos daria a solução, mais de cinquenta anos depois, ao se indagar, logo na primeira frase do livro, há quanto tempo havia feito aquela viagem pela primeira vez. Autoquestionando-se sobre suas emoções e sensações na época, ele declara, ainda no primeiro parágrafo, que tudo parecera sem esperanças para ele em **1916**.

Gwen Robbins em *The Mystery of Agatha Christie*, dá a entender que o livro foi escrito todo no Moorland Hotel, sem citar o dispensário. Ela também afirma que, no Imperial Museum of War, existe meia dúzia de tapes de Agatha, com depoimentos colhidos em Wallingford, de pouca importância a não ser pelas histórias de Agatha, divertidas somente para ela mesma, sobre o hospital durante a guerra. Em seguida, no tom ranheta que adota logo no prefácio de seu livrinho, reclama mais uma vez que teve o acesso a esses tapes negado pela família.

Primeiro: são três tapes e não meia dúzia; segundo: se ela não os ouviu, como sabe o teor das gravações? Terceiro e, pior: Agatha conta algumas his-

Torquay Hospital

Leastways Cottage

Cockington

Acima: cinco fotos diversas em Elezelles
À esquerda: concurso de contos em Ellezelles

tórias divertidas, presentes na *Autobiografia*, sim, e engraçadas para todos que gostam dela; porém o episódio da morte do soldado por tétano, também presente na *Autobiografia*, se já é triste no livro, narrado por Agatha e seguido da frase: "Morria gente todos os dias", dá um tom de dramaticidade extrema ao depoimento desprezado de valor por despeito e desconhecimento de conteúdo de Gwen Robbins.

The Agatha Christie Companion, de Dennis Sanders & Len Lovallo, diz que o livro foi iniciado em casa e terminado no Moorland Hotel. Susan Rowland, em *From Agatha Christie to Ruth Rendell,* diz que o livro foi escrito por motivos financeiros — talvez no intuito de forçar sua teoria de que as seis autoras analisadas na obra tiveram muitos pontos em comum. Anne Hart, em *The Life and Times of Hercule Poirot*, erra ao dizer que ele nasceu em Bruxelas; algumas fontes citam Spa como seu local de nascimento, porém em *Os Quatro Grandes/The Big Four*, Hastings viaja para um local próximo a Ardernnes e Spa, onde viveria o irmão de Poirot, dando a entender que ele lá nasceu, mas não existe nenhuma referência direta a qualquer local. Em 1980, a cidade de Ellezelles, baseada em registros antigos, descobriu uma família Poirot que lá morava e instituiu-se a cidade natal do belga cabeça de ovo, datando seu nascimento para um de abril (!) de 1850. Hoje existe lá uma estátua do personagem. David Suchet a visitou em 2013 e acabou-se aceitando-a como o berço de Hercule Poirot. Fiz uma pitoresca excursão a pé, em uma gélida e azul manhã de janeiro, da parada do ônibus até a cidadezinha, caminhando entre ovelhas, para conhecer a estátua e a capital do folclore belga.

Agatha mandou datilografar o livro e o enviou para Hodder & Stoughton editores, que o devolveram, recusando-o. Era o que Agatha esperava que fosse acontecer; mesmo assim, enviou o livro a outro editor.

Em 1917, Archie teve nova licença e os dois se reencontraram. Agatha, em sua *Autobiografia*, diz que foram a New Forest, porém o diário de Archie mostra que eles foram para lá no encontro de 1915. A *Autobiografia* tem alguns erros de segunda mão, pois devemos lembrar que ela foi ditada e gravada em um ditafone e não escrita diretamente por Agatha. Ouvindo a gravação e lendo o texto, algumas confusões do ditado induzem quem transcreveu as gravações a erros e esse pode ter sido um deles.

Archie leu o livro e gostou. Sugeriu que Agatha o encaminhesse para um editor conhecido seu. O livro não foi aceito novamente e Agatha esqueceu-o, pois, pouco tempo depois, Archie foi desmobilizado da Guerra e enviado para um cargo no Ministério da Aeronáutica, em Londres. Ela teve que descobrir um lugar eles para morarem.

Como a renda dos dois ainda era pequena, o que puderam conseguir foi o terceiro andar de uma pequena casa em St. John's Wood, localizada em

Linha do Tempo

1916-1918

5, Northwick Terrace. Em sua biografia, Agatha diz que a casa foi demolida e seu erro é copiado por Charles Osborne, em *The Life and Crimes of Agatha Christie*. Na verdade, os dois endereços seguintes em que Archie e Agatha moraram em Londres, já com a filha Rosalind, em Addison Maisons, é que foi demolido. A casa de tijolos marrons e janelas brancas de 5, Northwick Terrace, próxima à Edgware Road, continua lá e eu a visitei em setembro de 2012.

Anos mais tarde, em *Um Corpo na Biblioteca/The Body in the Library*, uma fofoca da Sra. Price Riddle sobre o Coronel Bantry nos mostraria a má fama do bairro onde Agatha e Archie foram morar, quando uma velha fofoqueira conta, muito maliciosa, que o Coronel devia estar fazendo algo ilícito ao pedir ao motorista do táxi que o levasse a St. John Woods; em seguida, a fofoqueira arregala os olhos de maneira sugestiva e declara que isso prova tudo sobre a má fama do Coronel.

Começava assim, de verdade, a vida de casada de Agatha Christie.

Nortwick Terrace

Uma Breve História do Romance Policial

Este capítulo tem por objetivo situar a importância, o espaço e o tempo da obra de Agatha Christie no universo do romance policial.

Antes de começar, devemos fazer uma distinção. Existem, atualmente, diversas correntes do romance de mistério, do qual o romance policial se originou. Quando Agatha Christie começou a escrever, tínhamos o romance de terror e o romance policial. Depois apareceram os romances policiais americanos (Noir) e os romances de suspense psicológico. Inicialmente, os autores transitavam entre esses temas, porém, com o tempo, acabaram, cada um, especializando-se em um único.

Agatha Christie era uma escritora de romances policiais. A afirmação é verdadeira, porém, sem levar em conta os livros escritos sob o pseudônimo de Mary Westmacott, devemos entender que Agatha também fez suas aventuras em outros temas. Ela escreveu contos de terror, como A Boneca da Modista/*The Dressmaker Doll*, seu melhor no meu conceito; livros de aventura e suspense, como O Homem do Terno Marrom/*The Man in the Brown Suit*; livros beirando o suspense psicológico, como Noite sem Fim/*Endless Night* e aventuras de mistério internacional, como Passageiro para Frankfurt/*Passenger to Frankfurt,* Um Destino Ignorado/*Destination Unknown* e Os Quatro Grandes/ *The Big Four.*

***

1841 — O romance policial nasceu com Edgard Allan Poe, com a publicação da história Os Crimes da Rua Morgue — *The Murders in the Rue Morgue*, pelo *Graham's Magazine*. Poe escreveu apenas cinco contos desse tipo, mas o principal diferencial em relação ao romance de terror ou mistério, que fez surgir o romance policial, foi a presença de um investigador — Auguste Dupin — e de um problema que ele deveria investigar. Mesmo não tendo um assassino ainda, Os Crimes da Rua Morgue foram, juntamente com os outros quatro contos que Poe publicou em cinco anos seguidos, o momento em que o gênero fez sua primeira aparição.

Coincidentemente ou não, juntamente com Auguste Dupin nasceu seu assistente narrador, menos privilegiado intelectualmente, que seria, depois, copiado nos modelos de diversos autores, inclusive Conan Doyle.

No caso de Poe, nunca soubemos o seu nome, mas Watson e Hastings facilmente nos vêm à memória nesse papel. Poe também foi o primeiro a nos apresentar, em 1841, o mistério "de câmera fechada", em que algum crime foi cometido em um ambiente hermético, cabendo ao detetive descobrir, além de quem e por que, como foi possível o criminoso entrar no local.

No mesmo ano, na Inglaterra, Charles Dickens publicou *Barnaby Rudge*, um primeiro esboço de romance policial.

Com o aumento da classe média inglesa e americana, derivada da revolução industrial, o universo dos leitores — consumidores de livros — aumentou e essa classe, menos ilustrada, carecia de uma leitura mais interessante a sua realidade. O romance policial foi exatamente a escolha desses leitores, por ser menos sofisticado, mais leve e divertido.

Devemos nos lembrar de que, nessa época, o lazer estava limitado a saraus, teatro, jogos e leitura, pois não existiam nem o rádio, nem a TV e o cinema. O romance policial, divertido, leve, sem pensamentos complicados ou frases esculpidas, sem exigir uma cultura clássica e sofisticada do leitor, caiu no gosto mais popular e o gênero teve seu grande momento e crescimento histórico na literatura.

Ao mesmo tempo, os jornais baixaram seus preços e muitas novelas policiais começaram a ser serializadas em capítulos, tornando o romance policial ainda mais popular e acessível.

1853 — Dickens novamente inovou e introduziu o primeiro detetive a ganhar popularidade na Inglaterra, o Inspetor Bucket, de *Bleak House.*

1860 — Wilkie Collins lançou *The Woman in White* e, em 1868, *The Moonstone*, as primeiras novelas puramente de detetive escritas na Inglaterra. T.S. Elliot considerou *The Moonstone* "o primeiro, o mais longo e o melhor romance policial inglês". Uma distinção básica dessa obra, bem como de Os Crimes da Rua Morgue, seria o caráter sensacionalista das histórias. Também o Inspetor Cuff, de Collins, costumava debochar dos poucos talentos e da inteligência dos agentes policiais.

1863 — O romance policial cruzou o Canal da Mancha e desembarcou na França com o folhetim de Emile Gaboriau, *L'Affair Lerouge*. Além de todos os ingredientes básicos de um romance policial, essa obra era repleta de sentimentalismos e dramas típicos das novelas da época. Esse seria o germe da maior quantidade de literatura do gênero em língua não-inglesa.

1864 — O livro de contos de Andrew Forrest Jr. Abriu as portas para um novo tipo de detetive: a mulher detetive, no conto *The Female Detective*; também nesse ano, de autor anônimo, surgiu o livro *Revelations of a Lady Detective*, que nos apresentou Mrs. Paschal.

1878 — Anna Katherine Green lançou seu primeiro livro, *The Leavenworth Case: A Lawyer's Story*. Ela se tornou a primeira mulher a escrever livros no gênero policial e foi além: começou a moldar os parâmetros mais específicos do gênero em relação aos demais, de onde surgiu, ao adotar um detetive fixo no policial Ebenezer Gryce. Gryce resolveu seus crimes passo a passo, seguindo pistas, reconstruindo cenas e conduzindo interrogatórios. Como o Senhor Goby, de Agatha Christie, ele tem o costume de falar com as pessoas olhando para os lados. Seus livros, porém, também são carregados de drama, sentimento e moralismo. A obra nunca havia sido publicada no Brasil, até ser traduzida por Cláudia Lemes, em 2018, e publicada com o título de O Mistério da Quinta Avenida, pela Monomito Editorial.

1880 — Ainda sob o ponto de vista da mudança de comportamento social do mercado livreiro e dos tipos de histórias interessantes à classe média, foi criado o *The Strand*. Além da novidade, o folhetim incorporava entrevistas com os autores, começando a conferir-lhes o status de celebridades; fotos e brindes acompanhavam as edições. Um dos primeiros autores do periódico foi Conan Doyle, o que veio, e muito, a contribuir para o sucesso de Sherlock Holmes e do gênero romance policial.

1884 — Ainda visando as novas classes populares de leitores, nos Estado Unidos a indústria editorial criou um tipo de publicação em pequenas revistas ou livretos baratos, que continham uma história completa. Primeiramente, foram os *westerns* que as dominaram; porém, em 1884, o romance policial foi introduzido nos livretos e surgiu o primeiro detetive popular: Nick Carter foi apresentado no livreto *The Old Dectetive's Pupil*.

1887 — Arthur Conan Doyle publicou Um Estudo em Vermelho — *A Study in Scarlet,* usando a ideia original de Poe, do detetive genial e seu assistente-narrador menos privilegiado intelectualmente. Nascia Sherlock Holmes e o gênero romance policial estava, definitivamente, diferenciado dos demais, tendo vida própria. O sucesso de Sherlock Holmes estimulou uma enorme quantidade de seguidores. É curioso notar, neste ponto, que muitos escritores famosos de outras áreas, ao se misturarem ao divertido, lucrativo e recém-nascido gênero de romance, porém menos culto e mais popular, adotaram diversos pseudônimos, para não manchar sua imagem de erudição.

1893 — O mundo foi apresentado ao livro policial de maior sucesso do século XIX: *The Mystery of a Hansom Cab,* do neozelandes Fergus W. Hume, que vendeu cerca de trezentos e quarenta mil exemplares.

1894 — Surgiu o primeiro discípulo direto de Conan Doyle e Sherlock Holmes: Arthur Morrison apresentou ao mundo o sofisticado detetive particular de Londres, Martin Hewitt, no livro *The Chroniches of Martin Hewitt.*

1905 — Surgiu o primeiro autor de romances policiais — e de outros gêneros — a ser mais importante do que seus personagens: Edgard Wallace fundou sua própria editora e lançou o primeiro de seus cento e cinco livros com a publicação de Os Quatro Homens Justos — *The Four Just Men.* Belas mulheres, cientistas malucos, gênios do mal, gorilas, milionários e muito mais chegaram às páginas dos livros de detetive para ficar. Sua obra mais conhecida é o roteiro de *King Kong.*

1906 — A moda dos detetives franceses na Inglaterra, falando inglês com sotaque, misturado com a língua natal, foi inaugurada por Robert Barr, ao criar o detetive Eugène Valmont, no livro *The Triumphs of Eugène Valmont.*

1907 — Richard Austin Freeman fez nova revolução no gênero do romance policial ao rechear a história com seu conhecimento psicológico e de médico forense no detetive John Thorndyke, conferindo um caráter científico à novela *The Red Thumb Mark.*

1908 — Apesar de ter publicado seu primeiro livro em 1906, Mary Roberts Rinehart ficou conhecida como a mais famosa autora americana, título que deteve durante muitos anos no país, ao publicar em *The Circular Staircase* — O Mistério da Escada Circular, em que apresentou ao mundo sua detetive, a enfermeira de guerra Pinkerton, não coincidentemente colega de profissão da autora na vida real. A grande novidade, porém, era a criação da novela policial em que o ponto principal é o medo da vítima de ser assassinada, não a investigação do assassinato em si. Mais uma vez, temos histórias melodramáticas e de amor com final feliz.

Na França, apareceu o primeiro expoente da literatura policial no país, Gastoun Leroux, e seu bem definido crime de quarto fechado, O Mistério do Quarto Amarelo — *The Mystery of the Yellow Room*. Em 1911, ele escreveu sua obra-prima, O Fantasma da Ópera — *The Phanton of the Opera,* porém no gênero romance de terror.

1910 — Gilbert K. Chesterton criou o Padre Brown, em *The Blue Cross*. O Padre Brown seria usado somente em histórias e seria sempre auxiliado por Monsieur Hercule Flambeau. O grande mérito de Chesterton era ter sua obra embasada nos novos parâmetros estabelecidos por Austin Freeman e Mary Roberts Rinehart. Também o fato de Padre Brown se mostrar um inepto a quem ninguém daria crédito e, no final, desvendar um crime mirabolante era uma novidade. Não se esqueçam de seu inseparável guarda-chuvas, no qual ele muitas vezes tropeçava.

1913 — Carolyn Wells escreveu o primeiro tratado sobre o romance policial, *The Techinique of The Mystery History*. Ela também foi pioneira ao iniciar as coletâneas de histórias policiais.

1915 — Marcou novo desdobramento do romance policial e de mistério com o surgimento de *The Thirdy Nine Steps*, de John Buchan, mais tarde transformado em filme por Hitchcok, inaugurando a literatura de espionagem. Richard Hannay, seu personagem, seria o primeiro espião dos livros. A peça de teatro inspirada nesse livro está em cartaz em Londres, há alguns anos.

Na década de 20, foi inaugurada, na Inglaterra, a era de ouro do romance policial. Com o pós-guerra, as diferenças sociais diminuídas, os jornais à procura de leitores, bem como os editores, o gênero seria o carro-chefe de vendas para as novas classes de leitores mais populares. O romance policial criou o caminho clássico, na época, de ser primeiro serializado por jornais, depois lançado na forma de livro. Diversas editoras voltaram seus olhos para o gênero; algumas criando outro nome, com medo de se misturar ao popular; outras já surgiram voltadas para a novela policial; entre elas, The Boodley Head e a tradicionalíssima Collins.

1920 — The *Times Weekly Suplement* serializa, na Inglaterra, de vinte e sete de fevereiro a vinte e cinco de maio de 1920, O Misterioso Caso de Styles, de uma jovem, promissora e desconhecida autora: Agatha Christie. Silenciosamente, nascia uma estrela. Seu nome se tornou sinônimo de romance de mistério. Sua história está misturada com os grandes momentos do gênero. Ela escreveu sessenta e seis livros de mistério, mais de cento e cinquenta contos e quebrou tantos recordes que é difícil enumerar. É a maior vendedora de livros de todos os tempos e de todos os gêneros. Somente a Bíblia é mais vendida do que seus livros, que estão traduzidos para mais de cem idiomas e dialetos. Ela será para sempre a Rainha do Crime, Duquesa da Morte. Suas histórias invadiram o cinema, a TV, o rádio e o teatro. O mercado editorial nunca mais foi o mesmo.

O Misterioso Caso de Styles foi publicado como livro em novembro, no Canadá, e no final do mesmo mês, nos Estados Unidos.

1921 — O livro O Misterioso Caso de Styles foi publicado no dia vinte e sete de janeiro, na Inglaterra.

1923 — A segunda das quatro damas do crime inglês, Dorothy L. Sayers, publicou *Whose Body?*

1924 — Freeman Wills Croft publicou *Inpector's French Greatest Case.*

1925 — Apareceu, nos EUA, Charlie Chan.

1926 — Nasceu o primeiro grande detetive americano, Phillo Vance, de S.S. Van Dine.

1928 — A terceira das quatro damas do crime, Margery Allingham, publicou *The White Cottage Mystery.*

1929 — Na América, surgiu a mais prolífica autora de romances policiais do país, Mignon Eberhart, com sua detetive Sarah Case. Também apareceu Ellery Queen, em *The Roman Hat Mystery.*

1931 — Apareceu a americana solteirona Hildegarde Withers, criada por Stuart Palmer, inaugurando o gênero romance policial comédia.

Na França, surgiu seu maior expoente da novela policial: Georges Simenon publicou *Pietr-le-Letton*, apresentando ao mundo o Comissário Maigret.

1934 — O romance policial teve nova divisão quando surgiram os dramas psicológicos com personagens delinquentes, em *The Postman Always Rings Twice* — O Carteiro sempre Toca a Campainha Duas Vezes, de James Cain.

No mesmo ano, surgiu a primeira obra da quarta dama do crime: Ngaio Marsh publicou *A Man Lay Dead*.

1946 — Foi criado o Edgard Award, prêmio da Academia Americana de Escritores de Mistério.

1955 — O gênero romance policial psicológico com personagens delinquentes chegou ao seu auge com *The Talented Mr. Ripley*, consagrando Patricia Highsmith como a maior autora do estilo.

1962 — A primeira das modernas escritoras de crime surgiu quando a Baronesa P.D. James lançou seu primeiro livro, *Cover Her Face*.

1964 — Ruth Rendell publicou *From Doom with Death*.

1988 — Foi criado o Agatha Awards, da Malice Domestic Ltd., para escritores que usam o estilo Agatha Christie de escrever.

1995 — Apareceu a maior expoente da novela policial científica: a Doutora Scarpetta e sua criadora, Patrícia Cornwell.

2014 — Jamie Bernthal levou o romance policial e Agatha Christie à categoria de matéria universitária na Universidade de Exeter, UK.

O Misterioso Caso de Styles

Quando Agatha Christie começou a escrever O Misterioso Caso de Styles/*The Mystery Affair at Styles*, tinha plena consciência de estar escrevendo uma obra popular e, embora em um gênero surgido há mais de sessenta anos, relativamente novo, pois só ganhou impulso a partir de Conan Doyle, trinta anos antes.

Nos anos 1910, surgiram diversos autores e tanto eles como escritores clássicos que se aventuraram no gênero lançaram mão do uso de pseudônimos em suas obras. As mulheres, principalmente, usavam esse recurso, adotanso pseudônimos masculinos, pois, se já era estranho uma mulher escrever livros, imagine um livro sobre crime. Apesar de em plena época Eduardiana de transição, os preceitos e preconceitos vitorianos ainda se impunham.

Agatha Christie não foi exceção à regra. Devido a sua consciência do que estava fazendo, nas primeiras tentativas de publicar *O Misterioso Caso de Styles* ela o fez com pseudônimos masculinos, buscando uma maior aceitação do texto. Tal recurso é usado até os dias de hoje por algumas escritoras, passando por P. D. James até Robert Galbraith.

Além da barreira de ser uma mulher escrevendo sobre crime, lembrem-se de que as outras que haviam alcançado algum sucesso na época eram americanas, cujas novidades eram mal-vistas pelos Ingleses; ou seja, havia a barreira do tema. O romance policial ainda é visto por muitos, até os dias de hoje, como subliteratura e as editoras da época temiam perder prestígio com essas publicações, mas precisavam do grande aporte financeiro que elas proporcionavam. Havia também a Grande Guerra, onde certa recessão estava presente, bem como os tempos difíceis.

Com a chegada dos anos 1920 e a mudança de mentalidade dos editores, público e autores, o romance policial ganhou maior aceitação e, visando público e vendas, surgiram novas editoras e as tradicionais abriram as portas ao gênero.

A novata Agatha Christie, com seu manuscrito diversas vezes rejeitado, tinha agora alguma chance e, seguindo a nova tendência do mercado, conseguiu publicação e com seu próprio nome.

Na verdade, Agatha escreveu Styles como diversão e passatempo, assim como suas histórias clássicas e contos. Ela não tinha pretensão alguma de publicá-lo, muito menos de ser uma escritora. Se Archie não tivesse achado o manuscrito interessante, insistido e arranjado o envio a um editor, o mundo poderia facilmente nunca ter conhecido a Rainha do Crime. Ela mesma nos fala que já havia esquecido o assunto quando foi chamada por The Bodley Head.

Tendo em vista tudo isso, Agatha não se preocupou muito em ser original em sua obra. Se Poe foi copiado por Conan Doyle, que foi copiado por Arthur Morrison, por que ela também não podia usar o recurso do detetive e do assistente pouco perspicaz? Se Robert Barr tem um detetive francês de fala empolada e cheio de citações em outra língua, se o Padre Brown tropeça em seu guarda-chuva e se o mistério de quarto fechado, proposto por Poe, foi copiado por Conan Doyle, aperfeiçoado por Gaston Leroux e recopiado por muitos, porque uma pessoa, que nem escritora era, não poderia se inspirar nisso tudo, pondo seu ídolo, Dickens, no meio, criando algo que nunca achou que teria algum tipo de repercussão? Se Wilkie Collins podia menosprezar a polícia organizada e convencional, por que não o fazer?

A obra original teve a sugestão de ter o final alterado pelo leitor crítico L. D. H., que avaliou-a para a The Bodley Head. Em seu parecer final, ele cita, em carta datada de nove de outubro de 1919, arquivada na Biblioteca da Universidade de Reading: "Essa é uma excelete história de detetive, que vale a pena ser publicada". Sobre Agatha Christie, então uma desconhecida: "Ela é, evidentemente, um pleno talento para as histórias de detetive." Ele conclui a carta afirmando que: "A história toda é muito bem contada e muito bem escrita".

Agatha Christie acatou a sugestão e fez a alteração do capítulo final, criando a famosa cena que se repetiria em muitos livros dela mesma e de outros autores, em que Poirot reúne todos os suspeitos e revela a solução, cheia de *plot twists*, do caso.

O final original se passava com Poirot dando a solução do caso no banco das testemunhas, no tribunal, porém o capítulo parecia muito forçado e D. L. H. disse que era improvável que acontecesse assim.

Anotações do capítulo final original, escrito por Agatha Christie, foram encontradas por meu amigo John Curran, que preencheu as lacunas dos diálogos e criou um texto que pode ser lido em seus livros *Agatha Christie Murder in the Making*, de 2011, e *The Complete Secret Notebooks — Stories from the Murder in the Making*, de 2016. Esses dois títulos nunca chegaram ao Brasil, estando disponível apenas Os Diarios Secretos de Agatha Christie, da editora Leya, de Portugal. Essa editora também publicou dois pequenos livretos intitulados O Incidente da Bola de Cachorro — história mais tarde expandida por Agatha Christie no livro *Dumb Witness* — Poirot Perde uma Cliente (1937) e em A Captura de Cérbero — conto final original de *The Labours of Hercules* — Os Trabalhos de Hércules (1947), rejeitado pelos editores americanos e substituído por outro, com o mesmo título[20]. A editora atribui os livretos como sendo de autoria de John Curran, com partes do livro original e não disponíveis em outros países.

A criação do nome de Poirot, que tanta discussão gera se foi ou não copiada, é um simples detalhe dentro dessa conjuntura. Talvez o maior erro tenha sido de seu primeiro editor, que não a orientou quanto à mudança do nome, por se parecer muito com o de Monsieur Hercule Flambeau, o auxiliar do Padre Brown, de Gilbert K. Chesterton. Quanto à semelhança com o personagem da Sra. Marie A. Belloc-Lowndes, Hercule Popeau, Chesterton também pode ser acusado de tê-la copiado, porém, em um universo em que tudo se copiava, somente Agatha Christie é questionada, por ela e seu personagem serem mais famosos do que os outros.

Ela mesma nos fala que se imaginasse, um dia, quem se tornaria, nunca teria criado Poirot como o criou. Talvez, sem seu personagem caricato e extravagante, Agatha jamais conhecesse a fama. Prova disso é a ligeira mudança que Poirot sofre com o tempo e Hastings ser banido para o exílio, na Argentina.

Outro personagem coadjuvante de Poirot, que apareceria na obra, seria o Inspetor James Japp, da Scotland Yard, o policial menos competente que o detetive.

Agatha Christie juntou todos os ingredientes de sucesso de outros autores e criou sua história. Não foi um grande fenômeno de vendas, porém, se levarmos em conta que vendeu dois mil exemplares de uma tiragem inicial de dois mil e quinhentos, foi serializado na Inglaterra e nos Estado Unidos, publicado nesses dois páises e no Canadá, e que, na época, uma vendagem de três mil exemplares poderia ser considerada excelente, Agatha não se saiu nem um pouco mal em sua primeira incursão pelo mundo do romance policial.

Prova disso seria o seu crescimento como autora já em seu segundo livro, O Inimigo Secreto/*The Secret Enemy* (1922) e a expectativa criada

---

20. A primeira edição do livro no Brasil, de 1979, com tradução pela Nova Fronteira e todas as suas cópias licenciadas nos anos subsequentes, usam o título de Nas Profundezas do Inferno. Veja o apêndice As Traduções Brasileiras da obra de Agatha Christie, no final deste livro.

Feb. 28, 1923 — The Sketch — 411

Writer of the Most Brilliant Detective Novel of the Day.

AUTHOR OF "THE MYSTERIOUS AFFAIR AT STYLES": AGATHA CHRISTIE, WHO IS TO CONTINUE "THE INVESTIGATIONS OF HERCULE POIROT" IN "THE SKETCH."

"The Mysterious Affair at Styles," by Agatha Christie, was published in 1921, and created a sensation, as being the finest detective novel since the war. Mrs. Christie wrote it for a bet, the wager being that she could not write a detective story in which the reader would be unable to "spot" the murderer, although supplied with the same clues as those given to the detective. She won her bet and rose to fame as a writer of detective fiction, and as creator of Hercule Poirot, the expert in criminology. Poirot is a Belgian, and possesses a distinctive and attractive personality, while his handling of mysteries is both masterly and unlike any other detective methods previously described in fiction. Poirot is shortly to figure in "The Sketch," for Mrs. Christie has written a special series of detective stories entitled "The Investigations of Hercule Poirot," which are even more enthralling than the wonderful tale unfolded in "The Mysterious Affair at Styles." Mrs. Christie is also the author of "The Secret Adversary"; and her latest book, "The Murder on the Links," will shortly be published by John Lane.

Photograph by Boorthorn.

por editores e público por um novo caso de Poirot, que viria a seguir, em *Assassinato no Campo de Golfe/Murder on the Links* (1923).

A genialidade de Agatha Christie já podia ser sentida nesse primeiro livro. The Bodley Head fez um contrato com ela para cinco livros, pois sabia que podia vir algo ainda melhor de sua nova autora. Os ingredientes básicos de uma boa história de crime estavam presentes. O livro era extremamente legível e interessante. Havia romance, sem exageros. Agatha seguiu à risca o conselho de Eden Phillpots e despiu seu livro dos moralismos do autor, deixando o leitor se encarregar disso e o texto muito leve. O livro não era pretensioso, pois sua autora não era pretensiosa em relação a sua obra. A barreira de ser uma autora clássica com medo de ser popularizada e despida da aura de erudição dos clássicos não existia. O resultado só poderia ser sucesso, embora, à primeira vista, moderado e a longo prazo... até tudo sofrer uma reviravolta, com a publicação de O Assassinato de Roger Ackroyd/*The Murder of Roger Ackroyd* (1926).

O Misterioso Caso de Styles foi publicado primeiramente no Canadá, por Ryerson Press, em 1920 e, no mês seguinte, nos Estados Unidos, por John Lane New York (ambos filiais da The Bodley Head nesses países), chegando às livrarias da Inglaterra somente em fevereiro de 1921[21]. Ryerson Press fez somente trezentas cópias iniciais do livro, usando as pranchas de impressão americanas do mesmo e se tornou a primeira editora do mundo a publicar um livro de Agatha Christie, hoje avaliado em cerca de sete mil dólares.

A crítica dos principais jornais da época a O Misterioso Caso de Styles — *The Mystery Affair at Styles*, foi extremamente favorável, qualificando-o como brilhante, um bom livro de estreia e dizendo que a chegada de Agatha Christie era uma excelente adição à lista de autores do gênero.

A edição de vinte e oito de fevereiro de 1923 da consagrada e diretamente responsável pelo sucesso alcançado pelo romance policial, *The Sketch Magazine*, anunciou para a próxima edição o início da série de histórias que mais tarde comporiam o livro *Poirot Investigates* — Poirot Investiga. Nessa revista, há uma foto de Agatha Christie com os dizeres: "Escritora da mais brilhante história de detetive dos dias de hoje". Ela é apresentada como autora de O Misterioso Caso de Styles — que criou sensação por ser a melhor história policial desde o final da Grande Guerra. A revista ainda disse que Agatha Christie alcançou a fama como escritora de romance policial e criadora de Hercule Poirot, um detetive de personalidade atraente e que maneja os crimes de maneira exímia e diferente dos outros, criados até então.

Finalizando, somente como exemplificação do que foi dito, o próprio e erudito autor clássico e de teatro, Eden Phillpot, mentor de Agatha Chris-

---

21. Gwen Robbins diz, em seu livro *The Mystery of Agatha Christie*, que o livro apareceu nos Estados Unidos somente dez anos depois, com a Penguin Books.

tie, não em romances policiais, mas como orientador geral, também fez suas incursões no mundo das novelas de crime, logicamente usando um pseudônimo: Harrington Hext. Posteriormente, ele escreveria romances policiais com seu próprio nome, porém nunca ocuparia um lugar de destaque no gênero, talvez sendo lembrado somente por ter sido o mentor de Agatha Chrstie.

Voltando ao preposto inicial deste livro, Agatha Christie nos conta, em sua *Autobiografia,* todos os passos e as leituras que influenciaram a construção de O Misterioso Caso de Styles. Não omite nenhum fato. Não manipula nada da sua realidade. Ela nos conta a criação do livro de uma maneira simples, humilde e verdadeira, como tudo o mais que ali está escrito.

"THE MYSTERIOUS AFFAIR AT STYLES".   By A.M. Christie.

This is quite a good mystery story, and is, I think, worth publishing. As a detective story it would probably appeal to the public more if the author showed clearer the working of the detective's deductions.   I do not say that this would be possible in this book without giving away the story, but I think that it is a point that the author should bear in mind in future work if she goes on writing detective stories, and she

It is really altogether rather well told and well written; but the account of the Trial of John Cavendish makes me suspect the hand of a woman.

I think it is quite worth doing,

Carta L.D.H.

A Aventura do Casamento

"E viveram felizes para sempre"
— **Autor desconhecido**

Com o retorno de Archie à Inglaterra, Agatha pôde finalmente se juntar a ele e começar uma vida de casada convencional. Agatha era tão despreparada para dirigir uma casa, como qualquer jovem de sua classe, na época. Afinal, a cultura predominante ainda era a de que os criados deveriam conduzir a casa, cabendo à patroa somente dirigi-los. Agatha não sabia nem mesmo cozinhar, pois, em Ashfield, apesar dos apertos financeiros, nunca se considerou não ter, no mínimo, uma cozinheira e uma arrumadeira. As compras eram feitas por telefone, em lojas locais de confiança e sempre eram entregues os melhores produtos. Não se precisava verificar se um alimento estava fresco ou se era o melhor pedaço de carne.

Archie trabalhou por cerca de um ano, até o final de 1918, no Ministério da Aeronáutica, em Londres. Com o final da guerra, no mesmo dia do armistício, Agatha, ao chegar em casa, ficou sabendo de sua decisão de deixar o Ministério. Archibald Christie era assim. Analisava os fatos, decidia e fazia o que queria. Não perdia muito tempo em considerações. A guerra havia acabado, o Ministério não lhe daria um futuro ambicioso e as promoções demorariam. Ele se demitiria e procuraria um novo emprego, que lhe desse o status que desejava. Archibald Christie queria posição e status, coisa que Agatha nunca ambicionou.

Durante esse ano, a vida de Agatha foi bastante monótona. Acostumada com as pessoas de Ashfield e seus amigos de Torquay, além da movimentada atividade no Hospital e Dispensário durante a guerra, Agatha viu-se sozinha em um apartamento durante todo o dia, pois Archie ficava no Ministério. A renda do casal não permitia que ela fosse a lojas, cinemas, teatros e outras coisas. Ela também não tinha um círculo de amizades em Londres.

Sua intenção inicial era de fazer um curso de bibliotecária e estenógrafa, pensando em trabalhar para ajudar nas despesas da casa. Durante esse ano, matriculou-se e frequentou as aulas do curso de contadora e estenógrafa.

No final do ano, com a decisão de Archie e ela fazendo seu curso, o casal foi passar o Natal em Ashfield. Além dos presentes de Natal, outra surpresa esperava por eles: Agatha descobriu que seria mãe.

O início do ano seguinte foi corrido para ela. Além dos enjoos, que duraram por quase toda a gravidez, Agatha precisou achar um novo lar para a família, pois não caberiam com uma criança no pequeno apartamento de St. John's Woods. Além disso, o novo emprego de Archie melhorou sua renda e o casal podia dispor de mais dinheiro para o aluguel. Também as despesas com Ashfield estavam mais controladas, pois, com Auntie-Grannie morando com Clara, sua renda, bem maior, ajudava na manutenção da casa. Isso não é dito em lugar nenhum, mas fica meio óbvio nas entrelinhas.

Mulheres prevenidas

Apesar das sovinices da velhice e das frequentes acusações de que estava sendo roubada, Auntie-Grannie, Margaret Miller, sempre foi uma pessoa generosa e precavida. Prova disso foi o fato de ter imediatamente corrido em auxílio da irmã, Grannie B., Mary Ann Boehmer, quando essa se viu em dificuldades financeiras pela morte do marido. Grannie B. fazia as compras que Auntie Grannie desejava na cidade e se encontravam todos os sábados. Depois do almoço, havia a sessão de prestação de contas, em que Margaret pagava à Mary Ann as compras que a irmã mais nova lhe fizera, acrescentando algum dinheiro para "cobrir suas despesas com as compras". Essa era a forma polida de Margaret, rica, ajudar a irmã mais nova e menos favorecida.

Também era ela quem observava o preceito, seguido fielmente por Clara, de ter sempre à mão **cinquenta libras**[22] **em notas de cinco**, reservadas para quaisquer emergências. A prova de que Clara observava essa regra de sua tia é narrada quando Archie comunica que quer ver Agatha, pois partirá para a guerra no dia seguinte, em 1914, e as duas vão encontrá-lo, porém têm que deixar contas assinadas nas estações de trem, pois, se em condições

---

22. Na época, cinquenta libras era suficiente para se viver por cerca de um mês, mesmo com despesas de aluguel.

normais já era difícil de se trocar uma **nota de cinco libras**, com a confusão estabelecida se tornou impossível.

Agatha também fala que essas notas saíram da provisão usual de cinquenta libras de Clara. Guardem esse fato, pois futuramente ele será importante para a compreensão de teorias sobre fatos da vida de Agatha Christie.

Sr. Goldstein

O novo emprego de Archie na City era em uma firma, cujo patrão foi chamado por Agatha de Sr. Goldstein, mas ela conta que inventou esse nome por não se lembrar do verdadeiro. O que ela se lembrava era dele ser grande, gordo, usar um sobretudo preto e ser "amarelo. Muito amarelo". Talvez venha daí o nome de Goldstein. O patrão de Archie, sem dúvida, inspirou o patrão de Tommy, em livros futuros.

A família dispunha de quinhentas libras anuais de Archie e de cem, que Agatha recebia de herança do pai. A vida continuou sem muitos luxos, porém o casal pôde pensar em alugar um apartamento maior.

Rosalind

Rosalind Christie, filha de Archie e Agatha, nasceu em Ashfield, em cinco de agosto de 1919. Era um bebê bonito, como viria a ser a jovem Rosalind Christie. Tinha os olhos de Agatha e o perfil de Archie, com cachos escuros.

Além de um novo local para morar, o casal decidiu levar para Londres Lucy, a empregada de Clara, que já havia sido determinada a ser a de Agatha, quando esta tivesse condições. O casal ofereceu à Lucy um valor de pagamento muito acima do normal, para não haver perigo de ela recusar a oferta e tudo deu certo. Podemos pensar, pela coincidência do nome, que, muitos anos depois, Agatha usaria Lucy como inspiração para a criação de Lucy Elesbarrow, uma de suas personagens femininas mais icônicas e inesquecíveis, auxiliando Miss Marple em *4.50 from Paddington* — A Testemunha Ocular do Crime, de 1957.

Agatha procurou inicialmente um novo apartamento mobiliado, pois tinham urgência de um lugar para morar; depois procuraria outro mais adequado ao casal. Contratou, também, com alguma dificuldade, uma babá.

O novo apartamento ficava em Addison's Maisons, dois grandes blocos de apartamentos separados por um jardim, próximo a Holland Park. Agatha continuava na busca por um apartamento mais adequado para alugar definitivamente. Pouco depois do nascimento de Rosalind, Auntie-Grannie morreu. Com sua morte, Clara ficou sozinha em Ashfield e as preocupações com as dificuldades financeiras retornaram, pois cessara o auxílio financeiro que lhe era dado pela tia.

Nessa época, aconteceu uma surpresa na vida do casal. Agatha recebeu uma carta de The Bodley Head convidando-a para uma reunião, pois tinham interesse em publicar O Misterioso Caso de Styles, escrito em 1916.

Agatha ficou surpresa e feliz, pois achava que o manuscrito havia sido descartado sem que ela nem mesmo tivesse sido avisada. Agendou a entrevista e voltou de lá com o pedido de alteração do último capítulo e um contrato para este e mais cinco livros. A condição financeira do contrato foi péssima e logo Agatha se sentiria lesada e desrespeitada por ser uma autora estreante e sem conhecimento do mercado editorial, ansiosa por ter seu livro publicado; nada muito diferente de pequenas e pouco confiáveis casas editoriais dos tempos de hoje. O livro, porém, seria publicado e essa era sua grande alegria. Ela e Archie saíram nessa noite para dançar, comemorando a novidade.

Em um comentário na *Autobiografia,* ela conta que jamais imaginou que, sem saber, uma terceira pessoa fora com eles, pendurado firmemente em seu pescoço: Hercule Poirot, sua criatura belga.

Casa nova

Agatha continuava procurando, com dificuldade, um lugar para morar, quando, de repente, apareceram três imóveis ao mesmo tempo. Eles chegaram a dar entrada numa pequena casa distante, mas encontram um apartamento melhor para alugar, mais bem localizado. Decidiram alugar a casa que compraram e alugar o apartamento para morar. Quando tudo já estava certo, um atraso na entrega do apartamento fez que tivessem que achar às pressas outro imóvel. A sorte os beneficiou e conseguiram achar outro apartamento, não mobiliado, no outro bloco do conjunto de edifícios de Addinson's Maisons, em que moravam.

Agatha, a essa altura, já sabia que Ashfield seria sua por herança. Clara nitidamente favoreceu a filha caçula em seu testamento, pois Madge era casada com um homem rico e Monty só dava despesas, dor de cabeça e se virava como podia, perdido no meio da África. Tal decisão de Clara pareceu não ter provocado nenhuma reação contrária em Madge. Quanto a Monty, Clara melhor do que ninguém sabia que Madge e Agatha cuidariam dele e, caso ele herdasse alguma coisa, com certeza não duraria muito tempo e ele

Oct. 3rd 1921   8 Addison Mansions

W 14

Dear Sirs

    I see from the Memorandum of Agreement between my wife
and yourselves that you are due to make up accounts to June
30th and December 31st in each year, and deliver these and
pay the balance due within 3 months.

    No statement of account has been received from you for
the period to June 30th last, so I am writing to ask if you
would be kind enough to send this now, and also any balance there
may be due.

        Yours faithfully

Acima: Carta Addison Maisons

À esquerda: jornal The Times

Assinatura de Agatha Christie

voltaria a depender das duas.

Uma correspondência de Agatha Christie para seu editor, arquivada na Biblioteca da Universidade de Reading, datada de treze de outubro de 1920 e endereçada de 8, Addison Maysons W.14, mostra-nos ela aprovando um dos dois modelos de capa sugeridos para O Misterioso Caso de Styles e sua expectativa de que o livro fosse publicado no mês seguinte.

Na semana seguinte, em dezenove de outubro, Agatha enviou outra carta, desta vez de Ashfield, perguntando da publicação do livro e notificando o editor de que sua próxima obra já estava quase concluída. Cinco dias depois, em vinte e quatro de outubro, Agatha, já de volta a seu endereço em Londres, enviou nova correspondência, indicando que gostaria que o livro fosse lançado antes do Natal e reforçando que queria que fosse dedicado "For my Mother".

No início de 1921, em vinte e um de janeiro, *The Mysterious Affair of Styles* foi publicado na Inglaterra. O único rendimento que Agatha teria com o livro seriam os cinquenta por cento dos direitos autorais pagos por *The Times Weekly Suplement* — vinte e cinco libras. Essa foi a primeira publicação da história de Agatha Christie como escritora de romances policiais, serializada na Inglaterra de vinte e sete de fevereiro a vinte e cinco de maio de 1920.

Quando seu primeiro livro foi lançado, Agatha já havia escrito um segundo. Em dezenove de outubro, ela enviou outra carta, desta vez de Ashfield, perguntando da publicação de O Misterioso Caso de Styles e notificando o editor de que sua próxima obra já estava quase concluída. O Inimigo Secreto — *The Secret Enemy* foi escrito e concluído durante o ano de 1920, por sugestão de Archie. Com a babá cuidando de Rosalind e Lucy cuidando da casa, Agatha, sem amigos e com uma renda muito modesta, ainda precisava de algum passatempo. Como Neve sobre o Deserto, O Misterioso Caso de Styles e seus primeiros contos, muito provavelmente O Inimigo Secreto foi escrito também por esse motivo, mas, desta vez, principalmente pelo motivo financeiro. Agatha precisava voltar a ajudar Clara com a manutenção de Ashfield e seus poucos recursos estavam destinados à manutenção da vida do casal. As vinte e cinco libras pagas pela serialização de Styles, apesar de míseras, eram suficientes para estimular a produção de um novo livro.

A sugestão de Archie, de que Agatha escrevesse outro livro para, com a renda, ajudar Clara, pareceu bastante normal para a situação. Agatha nos contou a sugestão com naturalidade e até admiração pela solução encontrada por Archie para seu problema. Jared Cade, em *The Eleven Days Mystery*, faz parecer que Agatha ficou chocada e ressentida pela sugestão de Archie, de que ela trabalhasse, pois a visão de uma jovem da época era a de que o marido deveria prover financeiramente a família.

Laura Thompson, em *Agatha Christie An English Mystery,* analisa exaustivamente os livros de Mary Westmacott, buscando as verdades de Agatha em suas entrelinhas. O livro O Retrato/O Retrato Inacabado/*The Unfinished Portrait* é nitidamente um protótipo da biografia de Agatha, escrito com personagens adotando nomes diferentes dos da realidade. Baseada em uma frase desse livro, Laura Thompson nos diz que Agatha, nesse momento, começou a considerar se tornar uma escritora tão importante quanto era ser esposa e mãe. Não havia, contudo, nenhum cunho de rancor contra Archie nisso. Ademais, lembrem-se de que Agatha já tinha a intenção e fez um curso de estenografia para procurar um emprego. Portanto, a alegação de Jared Cade é invalida.

Além disso, durante o ano de 1921, Archie começou a ficar preocupado com suas atividades no escritório do Sr. Goldstein. Ele e seu amigo, Patrick Spence, que lá trabalhava, achavam que existia alguma atividade ilícita no serviço e ficavam o tempo todo prestando muita atenção para não fazer nada ilegal ou precavendo-se de serem responsabilizados por isso. A situação era tão tensa que Archie tinha crises de "dispepsia nervosa"[23], além de estar mal-humorado. Ele começou a desejar outro emprego, visando também uma melhor remuneração, pois as promoções prometidas pela firma não ocorreram.

O Inimigo Secreto nos apresenta o casal Tommy & Tuppence. Tuppence é uma enfermeira de guerra, como Agatha foi, sem emprego ou vintém; Tommy é um oficial do exército, ligado à área de inteligência militar, também sem emprego. Os dois se encontram por acaso e resolvem inventar uma história maluca que acaba dando certo.

Agatha Christie se inspirou, nitidamente, em fatos confortáveis ao redor de si, como as situações financeiras e profissionais de Tommy e Tuppence. Juntamente com o casal, surgiria outro personagem coadjuvante dos dois, o delicioso Albert. O ponto de partida do livro foi dado por Agatha quando ela ouviu uma discussão de um casal em uma mesa a seu lado, numa casa de chá. Eles discutiam sobre uma pessoa chamada Jane Fish. Agatha nos diz que sempre achou engraçado esse sobrenome. Acabou por transformá-lo em Jane Finn. O naufrágio do Lusitânia, navio inglês pouco menor do que o Titanic, torpedeado pela Alemanha em maio de 1915, foi o cenário para o começo do mistério. Jane Finn, quando finalmente encontrada, sofria de amnésia traumática, na verdade tentando proteger-se de seu inimigo. Esse fato viria a dar brecha a especulações em acontecimentos da vida futura de Agatha.

---

23. Supõe-se que seja algo parecido com gastrite, pois os diagnósticos, na época, tinham outras nomenclaturas.

O Inimigo Secreto foi serializado por *The Times* em agosto de 1921 e publicado em janeiro de 1922.

Archie enviou uma carta para The Bodley Head em três de outubro de 1921, perguntando sobre o balanço de junho a dezembro das vendas dos livros de Agatha. Em seis de outubro, ele recebeu o balancete e, na carta de agradecimento, sugeriu que os preços dos livros de Agatha na América não eram justos e que poderiam ser vendidos por um preço mais alto. Quando Gwen Robbins leu as cartas entre The Bodley Head e Agatha Christie, afirmou que Agatha não era uma pessoa despreparada para o mundo dos negócios, como alegava, e que sabia muito bem cuidar de seus interesses. Lendo essas duas cartas de Archie, primeiramente ficou claro para mim que Agatha não pareceu despreparada para Gwen porque Archie estava olhando do por seus interesses e a orientando sobre o que fazer.

Em sua biografia ressentida, *The Mysterious of Agatha Christie — an Intimate Biography of the Duchess of Death*, Gwen Robbins cita, de passagem, que trinta e quatro cartas estavam arquivadas no Westfield College de Londres, todas endereçadas de Agatha Christie para The Bodley Head. Foi curioso notar que, em mais de cem livros que li escritos sobre Agatha Christie, Gwen Robbins foi a única a citar tais documentos.

Isso rendeu algumas idas minhas até o London College de Holborn, que descobri ter comprado o Westfield College, porém não sabiam do paradeiro das cartas. Depois da terceira visita, tive a decepcionante informação de que elas haviam sido vendidas em leilão, para um colecionador particular, mas consegui o e-mail do novo proprietário. A troca de informações resultou na minha descoberta de que os documentos estavam arquivados na Biblioteca da Universidade de Reading e, ao contrário do que a despreparada Gwen Robbin afirmou, não se tratava de trinta e quatro; na verdade, eram cento e uma cartas, que eu trouxe de volta à luz.

Analisando esses documentos, percebi a intencional — ou não — malícia de Gwen Robbins, em sua afirmação de que Agatha mentia ao dizer-se despreparada para o mundo dos negócios. As cartas em que Archie se dirige à The Bodley Head, datadas de três e seis de outubro de 1921, cobrando balanços, são datilografadas, assim como muitas das cartas de Agatha para seu editor. Todas as cartas dele são assinadas "A. Christie", ao passo que Agatha sempre assinou suas cartas "Agatha Christie". Outra carta, esta datada de quinze de janeiro de 1923, em que supostamente Agatha sugere que os preços das edições americanas estão errados, também datilografada, está assinada por Agatha Christie. Uma carta de vinte e oito de novembro do mesmo ano está com a assinatura por extenso "Agatha Christie", porém fica bem claro que a letra é a mesma das assinaturas "A. Christie", das cartas de

Archie. Portanto, ou Gwen Robbins não viu realmente que as cartas eram de Archie, ou ocultou o fato para desmoralizar Agatha Christie.

Perto do fim do ano, Archie se encontrou com seu mentor dos tempos de Clifton College, agora major do exército, E. A. Belcher[24]. Belcher estava engajado na organização da Mostra do Império Britânico/*Exhibitions of The British Empire* — o audacioso projeto do governo, que queria reunir os cinquenta e oito países que faziam parte do Império, a fim de "estreitar as ligações entre a Inglaterra e suas nações irmãs e filhas". A missão de Belcher seria percorrer a grande maioria desses países em missão diplomática, visitando e convidando cada um a participar da mostra, que seria realizada em 1924.

A grande qualidade de Belcher era, na verdade, conseguir arregimentar para junto de si pessoas capazes de fazer as tarefas que ele tinha necessidade de que fossem realizadas, porém ele mesmo era desprovido da competência de fazê-las. Seu papel era o de comandar. Lógico que o vaidoso, ensimesmado e tirânico Belcher jamais admitiria isso. Como ele não tinha nenhum talento para controle financeiro nem diplomacia para lidar com os outros, precisaria de alguém que fosse capaz de fazê-lo, além de tirá-lo de situações embaraçosas criadas por ele próprio e seu comportamento. A pessoa ideal para essa tarefa era Archibald Christie.

O convite de Belcher para Archie fazer parte da Expedição do Império Britânico/*Expedition of The British Empire*[25] veio a calhar com sua insatisfação profissional. Por outro lado, isso nos revela, indiretamente, uma faceta de Archie. Apesar de ser um trator na realização de seus desejos pessoais, na busca da própria felicidade, ambições e objetivos profissionais, ele era capaz de lidar com situações de tensão extremamente delicadas no ambiente de trabalho. Essa afirmação é válida se juntarmos os fatos de sua vida pessoal com a maneira como ele se aproximou, pediu em casamento, casou-se com Agatha e se desfez de seu emprego no Ministério Aeronáutica, das tensões de seu emprego com Goldstein e durante os episódios de conflito, produzidos pelo comportamento do próprio Belcher, que ocorreram durante a Expedição.

Grandes dúvidas familiares e financeiras cercavam a família Christie. Rosalind tinha pouco mais de dois anos de idade. O pagamento recebido por Archie pelo trabalho seria de mil libras. Se Agatha o acompanhasse, teria que cobrir suas próprias despesas de viagem.

Monty, doente e inválido por conta de uma doença tropical, estava vol-

---

24. Carol Dommermuth-Costa, em *Agatha Christie Writer of Mystery*, diz que Belcher é um conhecido de Archie que se oferece para pagar a viagem de Agatha e lhes dá, de bônus, a viagem ao Havaí.

25. Não se deve confundir a Expedição do Império Britânico, da qual Agatha participou, com a Mostra do Império Britânico. A Expedição (1922) foi a viagem diplomática às nações irmãs e filhas da Inglaterra. Já a Mostra (1924) foi o que deu origem e resultou da Expedição.

tando para a Inglaterra. Madge, sempre a convencionalista da família, criticou Agatha, caso ela resolvesse viajar com o marido, pois, segundo Madge, ela não poderia abandonar Rosalind e tinha que estar na Inglaterra quando Monty retornasse. Na verdade, acredito que Madge estava com medo de ter que domar Monty sozinha.

Clara, por sua vez, ficou firme em sua posição de que Agatha deveria acompanhar Archie, pois o lugar da esposa era ao lado do marido. Mais uma vez a Clara "secreta" se revelava. Ela sabia o que podia acontecer se Agatha deixasse Archie partir sozinho. Conhecia a todos muito melhor do que eles próprios. Prova disso é que Clara *deixou Frederick voltar sozinho aos Estados Unidos*, em 1879, quando ela ficou na Inglaterra com Madge. Na verdade, Clara procurou um pretexto para que Agatha fosse com Archie. Também Rosalind não era uma criança tão pequena quanto Madge. No entanto, no ano seguinte, Clara não hesitou em cruzar o Atlântico com o marido e Madge tinha um ano de idade. Clara sabia quem era Archie e quem era Frederick.

O casal decidiu partir junto no início de 1922. Rosalind foi deixada com Madge, que, além de ser louca pela menina, não podia deixá-la com Clara, pois a mãe já teria que cuidar de Monty[26].

Os episódios da viagem nos foram narrados por Agatha Christie, em sua *Autobiografia*, de uma maneira deliciosa. Em 2012, o mundo ganhou a grata surpresa de ter toda a correspondência dessa época, entre Agatha e a mãe, algumas cartas à Rosalind, Madge e uma ou duas para Monty, publicadas no livro *The Gran Tour*, editado por Mathew Prichard, neto de Agatha. O livro nos mostrou uma correspondência quase diária entre Agatha e a mãe, contando em detalhes absolutamente tudo o que acontecia. A capacidade de observação, narração e riqueza de detalhe parece pôr o leitor dentro dos ambientes onde os fatos acontecem, sendo tremendamente elucidativos da maneira como Agatha via as coisas e as transpunha para o papel; do comportamento de Archie e de seu próprio relacionamento com Clara, além de trazer, nas entrelinhas, o fato de que ela mesma, Agatha, ainda se ressentia da distância da mãe, mesmo já morando em Londres há aproximadamente quatro anos.

Nessas entrelinhas também podemos observar a característica intrínseca do comportamento de Agatha: a timidez e a observação da natureza humana. Evidentemente, quem foi capaz de captar toda aquela riqueza de detalhes e transmitir frases literais, ditas por outras pessoas envolvidas na cena, devia estar quieta, quase imperceptível em algum lugar, observando e

---

26. Carol Dummermuth-Costa, em *Agatha Christie Writer of Mystery*, faz uma confusão e diz que, em 1922, Madge era uma viúva de guerra, com um filho pequeno.

registrando tudo mentalmente.

Um fato que nos chama a atenção, é uma carta de Agatha para Clara, em que ela diz que a mãe não deve se preocupar com despesas, pois The Bodley Head a informara por carta de que O Inimigo Secreto/*The Secret Enemy* estava tendo uma boa venda.

Outra carta esclarecedora, parcialmente transcrita por Janet Morgan em *Agatha Christie A Biography* e transcrita na íntegra em *The Grand Tour,* foi escrita por Agatha para Clara da Austrália. Nela, Agatha conta que travou conhecimento com uma família inglesa que morava próximo a Brisbane e a convidou para passar alguns dias com eles, enquanto Archie e Belcher faziam outra viagem e se encontrariam com ela lá, depois. A família se chamava Bell. Na carta, contava que eram gente encantadora e divertida como a família Lucy, seus amigos de Torquay. Agatha narrou que cantou, dançou e até jogos de mímica fizera com eles.

Entre os documentos da Biblioteca de Reading, encntramos uma carta de Agatha para The Bodley Head, datada de vinte e seis de setembro de 1922, em que Agatha está no Canadá.

No final do ano, o casal retornou à Inglaterra para o Natal e Agatha enviou uma carta para The Bodley Head no dia seis de dezembro, comunicando seu retorno.

Rosalind estava ressentida com os dois, pois se dizia abandonada. Duvido que uma criança de três anos pudesse ter essa atitude espontânea. Acredito muito mais que isso tenha sido, não por maldade, mas pela maneira de ser de Madge, diariamente lembrando a menina do fato de seus pais estarem ausentes.

Agatha tinha dificuldades de entender Rosalind. A filha tinha uma inteligência muito objetiva e realista, oposta à inteligência imaginativa e sonhadora de Agatha. Se para Agatha um bambolê podia ser qualquer coisa que ela imaginasse ou um cachorro podia ser um lorde, para Rosalind um bambolê era um bambolê e um cachorro era um cachorro. Quem dissesse ou pensasse outra coisa devia ser doido. Essa pouca imaginação faria com que Rosalind se sentisse constantemente enfadada, precisando sempre de alguém por perto e de alguma atividade para se entreter. A mãe não entendia como a filha não criava um mundo maravilhoso de faz de conta e a filha não entendia a mãe achar que um cachorro era algo que não fosse um cachorro. Isso, somado à ideia infundida na criança por Madge, faria uma grande diferença no relacionamento das duas.

Agatha se ressentia de uma fala de Rosalind, em que ela dizia que Punkie era muito mais divertida que a mãe. Punkie era o nome que Jack, sobrinho de Agatha, criara para a própria mãe, Madge, e como Rosalind a chamava. Essa frase de Rosalind caracteriza a relação dela com Madge e Agatha. Madge vivia num alvoroço de coisas a fazer. Entendia Rosalind por também ser objetiva e achar Agatha estranha, em seu mundo de faz de conta. Ao invés de sentir inveja ou revolta, Agatha ficava frustrada.

O início do ano seguinte foi complicado para a família. Archie estava sem emprego, não pretendia nem tinha lugar para voltar a trabalhar com Goldstein e não estava fácil conseguir uma colocação. Irritado e nervoso, sugeriu que Agatha e Rosalind ficassem em Ashfield até a situação se resolver.

Em quinze de janeiro de 1923, Agatha enviou uma carta para The Bodley Head, alertando-os de que a prestação de contas de junho do ano passado estava errada no que se referia às vendas de seus livros na América e que eles lhe deviam duas libras e alguns centavos. Ela mesma disse que a diferença era insignificante, porém seria de grande ajuda "nesses tempos difíceis". Na mesma carta, ela perguntou qual título seria usado para *The Girl with the Anxious Eyes* (A garota com olhos ansiosos), que seria serializado em The Grand Magazine, no mês seguinte, e deveria ser publicado como livro um pouco depois. Ela também sugeriu que a capa fosse um campo de golfe verde, uma cova rasa e o corpo de um homem com uma adaga cravada. Finalizando, Agatha pediu desculpas por não poder devolver a The Bodley Head uma série de histórias que já havia enviado para outro agente, para publicação.

Essa e todas as outras cartas trocadas entre Agatha e The Bodley Head mostram, apesar do tom cordial, sua latente insatisfação com as condições de publicação de suas obras, além de seu ressentimento com os termos em que foi contratada, numa constante batalha para que suas obras não atrasassem para ser publicadas, além de um forte controle sobre suas receitas financeiras.

Agatha publicou, a partir de sete de março, a série de histórias de Poirot, às quais se referira nessa carta, em *The Sketch Magazine,* à qual já me referi no capítulo referente a O Misterioso Caso de Styles. A revista publicou uma matéria com a autora e uma página inteira de fotos de Agatha em sua casa, com Rosalind e outras. Era dessas publicações que Agatha acabava tirando uma boa receita financeira, pois seu contrato com The Bodley Head não incluía, para sua sorte, negociações diretas com revistas e jornais. Suas primeiras histórias de Poirot Investiga, foram negociadas pela editora, mas logo em sua segunda empreitada do tipo, Agatha comunicou que estava com outro agente negociando seus direitos, como visto na carta de fevereiro de 1923.

Juntando isso mais o pagamento que recebeu pela serialização de O

Misterioso caso de Styles e O Inimigo Secreto, Agatha percebeu que foi lograda por seus editores. O que ela recebia como cinquenta por cento dos direitos de serialização dos livros e desses contos, que havia acertado diretamente com o jornal, sem ter que dividir com The Bodley Head, era muito mais rentável do que o desfavorável acordo financeiro que o editor lhe apresentara, quando a contratou, em 1920. Agatha estava presa a eles por mais quatro livros, mas não por seus contos.

Entre os contos estão A Atriz/*The Actress*, 1923, e Enquanto Houver Luz/*While the Lights Lasts*, 1924, publicados em Novel Magazine; A Aventura Natalina/*The Christmas Adventure*, The Sketch, dezembro de 1923; e todos os contos transformados, depois, em Os Quatro Grandes/As Quatro Potências do Mal/*The Big Four*. A Atriz, e A Aventura Natalina foram publicados em 1979, no livro que leva o conto homônimo, Enquanto Houver Luz.

Durante o ano de 1923, Agatha publicou vinte e oito histórias em diversas revistas. Isso nos leva a crer que, devido à dificuldade de colocação de Archie no mercado de trabalho, Agatha assumiu o sustento da casa. Ela se recusou a partir para Torquay, conforme sugestão de Archie e, pelo que se viu e comprova, mergulhou no trabalho.

Janet Morgan, em *Agatha Christie A Biography*, afirma que essas histórias começaram a ser escritas por Agatha juntamente com seu próximo livro, Assassinato no Campo de Golfe/*Murder on the Links,* ainda em 1921. Em dezembro de 1922, Grand Magazine serializa o novo livro.

Assassinato no Campo de Golfe aparece em livro em maio de 1923. É uma nova história de Poirot, bem no gênero de romance policial. O campo de golfe que aparece na história, por sua localização geográfica, é provavelmente o Churston Golf Course, em Churston Ferrers, próximo à Torquay, apesar de alguns autores o identificarem como o Torquay Golf Couse. Há, na região de Churston, um hotel — Na época, a casa da família dona do Grand Hotel Torquay, lorde e lady Churston, o Churston Manor Inn. O hotel tem em seu hall de entrada uma pequena sinopse do vínculo de Agatha com a região, vizinha à Greenway. Conta que ela costumava frequentar a casa aos domingos, depois da missa na vizinha Igreja de Churston, que quase invade a propriedade. A história afirma que Agatha se inspirou naquela casa para criar o modelo da *Villa Margheritte* do livro. Se é, porém, mais ou menos óbvio que o campo de golfe atrás do hotel é o de Assassinato no Campo de Golfe, a afirmação quanto a casa, por outro lado, deve ser olhada com certa cautela. O livro, afinal, é de 1923 e Agatha comprou Greenway e passou a frequentar a Igreja de St. Mary the Virgin, de Churston Ferrers, em 1938. É verdade que nada impede que, eventualmente, antes da compra de Greenway, ela passeasse pela região com Clara ou seus amigos e

Churston Inn

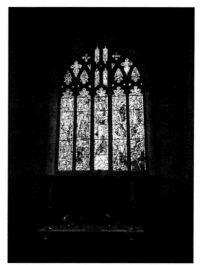

Vitral

Scottswood

Styles

que tivesse realmente se inspirado em Churston Manor para criar a casa do livro; porém existe uma das casas vizinhas a Ashfield que se chamava *Villa Marguerite,* hoje demolida, e pode ter sido a verdadeira fonte da inspiração de Agatha.

A história do livro se passa no sul da França[27], mas nitidamente percebe-se que seu local de inspiração é a costa do Devon. Ao final do livro, mostrando sinais da consciência de que seria vinculada por muito tempo a Poirot, Agatha casou Hastings e o despachou para a Argentina, visando amadurecer seu personagem e se libertar das influências dos outros autores, que a inspiraram quando escreveu O Misterioso Caso de Styles... ou ela simplesmente precisava se livrar dele devido ao projeto de algum outro livro.

Por causa de uma discussão com The Bodley Head, já iniciada na carta que citei anteriormente, sobre o desenho da capa do livro, que Agatha achou mal-feito e pouco alusivo ao enredo, ela conheceu o sobrinho de John Lane, Allen Lane, que mais tarde fundaria a Penguin Books e seria um de seus melhores amigos.

Archie conseguiu um emprego com um amigo seu, Clive Beaullieu, na Austral Company, na City de Londres[28], com pagamento anual de mil libras. Archie voltou a ficar feliz, a família ficou feliz e tudo voltou ao normal. Agatha estava sendo reconhecida e remunerada por seu trabalho. Ser serializada por *The Weekly Time* e por *The Sketch* era sinal de prestígio para um autor. Além disso, O Inimigo Secreto foi publicado nos Estados Unidos e Agatha recebeu um pagamento mais generoso em dólares. Sua renda passou a contar para as finanças do casal.

Em primeiro de novembro, outra carta de Agatha Christie para The Bodley Head cobrava a publicação de Poirot Investiga, alegando que o editor havia dito que daria notícias na semana anterior e não se comunicou com ela. Ela ressalta que gostaria que a publicação em livro fosse feita em breve, antes do Natal, para aproveitar a boa vendagem que tivera na revista.

Agatha questiona também o acordo financeiro feito para a publicação em série de O Homem do Terno Marrom, por The Grand Magazine, lembrando que os livros estavam comprometidos com a editora.

Ela encaminhou, junto com essa carta, uma carta procedente do Brasil,

---

27. Em meu livro Viagem à Terra da Rainha do Crime, a súmula do hall de entrada de Churston Manor Inn me convenceu e publiquei como sendo verdade; porém mais tarde refleti sobre o assunto e me dei conta de que poderia ser um engano. Brett Howthorne, em seu livro *Agatha Christie's Devon*, diz que a intenção de Churston Ferrer's Inn não é válida devido à data, mas eu considero haver chance de Agatha conhecer muito bem o local antes de 1938.

28. Gwen Robbins dá a entender que esse seria o segundo emprego de Archie, ignorando o emprego com o Sr. Goldstein. Françoise Rivière, em *Agatha Christie Duchesse de la Mort*, não especifica adequadamente as datas e pode haver dúvidas quanto a esse emprego; ele também ignora o tempo em que Agatha e Archie moraram em Scottswood e os coloca diretamente comprando Styles.

em que a Revista Fon Fon e Selecta queria discutir os direitos de publicação dos livros por aqui. Isso não aconteceu, pois somente em 1928 tivemos o primeiro conto de Agatha Christie publicado por aqui; e o primeiro livro, em 1930.

Em quatro de novembro, houve nova correspondência em que Agatha concordava com os termos de publicação de Poirot Investiga, mas exigia os direitos para cinema, teatro e a licença para outros países. Demonstranto toda sua insatisfação, ela terminou o parágrafo dizendo que: "Seus acordos sempre contam treze como doze." Ela concordou que esse livro não fosse computado como um dos cinco com que havia se comprometido com a editora quando assinou o contrato de O Misterioso Caso de Styles, porém insistiu que *Vision*, seu livro nunca publicado, fosse aceito como o quarto.

Na semana seguinte, em nove de novembro, outra carta de Agatha exigia a retirada dos direitos de publicação nos Estados Unidos e de "partes" do livro, que constavam no contrato enviado para ela assinar — isso, por si só, demonstra que Agatha não era tratada corretamente pela editora. Ela ainda exigiu que a cláusula seis fosse retirada, sem citar seu teor. Cobrou a anuência, por escrito, de que *Vision* seria aceito com seu quarto livro pela The Bodley Head.

Em quatro de dezembro, Agatha comunicou ao seu editor que fecharia um acordo de publicação das histórias de Poirot Investiga com a Índia, frisando que o está fazendo por mera cortesia, pois a editora não tinha direitos sobre esse material.

Ao final do ano de 1923, comprovando a teoria de que Agatha Christie era, agora, uma escritora profissional e sua renda contava para o sustento do casal, ela recebeu uma notificação do fiscal de impostos, pedindo esclarecimentos sobre suas rendas. Ela alegou que não era uma escritora, apenas escreveu, esporadicamente, alguns livros. O fiscal de tributos, porém, qualificou-a como escritora e começou uma longa aventura, que duraria todo o resto de sua vida, de problemas com impostos.

Depois disso, ela decidiu fazer nova visita a Hugh Messie, o agente literário a que havia sido encaminhada por Eden Phillpots, no começo da década de 1910. Hugh Messie, em si, já havia morrido e ela foi encaminhada a um jovem funcionário da empresa, Edmund Cork. Começava, também, uma amizade sincera e profunda para toda a vida. As cartas trocadas por trinta e cinco anos entre Cork e Agatha, na Biblioteca da Universidade de Exeter, são, além de uma correspondência comercial, uma demonstração de amizade verdadeira de ambos. Somente uma entre mais de cinco mil cartas teve um tom mais severo dela, demonstrando um esprírito nitidamente oposto ao relacionamento que tivera com seu primeiro editor. Tal fato se exemplificaria muito bem quando Agatha, décadas depois, afirmou nunca saber quanto tinha de dinheiro em sua conta bancária, pois quem tomava conta de tudo era Cork.

A essa altura, The Bodley Head já dependia mais de Agatha do que Agatha deles. Ela era, de longe, sua contratação mais rentável e eles começaram a sugerir que ela fizesse um contrato mais vantajoso com eles, para mais cinco livros, e que anulessem o contrato anterior. Agatha, porém, ressentida, negou-se.

Cork esclareceu a questão dos impostos, ignorada por Lane e que levou Agatha a ter problemas. Além disso, Agatha conversou com ele sobre seu desfavorável contrato comercial com seu atual editor. Cork encaminhou Agatha para William Collins & Sons. Esses editores, que já conheciam o trabalho prévio de Agatha, juntamente com algum projeto que Agatha apresentara a eles, ficaram tão satisfeitos com o que viram que contrataram Agatha, comprometendo-se a esperar o término do compromisso dela com The Bodley Head. Agatha Christie foi contratada em vinte e sete de janeiro de 1924[29].

Agatha nunca escondeu de The Bodley Head que havia fechado contrato com outro editor. Ela claramente disse a The Bodley Head, em uma carta de dois de julho de 1924, que Hughie Messie estava com problemas no levantamento dos direitos autorais de seus contos na América e sugeriu que ambos se correspondessem sobre isso.

Na vida familiar, Agatha e Archie passavam os finais de semana passeando por campos de golfe. Archie se tornara um entusiasta do esporte que Agatha praticava, mas não era uma grande jogadora nem tinha a febre de ocupar todo seu tempo livre isso. Ironicamente, quem primeiro levou Archie a um campo de golfe em um fim de semana foi a própria Agatha.

Ainda em 1923, Agatha ganharia sua primeira concorrente ao título de Rainha do Crime. Dorothy L. Sayers, uma das primeiras mulheres graduadas pela conceituada Universidade de Oxford, publicou *Whose Body?*

O apartamento em que viviam, em 8, Addison Maisons, ficava no quarto andar e não havia elevador. A babá tinha que caminhar certa distância com Rosalind até o parque e a condição não era muito ideal. Agatha, mais confiante da condição financeira do casal, sugeriu a Archie que se mudassem para algum lugar no campo, próximo à Londres, para que tivessem um jardim onde Rosalind pudesse brincar e uma casa melhor. Archie aceitou a ideia, porém, numa nítida demonstração de ambição e grandiosidade, insistiu que se mudassem para Sunningdale, onde novos campos de golfe, cercados de casas de luxo, estavam surgindo.

---

29. Gwen Robbins, em *The Mystery of Agatha Christie*, erra ao dizer que ela contratou Edmund Cork em 1925.

Agatha jamais pensara naquele como um lugar no campo; enxergava como um lugar caro, acima das posses do casal, mas se contentou, pois não teria mais que ficar sozinha ou viajar nos finais de semana com Archie para jogar golfe. Eles conseguiram alugar um apartamento em uma antiga casa que fora dividida em quatro, chamada Scottswood, próxima à A25, Sunningdale. Decoraram a casa e começaram uma nova fase em suas vidas. Há uma carta de Agatha para The Bodley Head comunicando o novo endereço, datada de treze de janeiro de 1924, em que ela comentou ter acabado de se mudar.

Em novembro de 1923, o *Evening News* havia pagado à Agatha Christie quinhentas libras pelos direitos de serialização de seu futuro livro O Homem do Terno Marrom/*The Man in Brown Suit*. O jornal serializou a obra com o nome de Ana, A Aventureira/*Anne, The Adventuress*. Era uma excelente quantia e Agatha pretendia guardar o dinheiro. Numa demonstração de status, Archie sugeriu a ela que comprasse um carro com o dinheiro. Agatha ficou ligeiramente horrorizada com a sugestão. Um carro era algo que somente os ricos tinham, pois era muito caro, mas no fim cedeu e aceitou a sugestão de Archie. Agatha comprou seu primeiro automóvel, um Morris Cowley 1924, de quatro lugares e capota de vinil.

Archie começou a ensiná-la a dirigir, quando, depois de sua terceira lição, em vinte e oito de março de 1924, estourou a greve dos transportes de Londres, contra um ato do parlamento que regulamentaria o transporte a partir de vinte e cinco milhas de Charing Cross, pois existiam muitos clandestinos atuando na região. Agatha foi obrigada a dirigir pela primeira vez, pois Archie foi guiando até um ponto onde os transportes já estavam operando, virou o carro e ela teve que voltar sozinha com ele para Sunningdale. Depois disso, ela ganhou confiança e começou a dirigir para todos os lugares, indo até para Ashfield com Rosalind.

Em maio, foi publicado Poirot Investiga/*Poirot Investigates*. A capa do livro era uma ilustração que *The Sketch* fizera de Poirot para a publicação dos contos em jornal e muito agradara a Agatha, de autoria de W. Smithson Broadhead. Vemos, no livro, contos de Poirot passados antes de Styles; um com ele jovem e aventuras suas como policial, na Bélgica.

O último conto publicado por Agatha, em doze de dezembro desse ano, não está presente em *Poirot Investiga*. Chamava-se A Aventura Natalina, mais tarde transformado em A Aventura do Pudim de Natal.

Durante o ano, Agatha publicou mais vinte e oito contos em diversas revistas da Inglaterra e dos EUA, mostrando que sua renda era importante para manutenção da vida opulenta do casal.

Agatha publicou, com outro editor, Geoffrey Bles, um pequeno livro de poemas chamado *The Road of Dreams*[30], em que junta seus poemas da juventude e os poemas da Commedia dell'Arte. Inspirada nas peças de porcelana da tia-avó, que representavam Pierrô, Colombina, Arlequim e Pierrete, Agatha havia escrito e publicado esses contos em *The Poetry Review*; segundo ela, quando tinha entre dezessete e dezoito anos.

O autor que melhor analisa os poemas de Agatha Christie é, de longe, Charles Osborne. Além de chamar a atenção para os interessantes poemas da Commedia dell'Arte, prevendo a aparição, anos depois, do Sr. Quin, ele também destaca outra característica da produção poética, já ressaltada por mim na prosa, da morbidez dos temas apresentados: dor, sofrimento e morte. Charles Osborne é o único autor que usa algum espaço em seu livro para uma análise da poetisa Agatha Christie, sendo que muitos dos livros escritos sobre ela nem citam esse livro ou os outros dois do mesmo gênero, publicados mais de quarenta anos depois.

Ele afirmou, em uma entrevista para o centenário de nascimento de Agatha Christie, que seu talento para a poesia era genuíno, porém carecia de originalidade e criatividade. Afirmou que boa poesia não é feita apenas de sentimentos, mas sim de palavras e o pouco conhecimento dela sobre linguagem não permitiu que se distinguisse como poetisa. Ele ressaltou que, apesar disso, ela podia revelar muito bem seus sentimentos em verso, produzindo interessantes poemas líricos.

Eu não sou um grande conhecedor de poesia e não poderia me aventurar a tecer quaisquer comentários sobre a produção poética de Christie. Tenho os livros na minha coleção, já os li e reli. Na minha visão completamente leiga no assunto, gosto dos poemas da Commedia dell'Arte, acho muitos dos outros mórbidos e outros, de uma deliciosa ingenuidade, quase infantil. Prometi a mim mesmo que jamais publicaria *In a Dispensary* nesta biografia, pois, de longe, é o poema mais publicado de Agatha, presente em mais de dez obras sobre ela. Particularmente, como sou um apaixonado por Elizabeth I, gosto muito da balada *Elizabeth of England*, em que Agatha exaltou os triunfos da grande rainha da Inglaterra e os mesclou com um possível drama pessoal, por não ter tido filhos e descendentes ao trono, extinguindo a dinastia Tudor.

Na segunda metade do ano, Agatha publicou O Homem do Terno Marrom pela The Bodley Head. Os primeiros personagens não protagonistas, mas inesquecíveis de Agatha Christie surgiram nesse livro: Anne Bedegnfeld e Sir Eustace Pedler. Pedler foi diretamente inspirado no

---

30. Gwen Robbins, em *The Mystery of Agatha Christie*, diz que o poema M.E.L.M. In Absence, escrito por Agatha para seu segundo marido, Max, está nesse livro. Na verdade, o poema está em Poems, publicado em 1973. Em 1924, Agatha nem conhecia Max.

Major Belcher, por insistência dele próprio, e Agatha atribuiu-lhe o título de Sir para massagear seu ego. Belcher adorou o livro, diretamente inspirado nas peripécias do grupo na Expedição do Império Britânico. A caverna explorada pelo pai de Anne é inspirada diretamente na Kent's Cavern, de Torquay.

Nessa época, também, uma constante visita nos fins de semana em Scottswood era Madge. Ela escreveu uma peça de teatro chamada *The Claimant,* baseada em um famoso caso de 1871, em que um impostor tentou usurpar os direitos de herança de um nobre jovem inglês, que desparecera anos antes em uma viagem de navio entre o Rio de Janeiro e Jamestown.

Madge, em suas cartas para o marido e a mãe, dizia que o produtor da peça dependia inteiramente dela para realizá-la, que não sabia fazer nada sem ela e não cansava de repetir o quanto a achava sensacional e indispensável. Cito somente para termos uma maior noção do ego e do comportamento de Madge. Ela era atriz amadora e atuava no grupo teatral *Manchester Amateur Dramatics.*

A peça estreou no West End[31], em onze de setembro de 1924, e ficou em cartaz por cinco semanas. Não foi um grande sucesso, apesar de Agatha louvar o feito da irmã, exaltando o fato de ser ela a grande inteligência da família.

Particularmente, com a concordância de alguns biógrafos, como Janet Morgan, duvido que a peça de Madge fosse encenada em Londres se ela não fosse irmã da já famosa e conhecida Agatha Christie.

Laura Thompson, em *Agatha Christie An English Mystery,* usou uma frase curiosa e reveladora: "Ela era muito divertida. Levemente enterrada em Manchester."

Se alguns sugerem que Madge não gostava de sua vida no interior, Agatha nos falava de seu empenho, durante a guerra, em manter sozinha sua enorme casa, Abney Hall, de vinte e cinco quartos. Trabalhava incansavelmente das cinco da manhã às dez da noite. Laura Thompson também transcreveu algumas frases de cartas de Madge, às quais teve acesso autorizado, em que Madge parecia ter certa inveja do reconhecimento de Agatha como escritora.

Uma amizade que voltou a surgir nessa época foi a de Agatha com Nan Watts. Nan estava em seu terceiro casamento e se chamava Nan Kon. Agatha a citou, dizendo que Nan tinha uma filha, Judy. Foi a única menção que tivemos a essa criança em toda a *Autobiografia.* O novo marido de Nan, George Kon, era entusiasta do golfe, como Archie, e eles jogavam juntos,

---

31. *Há três divergências sobre o teatro que The Claimant foi encenada. Janet Morgan subentende o St. Martin; Mike Holgate em Stranger Than Fiction, e Laura Thompson em Agatha Christie An English Mystery, dizem que foi no Queen's Theatre e outros autores falam no Ambassador. Janet Morgan erra a data ao dizer que a peça é de 1923.*

enquanto Nan e Agatha faziam companhia uma à outra e Judy, apesar de três anos mais velha, brincava com Rosalind.

Judy era filha do primeiro casamento de Nan com Hugo Pollock, que desapareceu e não foi possível a Nan divorciar-se formalmente dele. Assim, se o divórcio já era um tema complicado para senhoras na época, uma mulher não divorciada que vivia com outro homem era mais problemático ainda. Acredito que muitas portas se fecharam ao casal Kon e, por isso, a reaproximação com Agatha.

Quem trouxe ao mundo essa realidade foi a própria Judith Pollock, que, além de contá-la, ainda arrematou a história, dizendo que a mãe tivera um caso e, por isso, anos mais tarde, George Kon também a deixou. A única testemunha dessa história foi a própria Judith. Agatha parecia não gostar de George, pois, ao apresentá-lo na *Autobiografia,* fala: "She remarried a man called George Kon..."[32].

Agatha não teceu nenhuma consideração sobre George ou Judy, como se fossem meros conhecidos e não pessoas muito próximas dela. É interessante notar que Agatha Christie, em toda a *Autobiografia*, deixa transparecer, sem exageros ou mensagens diretas, seus sentimentos em relação às pessoas de que ela gostava. Isso é válido para sua amiga de Torquay, Ellen Morris, para sua futura secretária, Charlotte Fisher, seus cunhados, James Watts e Campbell Christie, o padrasto de Archie, a primeira babá de Rosalind e tantas outras. Pessoas importantes e pessoas que ela nem mais via, mas de quem se lembrava com carinho.

A apresentação seca de George Kon e a menção de passagem a Judy, circundantes à vida da sua muito querida amiga Nan, são expressivos dos sentimentos de Agatha. Em toda a *Autobiografia*, Agatha nunca apresentou alguém somente como "um homem", deselegantemente, ou "uma filha". Os artigos indefinidos, embora Agatha sempre tenha tido problema com uma forma de escrever mais culta e polida, advinda de sua falta de escolaridade regular na infância, aqui são muito representativos de seus sentimentos.

As novidades do ano seriam a chegada de Peter, o cachorro, ainda um filhote, e de Charlotte Willhelmyna Tiet Fischer, a governanta e secretária. Mais uma vez demonstrando consciência de sua nova posição como coadjuvante na manutenção financeira da família e precisando de alguém para tomar conta de Rosalind, que estava criando problemas com a babá da época, Agatha resolveu procurar uma auxiliar que cuidasse de Rosalind e a auxiliasse como secretária nas horas em que Rosalind estivesse na escola. Após algumas entrevistas, conheceu a escocesa Charlotte Fischer. Era filha do Reitor de St. Columbas, em Edimburgo. Além de saber datilografia, era uma excelente disciplinadora. Nascida em 1896, próxima de idade à Aga-

---

32. "Ela se casou novamente, com um homem chamado George Kon..."

tha, viria a ser sua grande amiga para toda a vida e seria muito querida por Rosalind.

"Carlo", como seria chamada por Rosalind e, depois, por toda a família, também foi contratada visando ajudar Agatha com Clara, que começava a apresentar sinais da velhice e sua saúde decaía. Agatha alugou um dos outros apartamentos de Scottswood para ela passar temporadas. Isso não foi dito em lugar nenhum, mas uma frase, mais tarde empregada por Archie, poderia ser alusiva também a essa medida, tomada por Agatha: "Não suporto tristeza e doença".

O ano de 1925 se passou como os outros. Clara ficava uma temporada com Madge, outra com Agatha. Monty era mantido pelas irmãs, inválido, vivendo com uma enfermeira de cabelo oxigenado, mãe de mais de dez filhos, viúva de um médico viciado em morfina. Rosalind frequentava a escola perto de Scottswood. Archie trabalhava na cidade e, nos finais de semana, desfrutava do golfe nos campos à volta de sua casa.

Agatha continuava escrevendo e nesse ano publicou, em junho, O Segredo de Chymneys — *The Secret of Chymneys*. O livro, mais uma vez no gênero aventura, apresentou-nos o Superintendente Battle, *Dad* ou *Papai*, como era conhecido. Battle teria vida própria, sendo um detetive menor de Christie. Podia aparecer sozinho num mistério ou dividir a cena com Poirot e outros. Uma nova coleção de inesquecíveis personagens coadjuvantes surgiria com esse livro. A divertida Eileen Brent (*Bundle*), Lorde Caterham, Virginia Revel, Anthony Cade e o Barão Lolopretjzel (*Lollipop*)[33], são tão marcantes que ganhariam um novo livro anos depois. O cenário do livro, a fictícia propriedade de Lorde Caterham, Chymneys, é inspirada na enorme mansão gótica de Madge, Abney Hall, que seria cenário também de outras aventuras, com outros nomes. Agatha considerava esse gênero de livro, aventura, mais fácil, rápido e divertido de escrever.

No ano de 1925, Agatha publicou apenas oito contos e *The Evening News* serializou pela primeira vez O Assassinato de Roger Ackroyd — *The Murder of Roger Ackroyd*. Alguns autores propõem que Agatha, a essa altura, ainda não sabia ao certo se era uma escritora de aventura ou de mistério. Eu discordo. Durante toda a sua carreira, ela alternaria entre um e outro, sem ter a necessidade de se definir. Por isso ela foi Agatha Christie, cheia de personalidade em sua obra.

Segundo Richard Hack, em seu livro *Duchesse of Death: The Unarythorized Biography of Agatha Christie,* em treze de junho de 1925, Agatha jogava golfe com Archie, quando se encontraram com seu amigo de escritório,

---

33. Bundle = fardo, como fardo de papel e Lollipop = pirulito. Carol Dommermuth-Costa erra ao dizer que O Assassinato de Roger Ackroyd foi publicado em 1925 e não fala de O Segredo de Chymneys em seu livro.

Larkin Pierce. Ele estava acompanhado de outra amiga, Nancy Neele. Os casais conversaram rapidamente.

Agatha já havia escrito e serializado O Assassinato de Roger Ackroyd, que seria seu primeiro livro para a Collins. Como o contrato com a Collins estipulava um valor fixo de adiantamento para cada livro que Agatha entregasse para publicação, ela ganhou estabilidade profissional e diminuiu a necessidade de publicar contos para manutenção das despesas. Além disso, contaria com os extras de direitos de serialização e publicações nos Estados Unidos. Se tudo isso for somado, ela estava ganhando o mesmo que Archie. Agatha propôs a ele que era a hora de terem um segundo filho. Archie descartou a ideia, dizendo que queria ter somente Rosalind, a quem adorava e não queria dividir o amor das duas com outra criança. Ao invés disso, Archie, ansioso por sua demonstração de status, convenceu a horrorizada Agatha a comprar mais um automóvel, um carro veloz e de luxo, de segunda mão. Assim, a família adquiriu um Delage. Agatha, depois, admitiu que adorou o carro, pois era muito divertido dirigi-lo, uma vez que Archie não tinha tempo para isso.

O casal decidiu comprar uma casa em Sunningdale, pois Archie achava que era o lugar ideal para se morar. Inicialmente, pretendiam construí-la, mas o preço dos terrenos era tão alto que foi mais viável comprar uma casa. Encontraram a propriedade que procuravam e a batizaram como *Styles*, numa nítida referência a como a ascensão financeira do casal começou.

A casa tinha a fama de dar má sorte a quem morasse lá. Quando lá estive, em 2012, talvez pelo ar gótico de castelo mal-assombrado, talvez pelas plantas malcuidadas ou talvez por suas histórias, o endereço exalava uma atmosfera sombria. Ali, antes do casal Christie, outras pessoas haviam tido má sorte. O primeiro proprietário faliu; o segundo ficou viúvo; o terceiro casal se separou e saiu da casa. Achei que tivessem trocado o nome da casa, mas continuva o mesmo, em uma desanimada plaquinha torta, mal pendurada nos galhos de uma árvore. Estava dividida em apartamentos.

Pouco antes da mudança, o casal recebeu Belcher para um final de semana em dezembro, que foi acompanhado de Nancy Neele.

Os Christie se mudaram no começo de 1926 para a nova casa, Styles. Agatha começou novamente a ficar preocupada com as finanças. Afinal, agora tinham dois carros, duas empregadas e Carlo, o marido da cozinheira, que atuava como uma espécie de mordomo, a escola de Rosalind e ela ainda ajudava com os custos de manutenção de Ashfield e de Monty.

Logo depois, Agatha planejou uma viagem à Córsega com Archie, porém, na última hora, um compromisso o impediu de viajar e ela foi com Madge. Na Córsega, ela começou a escrever seu próximo livro, O Mistério do Trem Azul/*The Mystery of Blue Train*. O enredo do livro foi inspirado, provavelmente, na viagem que Agatha e Madge devem ter feito pelo famoso Trem Azul, que ia à Riviera francesa. Dali, elas tomariam o barco para a ilha da Córsega.

Ao retornarem, Clara foi para Styles. Archie alegou que a viagem diária à Londres, que meses antes achava agradável, era cansativa e começou a passar algumas noites em seu clube, na cidade.

Ele foi para a Espanha a trabalho. Agatha recebeu um telegrama de Madge, dizendo que levara Clara para Abbney Hall, pois ela estava com uma crise de bronquite, nada sério. Quase em seguida, chegou outro telegrama de Madge dizendo: "Venha imediatamente".

Agatha saiu de Styles, mas, na troca de trem em Londres, inconscientemente teve noção da realidade. Clara morreu em abril de 1926. Agatha ficou arrasada.

Archie não voltou da Espanha para os funerais de Clara e foi encontrar Agatha dias depois, em Styles. Nitidamente, ele estava desconfortável com o sofrimento dela e lidou com isso da pior maneira possível, tentando animá-la e sugerindo que ela fosse para a Espanha com ele. Agatha preferiu ficar com sua dor e não sentia ânimo para viajar. Ao invés disso, planejou ir para Ashfield, para tentar organizar a casa que estava largada há muito tempo, com goteiras e móveis e objetos das avós amontoados desde que se mudaram para lá. Propôs a Archie que planejassem uma viajem para a Itália depois do aniversário de Rosalind. Alugaram Styles para o verão e Agatha foi com Rosalind para Torquay.

Carlo foi chamada às pressas na Escócia, pois seu pai estava muito doente, e não pôde acompanhar as duas. Agatha contou que se despediu dela chorando. Provavelmente Agatha foi para Ashfield em início ou em meados de junho, pois Rosalind estaria em suas férias de verão e podia ficar três meses longe, com a mãe.

Chegando a Torquay, Agatha ficou sozinha com Rosalind e uma empregada. Começou uma rotina irracional de arrumação. Dormia três ou quatro horas por noite. Não comia direito. Segundo ela mesma, emagreceu muito. Sua querida Ashfield era agora um lúgubre lugar desarrumado, triste, cheio do vazio de Clara, acompanhado de suas lembranças em cada canto da casa.

Agatha se atirou a uma rotina de trabalhar na arrumação doze, catorze horas por dia. Rosalind conseguia se divertir, carregando de um lugar para o outro as coisas que ela pedia ou para o lixo. A arrumação foi mais difícil do que ela havia pensado, pois as coisas da avó, que se mudara para lá em 1914 e morrera em 1919, pouco ou nada haviam sido arrumadas por Clara.

Ela disse que encontrou diversas vezes sessenta libras em notas de cinco, guardadas nos lugares mais incríveis.

Sentia-se fraca e irracional. Chorava porque a lavanderia não havia entregado uma roupa ou o carro não dava a partida. Tinha dificuldades de lembrar seu nome para assinar um cheque.

Biógrafos descrentes questionariam esse depoimento, mas somente quem passou por um luto prolongado, inesperado e profundo sabe perfeitamente que isso é possível. Sempre que preciso de explicação para algo que não entendo, não procuro fazer perguntas; procuro exemplos a minha volta. Minha secretária, uma vez, estava tão emocionada porque assinaria o contrato de compra de sua primeira casa, que teve que passar um dia inteiro ensaiando novamente sua assinatura, pois simplesmente se esqueceu de como fazê-la.

Uma vizinha de Agatha em Sunningdale, Mrs. Silva, contou que um dia Agatha estava tão visivelmente doente e transtornada que ela a pôs na cama e lhe fez companhia.

A única coisa que Agatha publicou nesse ano, além de O Assassinato de Roger Ackroyd, foram nove contos. Quatro deles escritos quando estava acamada e foi desafiada por Clara a fazê-los, em 1910/1911.

Styles 2015

Assassinato de Roger Ackroyd

O Assassinato de Roger Ackroyd/*The Murder of Roger Ackroyd* foi serializado por *The Evening News* em julho de 1925 e publicado em vinte e sete de maio de 1926.

A ideia do livro nasceu de um comentário de seu cunhado, James Watts, sobre uma história de detetive que estava lendo. Quarenta anos depois, Lorde Louis Mountbatten, primo do Princípe Phillip, marido da Rainha Elizabeth II, escreveria uma carta a Agatha, lembrando-lhe de que foi ele quem lhe enviou a ideia do enredo do livro. Agatha, muito elegantemente, reconheceu ter recebido a carta, agradeceu, pediu desculpas, justificou que não respondeu na época por estar doente e enviou um exemplar autografado de Noite das Bruxas/*Hallowe'en Party* ao nobre inglês.

As palavras de Agatha, na *Autobiografia*, falam sobre como James Watts, dera-lhe a ideia do plot, na qual ela estava pensando há algum tempo, quando a carta de Lorde Mountbatten chegou.

Agatha Christie ditou a *Autobiografia* entre 1950 e 1965; nela, ela cita ambos, James Watts e Lorde Mountbatten, como tendo lhe dado a ideia do livro. Checando a gravação original da *Autobiografia*, Agatha Christie explicou que na época em que a carta de Lorde Mountbatten chegou ela estava doente e não tinha certeza se havia agradecido pela carta até aquele dia; acrescentou que Carlo ainda não trabalhava para ela e sua antecessora perdia sua correspondência, além de não agradecer adequadamente pelas cartas. Carlo encontraria, tempos depois, diversas cartas perdidas. Essa parte não foi transcrita das fitas de gravação para a *Autobiografia* ou ficou de fora, na edição do texto final, que não foi inteiramente feita por Agatha. Em março de 1924, Charlotte Fisher (Carlo) ainda não trabalhava para Agatha. Quem deixou de responder a carta deve ter sido a atrapalhada "Cuckoo". Agatha não contesta ter lido a carta na época.

A biografia oficial de Lorde Louis Mountbatten, *Mountbatten — The Official Biography*, escrita por Philip Ziegler e publicada em 1985, traria a informação de que a esposa de Mountbatten se sentava ao seu lado, lendo para ele Assassinato no Campo de Golfe, por exemplo. Agatha Christie é citada logo na primeira página da biografia de Mountbatten, que diz ser seu fã e ler seus livros junto com a esposa sempre depois do jantar. Isso foi revisto por Ziegler, no diário de Mountbatten, de 1923.

Janet Morgan, em *Agatha Christie — A Biography*, e John Curran, em *Agatha Christie The Secret Notebooks*, revelam-nos um pouco do tema da carta de vinte e oito de março de 1924. Através deles, podemos saber que a ideia original de Lorde Mountbatten, além de ser parecida com a de James Watts, divergia em um pequeno ponto importante. Ele cita, na carta, o conto O Número 4, *The Man Who Was the Number 4*, último da série de Os Quatro Grandes/As Quatro Potências do Mal/*The Big Four*, publicada por *The Sketch*, em março de 1924.

Lorde Mountbatten encaminhou sua sugestão à Agatha por ela ser sua autora favorita. Ele mesmo, autor de contos policiais amadores, publicados sob pseudônimo em revistas da época, não teria tempo para desenvolver o enredo de um livro devido a seus compromissos com a Marinha.

Um ensaio do que acontece no livro já havia sido claramente esboçado por Agatha, em O Homem do Terno Marrom, serializado no fim de 1923 por *The Evening News,* escrito provavelmente sob influência da ideia de James.

Como Lorde Mountbatten leu os contos de Os Quatro Grandes em *The Sketch*, provavelmente ele leu a serialização de O Homem do Terno Marrom, em *The Evening News.*

Partindo desse princípio, Lorde Mountbatten somente radicalizou uma ideia que já havia ocorrido à própria Agatha Christie e, muito provavelmente, inspirou-se nela própria para lhe fornecer a ideia do enredo de O Assassinato de Roger Ackroyd.

Essa coerente teoria é apresentada por Robert Barnad, em seu livro *A Talent to Deceive — An Appreciation of Agatha Christie,* e por Gwen Robbins, em seu livro *The Mystery of Agatha Christie.* Como os livros desses dois autores foram publicados em datas próximas, Gwen Robbins nos Estado Unidos, em 1978, e Robert Barnard na Inglaterra, em 1979, podemos supor que Robert Barnard não leu o livro de Gwen Robbins; ele não a cita em seu livro, mas faz referência a ele no Appendice III — Recursos Secundários — A. Livros sobre Agatha Christie, na edição revisada de 1985.

Gwen Robbins apresenta uma entrevista pessoal, que fez com Lorde Louis Mountbatten, durante a preparação de sua biografia de Agatha. Na entrevista, ele diz a Gwen Robbins que Agatha lhe disse uma vez que o viu em uma festa, mas ficou envergonhada de se aproximar para agradecer a carta e a sugestão. Gwen Robbins também cita que o livro enviado por Agatha juntamente com a carta de resposta foi um exemplar paperback de O Assassinato de Roger Ackroyd; no entanto, na carta enviada por Agatha Christie juntamente com o livro, em 1969, está claramente escrito que ela estava enviando Noite das Bruxas/*Hallowe'en Party*. Janet Morgan, em seu livro *Agatha Christie an English Mystery*, data a carta-resposta de Agatha Christie para Lorde Mountbatten em novembro de 1969.

Gwen Robbins também nos conta que Mountbatten fala que, ao encontrar Agatha Christie em 1974, conversou com ela sobre o livro e ela lhe agradeceu novamente a ideia, porém diz que não pôde usá-la exatamente como sua sugestão e por isso achou melhor despachar Hastings para a Argentina. Hastings foi despachado para a Argentina no fim de 1923, quando a carta de Mountbatten ainda não havia chegado. Agatha provavelmente já estava preparando o caminho para seu novo livro, em que Hastings não podia estar.

Janet Morgan e Laura Thompson tiveram acesso a documentos pessoais de Agatha Christie para escrever seus livros, porém Gwen Robbins não o teve, consultando pessoas que um dia conviveram ou trocaram algumas palavras com Agatha Christie.

O Homem do Terno Marrom foi publicado em agosto de 1924. Se Lorde Mountbatten leu o livro na serialização, é possível que Agatha mesmo o tenha inspirado. Caso contrário, como Gwen Robbins não teve acesso aos documentos de Agatha, a carta de Lorde Mountbatten é datada de cinco meses antes da publicação pela The Bodley Head de O Homem do Terno Marrom e realmente ele teve a ideia sozinho.

O que não foi dito, talvez pela própria Agatha Christie não se lembrar ou não querer explicar mais coisas desnecessárias, como dizerem que ela deu uma desculpa para tirar a origem da ideia de Lorde Mountbattem, é que provavelmente, quando a carta de Mountbatten chegou, em março de 1924, O Assassinato de Roger Ackroyd já estava sendo escrito e foi exatamente o seu esboço, apresentado em dezembro de 1923, que concretizou a contratação de Agatha Christie pela Willian Collins & Sons.

Lendo o livro, poucas referências de tempo podem ser obtidas, característica da obra de Christie. A primeira frase da primeira página do livro traz a data de quinta para sexta-feira, dezesseis para dezessete de setembro. Consultando o calendário desses anos, podemos ver que dezesseis e dezessete, quinta e sexta-feira, respectivamente, ocorreram somente em agosto de 1923 e outubro de 1924. Nada pode ser afirmado com certeza por essa informação e o livro não traz mais nenhuma referência de tempo.

Para alicerçar essa teoria, temos o curioso fato de que, em 1924, Agatha publicou Poirot Investiga, uma coletânea de contos anteriores, e, em junho de 1925, Agatha publicou seu último livro pela The Bodley Head, O Segredo de Chimneys/*The Secret of Chimneys,* um livro de aventuras "mais rápido e fácil de escrever" do que um romance policial, como Agatha comenta na *Autobiografia,* sobre O Mistério dos Sete Relógios/*The Seven Dials Mystery.*

No mês seguinte à publicação de O Segredo de Chimneys, julho de 1925, The Evening News iniciou a serialização de O Assassinato de Roger Ackroyd, indicando claramente que os dois livros já estavam prontos.

Reforçando a hipótese, O Segredo de Chimneys foi o único livro de Agatha Christie até então que não foi serializado antes da publicação, muito provavelmente por ter sido concluído rapidamente para a publicação e fim do contrato com The Bodley Head, escrito depois que Agatha concluiu O Assassinato de Roger Ackroyd. O Segredo de Chimneys é também o primeiro de cinco ou seis livros que Agatha publicaria durante sua vida inspirados em Abney Hall, a grande mansão gótico-vitoriana da família de James Watts. Isso serve como indício de que Agatha pode ter elaborado o enredo do livro quando lá esteve, no Natal de 1924.

Lendo O Segredo de Chimneys, descobrimos a data de quarta-feira treze, a data em que as memórias do Conde Stylptitch deveriam ser entregues ao editor. As quarta-feiras treze, antes da publicação de O Segredo de Chimenys são treze de fevereiro e treze de agosto de 1924. Isto também é inconclusivo. Quando Anthony Cade se aproxima de Hurstmere, Langly Road — Dover, quartel general do Rei Victor, ele ouve os passos de um guarda que faz a ronda na casa. Duas pessoas dentro da casa falam sobre esse sentinela, dizendo que seu nome é Carlo. Apesar de eu acreditar na forte percepção de Agatha e sua mãe, Clara, é muito improvável que Agatha tenha tido uma percepção do nome de sua futura secretária, Charlotte, apelidada Carlo. O nome da sentinela, quase no fim do livro, prova que Agatha Christie usou o apelido de sua nova secretária. Carlo foi contratada no começo de 1925. Agatha, em sua entrevista com ela, perguntou se ela era capaz de lidar bem com idosos difíceis. Ela procurava por alguém para tomar conta de Rosalind, ser sua secretária e ajudá-la a cuidar de Clara, que começava a passar temporadas com ela, não em Londres, mas em Scottswood, Sunningdale, para onde Agatha havia se mudado entre quinze de dezembro de 1923 e treze de janeiro de 1924.

Relembrando, para entender minha teoria, no final de 1923, devido a um problema com impostos não convenientemente dirigido pela The Bodley Head, Agatha Christie procurou Edmund Cork para ser seu agente. Como ela estava insatisfeita e magoada com seus editores devido ao contrato que fizeram com ela, Edmund Cork a encaminhou para William Collins & Sons.

Em vinte e sete janeiro de 1924, Agatha foi contratada pela Collins, que aceitou esperar o término de seu contrato com The Bodley Head, restrito a mais dois livros. Acredito que a Collins gostaria de um projeto de algo mais consistente do que as coletâneas de contos ou o livro O Segredo de Chimneys, para justificar a espera de um ano e meio para a publicação de seu primeiro livro de autoria de Agatha Christie. O novo contrato de Agatha com a Collins previa um adiantamento de duzentas libras para cada livro a ser publicado.

No início do ano de 1924, Agatha comprou seu carro, um Morris Cowley de quatro assentos, publicou um livro de poemas bancado por ela mesma, *The Road of Dreams*, e mudou-se com a família para uma casa em Sunningdale. A renda do casal se restringia ao salário de Archibald Chirstie e as cem libras que Agatha recebia anualmente de herança não fariam frente a essas despesas. O carro foi comprado com o pagamento da serialização de O Homem do Terno Marrom, sobrando ainda metade do dinheiro recebido. No final do ano, porém, eles compram mais um carro, um Deláge. Provavelmente, Agatha Christie já recebera seu adiantamento de duzentas libras pelo primeiro livro a ser publicado pela Collins.

A única coisas que poderia esclarecer esse mistério seria alguma pista deixada por Agatha Christie em seus cadernos ou alguma carta entre ela e Edmund Cork ou entre Cork e a Collins.

John Curran, em seu livro *Agatha Christie's Secret Notebooks*, analisou os cadernos de Agatha e os explorou mais do que qualquer outro autor. Ele nos dá duas certezas: poucas coisas tinham data, portanto a chance das anotações sobre O Assassinato de Roger Ackroyd o terem seria muita pequena, e não existe mais nenhuma anotação sobre a criação do livro. Tudo sobre ele se perdeu, restando apenas uma lista de personagens.

O escritório de Edmund Cork foi bombardeado no início da Segunda Guerra Mundial e só restou sua correspondência após 1940, arquivada na coleção especial da Biblioteca da Universidade de Exeter.

Pelo exposto, podemos pensar que:

- Agatha Christie tinha na memória a sugestão de James Watts.
- Agatha Christie experimentou o uso dessa sugestão em O Homem do Terno Marrom.
- A própria Agatha Christie radicalizou a ideia em um ensaio do livro O Assassinato de Roger Ackroyd, para apresentar à Collins.
- O livro foi aprovado e Agatha contratada. Ela começou a escrever O

Assassinato de Roger Ackroyd juntamente com os vinte e sete contos do ano de 1924 e os contos de Os Quatro Grandes.

- Lorde Mountbatten enviou a carta com sua ideia, dando a Agatha um caminho para terminar de desenvolver sua própria ideia.
- Agatha concluiu O Assassinato de Roger Ackroyd e rapidamente escreveu O Segredo de Chimneys, para ser publicado pela The Bodley Head, encerrando seu contrato com eles.
- No mês seguinte à publicação de O Segredo de Chimneys, que não foi serializado, ela serializou O Assassinato de Roger Ackroyd, em The Evening News.
- Carlo é contratada em 1924 e encontrou a carta de Lorde Mountbatten.
- Lorde Mountbatten enviou uma carta a Agatha em 1969, lembrando-lhe de tê-la enviado a ideia do livro.
- Agatha pede desculpas por não ter respondido a carta de 1924, justificando que estava doente na época e agradecendo com o envio do livro Noite das Bruxas.
- Lorde Mountbatten agradeceu o livro e informou a Agatha que ela havia respondido a carta de 1924, sem citar quando.

Se tudo se passou assim, a ideia original de O Assassinato de Roger Ackroyd foi dada a Agatha Christie por seu cunhado, James Watts. Ela usou a ideia em O Homem do Terno Marrom. Ela mesma aprimorou a ideia do cunhado em um ensaio de O Assassinato de Roger Ackroyd, para apresentar à Collins, provavelmente em dezembro de 1923, quando consultou Edmund Cork. Agatha Christie já havia começado a desenvolver o livro quando chegou a carta de Lorde Louis Mountbatten of Burma e a carta serviu como inspiração para a condução da história, caso tenha sido lida antes da conclusão do livro.

Erroneamente, falam que Doroty L. Sayers saiu em defesa de Agatha perante os membros do Detection Club, que queriam expulsá-la por ter quebrado as regras para os romances de mistério. Na verdade, Dorothy realmente defendeu publicamente Agatha, justificando que todo o burburinho causado pelo livro foi porque ela, brilhantemente, enganou todo mundo. As pistas são nítidas e claras no livro e, se seguidas, levam-nos a encontrar o assassino; disso não há dúvida alguma. O erro, porém, é afirmar que Dorothy a defendeu do risco de expulsão do Detection Club, porque o Detection Club não existia em 1926! O clube foi idealizado por Anthony Berkeley, em 1928, e teve suas reuniões formais iniciadas em 1930. Dorothy talvez tenha defendido a entrada de Agatha no Clube, mas nunca sua expulsão.

O Assassinato de Roger Ackroyd teve uma tiragem inicial de cinco mil e quinhentos livros, maior do que a normal, de três mil, e já havia vendido quatro mil unidades antes do fim do ano de 1926.

Uma das maiores regras dos jornais da época era não revelar, jamais, o assassino. Assim, os leitores que viam as críticas ao livro ficavam perdidos e não entendiam o porquê daquilo. A única solução era comprar o livro e lê-lo.

O livro se autopromoveu pela polêmica criada. Leitores, furiosos, escreveram aos editores e à Agatha, dizendo que nunca mais comprariam ou leriam um livro dela, pois ela os enganara em sua engenhosidade. Por outro lado, ela ganhou muito mais seguidores do que perdeu, pois o livro foi o bestseller do ano dos romances policiais; original, muito bem escrito e com o final mais surpreendente de todos os romances policiais até então. Nunca ninguém tentara — e conseguira — o que Agatha havia conseguido.

Susan Howland, em *From Agatha Christie to Ruth Rendell*, descreveria O Assassinato de Roger Ackroyd como uma comédia policial, embora até agora eu não consiga vincular a obra com uma comédia, a não ser pela divertida personagem Caroline Sheppard e o episódio das abóboras de Poirot.

P. D. James, em Segredos do Romance Policial/*Talking about Detective Fiction*, descreveu Agatha Christie citando não só O Assassinato de Roger Ackroyd, mas outras obras em que ela repete o truque, como a "Arqui-quebradora de regras" — referência às regras do Detection Club. Como este livro não pretende revelar nenhum assassino ou trama de Agatha Christie, a não ser as de conhecimento geral, restará a você, leitor, ler e decidir por si mesmo, se Agatha Christie quebrou ou não alguma regra do romance policial em O Assassinato de Roger Ackroyd. Eu digo que não.

O Assassinato de Roger Ackroyd é considerado por muitos autores e leitores de Agatha Christie seu melhor livro, porém não é seu livro mais famoso nem o mais vendido de toda sua vasta produção literária. O que não nos deixa qualquer dúvida é que O Assassinato de Roger Ackroyd é o segundo de uma das diversas obras-primas do romance policial mundial que foram escritas por Agatha Christie. O Misterioso Caso de Styles é subestimado por ser seu primeiro romance e é o livro que eu sempre indico para quem quer começar a ler as obras de Agatha Christie; sua primeira obra-prima.

Tragédia em Muitos Atos

Os dias se passavam em Ashfield e Agatha estava cada vez mais esgotada e sozinha. Archie não viera vê-la nenhuma vez em dois meses, mas viria para o aniversário de Rosalind e isso a animou um pouco. Madge também viria.

Quando eles chegaram, Agatha estranhou Archie, quieto e irritado, andando pelos cantos. Quando ela perguntava dos planos da viagem à Itália, ele desconversava. Madge perguntou a ela se Archie estava doente.

Finalmente, no domingo, pouco antes de retornar a Londres, Archie disse a Agatha que não havia feito nenhum preparativo para a viagem; que saíra algumas vezes com Nancy Neele e se apaixonara por ela. Queria o divórcio o mais rápido possível.

Archie se transformou no Gun Man.

Agatha, conhecendo bem Archie, perguntou se ele tinha certeza. Ele disse que sim. Ela propôs que esperassem seis meses. Ele disse que não podia esperar e que iria embora. Partiu. Voltou quinze dias depois. Agatha lhe disse que ele voltara por Rosalind, não por ela. Ele concordou. A vida deles foi um inferno durante quatro meses.

Alguns autores falam que o caso de Archie com Nancy tinha um ano e meio quando ele decidiu contar para Agatha, porém existem evidências de que isso não era verdade. Archie não teria comprado uma nova casa no começo de 1926 (Styles) com Agatha, se pretendesse se separar. No período em que ficou sozinho, foi jogar golfe com seus amigos, o casal Margaret e Sam James, de Godalming. Margaret era amiga de Nancy. Eles não gostavam de Agatha, pois o jeito fechado e calado dela os incomodava, além dela não jogar golfe. Madge James fez o papel de alcoviteira e atiçou o relacionamento de Nancy com Archie. Nancy era uma boa jogadora de golfe e gostava do esporte, sendo melhor companhia para os três do que Agatha.

Outra pista de que não existia nada no começo de 1926, foi Nancy ter ido, em dezembro de 1925, hospedar-se com Belcher, na casa dos Christie. Archie jamais teria concordado com isso. Ele podia ter o defeito que fosse, mas nunca seria hipócrita; nem humilharia e seria capaz de levar uma relação dupla perante Agatha e, principalmente, Rosalind. Isso era totalmente o oposto de Archie.

Em O Retrato/Retrato Inacabado, o diálogo de separação entre Dermot (Archie) e Célia (Agatha), dá mais credibilidade a minha percepção de Archie como um todo. Nele, Célia comenta que às vezes gostaria que Dermot fosse um pouco desonesto e mentisse, somente para ser agradável; mas, não, Dermot era engraçado e desoladoramente verdadeiro. Como o livro é de 1934 e Agatha o escreveu sob pseudônimo, alterando nomes, lugares e algumas situações, não existia a necessidade de ela fazer nenhum tipo de média com ninguém e podia ser ela, ela mesma, falando a verdade e o que pensava.

O último ponto importante a ser levantado é a característica mais marcante de Archie: ele decidia as coisas por impulso e, quando decidia, não podia esperar. Foi assim quando pediu Agatha em casamento. Foi assim que afastou o noivo de Agatha. Foi assim quando decidiu casar-se de um dia para o outro. Foi assim com a saída do Ministério da Aeronáutica. Foi assim com o carro e foi assim com a mudança de Londres para Sunningdale. Por que, de uma hora para a outra, ele se transformaria em outro Archibald? Não se transformaria. Ele provavelmente começou o relacionamento com Nancy no início daquele ano, quando começou a não voltar mais para casa durante alguns dias da semana e quando não foi com Agatha à Córsega.

Ele justificaria sua atitude para Agatha dizendo que havia avisado que não suportava doença e tristeza. Provavelmente ele foi afetado pela presença de Clara, em Scottswood. Apesar disso, nada aconteceu, até que se mudaram para Styles e novamente ele se viu rodeado por Clara, agora doente e de quem tinha ciúmes por achar que Agatha nunca seria totalmente dele, dada a devoção dela à mãe. Com a morte de Clara, foi a vez de Agatha ficar doente, triste e deprimida. Archie a convidou para voltar com ele para a Espanha, mas ela recusou.

Agatha atribuiu grande parte do rompimento a si mesma. Ela foi magnânima em relação a Archie, tirando-lhe grande parte da culpa e reconhecendo que, se tivesse ido com ele para a Espanha, talvez aquela situação não tivesse acontecido. Se por um lado concordo com isso, por outro acredito que teria acontecido de qualquer forma, pois um marido que não pode ver a mulher triste, infeliz, de luto e não faz absolutamente nada, a não ser se afastar dela, uma hora ou outra falharia em seus compromissos de união.

Outro fator a ser levado em conta é a idade de Archie quando se separou de Agatha. Ele estava com trinta e sete anos. Quantos casos de maridos nessa idade, que começam a se comportar como adolescentes, não conhecemos? Quantos casamentos se acabam por que eles resolvem que, se tiverem uma mulher mais jovem, talvez não envelheçam? O fim do casamento de Agatha foi a junção de todos esses fatores.

Alguns dizem que Nancy Neele não aceitaria ter um caso com um homem casado e Laura Thompson a chama de *Ana Bolena,* a personagem histórica que seduziu Henrique VIII, mas não aceitava ser sua amante, pois queria ser rainha. Agatha não pinta Nancy assim, em momento algum. Ela sabe que toda a iniciativa partiu de Archie e sabe que ele não é, de nehuma maneira, manipulável. Pode-se pensar até que Nancy repudiou Archie logo de início, não concordando com a situação, mas sem imaginar que ele acabaria com o casamento sem pensar duas vezes. A verdade era que Nancy amava Archie.

Nas fotos que vemos de Archibald Christie, ele está sempre com o cachimbo na mão, olhando para longe, sem se importar com a foto nem com os outros, que nela se encontram; sempre sério, nunca encara a câmera. Somente uma ou duas fotos suas o mostram de frente ou até ensaiando um sorriso. Agatha diria que ele escutava os outros com benevolência quando se decidia a dar atenção a alguém que não fosse ele mesmo. Archie era uma das pessoas mais egocêntricas que podemos imaginar.

Ainda em O Retrato/Retrato Inacabado, Célia diria que Dermot tinha "olhos azuis muito oblíquos, olhando de relance para as pessoas, fugindo logo depois". Também nos conta que a primeira vez em que ele a olhou fixamente, foi quando a pediu em casamento e a beijou na sala de piano. As fotos de Archie já me mostravam essa pessoa antes de ter o depoimento de Célia para corroborar minha teoria.

O casal passou quatro meses, aproximadamente, em Styles. No começo de dezembro, Archie partiria definitivamente. Pelo menos, era o que ele achava.

Agatha: Desaparecida

"So, after illness, came sorrow, despair and heartbreak, there is no need to dwell on it.[34]"

Agatha Christie

Em meu enorme respeito por Agatha Christie, o que eu mais gostaria de fazer seria aceitar sua vontade, muito bem expressada nessa frase de sua *Autobiografia* — pular os acontecimentos seguintes. Por outro lado, estaria perdendo uma chance de defendê-la dos comentários que sofreu, e ainda sofre, em decorrência desses fatos.

Se fossem restritos somente ao desaparecimento, com certeza eu não perderia meu tempo com ele. As tentativas, porém, de manipular o caráter, não só de Agatha, mas de todos à sua volta, não somente no momento do fato, mas por toda uma vida e em tudo aquilo que nos encanta sobre ela, causam-me repúdio. Se os pretextos apresentados fossem inquestionáveis, não me restaria alternativa senão me calar; porém tudo o que foi apresentado é altamente duvidoso ou comprovadamente falso e manipulado. Palavras são acrescentadas e/ou omitidas; datas, idem; testemunhas sem credibilidade alguma são apresentadas; motivos financeiros ou exaltação do próprio ego se misturam; histórias inverossímeis e absurdas são inventadas. Entre a cruz e a espada, meu compromisso com a verdade e com Agatha Christie me obriga a redigir este capítulo.

Os fatos a seguir foram pesquisados em artigos de jornais da época. Richard Hack, em *Duchess of Death — The Unauthorized Biography of Agatha Christie,* dá a nós uma excelente bibliografia de artigos falando sobre o caso

---
34. "Então, depois da doença, veio o sofrimento, o desespero e o coração partido. Não há necessidade de nos determos nisso."

do desaparecimento de Agatha Christie. Todos os biógrafos de Agatha em algum momento se valeram desses jornais e os pesquisaram, mas as informações exatas dos artigos de jornal de Hack muito colaboraram para a realização deste capítulo.

Andrew Normam, em seu livro *Agatha Christie The Finished Portrait*, reproduziria alguns artigos inteiros e o próprio Richard Hack. Tudo visando embasar com o máximo de fidelidade possível os acontecimentos. Jared Cade, na bibliografia de sua *fanfiction*, não cita os jornais de 1926, somente de outros anos e da atualidade, apesar de citá-los no texto.

Levei dois fatores em conta. Primeiro, os jornais também podiam ter manipulado a informação, de acordo com seus interesses. Segundo, algum autor poderia ter trocado uma palavra, uma data ou uma expressão desses artigos em suas transcrições, visando alterar todo o sentido da notícia para alicerçar suas próprias teorias. Tendo em vista essas duas possibilidades, não me restou alternativa senão rumar para The Bristish Library Newspapers Collindale, em junho de 2013[35], e verificar pessoalmente cada um desses artigos de jornais, para autenticá-los.

Uma fileira de biógrafos de Agatha Christie passou por esses artigos de jornais. Gwen Robbins, Charles Osborne, Janet Morgan, Gillian Gill, Laura Thompson, Andrew Norman, Richard Hack e eu, em ordem cronológica.

Os fatos que apresento a seguir são desses artigos de jornais, por mim autenticados e pautados nas investigações policiais da época.

Apesar de quase todos os jornais da Inglaterra e de alguns de outros países, como França, Estados Unidos e Brasil, haverem noticiado em algum momento o desaparecimento, eu me detive nos jornais citados pelos demais autores. Os jornais em questão são: Daily News, Daily Mail, Daily Scketch, The Times, Westminster Gazette, The New York Times, Harrogate Herald e Harrogate Advertiser.

No dia primeiro de dezembro de 1926, Agatha foi fazer compras de Natal em Londres com sua vizinha de Sunningdale, Mrs. Silva. Gwen Robbins diz que ela foi com a cunhada e descreve uma camisola branca que Agatha comprou, baseada em uma entrevista que um funcionário de uma loja deu aos jornais durante o desaparecimento. Ela não cita a fonte. Os outros autores falam somente que ela foi com Mrs. Silva, o que é comprovado pelo depoimento que a própria Mrs. Silva deu à polícia e aos jornais. O depoimento na íntegra, dado ao *Daily Mail* de sete de dezembro de 1926, pode ser visto no livro de Richard Hack e no próprio jornal na British Library Newspapers. Charles Osborne e Andrew Norman não citam Mrs. Silva. Gwen Robbins a cita por alto, mas não menciona as compras de Natal, somente a camisola.

---

35. Em 2015, a coleção de jornais se mudou para a sede da British Library, em Euston Square.

Durante o almoço, as duas se encontraram com outros amigos e discutiram uma viagem para Portugal em janeiro, para a casa de Mrs. Silva naquele país. Mrs. Silva informou que Agatha lhe disse estar procurando uma casa mobiliada para alugar em Londres, a fim de ficar mais próxima do marido. Ela contou ao jornal que Agatha esteve muito mal física e emocionalmente meses antes, após a morte da mãe, e que ela mesma a socorreu um dia, tal era o miserável estado em que ela se encontrava; no dia seguinte Agatha lhe agradeceria, dizendo que ela havia "salvado a sua vida".

Não há nenhuma alusão às lojas em que estiveram, portanto Richard Hack não tem base para afirmar que ela foi com Mrs. Silva à Albermarle Road nem à Harrods, nem à loja alguma. Seu erro foi copiado de Gwen Robbins, provavelmente, ou de Laura Thompson, que imaginou as amigas passeando por diversas lojas importantes de Londres, citando-as pelos nomes. Laura Thompson também não citou o artigo de jornal de Mrs. Silva.

No final da tarde, Mrs. Silva voltou para Sunningdale e Agatha se hospedou em seu clube, em Londres, para uma entrevista na manhã seguinte, com Edmund Cork.

O depoimento de Edmund Cork, no mesmo jornal e data que o de Mrs. Silva[36], confirma que ela esteve com ele na quinta-feira de manhã e que se apresentava perfeitamente calma. Havia ido tratar de assuntos referentes ao seu próximo livro; ele afirmou que ela estava tendo problemas para concluir O Mistério do Trem Azul/*The Mystery of the Blue Train,* estava preocupada com a transformação de Os Quatro Grandes/As Quatro Potencias do Mal/*The Big Four* em livro e que parecia que iria a uma aula de dança com Carlo, naquele dia à tarde.

Na manhã de três de dezembro de 1926, Archie disse à Agatha que não viajaria com ela no fim de semana para Yorkshire, conforme haviam combinado. Ele passaria o final de semana com seus amigos, o casal James, em Hurtmore Cottage, Godalming. Avisou a Agatha que não esperaria os seis meses combinados e que deixaria o lar. Esse depoimento foi dado à polícia pela cozinheira da casa de Agatha, Lilly, pois Carlo estava passando seu dia de folga em Londres.

O depoimento faz parte da súmula do superintendente William Kenward, da polícia de Surrey, e encontra-se arquivado no National Archieves de Kew, Surrey.

Em depoimento à polícia e ao *Daily Mail*, Archie disse que saiu de casa às 9h15 da manhã. Acreditava que Agatha havia saído e almoçado fora. Em

---

36. Acredito que nunca saberemos ao certo o exato nome da vizinha de Agatha que morava em Lindsay Lodge; os autores se revezam entre as versões Mrs. De Silva e De Silvo. Como brasileiro, que também fala português, como Portugal, e, acreditando ser essa a nacionalidade da vizinha, pois ela está combinando férias com Agatha em sua casa nesse país, uso a versão na nossa língua: da Silva ou, como usamos, Silva.

algum momento entre a manhã e a tarde, Mrs. Silva telefonou para Agatha, convidando-a para tomar chá e jogar bridge naquela tarde. Agatha avisou que teria um compromisso e não poderia comparecer.

Depois do almoço, ela foi com Rosalind até a casa de sua sogra, que agora morava a quarenta quilômetros de Styles. Agatha saiu de casa por volta de uma hora da tarde.

Jared Cade disse que Mrs. Silva falou com uma das empregadas ao meio-dia. No depoimento ao jornal, ela disse que Agatha avisou que teria um compromisso à tarde e não poderia ir à casa dela. Ora, se Agatha não falou pessoalmente ao telefone com ela, deveria estar por perto. Caso contrário, como a empregada seria capaz de lhe transmitir o recado, se Agatha não estava esperando o convite? Simplesmente porque o depoimento de Archie, confirmado pela polícia, de que ele saíra de casa às 9h15 da manhã, deixando Agatha lá, se confrontado com o depoimento de Mrs. Silva, que recebeu um recado dela em algum momento entre a hora em que Archie saiu de casa e o horário em que ela saiu com Rosalind para visitar a sogra, anularia toda a mirabolante história de Cade sobre o desaparecimento de Agatha Christie. Isso foi levantado por Laura Thompson e é confirmado por mim.

Eu fiz o trajeto entre Sunningdale e Chelsea, Londres, aonde Cade alega que Agatha foi naquela manhã. Segundo ele, Agatha foi visitar sua amiga Nancy em Londres, para combinar um plano de vingança contra Archie. Era, porém, impossível de trem, muito menos de carro, ela ter tido tempo de ir à Londres, descido do trem em Waterloo, pegado o metrô, descido em South Kensinthon Street, caminhado até a casa de Nan, falado com ela e voltado para Sunningdale. O trajeto todo leva, no mínimo, uma hora e quinze minutos (isso se não pensarmos que os trens de hoje em dia são muito mais rápidos do que os de 1926). Agatha precisaria de duas horas e meia somente para fazer o trajeto. De carro, o tempo seria quase o mesmo ou até maior. Portanto, é impossível que Agatha Christie tenha ido a Londres na manhã de sexta-feira, três de dezembro de 1926, entre 9h30 e 13h00. Ela não poderia ter respondido o convite de Mrs. Silva. Mesmo que não o tivesse feito, menos de uma hora para conversar com Nan não seria suficiente para a elaboração do plano inventado por Jared Cade e o casal Gardner, suas testemunhas. Não devemos nos esquecer de uma palavra importante do depoimento de Archie: "acho". Ele diz "acho" que ela saiu e almoçou fora. Ninguém mais fala dessa saída de Agatha. Cade precisa que Agatha saia para justificar sua história, porém o próprio Cade informou que Agatha retornou a Styles para almoçar, o que deixa o espaço de tempo ainda menor.

Voltemos à visita de Agatha a sua sogra, que morava em Deepdene, Dorking. Hoje, o trajeto de carro, em uma estrada asfaltada e sinalizada, leva em torno de quarenta e cinco minutos. Jared Cade diz que o trajeto levava em torno de uma hora, o que, se levarmos em conta que, em 1926, a estrada não era bem pavimentada, sem sinalização e, como até hoje é, estreita, mal dando passagem para dois carros em alguns pontos, sua informação é correta.

Em entrevista dada ao jornal *Daily Mail* em onze de dezembro, Rosamund (Peg) Hemsley, a sogra de Agatha, diria que ela parecia normal durante a visita, apesar de se alternar entre momentos de euforia e silêncio, com o olhar perdido. Cantou, brincou com Rosalind, riu meio histericamente e disse à sogra que estava muito melhor da depressão. Ela informou que Agatha estava sem a aliança de casamento e que deixou sua casa por volta de 17h00. A entrevista é reproduzida na íntegra por Gwen Robbins. As biografias escritas por Gwen Robbins e Janet Morgan não apresentam nenhuma bibliografia, apenas citam algumas fontes pelo texto.

Agatha retornou com Rosalind à Styles. Em algum momento ela jantou, segundo as empregadas. Carlo telefonou de Londres e Agatha a informou que estava tudo bem, que ela não precisava ter pressa e poderia retornar no último trem. Isso foi confirmado pela polícia.

Por volta de 9h45 da noite, de acordo com o alerta de pessoa desaparecida emitido pelo Chefe de polícia de Surrey (local onde o carro de Agatha foi encontrado) em quatro de dezembro[37], Agatha deixou Styles e não foi mais vista.

As empregadas informaram que ela mandou avisar a Carlo que passaria o final de semana fora e telefonaria no dia seguinte, avisando onde estava. Estranho, pois ela deixou sobre o console duas cartas, uma para Archie e outra para Carlo. Carlo deveria voltar em seguida, por que ela não escreveu o que pediu para as empregadas informarem? Ela sabia que Archie não voltaria para casa. A carta deixada para ele era para ser lida no domingo à noite ou na manhã de segunda-feira, quando ele retornasse, provavelmente para pegar suas coisas. A empregada, Lilly, deu essas informações à polícia, em seu depoimento.

---

[37]. Dennis Sanders & Len Lovallo erram ao dizer que o desaparecimento ocorreu no dia quatro de dezembro. Robert Barnard, em *Agatha Christie a Talent to Deceive*, diz dia seis. Derrick Murdoch diz que o Morris Cowley de Agatha Christie era de dois lugares, quando, na verdade, era de quatro. Michael Gilbert, que redigiu o capítulo *A Very English Lady*, do livro editado por H.R.F. Keating — *Agatha Christie First Lady of Crime*, também erra a data e diz que Archie aproveitou a ausência de Agatha para empacotar suas coisas e deixar a casa na manhã de quatro de dezembro, indo morar com Nancy, em Godalming, deixando que Carlo contasse para ela que ele havia partido. Hubert Gregg, em *Agatha Christie and All that Mousetrap*, diz que Archie jantou em casa no dia três de dezembro, depois partiu.

Todos os biógrafos concordam que Agatha esperou até esse horário para certificar-se de que Archie não se arrependeria e voltaria para casa; inclusive Cade, em sua *fanfiction*. Segundo Carlo, que depois entregou sua carta à Chefatura de Polícia de Surrey, a carta era um pedido para que ela cancelasse as reservas feitas para o final de semana que Agatha havia planejado passar com Archie, em Yorkshire. Após a conclusão das investigações, essa carta foi devolvida a Carlo.

Segundo quase todas as biografias, Agatha deu um beijo em Rosalind, que dormia, fez um carinho em Peter, entrou no carro e partiu na noite escura. Esse trecho é inspirado por todos na narrativa de Agatha da situação semelhante vivida por Célia, em O Retrato.

Laura Thompson nos narra os episódios do desaparecimento em duas versões, uma romantizada e outra dos fatos. Na romantizada, além desse trecho, ela diz que "Agatha olhou a noite enluarada", beijou Rosalind, fez um carinho no cachorro e partiu. Jared Cade usaria essa versão sem dizer que depois ela explica os fatos, para tentar desacreditar a biografia de Laura Thompson, questionando como ela poderia saber que Agatha havia beijado Rosalind e feito carinho no cachorro? Também, o que seria de muita utilidade para nós, ele consultou o serviço de meteorologia e descobriu que, em três de dezembro de 1926 à noite, a temperatura era de dois graus. Cade também alega, dessa vez com razão, que Newlands Corner e sua "bela paisagem para se contemplar e refletir", conforme proposto por Laura Thompson, numa noite sem lua é um breu total em que nada se enxerga; ainda mais numa temperatura de dois graus. Ninguém normal pararia o carro ali para contemplar a paisagem e refletir. Cade não a cita, mas ainda mais romantizada é a versão de Richard Hack, descrevendo até o que Agatha e Archie comeram no café da manhã de três de dezembro.

É interessante notar o seguinte: Jared Cade publicou seu livro, *The Eleven Missing Days*, em 1998. Em 2011, após a publicação, em 2007, da biografia de Laura Thompson, *Agatha Christie An English Mystery*, e do primeiro livro de John Curran, *Agatha Christie The Secret Notebooks*, em 2009, Cade reedita, revisa e amplia seu livro. Nessa revisão ampliada, estão seus veementes protestos à versão de Laura Thompson, que levantou algum de seus absurdos, propostos na edição original de 1998. Ele também acrescenta ao seu livro nítidas passagens do livro de John Curran, citando, como se tivesse visto, cadernos e cartas aos quais com certeza não teve acesso. Ele se esquece, porém, de retirar partes da versão anterior na revisão. Na quinta página do seu sétimo capítulo, Jared Cade diz claramente que Agatha Christie deixou Rosalind em seu quarto, desceu as escadas, fez um carinho no cachorro (de quebra ainda aumenta, dizendo que ela beijou o animal), entrou no carro e partiu.

Harrods

Newlands House

Trodd's Lane

Silent Pool

Entroncamento próximo ao Silent Pool

Lagos dragados durante as buscas por Agatha Christie

No dia seguinte, quatro de dezembro, por volta de oito horas da manhã, o Morris Cowley de Agatha Christie foi encontrado por George Best, um garoto cigano que estava indo para o trabalho. Ele foi ao quiosque de Alfred Luland, ali perto. O carro estava encalhado em uma vala, próxima à Newlands Corner, há vinte e cinco quilômetros de Styles. Hoje o trajeto é feito em trinta e cinco minutos.

Newlands Corner fica no entroncamento de duas estradas, a A25 e a Trodd's Lane. Paralela à A25 há também um caminho secundário, que, na época, deveria ser o principal, a Water Lane. O carro estava a trezentos metros desse entroncamento, na Water Lane, à direita. No entroncamento, funcionava o quiosque de refrescos e lanches, parada para quem quisesse observar a linda paisagem do lugar. Era o Alfred Luland's Kiosque. Hoje o lugar é ocupado pelo The Barn Tea Room and Restaurant.

Newlands Corner é um lugar alto e a sua volta uma linda paisagem das baixadas se descortina. Cerca de um metro abaixo, do lado esquerdo de quem vai para o sul na A25, está o Silent Pool, ao lado da Sherbourne Farm e do Sherbourne Pond. Uma centena de metros adiante, do lado direito de quem vai para o sul, está o entroncamento da estrada que leva a Chilsworth e Albury, a A248. Uma grande casa e uma igreja antiga estão nesse cruzamento. Minha visita a esse lugar, em treze de setembro de 2012, foi em um dia de céu muito azul e sol. A paisagem é realmente digna de admiração. A foto está na contracapa deste livro. Um excelente mapa do local e da localização exata, que é vaga na biografia de Janet Morgan, está na *fanfiction* de Jared Cade.

Alguns livros publicaram uma foto como sendo do carro de Agatha, no local onde foi encontrado. Entre eles, Françoise Rivière, em *Agatha Christie La Romance du Crime*, de 2012, e John Scott, em *Agatha Christie Woman of Mystery*. A foto não é do carro de Agatha. O carro que aparece nessa foto é um Ford, não um Morris Cowley, e muito provavelmente é um veículo da polícia.

Dentro do carro de Agatha, foram encontrados uma mala de viagem, algumas roupas, um casaco longo e uma carteira de motorista vencida.

O Chefe de Polícia de Surrey foi à Styles e comunicou a Carlo que o carro havia sido encontrado. Carlo telefonou para Archie e ele foi com a polícia examinar o veículo. Nesse momento, entrou em cena uma segunda força policial. Como o carro de Agatha foi encontrado no Condado de Surrey, a polícia de lá ficou encarregada das investigações, porém a casa de Agatha, de onde ela desapareceu, ficava em Sunningdale, que pertence ao Condado de Berckshire. A investigação foi conduzida pelos dois chefes de polícia, dos dois condados. A divergência de opinião entre os dois resultou em uma busca frenética e frustrada por Agatha Christie, durante onze dias.

Jared Cade conta que o Superintendente de Polícia Kenward, de Surrey, onde o carro foi encontrado, ganhou a King's Police Medal, dois anos antes, por ter descoberto, em sua obstinação, um crime em circunstâncias semelhantes: o famoso assassino do crime conhecido hoje como o Assassinato Byfleet. Imaginando que algo parecido poderia ocorrer, o Superintendente Kenward se lançou numa busca incansável por Agatha Christie, convocando a imprensa e a população. Aviões, motociclistas, forças-tarefas civis e da polícia exploraram cada centímetro da região durante dias seguidos. O Silent Pool foi dragado, pois Kenward acreditava que Agatha se afogara lá. Sua obstinação foi tão grande que, mesmo com evidências, ele continuaria a busca no local durante uma semana.

O Chefe de Polícia Goddart, de Berkshire, assegurava que Agatha devia estar com algum problema e, quando o resolvesse, ressurgiria.

Archie foi à Scotland Yard e pediu a intervenção deles, porém a Yard informou que só poderia se envolver em um caso se isso fosse solicitado pela polícia local. A vaidade de Kenward jamais permitiria isso.

Na segunda-feira, seis de dezembro, o caso ganhou os jornais. Na época, alguns jornais tinham como página principal a seis, sendo que a primeira parte era dedicada a anúncios pessoais na primeira página (o Facebook da época), depois às notícias do parlamento e da corte, à página de esportes e, aí sim, às notícias do dia. Outros já usavam o formato moderno de notícias na primeira página.

O *The Times* noticiou que Frederick Dore descobrira o carro na manhã de sábado. As portas estavam fechadas e um galão de gasolina (os carros transportavam alguns, presos às laterais) solto, caído na grama. O freio de mão não estava acionado e o câmbio, em ponto morto. O carro estava em boas condições e não caiu no precipício por causa da vala em que encalhou e de arbustos que o seguraram. Retirado da vala, funcionou normalmente. Como, na época, os programas de perícia criminal na televisão não existiam, nada prova que não mexeram no carro antes da chegada da polícia, pois George Best havia descoberto o carro antes; sua atenção foi chamada pelos faróis acesos, mas, quando Frederick Dore achou o carro, afirmou que a bateria estava descarregada. Frederick alertou Luland para que vigiasse o carro, enquanto chamava a polícia.[38]

Na página nove do *Daily Mail* estava a notícia do desaparecimento de Agatha. Outros jornais só publicaram a notícia no dia sete. *O Times* comentou o ocorrido com discrição. A alegação de Jared Cade, de que Agatha Christie ainda não era muito conhecida, é nula, pois ele se baseia na

---

38. Janet Morgan é muito vaga na descrição do lugar, dando margem a dúvidas. Jared Cade é extremamente preciso na localização, por mim conferida *in loco*. Se o carro estivesse em velocidade excessiva, teria passado direto pelos arbustos e caído no precipício.

Escada que Agatha Christie desceu e foi encontrada

Harrogate

Hydro Hotel, hoje Old Swan Hotel

manchete do *Daily Mail*, na quinta página do oitavo capítulo do livro. A manchete foi "Woman Novelist Disappears". O *New York Times* do dia seis também trouxe o anúncio do desaparecimento da escritora. A manchete foi "Mrs. Agatha Christie, Novelist, disappears in strange way for her home in England". Se Agatha era chamada Agatha Christie nos Estados Unidos, era porque era uma pessoa conhecida. Como não era na Inglaterra? Essa informação da manchete do conceituado jornal americano é dada pelo próprio Jared Cade, no primeiro parágrafo do mesmo oitavo capítulo de seu livro. Essa é apenas uma das nítidas contradições do autor.

Alguns autores dizem que o desaparecimento de Agatha no dia seis chamou mais atenção do que a morte de Monet, que ocorreu nesse dia.

O Superintendente Kenward, que já liderara uma busca na região no domingo, estava fazendo outra e dragando os lagos. Ele insistia que Agatha estava morta e seu corpo, naquela região.

Na noite de segunda-feira, Edward McAllister se apresentou à polícia e depôs que, por volta de 6h20 da manhã do sábado, ajudou uma mulher com um carro cinza na Trodd's Lane, região de Newlands Corner. A descrição combinava com a de Agatha, por isso ele se apresentou. Ela estava parada e com dificuldades para ligar o carro. Não usava casaco ou chapéu, apesar dos dois graus de temperatura. Estava estranha, nervosa. Ele deu a partida no carro e ela partiu na direção oposta ao alto de Newlands Corner. Esse depoimento está no *The Times* de sete de dezembro. Todos os autores levaram em conta esse depoimento, porém Jared Cade frisa que o mesmo não pode ser confirmado.

O *Daily Sketch* publicou uma melodramática reportagem dizendo que Agatha, como diversos suicidas, não resistiu à tentação do Silent Pool, cuja fama era a de ser um "lago sem fundo", que já atraíra diversos para si.

A imprensa falou de George Best e do recado que Agatha deixou para Carlo pelas empregadas.

Há divergências se o freio de mão do carro estava ou não acionado. Na terça-feira, foi a vez de motociclistas cobrirem a região de Newlands Corner.

Os jornais da terça-feira trouxeram as entrevistas de Edmund Cork e de Mrs. Silva. O *Daily News* ofereceu uma recompensa de cem libras para quem desse alguma pista do paradeiro de Agatha. Diversas pessoas começaram a procurar a polícia para dizer que viram Agatha em Londres; em uma estação de trem, em um hotel, dirigindo com um homem ao seu lado. Todos esses depoimentos eram falsos, pois sabe-se que Agatha chegou no começo da noite de sábado ao The Hidro Hotel, em Harrogate, mas só se ficou sabendo disso no dia catorze de dezembro.

Os jornais noticiaram que Campbell Christie, irmão de Archie, recebeu, em seu escritório, uma carta de Agatha, cujo carimbo do correio era de

9h15 da manhã de sábado, postada em Londres. Campbell disse que Agatha o avisava de que passaria o final de semana em Yorkshire e não estava muito bem. No entanto, não sabendo do desaparecimento da cunhada, Campbell perdeu a carta e, no dia seguinte, quando depôs na polícia, dispunha somente do envelope como prova. Kenward diz que a carta poderia ter sido postada por outra pessoa, como álibi, e continuou as buscas. O motivo de Agatha ter enviado a carta para o local de trabalho e não para a casa de Campbell é outro mistério.

A edição da tarde do *The Times* contava que Archie participara das buscas daquele dia acompanhado de Peter, na tentativa de encontrar uma pista de Agatha. O *The Times* sugeriu que era hora de Kenward pedir auxílio à Scotland Yard. Kenward se recusou e disse ter certeza de que Agatha estava por ali, perto do carro. Peter foi chamado de Patsy na reportagem do *Daily News* do dia seguinte. Além de trocarem o seu nome, ainda o transformaram numa cadelinha. Pobre Peter.[39]

Na quarta-feira, o *Daily Chronicle* publicou uma notícia de que o lugar em Yorkshire onde Agatha Christie poderia estar era Harrogate. Repórteres dos jornais e a polícia fizeram uma busca nos hotéis de Harrogate e não a encontraram. Na mesma quarta-feira, o *Harrogate Herald* publicou, como habitualmente, as listas de hóspedes dos hotéis da cidade e o nome de Agatha não estava lá. O *Daily Express* do dia seguinte revelaria que uma "mulher desconhecida" havia dito ter visto Agatha no Royal Bath de Harrogate.

Os jornais começavam a pressionar a polícia e alguns sugeriam que Agatha fora assassinada pelo marido, que estava passando um final de semana misterioso há poucos quilômetros de onde o carro foi encontrado.

O Correio da Manhã publicou em sua primeira página: "O Mysterio do desaparecimento da Sra. Christie — Até agora a polícia londrina não pôde esclarecer e não possue nenhuma pista que a conduza a uma diligencia feliz". Um dia antes, em oito de dezembro, na página cinco do mesmo jornal, a matéria dizia: "Polícia londrina ás voltas com um caso mysterioso: Desappareceu uma senhora da alta sociedade, sendo encontrado seu automóvel[40]".

Archie deu uma entrevista ao *Evening News* de quinta-feira, nove de dezembro, em que disse ter ido passar o final de semana com amigos, o que era normal, e que não diria à imprensa onde foi, pois não interessava ao caso. Acreditava que Agatha tivera um esgotamento nervoso, pois somente assim desapareceria como desapareceu. Descartou qualquer hipótese de ter tido uma discussão ou desentendimento com ela na manhã da sexta-feira

---

39. O Daily Chroniche publicaria, dia dez de dezembro, uma reportagem pondo essa visita de Archie e Peter ao local na quinta-feira, nove de dezembro. Não é possível precisar se foi uma notícia atrasada ou se Archie voltou ao local.

40. As matérias do Correio da Manhã podem ser lidas na íntegra no site da Biblioteca Nacional.

anterior. O *Daily Mail* disse que Agatha tinha uma arma quando deixou Styles.

A polícia começou a seguir Archie. *The Westminster Gazette* revelou que Archie estava hospedado com o casal James em Hutmoore Cottage, Dorking, e que uma Srta. Neele estava hospedada lá também. Os jornais fechavam o cerco em cima da polícia, que não acionava a Scotland Yard[41].

Na sexta-feira, dez de dezembro, Archie deu nova entrevista ao *Daily Mail*, dizendo que Agatha havia dito a sua irmã que era capaz de desaparecer e que devia estar testando essa teoria. O público já sabia de seu caso com Nancy, que ele tentava de toda maneira proteger da imprensa. Ele caiu em contradição e a opinião pública era a de que ele matara Agatha Christie.

Sam James deu uma entrevista ao *Daily Mail* em que defendeu Archie, dizendo que ele não saíra da casa nenhuma vez, que o carro da família estava trancado na garagem e que Nancy Neele era uma amiga de sua esposa. O que ele não disse foi que demitiu as empregadas que contaram para a imprensa do caso de Archie com Nancy.

À tarde, Archie foi convocado para um interrogatório oficial. A cozinheira de Styles, Lilly, em sua entrevista à polícia, havia falado da carta deixada para Archie. A polícia queria a carta. Archie informou que era "estritamente pessoal", nada tendo a ver com o caso e que a havia queimado.

O *Daily Mews* de sexta-feira trouxe um artigo de Dorothy L. Sayers, que esteve por alguns minutos na busca da véspera, em Newlands Corner. Ela olhou tudo, riu e afirmou: "Ela não está aqui." A *Westminster Gazzete* dessa data disse que a polícia não esperava mais encontrar Agatha viva.

Sábado, onze de dezembro, o *Daily Mail* publicou a entrevista de Peg Hemsley, mãe de Archie, em que ela contava sobre a visita do dia três e dizia que Agatha estava muito arrasada com a morte da mãe; que estava pedindo ajuda a seu cunhado, filho dela, Campbell, para concluir O Mistério do Trem Azul, pois não conseguia escrever. Sugeria que, talvez, a chave do mistério estivesse no livro e acreditava que, devido a seu estado nervoso e mental, Agatha poderia ter se suicidado.

Domingo, doze de dezembro, a primeira página dos jornais conclamava o público para mais uma busca promovida por Kenward. Goddart, por sua vez, continuava procurando uma pessoa desaparecida, discordando da conduta de Kenward. A busca tornou-se a diversão do final de semana da população, que foi aos milhares à região. A *Westminster Gazette* contou que Agatha deixara um envelope lacrado com Carlo, para ser aberto após sua morte.

No domingo à tarde, a Chefatura de Polícia de West Yorkshire recebeu a visita de dois músicos da banda do The Hydro Hotel, Harrogate. Bob Tappin e Bob Leeming afirmavam que Agatha Christie estava hospedada no

---

41. Carol Dommermuth-Costa diz que a Scotland Yard conduziu as investigações do desaparecimento.

hotel, com o nome de Tereza Neele. A polícia de Yorkshire acionou Kenward e colocou a hóspede e o hotel sob vigilância.

No domingo, Agatha pôs um anúncio nas páginas pessoais do The *Times* (a primeira página), pedindo que os familiares de Tereza Neele entrassem em contato com ela no The Hydro Hotel, de Harrogate.

Arthur Conan Doyle publicou um artigo no *Morning Post*, em que afirmava que seu médium particular, usando as vibrações de uma luva de Agatha Christie, dissera que ela estava viva e que o público deveria ter notícias suas na quarta-feira. Ele quase acertou.

Na terça-feira, catorze de dezembro, o *Westminster Gazette* noticiou que uma cabana de caça fora achada com roupas de mulher e uma garrafa vazia com a etiqueta de veneno e ópio. O *Daily News* trouxe mais uma entrevista de Kenward, em que ele afirmava ter certeza de que Agatha estava na região baixa de Newlands Corner, The Downs, e que ele sabia o que ela estava fazendo.

Na terça feira de manhã, Kenward foi a Styles e pediu para Carlo ir à Harrogate identificar a hóspede do hotel. Carlo disse que não podia deixar Rosalind e telefonou para Archibald Christie, no escritório. Ele embarcou no trem pouco depois do meio-dia. Notem: Apesar de alertado pela polícia de Yorkshire da possível presença de Agatha em Harrogate na noite de domingo, Kenward tomou alguma providência em relação a isso somente dois dias depois.

Faltando pouco para às sete da noite de terça-feira, catorze de dezembro, Archie, sentado em uma cadeira com um jornal na mão para não provocar constrangimento desnecessário caso a hóspede não fosse Agatha, viu-a descendo as escadas para jantar. Acabou a busca.

Archie dirigiu-se à Agatha, que o cumprimentou e disse ser Tereza Neele. Eles jantaram e dormiram em quartos separados. Agatha disse a um hóspede do hotel, chamado Mr. Pettelson, que não poderia ir ao salão de danças do hotel naquela noite, pois seu irmão havia chegado, de acordo com entrevista dada pelo cavalheiro ao *Evening Express*.

Depois do jantar, Archie conversou com os repórteres fora do hotel e disse que era Agatha, sem sombra de dúvidas, mas ela parecia ter perdido completamente a memória e não saber quem era ele ou ela mesma. No dia seguinte ele iria com ela para Londres, buscar tratamento.

Na manhã seguinte, Madge e James Watts chegaram cedo à Harrogate. Ela se trancou no quarto com Agatha e ele se trancou no quarto com Archie. Pouco depois das dez horas, a polícia e os funcionários do hotel fizeram uma manobra. Um carro parou na frente do hotel e um casal embarcou. O alvoroço da imprensa foi geral. Enquanto isso, Archie e Agatha embarcaram em um carro que os aguardava na porta dos fundos. O *Daily Mail*, porém, havia previsto a possibilidade da manobra e deixou um fotógrafo lá, que clicou Agatha deixando o hotel.

Na tumultuada estação de trens de Harrogate, embarcaram no trem para Leeds em um carro particular com a placa *Mr. Parker's Party*. Mr. Parker era o fiscal de trens de Harrogate. Na grande estação ferroviária de Leeds, uma multidão aguardava Agatha. Hoje Leeds tem mais de vinte e uma plataformas. Ela atravessou as plataformas de braços dados com uma indignada Madge, que escorraçava os repórteres e pedia que respeitassem sua irmã, que estava muito doente. Archie e James Watts foram escoltando as duas. A multidão ficou surpresa, pois, ao invés de irem para a plataforma do trem de Londres, os quatro embarcaram no trem para Manchester e seguiram para Abbney Hall. Frustrada ficaria a multidão ainda maior em Londres, que os aguardava na estação de Kings Cross.

Todos os jornais do dia seguinte traziam a manchete de que Agatha Christie fora encontrada viva em Harrogate. Havia também uma entrevista de Carlo, no *Daily News*. Nenhum autor citou essa entrevista, em que ela conta como foi que a polícia a avisou sobre a possível suspeita em Harrogate.

A *Westminster Gazette* diria que a teoria da amnésia era absurda. O *Daily Mail* exigia informações completas sobre o que aconteceu. Chegou a mandar um telegrama à Agatha, cobrando satisfações. Agatha e Archie viraram a piada do ano na Inglaterra. Tiras de jornais satirizavam o casal, ela e o Superintendente Kenward.

O *Daily Mail* entrevistou o gerente do hotel, que disse que ela chegou como uma hóspede qualquer. O que chamou a sua atenção foi ela não ter bagagem, mas pediu um bom quarto e o teve. Disse que ela era uma hóspede simpática e calma, participara das atividades normais dos outros hóspedes e custou um pouco a se enturmar.

O *Daily Mail* publicaria também duas notícias. O jornal se antecipou à polícia e à saída das notícias. Foi à Styles e à casa de Peg Hemsley, para avisar a ela e a Carlo, em primeira mão, que Agatha fora encontrada. As duas notícias contavam as reações das duas mulheres ao saberem da novidade. Carlo disse que estava muito feliz e que graças a Deus estava tudo bem. Comentou que Agatha ficou muito doente depois da morte da mãe. Peg disse que a "pobre" Agatha devia estar muito mal; que nem acreditava que ela está viva. Somente uma *completa perda de memória* explicaria a situação. Acreditava que, em outras circunstâncias, Agatha jamais seria capaz de se calar vendo a família passar tanta ansiedade. Vale notar que Peg disse o mesmo que Archie, na entrevista da noite de terça-feira, porém os jornais não haviam publicado nada ainda.

A *Westminster Gazette* entrevistou um funcionário anônimo do hotel, que disse que Agatha tomou parte ativamente das atividades sociais do hotel, em nada parecendo uma pessoa doente.

O *Daily Express* entrevistou Mrs. Cobertt, hostess e cantora do hotel. Ela disse que *todos sabiam* que ela era Agatha Christie, mas nada podiam fazer. Que cantou com ela algumas músicas e que tinha uma linda voz de soprano. Comentou que, ao vê-la entrar no restaurante do hotel na noite de sábado, quatro de dezembro, pensou consigo mesma que não estava usando um vestido de noite, provavelmente não iria dançar, mas que Agatha dançou o Charleston e cantou *Yes, We have no bananas.* Em algum outro depoimento dentre tantos, alguém diria que ela parecia não saber dançar o Charleston. Jared Cade, Janet Morgan e Richard Hack não citam a entrevista de Mrs. Cobertt.

O *Harrogate Advertiser* entrevistou Bob Tappin e Bob Leeming, os músicos da banda do hotel, que identificaram Agatha para a polícia. Eles disseram que Agatha chamava atenção no baile do hotel por estar com roupas inadequadas e que realmente cantara e dançara; porém eles dizem que ela cantou um trecho de *Sansão e Dalila,* uma ópera. Eles contam que, no final de semana seguinte, Agatha cantou cinco ou seis músicas e citaram os nomes; uma em francês e as outras todas clássicas; que Mrs. Cobertt *tentou* cantar alguma música com ela, mas ela riu muito e disse que não conhecia a letra. Como essa entrevista foi dada no mesmo dia pelos músicos e por Mrs. Cobertt, um nunca contradiria o outro se soubesse do teor das entrevistas de cada um. Portanto, podemos ver exagero no depoimento de Mrs. Cobertt.

O Correio da Manhã, no Brasil, ainda estava com a notícia atrasada e trazia a manchete, na página três: "O Mysterio de Downs: Crime, suicidio, desapparecimento ou simples reclamo de publicidade, o desapparecimento da escriptora Agatha Christie?".

A *Westminster Gazette* de dezesseis de dezembro dizia: "Nenhuma evidência de perda de memória". Os jornais comentavam o fato do sobrenome adotado por Agatha no hotel ser o mesmo da hóspede da casa dos James, no final de semana misterioso que Archie passara lá. O *Surrey Advertizer* mostrou simpatia e compreensão para com o caso de Agatha, porém o Superintendente Kenward também se tornou vítima das piadas dos jornais, procurando desesperadamente um defunto em Newlands Corner e ignorando todos os indícios de que Agatha não estava lá ou que poderia estar, como dizia a carta enviada a Campbell Christie, em Yorkshire.

O *The Times* desse dia trouxe a notícia de que Archie contou que o médico da família Watts examinara Agatha e um especialista de Manchester estava sendo aguardado.

O Correio da Manhã, em sua página cinco, trazia a notícia: "Desvenda--se o Mysterio de Surrey — Foi encontrada viva e sã a Sra. Agatha Christie".

Em resposta a essas dúvidas, Archie falou à imprensa na porta de Abbney Hall, em entrevista publicada em diversos jornais do dia dezessete de dezembro, e exibiu os relatórios de dois dos médicos que examinaram Agatha — o clínico geral da família Watts e o outro, um eminente professor da cadeira de psiquiatria da Universidade de Manchester. Ambos atestavam a perda de memória de Agatha Christie.

A *Westminster Gazette* e o *Daily Mail* traziam uma entrevista feita com os pais de Nancy Neele, em que diziam que era uma coincidência desagradável a filha estar hospedada na mesma casa que Archie na noite do desaparecimento e que lamentavam o nome da família ser dragado para esse poço de sujeira. A mãe de Nancy disse que ela nunca foi próxima de Archie.

A *Westminster Gazette* trazia também a notícia de que, no sábado, quatro de dezembro, uma certa Mrs. Neele deixara seu anel de brilhantes para consertar na loja Harrod's, dando o endereço do Hydrophatic Hotel, The Hydro, de Harrogate, para a entrega dele.

Gwen Robbins cita somente um parágrafo breve desse incidente em sua biografia, dizendo que havia, também, o "incidente esdrúxulo" do anel deixado para conserto. A Harrods jamais se manifestou sobre o fato e seus arquivos queimaram durante a Segunda Guerra Mundial, mas, a meu ver, é óbvio que a polícia e principalmente Kenward, que estava desmoralizado publicamente, devem ter esmiuçado essa notícia. Se não a contradisseram, também não a autenticaram. Se fosse verdade, com certeza Kenward jamais a teria deixado passar em branco.

Richard Hack conta a entrega do anel para conserto como se fosse a consciência de Agatha, pensando somente em "o plano, o plano, o plano". Charles Osborne, em sua típica confusão dos fatos, disse que Agatha escreveu para a Harrod's do The Hydro Hotel, em Harrogate, pedindo que o anel deixado para conserto pela Sra. Christie fosse devolvido à Sra. Neele, dando o endereço do hotel. Somente ele viu ou leu isso em algum lugar, mas também não citou fonte nenhuma. Dadas as confusões do autor, melhor nem considerarmos.

Laura Thompson somente cita a reportagem da perda do anel. Cade diz que Agatha contou a Archie, no jantar do dia catorze de dezembro, em Harrogate, que havia dado o endereço do hotel para entrega do anel que deixara dias antes para consertar, no sábado de manhã, como uma pista para ele encontrá-la. Ou o jornal errou a data em que o anel foi deixado para conserto, ou Cade mudou a data para parecer predeterminação de Agatha; ou, muito provavelmente, pelo fato da polícia ter se calado, os jornais, inclusive a *Westminster Gazette*, e a loja Harrod's terem se calado, o episódio **nunca aconteceu.**

Mais de quarenta anos mais tarde, a filha de Mr. Petellson enviaria à Agatha e aos jornais, uma partitura musical que Agatha deu de presente a Pettelson e assinou Tereza Neele. Agatha comentou sobre esse fato em carta a Edmund Cork, arquivada na Biblioteca da Universidade de Exeter.

Em trinta de janeiro de 1976, dezoito dias depois da morte de Agatha Christie, Lorde Ritchie Calder, enviado especial do *Daily News* em 1926 para cobrir o desaparecimento, escreveria um artigo para o *New Statesman* que ele chamou de "Agatha and I". Nesse artigo, ele disse que entrou no The Hydro Hotel na segunda-feira, treze de janeiro de 1926, dirigiu-se à Agatha e perguntou se ela era Agatha Christie. Ela teria respondido a ele que sim, mas que estava com amnésia. Jared Cade descobriria, através da consulta às fontes de Katheleen Turner para o enredo do filme *Agatha*, de 1978, que Ritchie Calder nunca esteve em Harrogate, em 1926. A pesquisa, porém, estava vinculada ao material do filme e isso não havia sido divulgado na época da entrevista.

Placa no hotel Hydro

O Que Aconteceu em Dezembro de 1926?

O que aconteceu em dezembro de 1926? Essa é uma pergunta que nem mesmo Poirot, Miss Marple ou outro detetive qualquer podem responder. Nem a própria Agatha poderia. Vamos, novamente, aos fatos, circunstâncias e hipóteses.

A justificativa dada por Agatha aos fatos de 1926 está em uma entrevista datada em dezesseis de fevereiro de 1928, ao *Daily Mail*. Agatha nunca mais comentaria o fato com ninguém e quem o fizesse poderia nunca mais compartilhar de sua amizade. Por isso o meu medo de tocar no assunto.

Agatha disse que o problema todo começou com a morte da mãe, quando se envolveu em diversos problemas pessoais que não gostaria comentar. Contou que dormia mal, por volta de duas horas por noite. Sentia-se só e doente, realmente doente. Na noite do desaparecimento, sentiu que não podia mais suportar toda aquela carga e decidiu sair e fazer algo desesperado.

Ela afirmou que tinha **sessenta libras na bolsa.** Segundo ela, o dinheiro havia sido sacado porque pretendia ir **com Rosalind** à África do Sul naquele inverno. Ela dirigiu a noite toda por estradas que conhecia, sem saber para onde estava indo. Lembrava-se, vagamente, de ter ido à estação de Euston Square — que fica a poucas quadras de St. Pancras e Kings Cross, de onde partem os trens para Yorkshire e o norte do país. Não sabia o que foi fazer ali. Dali, foi para as margens do Tamisa, em Maidenhead, e pensou em pular.

Como, porém, ela era boa nadadora, provavelmente nadaria e sairia da água. Ela voltou para Sunningdale e, de lá, foi para Newlands Corner. Acreditava estar próxima a uma pedreira. Saiu da estrada e soltou o volante do carro. Segundo Agatha Christie, por vinte e quatro horas ela não se lembrou de mais nada e até o momento dessa entrevista ainda não sabia direito o que acontecera naquelas vinte e quatro horas[42]. Lembrava-se, vagamente, de descobrir que estava em Waterloo. Achou estranho ninguém lhe ter perguntado por que estava ensanguentada e desarrumada na estação; tinha um corte na mão que não sabia como fizera. Lembrava-se, depois, de ter chegado a Harrogate, no hotel, e, no dia seguinte, ficou confusa por não ter nenhuma bagagem. Havia uma foto na mesa de cabeceira escrito "Teddy" (apelido de Rosalind). Ela achou que a foto fosse de seu filho que havia morrido e que ela fosse viúva.

Para que se entenda alguma coisa do que ocorreu, devemos lembrar de alguns pontos. O *The Times*, o *Daily Mail* e o *Daily News* são jornais de credibilidade. Acompanharam todo o desenrolar dos acontecimentos do desaparecimento e divulgaram notícias quase totalmente plausíveis e depois comprovadas verdadeiras, embora o *Daily Mail* tenha sido discretamente sensacionalista. A *Westminster Gazette* abusou das manchetes sensacionalistas e publicou muitas inverídicas, como a polícia ter dito que as chances de encontrar Agatha viva não existiam, o caso do anel e outras. Acredito que não devemos dar nenhum crédito às notícias sensacionalistas desse jornal.

O depoimento da própria Agatha Christie, em fevereiro de 1928, contém falhas, pois ela mesma afirmou que nunca se lembrou direito das vinte e quatro horas do dia em que desapareceu. Isso é comprovado por ter consultado um psiquiatra vinte anos depois. A história do retrato de Rosalind é comprovada por uma hóspede do hotel, que contou, em entrevista, que Agatha lhe disse ser viúva e ter perdido um filho. Naquela época, meninas e meninos eram vestidos de maneira parecida e o nome "Teddy" sugestionou Agatha.

O que nos chama a atenção? A polícia verificou as contas bancárias de Agatha na época e nenhum dinheiro havia sido sacado de nenhuma delas. Como Agatha pôde, no final da noite de três de dezembro, ter dinheiro? Ela nos dá a resposta, inconscientemente, ao dizer que tinha, na bolsa, **sessenta libras.** Muita coincidência ser a quantia que a avó sempre a aconselhara a ter para uma emergência. Nem os maridos deviam saber que as esposas tinham esse dinheiro. Clara seguia esse conselho, como já expus e comprovei. Agatha também. As famosas cinquenta libras da avó e as dez que Archie sabia que ela tinha e estão no anúncio oficial do desaparecimento.

No meio da confusão, por que Agatha não abandonou sua bolsa? Resposta simples, ela costumava andar sempre com a bolsa, o que foi comprovado por mim em uma pergunta indireta que fiz a Mathew Prichard.

---

42. Vinte anos depois, Agatha faria uma consulta ao *Regius Professor of Pastoral Theology*, em Oxford, um conceituado psiquiatra, na tentativa de esclarecer o que aconteceu nessas vinte e quatro horas, sem sucesso.

A África do Sul estava presente na cabeça de Agatha. Ela havia viajado para lá e deu como local de origem de Tereza Neele no hotel. Em sua entrevista, comprovando que não havia recuperado a memória do que aconteceu naquele dia, disse que havia retirado o dinheiro do banco para viajar para a África do Sul com a filha. No entanto, ela estava combinando uma viagem para Portugal com Mrs. Silva; e o que chama a atenção: ela disse que viajaria com a filha, sem incluir Archie na viagem. Ela, quase com certeza, já sabia bem antes que o casamento havia acabado ou estava acabando e começava a planejar o que fazer depois.

As hipóteses elaboradas pela imprensa e pelos diversos autores que escreveram sobre Agatha Christie podem ser resumidas em seis.

A primeira, descartada e rejeitada unanimemente por todos os autores, até mesmo por Hubert Gregg — que atribui todo o sucesso de Agatha ao desaparecimento —, é a de que Agatha elaborou a história toda como um golpe publicitário. Não perderei tempo tentando explicar que era desnecessário, uma vez que ninguém acreditou nisso. Em tempo, Hubert Gregg diz que o desaparecimento e sua repercussão a fez famosa, mas nega que o tenha feito, como todos os outros autores, com essa intenção. Outra hipótese que sequer é muito citada é a de que Agatha teria fugido com outro homem. Essa hipótese surgiu do depoimento de uma testemunha, que afirmou ter visto Agatha dirigindo pela estrada com um homem a seu lado.

Gwen Robbins, Laura Thompson e Richard Hack acreditam que Agatha elaborou o plano todo para se vingar de Archie. Charles Osborne acredita que ela estava tão mentalmente abalada que acabou elaborando esse mirabolante plano de vingança, fazendo Archie sentir sua falta para reconquistá-lo. Gillian Gill se abstém de qualquer comentário sobre o que teria acontecido, somente narra os fatos. Jared Cade cria uma história paralela, em que Nan Watts teria elaborado e ajudado Agatha com todo o plano de vingança, segundo o depoimento de suas testemunhas Judith e Gerard Gardner, filha e genro de Nan. Françoise Rivière, por um depoimento dado a ele, num rompante de soberba por Judith Gardner, acredita na vingança de Agatha auxiliada por Nan, mas ressalta que quem descobriu toda a história foi Cade, pois Judith não deu a ele detalhes do que havia acontecido; somente disse que sabia muito bem o que havia acontecido. Janet Morgan e Andrew Norman acreditam na hipótese da amnésia.

Se levarmos em conta a maioria dos autores e a *Westminster Gazette*, o plano todo foi uma vingança de Agatha e ela sempre soube o que estava fazendo; porém acredito que o leitor deve, por ele mesmo, julgar os fatos e deduzir o que melhor lhe aprouver. Como bases para isso, já apresentei as contradições dos fatos, mas devo ressaltar mais alguns detalhes.

Começo falando sobre o que pode ou não ser verdade, na ordem cronológica em que as biografias foram escritas.

Gwen Robbins foi a primeira a escrever sobre Christie. Uma semana depois da morte de Agatha, a editora americana Dobleday e Cia. comissionou a escritora para escrever uma biografia de Agatha Christie. Robbins se queixa durante todo o seu livro que a família negou-lhe acesso a arquivos e informações, mas isso era meio óbvio, pois a própria Agatha havia escrito sua biografia e a família, evidentemente, não daria chance para que outra pessoa publicasse primeiro. No entanto, ela publicou uma visita a Max, em Wallingford, em novembro, provavelmente de 1976, em que diz que ele determinou que o assunto fosse restrito às obras de Agatha; Max a recebeu para um chá, conversou com ela e a acompanhou até a porta, no horário combinado. "Depois ele me acompanhou de volta para a noite estrelada. Eu havia tido a mais agradável experiência." Parece uma frase dos romances de Barbara Cartland, de quem ela também escreveu uma biografia, mas expressa que Gwen Robbins ficou satisfeita com a entrevista.

Algo muito estranho aconteceria doze anos depois. Em entrevista publicada no livro de Jared Cade, Robbins lhe diz que afirmou isso em seu livro, mas não é verdade. Ela troca o cachorro que acompanhava Max na ocasião (no livro, ela diz que é Tracle; na entrevista a Cade, é Bingo), diz que ele foi rude o tempo todo e subitamente levantou-se, dizendo que o assunto não era de seu interesse, deixando-a. Ela também se queixa que "a família" fez com que ela jamais conseguisse publicar a biografia na Inglaterra e que a atitude de Max, na ocasião, devia ter como objetivo esconder seu caso com Barbara Parker.

Outro fato que nos leva a perceber que a biografia de terceira mão de Robbins, em que ela busca pessoas que conviveram com Agatha, sem proximidade e muitas vezes querendo parecer mais importantes na vida da celebridade do que realmente foram, é que ela faz um brilhante embasamento científico da hipótese da amnésia, consultando especialistas e descrevendo a síndrome. Quando tudo está consolidado, ela simplesmente diz que como uma mulher madura, experiente e vivida, não pode acreditar naquilo e que Agatha fez tudo como um plano de vingança.

A seguir, fala de uma quarta carta enviada por Agatha para Kenward, em que Agatha dizia, segundo Robbins, estar temendo por sua vida. Essa carta teria dado a Kenward a certeza de que Agatha estava morta em Newlands Corner. A carta foi revelada para Robbins pela filha de Kenward, Doris Kenward, segundo ela própria secretária **particular** e confidencial do pai. Afirma que o pai morreu de desgosto e vergonha por causa do caso, alguns anos depois.

Janet Morgan apuraria que Doris Kenward acabou concordando com a versão apresentada por Gwen Robbins de tanto a própria Gwen Robbins repeti-la. Pelo número de vezes que ela repete não ter tido acesso aos documentos da família, descarregando sua raiva em todos, podemos ter certeza de que ela sabia ser irritante, repetitiva e deixar seus leitores e testemunhas tontos. Seria algo semelhante a personagem *Rita Skitter*, da saga *Harry Potter,* de J. K. Rowland.

Segundo a filha de Kenward, ela queimou essa carta após a morte do pai, que a orientou para queimar todos seus documentos, em particular os referentes a esse caso. Robbins, em seu texto, coloca que a carta estava assinada Agatha Christie, mas como ela poderia escrever isso, se não leu a carta? Doris daria a entender, também, que a carta deixada por Agatha para Carlo foi queimada juntamente. Há uma dúvida sobre se a carta deixada a Carlo, que ela diz ter queimado, foi a carta que sabemos que foi devolvida a Carlo ou se era a tal carta lacrada (que já seria a quinta!) que diziam existir e ter sido deixada com Carlo para ser aberta caso Agatha fosse encontrada morta.

Sobre a entrevista com Gwen Robbins, Jared Cade diz que ela achou que ele realmente havia encontrado a resposta correta do enigma. Em seguida, ele apura que Doris Kenward nunca fora secretária do pai, que não havia secretárias na polícia da época, mas, manipulando as coisas como sempre, ele usa isso para desqualificar totalmente a testemunha de Gwen Robbins, deixando de lado a palavra *particular* do texto original da autora. Lógico, ou Robbins pôs a palavra para dar crédito à testemunha e Cade está certo, ou Robbins está certa e Cade omitiu a palavra para desacreditar a testemunha e, por tabela, a autora.

Cade vai além, afirma que a carta de Carlo foi devolvida a ela, conforme depoimentos da época, e frisa o óbvio: se essa carta existisse no relatório de nove de fevereiro do ano seguinte, guardado nos Arquivos de Kew Kenward — cuja atuação no caso estava sendo questionada por seus superiores —, ele a teria apresentado, pois o teria livrado da humilhação e do questionamento de suas atitudes. Cade também apura que Kenward morreu de uma doença crônica do coração, já existente.

Examinando os documentos do arquivo de pesquisa de Katheleen Tynan, Cade ressalta que Doris Kenward repetiu para a autora o que dissera para Gwen Robbins, anulando, se verdadeira, a teoria de Janet Morgan, de que Gwen havia alterado o depoimento da testemunha.

O grande mérito da *fanfiction* de Jared Cade, além de um bom trabalho de pesquisa e alguns trechos em que ele realmente retrata Agatha Christie e não a personagem desprezível em que a transformou, é o de sepultar de vez a biografia de Gwen Robbins, ao apurar, junto a repórteres presentes em Harrogate na época, que a testemunha-chave de Gwen Robbins, Ritchie

Calder, que alega ter sido o primeiro a chegar a Harrogate e ter se dirigido a Tereza Neele, chamando-a de Agatha Christie e obtendo a resposta de que era ela, mas estava com amnésia, parece **nunca ter estado em Harrogate.** Isso explicaria a atitude covarde de Calder, de dar a bombástica notícia do encontro em Harrogate dezoito dias depois da morte de Agatha e da mesma não constar em sua própria biografia, nunca publicada. Por que o jovem repórter procurando a fama ficou cinquenta anos calado? Cade descobriu o porquê, com certeza.

A próxima biografia escrita sobre Agatha Christie seria a de Charles Osborne. Ele não é contestado por nenhum autor, mas muito copiado. Isso se deve, primeiro, a ele acreditar na hipótese da vingança, que todos tentam provar, mas com a atenuante de que Agatha teria tomado essa atitude por estar fora de si; segundo, porque a biografia é tão cheia de erros e insossa que não é levada em conta por autores que realmente pesquisaram Agatha Christie, não somente escreveram uma biografia copiada de outras biografias. A biografia de Osborne é muito boa como crítica à obra de Agatha, principalmente no teatro e na poesia.

A próxima biografia a surgir é a de Janet Morgan, até hoje a única biógrafa oficial de Agatha Christie. Morgan escreve o texto com muitos eufemismos, o que pode abrir brechas para especulações de ter sido uma obra guiada pela família. No entanto, é de longe a mais confiável biografia de Agatha Christie, até hoje. Existem erros, comentados no próximo capítulo — como a datação da viagem às Canárias, copiada de Charles Osborne; porém as situações e a realidade da Agatha Christie, ali presente, são as mais próximas da que seus fãs imaginam e têm bases para crê-la.

Morgan acredita na amnésia total e, por ser a biógrafa autorizada, é duramente atacada por Cade, na tentativa de destruir sua credibilidade às custas dos erros, eufemismos e do fato de ter tido acesso aos documentos e submetido o texto a aprovação da família de Agatha. O grande erro de Morgan talvez tenha sido não divulgar na íntegra a carta que Carlo escreveu à Rosalind, anos depois, falando do episódio do desaparecimento e contando o que ela viu. Essa carta poderia calar a todos, porém, como toda carta pessoal, acredito que houvesse fatos e histórias íntimas que não vinham ao caso e que Rosalind não gostaria de comentar.

A próxima obra sobre a vida de Agatha será a *fanfiction* de Jared Cade, em sua versão original. Como já foi dito, treze anos depois ele revisou, atualizou, copiou autores que tiveram acesso aos documentos de Agatha, deu a entender que ele, pessoalmente, vira esses documentos e acrescentou um capítulo somente para tentar desqualificar a biografia de Laura Thompsom, publicada em 2006.

Segundo Cade, o desaparecimento de Agatha teria sido um plano elaborado na manhã de sexta-feira, três de dezembro, entre Nan Watts e Agatha Christie, para se vingar de Archie. De saída, já sabemos que Agatha não teve tempo de realizar essa visita no dia e hora em que Cade alega ter sido feita. Outrossim, o testemunho dessa história toda é dado por uma testemunha para lá de suspeita.

A saga de Jared Cade começou anos antes. Em 1994, Françoise Rivière, produtor de televisão francês, buscava depoimentos para um documentário de televisão chamado *Un Siècle d'Écrivains,* de Jérôme de Missolz. Ele foi para Torquay e, em 1995, lançou um livro na França, chamado *In the Footsteeps of Agatha Christie.* O livro conta brevemente a biografia de Agatha, chamando a atenção pela beleza das fotos de Torquay, Greenway e toda região. Na primeira página, há um gentil agradecimento do fotografo Jean-Bernard Naudin à Rosalind Hicks, que forneceu fotos pessoais, documentos e abriu Greenway para as fotos que estão no livro. A biografia apresentada por Rivière nesse livro fala que Agatha teve amnésia e precisou de tratamento para se recuperar. No entanto, ele dá um destaque exagerado a amizade de Agatha com Nan Watts.

Na lista de pessoas entrevistadas para o programa de TV, havia uma senhora chamada Gardner, de Babbacombe, Torquay. Françoise Rivière entrevistou-a sem entender muito o que ela tinha a ver com os escritores. Uma frase que chama a atenção do leitor, no francês original, é que Rivière fala que a mulher morava em uma casa *assustadoramente*[43] parecida com Ashfield[44]. Pouco depois do começo da entrevista, ele se dá conta de que a senhora, de mais ou menos setenta anos, segundo ele (Judith deveria ter sessenta e oito, mais ou menos), forte personalidade e reticente em sua entrevista é a filha de Nan Watts, amiga e irmã do cunhado de Agatha, James Watts, casado com Madge.

Rivière frisa a reticência da testemunha, porém, num rompante inesperado por ele, Judith afirmou que sabia muito bem o que acontecera com Agatha em dezembro de 1926. Segundo ela, Agatha estava imensamente deprimida e chocada pela morte da mãe e o pedido de divórcio de Archie, tanto que afirmou para Nan que queira "dar um copo de veneno para aqueles dois". Judith não disse quando Agatha teria falado isso, mas afirmou que ela jamais perdera a memória.

Essa segunda versão de Françoise Rivière está em seu segundo livro sobre Agatha Christie, dessa vez uma biografia da escritora, chamado *Agatha Christie Duchess de la Mort*, de 2001. Nele, Rivière copia toda a história do desaparecimento de Cade e revela que foi ele quem descobriu a testemunha

---

43. *Éttonnamment similaire* no francês original.
44. Procurei em vão por essa casa em Babbacombe.

Judith Gardner; elogia muito Cade por ter sabido arrancar toda a verdade do casal, dando a entender que Judith se limitou a essas afirmações depois da entrevista filmada por ele, em 1994.

Cade, em suas pesquisas, descobriu essa fonte e resolveu explorá-la. Rivière lançou outra biografia de Agatha Christie em 2012, chamada *Agatha Christie La Romance du Crime*. Nesse livro, ele junta a beleza dos recursos fotográficos do livro de 1995 à cópia da história toda de Cade, sem clamar ser o descobridor da testemunha. Rivière lançou ainda, em 2000, um romance meio policial, meio comédia, chamado sugestivamente *Le Jardiniere de Babbacombe*, cujo título em inglês seria **The Gardner of Babbacombe**. O livro conta a história de um crime que ocorre em Paington. Uma das personagens se chama Nan e outra mora na Barton Road, porém essas são as únicas alusões similares à biografia de Agatha Christie.

Voltando ao livro de Jared Cade, ele explorou a testemunha Judith Gardner e, de quebra, acrescentou seu marido na história. Segundo os Gardner, na manhã do dia três de dezembro, Agatha e Nan combinaram que Agatha abandonaria o carro em Newlands Corner, pegaria um trem, dormiria na casa de Nan e partiria, no dia seguinte, para Harrogate. Nan daria dinheiro para Agatha, mas a história cai por terra em detalhes simples.

Além de ser impossível Agatha ir e voltar de Londres na manhã de três de dezembro, nos horários em que diversas testemunhas disseram que ela esteve em Styles, Cade a colocou numa situação que ele mesmo contradiz. Laura Thompson alega que o tempo que Agatha teria na noite desse dia, entre 9h45, quando deixou Styles (comprovado pela polícia) e 10h52, horário em que o último trem deixava a estação de Claidon, a quatro ou cinco quilômetros do lugar onde o carro foi encontrado e onde Agatha teria embarcado para Londres, segundo Cade, era insuficiente para que ela cubrisse o trajeto de vinte e quatro quilômetros, livra-se do carro, corresse pela estrada deserta no meio da noite escura e peguasse o trem. Cade, ao ler isso anos depois, lançou uma revisão da sua história e incluiu um capítulo, tentando cobrir o rombo de sua hipótese, descoberto por Laura Thompson. Ele alega que os vinte e quatro quilômetros poderiam ser percorridos em vinte minutos, pois o Morris Cowley, apesar de seu manual dizer que anda no máximo a setenta e cinco quilômetros por hora, poderia muito bem desenvolver a velocidade de noventa quilômetros por hora, segundo um especialista em automóveis antigos, que o levou para fazer o percurso em um veículo desses.

Muito bem. Primeiro, o próprio Cade, em seu livro, conforme já citei, diz que o trajeto da casa de Peg Hemsley, a dez quilômetros de Newlands Corner, leva **uma hora** para ser percorrido. Segundo, não bastasse isso, vejam de novo a foto da estrada onde o carro foi encontrado e pensem: quem, por mais insano que estivesse, conseguiria dirigir um calhambeque de 1926 a quase noventa quilômetros por hora, à noite, com faróis que iluminavam pouco mais do que velas? Garanto que Agatha não teria que tentar se suicidar; ela sofreria um desastre nos primeiros cinco quilômetros da estrada.

Finalmente, e para piorar, eu mesmo refiz o trajeto de Styles a Newlands Corner, na manhã de doze de setembro de 2012. O dia estava lindo, como se pode ver na foto que apresento na contracapa. As estradas, hoje, são mais largas e asfaltadas. Existem trechos, ainda hoje, em que mal passam dois carros. Eu estava a bordo de um moderno veículo de hoje em dia, um Ford Focus automático. Quando achei que o carro já estava alcançando uma velocidade imprudente para as condições de tráfego — e a estada estava completamente livre —, verifiquei que estava a cinquenta milhas, ou seja, oitenta quilômetros por hora.

Cade conta que Agatha tentou enganar o leitor, em sua *Autobiografia,* ao dizer que não sabia dirigir direito, tendo tido somente três aulas de Archie quando tudo aconteceu, em 1926. Ele diz que ela afirma ter começado a aprender a dirigir pouco antes da Greve Geral de 1926. Ela realmente diz, na *Autobiografia,* que havia tido somente três lições com Archie antes de ter dirigido pela primeira vez, quando houve uma greve. Ela nunca disse *Greve Geral.* Cade acrescenta a palavra *geral* às palavras originais de Agatha, mais uma vez somente para mostrar uma falsa Agatha Christie. Conforme eu disse no capítulo sobre o casamento de Agatha, em março de 1924 houve uma greve dos transportes na Inglaterra, à qual Agatha se referiu como *uma greve.* Mas Jared Cade pode não conhecer muito bem a história da Inglaterra. Eu sou brasileiro e sou capaz de saber as datas certas, mas ele, australiano, não é.

Depois de abandonar o carro, nas condições reais, Agatha teria que ser a campeã de Fórmula Um de 1926 ou recordista dos cem metros rasos, pois teria que correr os quatro ou cinco quilômetros de distância de onde deixou o carro até a estação em vinte minutos — o que daria uma velocidade de dez quilômetros por hora —, no meio do breu da noite, que o próprio Cade constatou nos arquivos do departamento de meteorologia, para contradizer Laura Thompson.

Devemos nos lembrar ainda de que não havia tênis na época e que as estradas tinham pedras e buracos, mas Cade esqueceu de dizer que Agatha tinha olhos de coruja. Ele diz que nada impedia que ela tivesse pegado uma carona com alguém para fazer o trajeto. Lógico que alguém estaria passando por ali, naquela noite fria e escura, bem na hora em que Agatha precisava de uma carona. O plano era perfeito. Peguntas: não seria mais fácil Agatha ir para Londres com o carro à noite e, no dia seguinte, de madrugada, levá-lo para Newlands Corner? E por que Jared Cade diminui a importância do depoimento de Edward McAllister? Porque o depoimento dele — ou a lógica da primeira pergunta — nos diz claramente que a história foi inventada.

Antes de prosseguir, devo salientar, mais uma vez, que se fosse esse o único problema da *fanfiction* de Cade sobre Agatha Christie, eu não escreveria este capítulo. Suas histórias, porém, na tentativa de mudar todo o fascínio da personalidade que os fãs conhecem de Agatha Christie, obrigaram-me a fazê-lo.

Em 2006, o Dr. Andrew Norman, médico clínico, lançaria sua biografia de Agatha Christie, chamada *Agatha Christie The Finished Portrait*. Nele, o Dr. Norman reconta todo o caso do desaparecimento. É, de longe, o autor que mais usa o *The Times* como fonte e, através de pesquisas e entrevistas, define o quadro de devaneio de Agatha Christie, de acordo com a terminologia médica correta e a descrição dos sintomas da doença, como *fuga psicogênica* e não amnésia. Se levarmos em conta oitenta anos de progresso da medicina, novos estudos e o embasamento teórico, citando autores, artigos e exemplos de Norman, a hipótese do desaparecimento se torna muito mais possível do que a historinha de Cade. Logicamente, Jared Cade não cita Andrew Norman em sua revisão de 2011.

Em sua biografia de 2009, Richard Hack deve ter percebido, sem nem mesmo ter lido a nova versão de Cade, que só apareceria em 2011, os absurdos de sua hipótese. Ele coloca Agatha vagando com o carro a noite inteira, sem saber para onde ir. Provavelmente tentou ir a Hurtmore para enfrentar Archie. Conforme uma das hipóteses dos jornais da época, ele a coloca sabendo muito bem o que está fazendo na manhã seguinte, quando deixa o anel para consertar na Harrod's; mas não menciona Nan na história. Jared Cade também não cita Richard Hack em sua nova versão.

Antes de finalizar, não vou impingir ao leitor minha opinião. Prefiro que reflitam e acreditem no que quiserem. Vou somente levantar algumas reflexões, que considero importantes.

Segundo muito bem comentado por Laura Thompson, porque Agatha Christie teria algum interesse em voltar os olhos de todos para sua situação, se sentia-se uma mulher humilhada pelo marido e o divórcio?

Jared Cade alega que Janet Morgan tentou tirar o quinhão de culpa de Agatha ao retratar o Superintendente Kenward como uma pessoa ávida por aparecer na imprensa, pensando em nova medalha e promoção; mas o próprio Cade, em sua primeira versão, conta da promoção e medalha de Kenward, que nenhum outro autor citou; nem mesmo Janet Morgan. Descartando esse fato, mas ainda nesse assunto, porque Kenward não ouviu o Superintendente Goddard e procurou Agatha como pessoa desaparecida, ao invés de procurar um corpo? Ou ouviu a imprensa, que queria que ele chamasse a Scotland Yard? Por que Kenward ignorou, por quase trinta e seis horas, o alerta da polícia de Yorkshire, de que Agatha poderia ter sido reconhecida no The Hydro Hotel?

Porque ele queria, sim, como alegado por Janet Morgan, ser noticiado na imprensa e torcia imensamente para que Agatha estivesse morta e, contra tudo e contra todos, ele fosse o herói da história.

Sempre gosto de citar alguma experiência própria que me ajude a entender as verdades que procuro. Uma verdade minha, que se encaixa nessa história, é que, em situações de stress, como indo a um hospital visitar alguém que está muito mal ou mesmo que já morreu, ou se recebo uma notícia muito perturbadora, eu, frequentemente, erro o caminho que estou fazendo e me pego, algum tempo depois, imaginando o que estou fazendo em algum lugar completamente diferente. Como exemplo, minha segunda viagem à Inglaterra para as pesquisas deste livro foi decidida em pouco mais de uma hora. Comprei uma passagem para embarcar no dia seguinte. Voltando para casa nesse dia, eu precisava me concentrar para falar português e desci três vezes do Metrô na estação errada... e eu não havia passado oito meses de stress.

Concluindo meus pensamentos, por que Judith Gardner — a filha de Nan Watts — inventou toda essa história?

Primeiro, Jared Cade, em seu livro, diz que quem fez comentários nesse sentido foi o marido dela, Graham, tendo ouvido, segundo ele, as histórias de Nan. Alguns detalhes, como Judy aos dez anos de idade sabendo que Archie tinha um caso com Nancy, por mais liberal e não convencional para os padrões da época que Nan fosse, é um pouco demais, como comenta Laura Thompson.

O próprio Cade publica uma foto de 1926, nitidamente do verão, ou seja, junho ou julho, quando Agatha estava em Ashfield, em que aparecem George Kon, o "marido" de Nan, Archie não muito à vontade e Nancy Neele sorridente. Segundo Cade, a foto foi tirada por Nan. Ou seja, a boa amiga de Agatha não só sabia do caso de Archie, como ainda por cima convivia socialmente com ele e sua amante.

Ou a foto é de outra data — pois na mesma página está uma foto de Judith, que deveria ter dez anos, porém, por seu desenvolvimento físico, parece ter bem mais — e a Sra. Gardner mudou a datação da foto para Cade ou ele o fez para dar veracidade a suas histórias. A descrição da casa de Judith por Françoise Rivière nos revela outro ponto. Tudo indica que Judith tinha inveja de Agatha, da família de Agatha e do dinheiro de Agatha. Aliás, a própria Judith conta a Cade, que nos repete, que Agatha visitava e ajudava financeiramente Nan quando George Kon a deixou, porque descobriu seu caso com outro homem. Agatha jamais citou qualquer ato de benemerência seu durante toda sua vida e eles existiram em grande quantidade e podem ser provados pelos documentos da Biblioteca de Exeter. Onde está a pessoa mesquinha que Judith sugere quando diz que ela humilhava Archie, dizendo que o dinheiro dela era só dela?

Concluindo, Jared Cade cometeu o erro de divulgar o endereço de Paington, onde Nan e Judith moravam na mesma rua. Eu fui até lá. O que eu vi foram casas de pessoas de muito baixa renda, não de donos de uma fortuna e de um iate, como Cade repete exaustivamente em seu livro. Aliás, a tentativa de aumentar a importância de Judith (a quem Agatha dedicou uma frase, em sua *Autobiografia*), de seu marido, Grahan Gardner (que nem citado na *Autobiografia* é) e de Nan (que, segundo Cade, é citada *inúmeras* vezes na *Autobiografia*, mas eu contei apenas seis) é cansativa. Chega uma hora em que imaginamos que ele dirá que Agatha chamou Judith, inclusive, para acompanhá-la ao banheiro.

O que deduzo é que esse casal fez o que fez, pois precisava de dinheiro ou de holofotes, conforme outras provas que colhi me fizeram suspeitar, e vendeu essa história para Cade. Cade também diz que Agatha preferia Judith à própria filha, Rosalind, e dá como exemplo o fato de, em 1967, Judith e Grahan morarem nos apartamentos recém-reformados de Greenway, ao lado da casa, pois estavam sem ter onde morar. Cita isso como uma predileção de Agatha por Judith, pois Rosalind morava no Ferry Cottage, às margens do Dart, há uns duzentos metros da casa. Não fala, obviamente, que o Ferry Cottage era uma excelente residência, muito charmosa, mas diz que os apartamentos do estábulo eram muito luxuosos, coisa totalmente sem importância para Agatha Christie.

Ainda nesse sentido, ele diria que Judith recebeu uma fortuna de herança de Nan, que morreu em 1959 e, em seguida, fala que Max arranjou uma bolsa do Museu Britânico para Grahan viajar com eles como fotógrafo para a escavação no Oriente, em 1962; e que Agatha pagou a viagem de Judith. Ficar um mês sem casa para morar, viajar com bolsa e com passagens pagas não me parecem coisas de gente que tem uma *fortuna*, mas posso estar errado.

Completando, Judith Gardner, além de provavelmente invejosa, gananciosa e querendo fama de toda forma, ainda era dotada de personalidade sedenta de escândalos. Foi ela quem trouxe à tona o fato de Nan, cujo primeiro marido, seu pai, Hugo Pollock, abandonou-a e desapareceu[45],

---

45. Há sugestão de que a personagem Frederica Rice, de A Casa do Penhasco/A Casa Perdida/Peril at End House, cujo marido também despareceu, seja inspirada em Nan.

fazendo com que nunca mais pudesse se casar e forçando-a a viver apenas maritalmente com George Kon, ter tido um caso, o que levou Kon a abandoná-la sem vintém. Finalizando, a carta de resposta à carta de condolência pela morte de Agatha, escrita por Rosalind para Judith, é estranha em seu tom para alguém que Cade diz ser tão próxima. Rosalind parece querer consolar Judith, afirmando que Agatha gostava dela e que ela era importante para Agatha. A impressão que eu tenho é que Rosalind deve ter recebido uma carta cheia de choramingo e autocomiseração, dizendo que amava muito Agatha, mas não havia sido importante para ela. Afinal, se Agatha ajudava financeiramente o casal Gardner, eles agora precisavam fazer média com Rosalind.

O comprador da coleção de primeiras edições de Agatha, autografadas para Nan, que foram herdadas por Judith, afirma que Judith multiplicou muitas vezes o real valor dos livros, pois sabia que ele pagaria qualquer preço por eles. Isso me foi contado pelo próprio comprador.

Dois trechos da *Autobiografia* me fazem desacreditar totalmente da tentativa de suicídio de Agatha, mesmo que ela tenha dito isso na entrevista de fevereiro de 1928. Como disse no começo do capítulo, nem a própria Agatha conseguiu se lembrar direito do que ocorreu naquela noite. Os dois textos da *Autobiografia*, junto ao fato de Agatha ser profundamente religiosa, tendo sempre na sua mesa de cabeceira a *Imitação de Cristo*, levam-me a isso. Eu mesmo vi o livrinho e qualquer um pode ver, sobre a mesinha de cabeceira em seu quarto, em Greenway.

O primeiro trecho selecionado é de quando Agatha começou a estudar no colégio de Torquay, com onze ou doze anos. Ela ainda tinha na lembrana uma professora, apesar de não se lembrar de seu nome, que inesperadamente, no meio de uma aula, começou a falar sobre a vida e a religião. Ela afirmava que cada uma das alunas um dia teria que enfrentar o desespero e, se não enfrentado com resignação, elas não seriam cristãs, pois cristãos teriam que enfrentar o desespero e o contratempo como Cristo os enfrentou, com resignação; deveriam saber ser felizes como Cristo o foi nas Bodas de Canaã e saber estar sozinhos, abandonados pelos amigos que se afastaram, em desespero no Monte das Oliveiras, sentindo que o próprio Deus os abandonou.

Depois disso, ela regressou à explicação dos problemas com seu vigor habitual, mas Agatha estranhava essas poucas palavras a terem marcado mais profundamente do que qualquer sermão que houvesse escutado. Ela afirmou que, anos depois, foram essas palavras que lhe deram ânimo, quando o desespero lhe fincou as garras.

O outro trecho é quase no final do livro, em que ela se diz uma pessoa esperançosa, uma virtude que nunca poderia ser dissociada de si mesma. Por que alguém deveria perder a esperança antes de estar morto?

Isso tudo me faz crer que Agatha até pensou, até tentou o suicídio, mas o fato dela ter vagado a noite inteira comprova que não teve coragem de fazê-lo.

Provavelmente Agatha, após dirigir a noite toda, fez alguma coisa errada na condução do carro, o que provocou sua pane. Ela foi ajudada por Edward MacAllister, entrou no carro e seguiu. Pelo trecho que pode ter percorrido, se o que disse na entrevista de 1928 for exato, a gasolina do carro teria acabado e ela precisaria ter reposto da lata de gasolina acessória. Talvez ela tenha feito isso, mas, por não ter prática com mecânica, que não tem a ver com saber ou não dirigir, colocou a gasolina no carro e ele afogou na partida. Como todos sabem, depois de algum tempo a gasolina em excesso evapora e o carro dá a partida normalmente, o que deve ter ocorrido com MacAllister. Lembrem-se de que a lata de gasolina foi achada no chão, perto de onde o carro foi encontrado. Poderia estar mal presa ou até mesmo solta, por Agatha já não saber direito o que fazia em meio à escuridão total.

Àquela altura da noite, Agatha deveria estar extenuada. Talvez ela tenha parado o carro porque algo estranho aconteceu novamente; então ela desceu com a bolsa, que sempre pegava por reflexo, esqueceu de acionar os freios e o carro desceu a ladeira; ou talvez ela tenha dormido no volante, exauta e saído da estrada.

Dado o estado de desespero em que estava — lembrem-se de que ela já havia tido crises de choro pelo carro não funcionar —, ela deve ter saído andando sem direção e o problema mental se manifestou. Ou ela realmente estava no carro, bateu a cabeça, acordou e saiu andando sem saber de mais nada.

Se Agatha sofreu algum tipo de pequeno hematoma subdural no acidente, isso pode, sim, depois de horas ou dias, levar a um estado de confusão mental que deixa de existir quando o hematoma é reabsorvido pelo organismo e desaparece. Agatha mesma nunca disse que perdeu a memória o tempo todo em que esteve em Harrogate; pelo contrário, ela admite saber que estava em Waterloo, embora nem imaginasse como havia chegado lá, e que acordou no hotel, no dia seguinte, achando estranho não ter nenhuma bagagem.

Por que ela não atendeu aos chamados do jornal quando se recuperou? Pelo mesmo motivo que não entrou na festa no Ritz, anos depois. Ela estava extremamente assustada, sem saber o que fazer e, mais uma vez, a timidez a venceu, juntamente com o esgotamento nervoso profundo e, talvez, a perfeitamente explicada fuga psíquica, de Andrew Norman.

O fato dela ter ido para Yorkshire, aonde iria com Archie conforme o combinado, comprova que ela deve ter achado, em algum momento, ao se ver na estação, que estava indo para lá. Como não sabia para onde e, nessa época, as estações eram cheias de cartazes do badalado balneário de Harrogate, para lá ela foi. Chegando, simplesmente entrou no táxi do Hidropathyc Hotel e o motorista a levou.

Quanto a carta de Campbell Christie, ela provavelmente já a havia escrito anteriormente e guardado na bolsa, quando os planos mudaram por causa da atitude de Archie, de deixar o lar naquela manhã e não mais viajar com ela. Afinal, Campbell contou à polícia que a carta dizia que ela iria para Yorkshire, sem citar a cidade. Podia perfeitamente ser a viagem que faria com Archie e que foi cancelada, por isso ela guardou a carta. No dia seguinte, em sua confusão, encontrou a carta e, por reflexo, pôs no correio; ou Agatha lembrou-se de avisar isso ao cunhado sem nem se lembrar de que não iria mais com Archie e, na hora, só se lembrou do endereço do trabalho dele, num dos típicos momentos de semi-lucidez que as mentes perturbadas, genialmente e para o espanto de todos, manifestam sob o manto da irracionalidade.

O certo é que qualquer explicação pode ser válida, desde que racionalmente embasada e não apoiada somente em testemunho de fontes altamente duvidosas, com manipulação dos fatos, para que se adaptem à realidade proposta.

Como dito no início, não pretendo impôr ao leitor nenhuma hipótese. Você fica livre para pensar, racionalmente apoiado nos fatos e nas hipóteses plausíveis apresentadas. Nunca saberemos ao certo o que aconteceu com Agatha Christie naqueles quinze dias de dezembro de 1926.

Agatha Quem?

Depois dos eventos de 1926 e da separação de Archibald Christie, Agatha viveu um novo período de sua vida. Sua produção profissional aumentaria, pois agora ela estava por sua conta e tinha Rosalind, Carlo, Ashfield e Monty para manter[46].

Em janeiro de 1927, ela embarcou, com Carlo e Rosalind, para as Ilhas Canárias, a fim de descansar, recuperar-se dos episódios traumáticos e, principalmente, terminar O Mistério do Trem Azul.

Ela disse que essa viagem era sua única esperança de recomeçar a viver e cortar tudo o que a fizera desmoronar. Não teria paz na Inglaterra e sua única alegria era Rosalind.

O Mistério do Trem Azul ficou um ano esquecido, pois Agatha não se encontrava em condições de escrever. Como havia sua obrigação contratual com a Collins e ela precisava de dinheiro, publicou, em janeiro de 1927, Os Quatro Grandes.

Segundo a própria Agatha, o livro foi composto juntamente com seu cunhado, Campbell Christie. Campbell, irmão mais novo de Archie e que mais tarde escreveria com sua esposa uma peça teatral de sucesso, sugeriu à Agatha que juntasse os contos de Poirot que publicara em *The Sketch* nos primeiros meses de 1924 e os transformasse em um livro. Agatha admitiu que a maior parte do trabalho de alinhavar os capítulos foi feita por Campbell.

Acompanhem o meu raciocínio: o livro Os Quatro Grandes foi publicado em janeiro. Agatha ficou até meados daquele mês[47] em Abney Hall, recuperando-se do episódio do desaparecimento. Por volta do dia vinte de janeiro de 1927, ela embarcou para as Ilhas Canárias. Agatha esteve fora de si desde três de dezembro. Em que momento ela poderia ter feito o livro?

Provavelmente Agatha, sofrendo de esgotamento nervoso, sem conse-

---

46. Mike Holgate, em *Stranger Than Fiction*, diz que o divórcio foi pedido em dezembro de 1926.
47. Datado por Gwen Robbins, em *The Mystery of Agatha Christie*, e Jared Cade, em *The Eleven Missing days*.

Linha do Tempo

1927

guir escrever, com seu novo compromisso contratual e assustada com as despesas da família Christie, sabia que precisaria de dinheiro e, antes de três de dezembro, já havia preparado o livro com o cunhado. Para embasar essa ideia, lembrem-se de que a sogra de Agatha, Peg Hemsley, disse em sua entrevista ao jornal que Agatha estava conversando com Campbell e ele a estava ajudando com o livro e, sem saber direito do que se tratava, citou as dificuldades de Agatha para concluir O Mistério do Trem Azul. Muito provavelmente a misteriosa carta do dia quatro de dezembro comunicava a Campbell sua intenção de viajar no final de semana e o avisava de que já havia encaminhado Os Quatro Grandes para o editor, pois não podemos nos esquecer de que na quinta-feira, dois de dezembro, ela esteve pela manhã com Edmund Cork.

Cork falou que conversaram sobre o próximo livro, O Mistério do Trem Azul, e a preparação de Os Quatro Grandes. Provavelmente o livro já estava com ele. Campbell não podia exibir a carta, pois corria o risco do segredo dele ter alinhavado os capítulos vir à tona e prejudicar a bem-sucedida carreira de Agatha, coroada recentemente por O Assassinato de Roger Ackroyd.

Mathew Bunson, em seu livro *The Complete Christie*, afirma que Agatha publicou o conto Tensão e Morte/O Limite/*The Edge* em 1926, na Souvering Magazine, porém o conto foi publicado em fevereiro de 1927, pela Pearson's Magazine, tendo como comentário editorial: "escrito pouco antes da recente doença e misterioso desaparecimento da autora". Tenho o original da revista com o conto em minha coleção.

Jared Cade alegou que Agatha não podia estar em dificuldades financeiras, pois herdara o patrimônio de cerca de treze mil e quinhentas libras de Clara. Tirando-se desse valor o valor de Ashfield, deveriam sobrar dez mil libras. O que ele não diz é que provavelmente esse dinheiro encontrava-se na forma de fundo de rendimento, como foram as heranças de Nathaniel, Frederick, provavelmente Auntie-Grannie e Clara. Portanto, Agatha dispunha de um rendimento anual desse patrimônio, mas não do dinheiro propriamente dito.

Cade também alega que Agatha deu a entender que viajou para as Ilhas Canárias no início de 1928. A frase usada por Agatha em sua *Autobiografia* está no início do capítulo seguinte ao desaparecimento. Começa com: "No início do ano seguinte". Em momento algum para o leitor fica a dúvida, pois ela claramente estava falando de 1926 no capítulo anterior.

A dúvida seria criada, sim, por um erro de Charles Osborne, em *The Life and Crimes of Agatha Christie*, de 1982, que data a viagem em 1928, pois Agatha narrou um encontro com Archibald para decidir a separação sem datá-lo. Janet Morgan, em *Agatha Christie A Biography*, e Laura Thompson, em *Agatha Christie An English Mystery* — apesar da última estar escrevendo depois da obra de Cade —, repetiram o mesmo erro. Gwen Robbins perdeu tempo tentando justificar que a busca por Agatha Christie, em 1926, custou muito aos cofres públicos e não mencionou a viagem. Carol Dommermuth-Costa, em *Agatha Christie Writer of Mystery*, põe Agatha e Carlo nas Índias Ocidentais em 1928, ao invés de nas Ilhas Canárias, em 1927.

Jared Cade lançou mão do erro copiado por Janet Morgan, a primeira e única biógrafa oficial de Agatha Christie, ignorou o erro de Charles Osborne e manipulou as palavras de Agatha na *Autobiografia*, para que ela parecesse dissimular a verdade e que o livro dele fosse digno de credibilidade.

Ao retornar para a Inglaterra e com O Mistério do Trem Azul concluído, Agatha alugou um pequeno apartamento provisório para as três. O livro seria serializado em fevereiro de 1928, por *The Star*, e finalmente publicado em março do mesmo ano. Agatha diria que esse era seu pior livro. Os fãs discordam e gostam.

O restante do ano foi obscuro. Tudo indica que Agatha consultou algum especialista em Londres, conforme dito por Janet Morgan, Laura Thompson e Andrew Norman. Esse especialista lhe teria recomendado que escrevesse sobre seu passado, tanto para tentar recuperar os momentos falhos de sua memória quanto como terapia. Esses escritos mais tarde dariam origem aos dois primeiros livros de Mary Westmacott.

Em O Retrato/O Retrato Inacabado/*Unfinished Portrait*, a personagem Célia diz a seu ouvinte: "Me sinto culpada em relação a Judy (Rosalind). Entenda, por causa de Dermot (Archibald), eu a traí." Isso dizia respeito ao fato de Agatha não se perdoar por permitir que Rosalind agora vivesse em um lar desfeito. Agatha admitia que seus princípios sucumbiram diante da insistência do ex-marido em prol da felicidade dele e em detrimento da sua e da situação de sua filha. Agatha nunca se perdoou por isso.

Agatha e Carlo criaram duas "ordens", como a rainha cria as ordens do reino. A primeira era a "Ordem dos Cães Fiéis" — *Order of the Faithful Dogs*, O.F.D. e a "Ordem dos Ratos" — O.R. Elas dividiram nessas duas classes as pessoas que se afastaram dela ou nem ligaram para os episódios do desaparecimento e, apesar de não mencionado, de sua nova condição de mulher divorciada.

Styles foi vendida e Agatha comprou a pequena casa de 22, Creswell Place, Chelsea[48]. Redecorou-a para ela e Rosalind. Encontrou-se com Ar-

---

48. Gwen Robbins data a compra de 22, Creswell Place como sendo 1931; ela coloca o cômodo de Green Lodge — 58, Sheffield Terrace, onde Agatha tinha um piano e um lugar para escrever, comprada anos depois, como sendo nesse endereço. Françoise Rivière, Charles Osborne e Denis Sanders & Len Lovalllo copiaram o erro de Gwen Robbins.

1927 - 1928

chibald e decidiram dar entrada no divórcio, o que ocorreu no começo de 1928. A pequena casa ficava em uma rua atrás de uma série de casas imponentes e, no século XIX, deveria ser a entrada dos fundos das casas, onde ficavam cavalariças, agora transformadas em *cottages*. Agatha nos contou que a casa ainda tinha divisões de madeira para os cavalos, manjedouras, um quarto de arreios e selas quando a comprou. Hoje, a casa ostenta uma placa azul, identificando que ali residiu Agatha Christie.

Durante o ano, Agatha publicou sete histórias em revistas. Ela não aceitou pensão financeira de Archibald e encarou as despesas da nova casa sozinha. Comprovando a teoria de que Agatha apelava para contos quando em emergência financeira, no ano de 1928 ela publicou nove contos, além de ter recebido os direitos de dois filmes e uma peça de teatro.

Jared Cade e Laura Thompson afirmaram que Agatha queria reatar o casamento, pois ainda amava Archibald. Cade diria que ela o amou por toda a vida. Eu duvido. Se Agatha hesitou na separação, foi por causa de Rosalind. Na época, uma mulher divorciada ainda era discriminada pela sociedade. Não se esqueçam de que, mais dez anos depois, Agatha não pôde apresentar Rosalind à sociedade em seu *debut*, pois era divorciada, mesmo estando casada com Max; e do comentário de Peg, sua sogra, feito em 1913, quando Archie lhe falou sobre Agatha: "ela poderia ser a filha da dona de uma tabacaria, uma divorciada ou uma corista", simbolizando todos os desastres de nora que poderiam acontecer à mãe de um rapaz de família da época.

Durante esse período, a atividade profissional de Agatha foi prolífica. Ela disse que quando concluiu O Mistério do Trem Azul deixou de ser amadora para se tornar profissional. Eu diria que seu hobby lucrativo se tornou o seu sustento desde a crise financeira da família, em 1923. Profissional ela já era há muito tempo, preocupando-se com prazos, contas, edições e até com as capas de seus livros.

Em carta datada de seis de maio de 1927, Irene Kafka, agente tcheca dos direitos autorais de Agatha Christie para a Europa Central, enviou uma carta para The Bodley Head informando que uma produtora ofereceu-se para comprar os direitos de filmagem de O Inimigo Secreto/The *Secret Adversary*.

Em vinte de outubro de 1927, Agatha Christie foi publicada pela primeira vez na França, pela Editions du Masqué.

Uma carta de Dorothy L. Sayers para Jonh Lane sobre os direitos autorais do conto A Aventura do Apartamento Barato/*The Adventure of the Cheap Flat* é datada de vinte e cinco de abril de 1928. Sayers pedia para John Lane tentar melhorar o preço dos direitos do conto, porque ela estava

Linha do Tempo

1928

editando um livro chamado *Great Short Stories of Detection, Mystery and Horror*, com contos de importantes autores. Os outros autores venderam os direitos por oito ou nove libras, mas eles estavam cobrando mais pelo conto de Agatha. Sayers salienta que o longo prefácio crítico escrito por ela menciona inúmeras vezes o nome de Agatha Christie e que isso poderia ser uma boa publicidade para seus livros. Ela frisa que Poirot "ganhou um lugar permanente na galeria dos grandes detetives da ficção" e que a antologia nunca estaria completa sem ele. O livro foi publicado em setembro de 1928, sem o conto de Agatha.

Em quinze de maio de 1928, foi produzida e encenada sua primeira adaptação para teatro, Alibi, feita por Michael Morton de O Assassinato de Roger Ackroyd.[49] A peça fez grande sucesso, ficando quase um ano em cartaz, apesar de Agatha não ter aprovado Charles Laughton no papel de Beau Poirot (rebatizaram o personagem). No entanto, a crítica e o público foram muito favoráveis a esse Beau Poirot. A peça seria produzida por Bertie Meyer, um dos empresários de maior sucesso do teatro e que, no momento da produção de *Alibi,* tinha mais quatro peças de sucesso em cartaz.

Agatha assinou o divórcio em outubro de 1928. Archibald se casou com Nancy em novembro.

Em O Retrato/O Retrato Inacabado/*The Unfinished Portrait*, a personagem Célia, que representa Agatha, guardaria seu anel de casamento, juntamente com o Salmo 55:

> For it is not an open enemy, that had done me this dishonour: For then I could have borne it.
> Neither was it my adversary, that did magnify himself against me: for then preadventure I would have hid myself from him.
> But it was even thou, my companion: my guide, and mine own familiar friend[50]

Agatha, já instalada na casa de Chelsea com Rosalind em um bom colégio, o Caledônia, de Bexhill, decidiu viajar sozinha e encarar a solidão pela primeira vez. Planejou uma viagem para as Índias Ocidentais, causando a confusão de Carol Dommermuth-Costa; porém, faltando poucos dias para embarcar, encontrou-se com um casal em um jantar, o Comandante Howe

---

49. Dennis Sanders & Len Lovallo, em seu livro, trocam o nome do produtor da peça, Bertie Meyer, com o do diretor, Gerard du Marier.
50. Jared Cade diz que, depois da morte de Agatha, sua caixa de cartas foi aberta e lá estava seu anel de casamento, juntamente com o Salmo 55, sem dizer que isso era o que ocorria em um livro fictício escrito por Agatha, dando a entender que isso foi encontrado em seu legado. "De um inimigo que me causasse essa desonra: Eu poderia suportar. Nem se fosse um adversário que crescesse diante de mim: Eu poderia ter me prevenido contra ele. Mas foi, no entanto, meu companheiro: meu guia, meu amigo familiar".

```
VIII. Wickenburggasse 19        Wien, am 5. Dezember 1928.
                Abschrift


                    O r p l i d Film G.m.b.H.
                                            B e r l i n

        Sehr geehrter Herr,

            wie Sie wissen, haben sich in Angelegenheit unserer Verfilmung
        bedauerliche Missverständnisse ereignet, die nicht wenig infolge Ihrer
        mir ganz unerklärlichen Haltung in London grosses Missfallen erregen.
            Die Firma H u g h e s, M a s s i e &Co. vertritt, wie ich jetzt
        durch genaue Information weiss, die Interessen der Mrs. Agatha C h r i s-
        t i e, hat aber mit unserem Abschluss nichts zu tun, da die Option von
        dem Verleger der Mrs. C h r i s t i e, der Firma J o h n   L a n e, The
        B o d l e y  H e a d, Ltd. ausging. Die Autorisation tritt erst in Kraft,
        wenn der Betrag dafür zur Gänze bezahlt worden ist. Ich kann Ihnen den
        Vorwurf nicht ersparen, dass Sie zu einer Zeit, da der Autorisationsbetrag
        erst zur Hälfte erlegt war, schon mit der Verfilmungsarbeit begonnen haben.
        Noch schwerer ist der Vorwurf, den ich Ihnen wegen Verzögerung der dritten
        und vierten Rate machen muss. Es besteht die Gefahr, dass der englische
        Verleger, falls die restlichen 3 0 0 0 RM, in Worten dreitausend
        Reichsmark, nicht sofort dem Karl D u n c k e r Verlag überwiesen werden,
        das Erscheinen des Films inhibiert und gerichtliche Schritte gegen Sie
        einleitet.
```

Acima: carta Irene Kafta

22, Cresswell Place

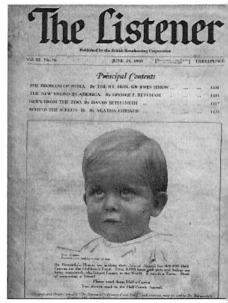

The Listenber

O Malho - Acervo do autor

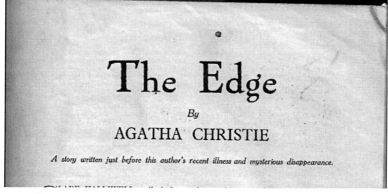

Pearson's Magazine – acervo do autor

e a esposa, que lhe falaram maravilhas do Oriente Médio e das escavações de Leonard Woolley. Agatha, que sempre desejou viajar no Expresso do Oriente, trocou as passagens em cima da hora, na Agência Cook de viagens — que existem até hoje, por toda a Inglaterra.

No período 1927/1928, apesar de Agatha estar ainda tentando equilibrar sua vida e se adaptar a uma nova realidade, sua produção literária estava em toda a atividade. Ela criou Miss Marple numa série de contos e parece ter adiantado muito material, provavelmente assustada com o fato de que agora era a responsável pela família e temendo algum imprevisto, como foi o ano de 1926. Isso nos dá a importante pista de que Agatha estava completamente recuperada do funesto ano de sua vida e sem nenhuma pretensão de reatar o casamento. Ela só esperou um ano para aceitar dar entrada no processo, realmente preocupada com o futuro de Rosalind e com uma eventual mudança de ideia de Archibald.

Pela data da separação, janeiro de 1927, e de entrada do processo, abril de 1928, parece claro que nos entendimentos entre ela e Archibald, que devem ter ocorrido em Abbney Hall, no final de 1926, ela exigiu o período de um ano para uma decisão final.

Agatha partiu para o Oriente e nos narrou toda uma viagem de aventuras. Ela parece ter se divertido muito na época. Estava sozinha e sozinha queria ficar. Isso ficou claro quando uma senhora inglesa, que conheceu no trem, queria hospedá-la e guiá-la em sua viagem. Agatha fugiu dela.

> *Eu dei a volta ao mundo com Archie; fui às Canárias com Carlo e Rosalind; agora estava indo comigo mesma. Eu devia descobrir quem realmente era — ou se havia me tornado inteiramente dependente de outras pessoas, como temia.*

A curta e despretensiosa frase de Agatha Christie, em sua *Autobiografia*, em que afirma que deu a volta ao mundo com Archie, foi às Canária com Carlo e Rosalind e agora estava indo consigo mesma para tentar descobrir quem realmente era ou se, para sempre, teria que ser dependente de alguém, é mais elucidativa de seu estado de espírito em relação à vida do que muitas páginas. Ao chegar a Ur, nas escavações, Agatha conheceu os recém-casados Leonard Woolley, um importante arqueólogo, e sua esposa, Katharine. Katherine, que havia acabado de ler e adorar O Assassinato de Roger Ackroyd, recebeu Agatha como a uma celebridade e, o que não foi dito, parece que nem sabia do episódio do desaparecimento. Agatha se sentiu feliz e à vontade. Ouviu os ensinamentos de Leonard e ficou tão entusiasmada que resolveu saber mais sobre o assunto. Agatha os convidou para se hospedarem em sua casa, na 22, Creswell Place, no verão seguinte. Eles a convidaram para retornar a Ur, na expedição de 1929. Agatha voltou à Inglaterra para passar o Natal com Rosalind e Madge, em Abbney Hall.

Como souvenier dessa viajem, Agatha trouxe uma enorme cômoda inteirinha marchetada de madrepérolas, que hoje pode ser vista em seu quarto, em Greenway. A grande cômoda daria origem a uma divertida história noturna, em que Agatha acordava durante a noite ouvindo algum bicho roer alguma coisa. Finalmente, ela decidiu levar a cômoda a um marceneiro, que a chamou dias depois e exibiu uma imensa, gorda e feia lagarta que devorava as entranhas do móvel. Seria uma lagarta das mil e uma noites ou Agatha a usaria como inspiração para criar The Big Charlotte, de Passageiro para Frankfurt, mais de quarenta anos depois?

O ano profissional de 1928 seria de muito sucesso para Agatha Christie. O primeiro filme baseado em um livro seu foi negociado na Alemanha, *Die Albenteuer G.M.H.B*, baseado em O Inimigo Secreto. O filme, preto e branco, mudo, hoje parece ser cômico. Desmaios, caretas, um galã italiano de cintura fina e enorme tórax e bíceps, característica física pouco convencional aos filmes da época, vide Rodolfo Valentino. Há letreiros narrando a maior parte da ação, para que não fique tudo sem sentido. Na época, todos os filmes eram assim. Hoje não deixam de ser cômicos e entediantes.

Na Inglaterra, estreou *The Passing Mr. Quinn*, inspirado nos contos do Sr. Quin — originalmente com um "n" só, mas, no cinema, com dois —, publicados em jornais e que, em 1930, dariam origem ao livro O Misterioso Sr. Quin.

Segundo Charles Osborne — de longe o melhor autor até 2014 sobre as peças de teatro de Agatha Christie, o que nos faz pensar que se ele tivesse desistido de escrever uma biografia dela junto com o livro não teria tido um brilhante resultado —, o filme foi tão adaptado para o cinema, em relação à história original, que faz pensar que somente o nome de Agatha Christie nos cartazes justificou a produção. Um livro lançado antes de O Misterioso Sr. Quin, chamado *The Passing Mr. Quinn*, tal e qual o filme, diz ser o livro do filme, originado do conto de Agatha Christie. Nesse livro, a história do filme é recontada, porém o Sr. Quin, que no cinema virou Quinn, transforma-se em Quinny. O filme foi adaptado para livro por G. Roy McRae e publicado pela *The London Book Companie*.

Peter Haining, em seu livro *Murder in Four Acts*, especializado na produção de Agatha Christie para TV, teatro, rádio e cinema, diz que *Die Abenteuer G.M.B.H.* foi feito depois de *The Passing Mr. Quinn*. Lendo a correspondência entre Irene Kafka e The Bodley Head, arquivada na Biblioteca da Universidade de Reading, sobre a venda dos direitos autorais da história para o filme alemão, podemos ver que durante todo o ano de 1928 eles fizeram arranjos para a conclusão do negócio. Em um telegrama datado de dois de setembro de 1928, Irene pedia a The Bodley Head que lhe fosse concedido um prazo até trinta e um de dezembro para a conclusão da negociação.

Outra carta de Kafka, de vinte e oito de novembro, mostra Irene em dúvida sobre a idoneidade do negócio, porque Hughie Messie, agente de Agatha, disse aos alemães que seria o negociador dos direitos do livro. Finalmente, em uma carta em alemão, datada de cinco de dezembro, Irene Kafka esclareceu o mal-entendido para a Orplid Films e eles pagaram os direitos autorais do livro para a filmagem. Através desta carta, podemos entender que, em cinco de dezembro de 1928, os direitos autorais ainda estavam em negociação e, portanto, *Die Abenteuer G.M.B.H* não poderia ter sido filmado naquele ano. O primeiro filme de Agatha Christie, como dito por Peter Hanning, é o inglês *The Passing Mr. Quinn*.

Ainda durante o ano de 1928, Agatha adaptaria seu livro O Segredo de Chimneys para o teatro. A peça tinha o nome de *Chimneys*.

Nas edições dos dias quatro e onze de agosto de 1928 da revista O Malho, no Brasil, encontramos o primeiro conto de Agatha Christie publicado em nosso país. É A Mulher na Escada, um dos contos de 1924, que depois deram origem ao livro As Quatro Potências do Mal/Os Quatro Grandes/*The Big Four*.

No começo do ano seguinte, em 1929, Rosalind pegou sarampo de uma amiga, filha de um casal que haviam conhecido nas Ilhas Canárias. Agatha tomou uma vacina contra varíola e resolveu levar Rosalind para Ashfield. Dirigiu de Londres até Torquay durante muitas horas, porém, como vaidade para não ficar com a marca da vacina no braço, Agatha foi vacinada na perna. O esforço de dirigir o Morris Cowley por horas arruínou o local da vacina e Agatha teve uma perigosa infecção. Segundo Agatha, a enfermeira que a tratou em Torquay disse que a única vez em que viu uma infecção daquelas, a perna foi amputada no dia seguinte. Por sorte, isso não aconteceu com Agatha. Ela se recuperou, Rosalind voltou para o colégio e Agatha embarcou novamente, rumo ao Oriente Médio; dessa vez, ficando alguns dias em Roma e, de lá, indo para Istambul.

Nesse ano, Agatha publicou O Mistério dos Sete Relógios[51], um livro de aventura, mais leve de escrever, segundo ela mesma, sequência de O Segredo de Chimneys. Alguns dos deliciosos personagens de Chymneys estavam de volta, como Lorde Caterhan e Bundle, associados à nova personagem Lady Cotte. O palco novamente era Chymneys, inspirada em Abbney Hall.

---

51. Dennis Sanders e Len Lovallo dizem que Agatha errou ao falar que, depois de O Assassinato de Roger Ackroyd, o livro que escreveu a seguir foi O Mistério dos Sete Relógios. Realmente, ela juntou os contos de Os Quatro Grandes e fala disso mais atrás, na Autobiografia; e terminou de escrever O Mistério do Trem Azul, do qual também fala mais atrás, no livro. Ela pode tê-lo referido como sendo o próximo livro que começou, terminou de escrever e publicou normalmente.

Junto com tudo isso, voltou Battle. Dessa vez, a casa foi palco de um crime associado aos terríveis camaradas da Mão Vermelha e a suspeita Ordem dos Sete Relógios.

O nome do livro com certeza foi inspirado no cruzamento do West End, de Londres, atrás do St. Martin's Theatre, próximo a Charing Cross e a Sheftsbury Street — um pequeno largo com um obelisco muito estreito no meio é palco do cruzamento estranho das estreitas Earlham Street, Monmouth Street, Mercer Street e de onde uma quarta rua se origina ou termina, a Short Gardens.

O livro foi publicado em janeiro de 1929. Por seu estilo e por não ter sido serializado previamente, novamente pensamos em uma Agatha Christie com pouco tempo para escrever, pois estava adaptando a peça *Chimneys* ao mesmo tempo. Se analisarmos os anos de 1927 e 1928, com todas aquelas mudanças em sua vida, podemos nos deparar com o dueto *livro de aventura = menor tempo para escrever*. Vale lembrar que Agatha publicou uma grande quantidade de contos nesses anos, o que diminuiria ainda mais seu tempo para escrever. Nos dois anos seguintes, Agatha publicaria, em sequência, mais duas coletâneas de contos: Sócios no Crime/*Partners in Crime* (1929) e O Misterioso Sr. Quin/*The Mysterious Mr. Quin* (1930), todos escritos em anos prévios.

Durante o ano de 1929, Agatha seria publicada pela primeira vez na Alemanha, porém suas traduções seriam extremamente despidas de humor e das histórias paralelas, pois os alemães entendiam que crime não era um assunto para diversão. Durante a Segunda Guerra Mundial, a Alemanha não publicaria nenhum livro de autoria inglesa, porém os livros de Agatha Christie continuariam a ser impressos em alemão, na vizinha Suíça.

Agatha também ganhou uma terceira concorrente ao título de Rainha do Crime da Era de Ouro do romance policial; Margery Allingham, sua escritora de mistério favorita, publicou seu primeiro romance no gênero, *The Crime at Black Dudley*, apresentando Albert Campion como detetive.

Em abril/maio, os Woolley se hospedaram em 22, Creswell Place e, no final do ano, Agatha retornou ao Oriente Médio e a Ur, conforme combinado com os Woolley, a fim de estar presente na última semana da temporada de escavação e depois viajar com o casal à Grécia.

Naquele ano, um membro da expedição, que estivera ausente no ano anterior devido a uma apendicite, retornou ao grupo. Educado em Eton e em Oxford, Max Lucien Edgar Mallowan[52] tinha vinte e cinco anos de idade, nascido em seis de maio de 1904, quando foi apresentado a Agatha.

---

52. Jeffrey Feinmann diz, em seu livro O Misterioso Mundo de Agatha Christie/*The Mysterious World of Agatha Christie* que Max era professor do Museu Britânico e um eminente arqueólogo em 1929, quando conhece Agatha. Na verdade, isso correspondia ao ano em que o livro de Freymann foi publicado.

CORREIO DA MANHÃ — Quarta-feira, 8 de Dezembro de 192...

Ultimas informações

A POLICIA LONDRINA A'S VOL-TAS COM UM CASO MYS-TERIOSO

Desappareceu uma senhora da alta sociedade, sendo encontrado o seu automovel

Londres, 7 ("Correio da Manhã) — A Scotland Yard, auxiliada pelas policias do varios condados, está esclarecendo o caso da sra. Agatha Clarisse Christie, escriptora americana de contos policiaes e esposa do coronel Archibald Christie C. M. G., D. S. O. de Berkshire.

A sra. Christie, que era filha do Frederick Miller, de Nova York, casou-se com Christie durante a guerra, em Clifton.

A semana passada, essa senhora deixou á noite sua residencia, annunciando que ia a fazer um passeio de automovel e não regressaria senão no dia seguinte. Não se soube mais noticias sua e esse seu desapparecimento, causando preoccupações e duvidas, determinou as pesquizas, sendo agora encontrado o seu carro á borda de uma ribanceira de giz, em Surrey. O seu monte de pelles estava perto do carro contendo a licença para guiar automovel. Foram encontrados outros pequenos papeis sem importancia perto do carro.

Seu marido, sendo ouvido pelas autoridades para fins informativos, declarou que a sra. Agatha recentemente vinha apresentando uma accentuada alteração nervosa.

O mysterio do seu desapparecimento está rivalisando em interesse com o dDorothy Arnold, de Nova York.

A sra. Agatha partiu de sua residencia justamente na sexta-feira para um passeio em que pretendia aproveitar uma noite do luar. E sem dizer qual o destino que levava, apenas observou á sua secretaria que lhe telephonaria na manhã seguinte.

Emquanto a policia se esforçava por apurar alguma cousa, um rapazinho do condado de Surrey procurou as autoridades para contar que descobrira um automovel pendente de uma ribanceira, sendo, então, verificado que era o carro da senhora Christie.

Londres, 7 ("Correio da Manhã") — Continuam ainda as pesquizas com o fim de esclarecer o caso do desapparecimento da sra. Agatha Christie. Alguns aeroplanos da policia estiveram voando sobre as mattas de Surrey e cerca do quinhentas pessoas estiveram esquadrinhando em differentes pontos proximos do local onde o automovel foi achado. Os poços, os pequenos lagos e os mais impenetraveis recantos foram insufficiente vasculhados, permanecendo assim o mysterio. Não ha um indicio que conduza á clausura ponta do fio da meada e as autoridades investigadoras começam a inclinar-se pela opinião do capitão Christie, esposo da sra. Agatha, de que sua mulher deve andar errando por algum ponto da região. Essa versão foi reforçada com as declarações de dois homens, que affirmaram haver visto uma sra., hontem, com os traços dados pela policia e perfeitamente identicos ao da novellista desapparecida, andando muito rapidamente e com um olhar vago e estranho.

Um trabalhador do campo disse que sabbado ultimo, pela manhã, ajudou a por em movimento o motor do carro da senhora Christie, perto do local onde elle foi encontrado abandonado. Assegurou mais o homem que a sua cabeça estava coberta de neve e os seus dentes batiam do frio; os seus modos eram desordenados e tinham muito de estranhos.

Tambem chegou á policia uma outra informação segundo a qual a sra. Christie houvera sido vista a errar como desmemoriada por uma aldeia perto de Newlands Corner, na tarde do sabbado.

O interesse do publico por esse mysterio é tão grande, que um jornal offereceu um premio de 500 dollars por uma informação positiva que conduza á descoberta da sra. Christie, contanto que ella esteja com vida.

O FEMINISMO TRIUMPHANTE ATÉ NAS FALLENCIAS

Quatrocentas e quarenta commerciantes do sexo fraco no tribunal, para liquidar suas contas com os credores

Londres, 7 ("Correio da Manhã") — O ultimo relatorio da Junta Commercial revela que quatrocentas e quarenta mulheres commerciantes compareceram perante a côrte de fallencias, em 1925, o que corresponde a um augmento de trinta e sete sobre o total do anno anterior. As modas contribuiram com a fallencia de 47 costureiras, sendo o genero de commercio feminino que contribuiu com maior somma de estabelecimentos arruinados.

Nessas acções apurou-se um passivo de quinze milhões de libras, contra um activo de apenas tres milhões.

EM CURITYBA

Falleceu o 2° vice-presidente do Estado

Ultimas noticias de Portugal

Lisboa, 7 (U. P.) — O governo, tendo em vista as necessidades actuaes, resolveu daqui adeante, permittir a importação do milho estrangeiro.

Lisboa, 7 (U. P.) — O ministro da Guerra, sr. Passos Souza, por occasião de uma alta nos aquartelamentos militares desta capital, declarou que a quéda da Republica representaria a quéda da patria.

Lisboa, 7 (A. A.) — Sabe-se que é pensamento do governo decretar a adopção do typo unico do pão, fabricado com todas materias panificaveis, além trigo.

Será tambem permittida, que consta, a importação com o lho estrangeiro.

Lisboa, 7 (A. A.) — Foi nomeado vovernador interino Guiné, o actual chefe dos Serviços de Saude das Provincias, sr. Gonçalo Monteiro Felippe.

Lisboa, 7 (A. A.) — Falleceu d. Deborah Athias, mãe do sr. Jaime Athias, secretario geral da presidencia da Republica.

A GRÃ BRETANHA QUASI RECONHECER O GOVERNO REVOLUCIONARIO CHINEZ DO CANTÃO

Londres, 7. ("Correio da Manhã") — O governo britannico esperou hoje com anciedade informação do sr. Miles Lampson, embaixador britannico á cidade de Hankow, actual do governo revolucionario da China Meridional. O sr. Miles, como foi noticiado, deveria conferenciar com os chefes cantonense, fazendo o mais esforço por trazer ao conhecimento do governo a melhor maneira de reconhecer o governo sulista como o principal da China e por averiguar até que ponto se exerce a influencia...

Correio da Manhã

MONTY

> *"— Seu irmão é um homem agradável, Peggotty? — inquiri cautelosamente.*
> *— Oh! Meu irmão é um homem muito agradável! — exclamou Peggotty".*
>
> **Charles Dickens**

Quando Agatha Christie usou essa frase de Charles Dickens em sua *Autobiografia*, estava se referindo ao seu pai. Eu, porém, uso-a para me referir ao seu irmão, Louis Montant Miller, pois parece lhe caber como uma luva. Agatha disse que a frase, respondida rapidamente e sem nenhum tempo para pensar, refletia um estado de espírito interessante e espontâneo, pois, se fizermos uma análise de todos que nos rodeiam, surpreendentemente poucos receberiam essa afirmação sem nenhuma hesitação. No caso de Monty, acredito que Agatha pensaria bastante, mas acabaria lhe atribuindo esse status.

Monty parece ter se perdido no desenrolar da juventude e vida adulta. Como resultado, tornou-se uma pessoa de difícil convivência e trato, criador de problemas para os outros (nunca para ele mesmo), nem sempre cem por cento honesto, perdulário, não muito chegado ao trabalho, com gostos refinados e caros e, às vezes, até irracional. No meio disso tudo, ele devia ser uma pessoa muito agradável, pois diversas mulheres se interessaram por ele, mimaram-no e até sustentaram seus devaneios; entre elas, a própria Agatha, Madge e Clara.

Quem mais nos falou de Monty foi a própria Agatha, embora Janet Morgan e Laura Thompson tenham se estendido bastante no assunto e acrescentado coisas a suas versões.

Monty estava estudando fora de Torquay, no Colégio Harrow, de Middlessex, durante a infância de Agatha. Ela tinha flashes de lembranças dele, como quando ele a levara para velejar. Ela devia ter menos de cinco anos, pois Nursie ainda estava com ela. Deviam ser as férias de verão dele.

Na próxima aparição de Monty, ele já devia ser bem mais velho e seu cachorro morreu atropelado. Ao saber do fato, Monty tomou uma atitude muito semelhante à de Agatha, perante as emoções. Ele mesmo enterrou o cachorro, depois saiu para caminhar em silêncio, voltando para seu quarto muito tarde da noite.

Quando o pai deles morreu, Monty estava na África, participando de uma guerra. Ele não passou nos exames finais de seu colégio e há rumores de que tenha sido mesmo desligado dele por comportamento inadequado. Ele se alistou na Guerra dos Boers e acabou ficando pela África.

Antes da Primeira Guerra Mundial, ele convencera Madge a ser sua sócia, usando o capital de James em um barco turístico para navegar pelo Lago Vitória. A ideia de Monty, porém, era algo extremamente luxuoso e caro. Gastou uma pequena fortuna comprando louças finas e decorações para o barco, além de se hospedar em hotéis de luxo na Inglaterra, quando viajava para comprar os ornamentos. Também gastava em jantares, jóias para a horrorizada Madge e até um bonsai para seu quarto de hotel, além de uniformes de comandante e tripulantes dos melhores alfaiates. Quando o barco ficou pronto, estourou a Grande Guerra Mundial e ele o vendeu muito abaixo do preço que custara, para alguma marinha ávida por um navio de guerra; alistou-se como mercenário e partiu para a guerra.

Por volta de 1922, adquiriu uma doença tropical, sendo tratado por médicos e curandeiros africanos, que lhe deram drogas e, muito provavelmente, morfina. Finalmente, foi mandado de volta à Inglaterra, para morrer. No entanto, os tratamentos ingleses o salvaram e ele foi viver com Clara, levando seu empregado africano.

Janet Morgan pouco comentou o fato, mas Laura Thompson, estudando os manuscritos de Monty, encontrou diversos poemas e um diário, tudo começado e abandonado depois de algumas linhas. Entre os poemas, havia um muito sugestivo sobre o transe opiáceo. A teoria de que Monty pudesse ter algum tipo de vício em drogas se aprofunda quando descobrimos que sua enfermeira inglesa, que depois se tornou sua governanta, era viúva de um médico viciado em cocaína. Nada é muito explícito, mas tudo indica que o relacionamento de Monty com a enfermeira, Sra. Taylor, ia além do profissional, fato reforçado pela frase de Agatha, afirmando que viviam juntos em Dartmore.

Somando-se esses dados à atitude de Monty, de se entediar e dar tiros pela janela — em gatos, lebres, pássaros e até transeuntes que passavam em frente à Ashfield, tendo uma vez quase alvejado a própria Madge —, pode-se chegar quase à certeza de que esse não seria o comportamento de uma pessoa normal.

Clara ficou doente ao saber da volta do filho à Inglaterra. Ao invés da felicidade de uma mãe amorosa, ele despertou terror na velha senhora, que, heroicamente, recebeu-o em sua casa. Passado algum tempo, as atitudes de Monty fizeram com que a situação ficasse insustentável e Madge e Agatha compraram, de bom grado, um chalé em Dartmore, para ele viver com a Sra. Taylor, que encantara-se com a chance de cuidar de tão fino cavalheiro.

Anos depois, ela adoeceu e o médico sugeriu-lhe que fosse morar no sul da França, para recuperar a saúde. Monty prontamente se preparou para a mudança junto com ela. Ela já tinha mais de sessenta e cinco anos de idade, quinze ou mais do que Monty, e não resistiu à doença, morrendo no meio da viagem por mar.

Monty teve que ser internado em um hospital em Marselha para se recuperar do choque da morte da Sra. Taylor e Madge, contra a vontade de James, foi em seu socorro. Ela e Agatha providenciaram a venda do chalé de Dartmore, pois agora não haveria quem cuidasse dele por lá. Para a surpresa de ninguém, outra enfermeira do hospital se ofereceu para levá-lo para casa e tomar conta dele.

O procurador de Monty deu essa notícia cheio de recato à Agatha, temendo a reação das irmãs à tal proposta da enfermeira Charlotte. Mal sabia ele que Madge e Agatha comemorariam e bendiriam Charlotte por toda a vida. Segundo Agatha, ela soube viver com ele, administrar o dinheiro e conviver com seu sonho, de morar em um iate.

Monty morreu subitamente, sentado à mesa de um café em frente ao mar e ao seu apartamento com Charlotte, em Marselha. Madge foi ao seu enterro e ela e a enfermeira choraram juntas por ele.

Anos mais tarde, Agatha encontraria um oficial do Exército que conhecera Monty em seu tempo na África.

Dando maior credibilidade a minha teoria, de que Agatha Christie foi totalmente sincera em tudo o que escreveu em sua Autobiografia, ela mesma nos contou que, ao ser indagada se gostava do irmão, respondeu que parte do tempo sim e parte do tempo não. Não tivera tempo suficiente para conhecê-lo bem e se sentia desesperada, enraivecida, fascinada ou encantada por ele. O oficial admitiu que Monty tinha esse poder e que as mulheres comiam em sua mão, tentando torná-lo um bom rapaz. Ao ser informado de que Monty morrera, disse sentir muito, e perguntou se não era para se sentir. Agatha respondeu que se fazia a mesma pergunta.

Ela poderia facilmente omitir esses detalhes, mas foi sincera.

Ela também nos contou uma confissão de Monty, dizendo que devia dinheiro a meio mundo, tinha um contrabando ilegal de marfim escondido em algum lugar da África e não dera muito certo em nada, mas, uma coisa era certa, ele havia se divertido muito!

Jared Cade estendeu uma leve menção de Agatha a um *affair* entre Monty e Nan Watts. Aconteceu quando Monty voltou da África, provavelmente na época da construção do barco para navegar no Lago Victória, o *Battenga*. Ele nos contou que Monty levou Nan a diversos teatros e jantares e que lhe trouxe, outra vez, um anel, que ela conservou por toda a vida; além de lhe dedicar um carinho especial, porque ambos se reconheciam como rebeldes.

Monty disse à Agatha que os padres não aprovariam seu modo de vida, mas que se divertiu um bocado. Ele havia levado uma vida muito boa, jamais se contentando com o que não fosse o melhor.

Agatha Mallowan

O que aconteceria em seguida na vida de Agatha Christie seria uma reviravolta inesperada do destino. A última coisa que Agatha desejava era casar-se novamente.

Ainda estava ressentida com a notoriedade que os fatos de 1926 alcançaram, não pretendia se casar nunca mais, mas culpava-se pela situação de Rosalind, sendo filha de uma divorciada e de uma família dividida.

Ao que tudo indica, Archibald, apesar de trocar cartas com Rosalind, como a própria Rosalind fala em suas cartas do colégio para a mãe, parece nunca ter tido qualquer intenção de ver a filha e em momento algum brigou por sua guarda. Rosalind nunca foi sequer um instrumento de troca para ele. Tudo o que ele queria era realmente se ver livre do casamento ou de qualquer empecilho para sua união com Nancy, a quem sempre preservou, em detrimento de Agatha e Rosalind.

Quando ele voltou para casa, em 1926, fez uma tentativa de submeter-se ao que seria melhor para Rosalind, como Agatha lhe disse claramente; porém, no final, seus sentimentos e sua vontade foram mais fortes do que seu altruísmo. Ele trocou qualquer intenção de briga pela guarda de Rosalind pela omissão do nome de Nancy no processo de divórcio por adultério, alegando ter sido com uma mulher desconhecida.

No primeiro instante em que Agatha conheceu Max, qualquer ideia romântica seria um disparate do qual ambos ririam. Katherine Woolley insistiu para que Max visitasse alguns lugares nas redondezas, para mostrar à Agatha. Agatha se sentiu incomodada com a ideia de estar aborrecendo o jovem arqueólogo, mas Max gostava de perambular pelas escavações. Em uma de suas idas e vindas, o pneu do carro estourou, sem que tivessem um sobressalente, bem no meio do deserto. Só restava aos dois esperar o milagre da passagem de outro carro, que pudesse ajudá-los.

Max explicou a situação para Agatha; ela se resignou e disse que tiraria um cochilo na sombra do automóvel. Max diria mais tarde que, nesse momento, decidiu se casar com ela. Eu digo que nesse momento a ideia de uma mulher tão calma frente à uma situação de perigo o deixou surpreso e ele viu que alguém como Agatha seria o ideal de esposa para ele, mas a decisão de casar-se com Agatha ainda não havia ocorrido.

Por sorte, menos de meia hora depois apareceu outro carro e os resgatou. Eles voltaram ao acampamento e os passeios de Agatha e Max continuaram. O casal Woolley havia combinado retornar com Agatha à Inglaterra, fazendo uma parada na Grécia no caminho. Max iria com eles. Quando chegaram à Grécia, o hotel em que se hospedariam apresentou à Agatha uma coleção de telegramas de Madge, dizendo que Rosalind estava muito mal, com pneumonia. Agatha precisava partir imediatamente para Londres. Ela preparou sua partida no próximo Expresso do Oriente, no dia seguinte, porém, em sua agitação ao sair do hotel, tropeçou e torceu o tornozelo, caindo dentro de uma cova onde seria plantada uma árvore.

Com o pé imobilizado, a viagem de trem até Calais seria praticamente impossível de ser realizada por Agatha sozinha. Max se apresentou como seu companheiro de viagem e os dois partiram.

Durante a viagem, a amizade dos dois aumentou. A viagem seria dolorida física e emocionalmente para Agatha, pois, além do tornozelo torcido, a incerteza pela impossibilidade de receber cartas com notícias de Rosalind a consumiam. Agatha confessaria, na *Autobiografia*, que durante a viagem sentiu uma atração romântica por Max, mas que a diferença de idade dos dois a fizera catalogar a sensação em suas fantasias. Talvez tenha até imaginado algum enredo.

Max ficou com a mãe em Paris e Agatha seguiu para Londres. Quando chegou a sua casa, telefonou para Madge e recebeu a notícias da extrema melhora de Rosalind, já fora de perigo. Agatha ficou extremamente grata a Max e eles combinaram um café da manhã, em Creswell Place. Durante a conversa, Agatha convidou Max para um final de semana em Ashfield. Max foi e fizeram diversos passeios e piqueniques pela região, enfrentando até uma chuva forte, que a capota rasgada do Morris de Agatha os fez tomar toda.

Na última noite do final de semana, Max bateu à porta do quarto e se declarou para uma Agatha horrorizada. Ela rebateu a proposta logo de cara, salientando o problema da diferença de idades; depois alegou que nunca mais desejava se casar. A conversa foi longa e Max só a deixou quando conseguiu arrancar-lhe uma promessa de pelo menos considerar a ideia.

Filho de pai austríaco e mãe francesa, nascido na Inglaterra, Max era uma pessoa extremamente tímida na juventude. Seria o que classificamos hoje em dia com Nerd. Muito interessado em seus estudos, muito sério, como foi por toda sua vida, lidar com sentimentos não era seu forte — o que tinha em comum com Archibald. Sua mente extremamente racional, porém, resolveu seu problema de casamento de uma forma eficiente. Ele queria uma mulher que o acompanhasse e não fizesse cena com acontecimentos infortuitos, visto que a mulher de um arqueólogo os teria em diversos momentos da vida.

Como um cientista, que comprova uma teoria através de argumentação precisa, Max despiu sua proposta de casamento de romance e pautou sua viabilidade na racionalidade, apesar da história até então vivida por Agatha e ele ser extremamente romântica, nas terras das Mil e Uma Noites e outros lugares exóticos. Perante a racionalidade apresentada por Max em sua argumentação, a diferença de idade se tornou o único empecilho para o casamento. Analisando que isso era uma convenção social e um tabu, acabou se tornando algo muito pequeno perante a racionalidade da proposta.

Lógico que tanto Agatha quanto Max tinham algum sentimento romântico em relação ao outro e esse sentimento foi nutrido pelas aventuras vividas pelos dois e um final de semana extremamente romântico em Torquay, apesar de extremamente familiar por estarem acompanhados de Rosalind e Peter.

Agatha viu na proposta de Max uma argumentação extremamente racional, despida de qualquer impulsividade, como as intenções de Archibald. Ela viu segurança e estabilidade, mesclada à aventura de uma vida de viagens ao deserto. Ela viu em Max alguém que a protegeria e preservaria, além de alguém que dificilmente mudaria a forma de pensar por qualquer novidade que surgisse. Agatha estava com quarenta anos e as opções de um possível casamento, que ela não desejava, seriam com alguém muito mais velho ou um clérigo — que certamente não se casaria com uma divorciada —, sem nenhuma perspectiva de aventura, ingrediente que Agatha apreciava muito. Max era uma excelente opção para ela.

Nos dias que se passaram, Agatha realmente considerou a ideia e viu em Max tudo o que ela mais podia querer no momento — uma pessoa calma, equilibrada, que só fazia as coisas com extremo planejamento, econômico por natureza e, o principal, ela sentia falta de sua companhia e viu que ele poderia ser um bom marido para ela.

Rosalind aprovou o casamento dos dois. Agatha viajou para Abney Hall com Max, para apresentá-lo à irmã e seu cunhado.

Madge desencorajaria a união dos dois. Max fora colega do sobrinho de Agatha, Jack, em Eton, e Madge não conseguia superar o problema da diferença de idade dos dois. Max, quando contou à Agatha sobre Jack ter sido seu colega, rapidamente esclareceu que foi para a Universidade muito jovem e nunca pertencera à "alegre turma" de Jack Watts. Madge terminou por sair da sala chorando. Max entendeu a situação e disse à Agatha que Madge era desesperadamente preocupada com a felicidade dela, por isso tivera aquela atitude "divertida". Seu cunhado James Watts, aconselhou-a a ser cautelosa, apesar de entender que Agatha já estava decidida a se casar com Max. Agatha disse que ainda não estava certa, que mudava de ideia toda hora. James disse que Max não seria a escolha dele para Agatha, mas que ela sempre fora sensata[53] e que Max tinha futuro; que ela não deveria ouvir a opinião de Madge e fizesse o que achasse melhor para si mesma, tendo seu apoio em qualquer decisão que tomasse.

Agatha decidiu se casar com Max e mudou-se, em agosto de 1930, para um hotel na Escócia, com Carlo, Mary — a irmã de Carlo — e Rosalind, para ficarem lá por três semanas, a fim cumprir as exigências legais e ela poder se casar com Max naquele país.

Em setembro de 1929, Agatha publicou Sócios no Crime, uma coletânea de contos de Tommy e Tuppence, em que cada história é uma paródia de um famoso detetive na época, sendo a última, O Homem que Era o Nº 16, uma paródia de sua própria criação, Hercule Poirot. Na época, o livro deve ter sido interessantíssimo, porém hoje somente os próprios Tommy e Tuppence, Hercule Poirot e Sherlock Holmes são lembrados, fazendo com que o resto dos contos seja menos interessante.

Monty havia morrido em Marselha, próximo ao fim do ano.

Em janeiro de 1930, Max publicou seu primeiro relatório de escavação, sobre a expedição de 1929, na *National Illustrated Magazine.*

Durante o ano de 1930, Agatha publicou, em abril, O Misterioso Sr. Quin, coletânea de contos escritos entre 1924 e 1929. Agatha nunca aceitou produzir os contos de Mr. Quin em série. Por gostar do personagem, preferia ir produzindo suas histórias quando lhe dava vontade e vendendo-as, quando prontas, para os editores. Assim, as histórias de Mr. Quin aparecem em diversos periódicos diferentes, ao longo desses anos. Os Detetives do Amor/*The Love Detectives*, publicado em 1926, em Flynn's Week, não está presente no livro; somente em *Problem at Pollensa Bay,* 1991, na Inglaterra, e em *Three Blind Mice,* 1950, nos Estado Unidos e no Brasil. Depois do livro, somente mais um conto com o personagem seria escrito, *The Arlequin Tea Set.*

Em maio, ela escreveu uma caça ao tesouro, publicada como história, com pistas para se descobrir o tesouro pelo *Daily Despatch*. É curioso notar que Agatha poderia ter traído suas intenções românticas, pois Max lhe propôs casamento em abril de 1930 e o conto, publicado em trinta e um de

---

53. Se James Watts disse à Agatha que ela sempre fora sensata, ou seja lá que termo usou para expressar essa ideia, obviamente Agatha NÃO foi insensata no desaparecimento de 1926, sepultando de vez a hipótese da vingança e alicerçando a do esgotamento nervoso.

maio, chama-se O Ouro de Manx/*The Manx Gold*. O conto foi escrito como caça ao tesouro, encomendado pela prefeitura de Douglas, capital da Ilha de Man, visando aumentar o turismo na ilha, pois somente não residentes poderiam receber o prêmio.

Em junho, ela leu, na BBC, o segundo capítulo de O Cadáver atrás do Biombo/*Behind the Screen,* peça de rádio escrita com outros cinco membros do Dectection Club. Dorothy L. Sayers dirigiu o projeto, porém não preparou nenhum roteiro ou script, e Hugh Walpole, autor do primeiro capítulo, usou algumas notas para improvisar a criação da história ao vivo na rádio, durante a transmissão na BBC. O autor terminou seu capítulo sem nenhuma descrição de cenário ou personagens, sem diálogos e simplesmente gritando: "Olhem! Sangue! Sangue!", o que funcionou muito bem para prender a audiência.

A data certa da fundação do Dectetion Club é bastante questionada, porém vemos que em 1930 ele já estava ativo e tinha diversos associados. O capítulo escrito por Agatha está publicado na edição do dia vinte e cinco de junho da revista inglesa especializada em rádio *The Listener.* O objetivo dessas obras escritas em conjunto seria criar fundos para a manutenção do clube, que tinha endereço próprio em 31, Gerrard Street, West End, Londres, e despesas de aluguel, material de escritório e outras coisas. Hoje, o estreito prédio de três janelas e quatro andares tem, no térreo, um restaurante oriental.

Agatha casou-se com Max em onze de setembro de 1930, na igreja de St. Couthbert's, Edimbourgh, Escócia. O local do casamento foi escolhido para ser discreto e afastado da imprensa, que ainda perseguia Agatha. Em sua *Autobiografia*, Agatha errou a igreja do casamento, dizendo que fora em St. Columbas. Na verdade, St. Columbas é a universidade em que o pai de Carlo era reitor. O engano foi esclarecido por Gwen Robbins em sua pesquisa, mas quase todos os autores o repetem.

Agatha partiu para a lua-de-mel com Max e viajaram por cerca de um mês, pelo Oriente. Quando chegou a hora de regressarem, Agatha adoeceu, com uma infecção gastrointestinal causada pela água. Max precisou chegar com urgência ao Iraque, para preparar a casa de expedição da escavação para a próxima temporada de Leonard Woolley, e Agatha regressaria sozinha de trem à Inglaterra. Como esposa de Maz, Katherine Woolley decidiu que seria melhor ela não ir para a escavação. Isso magoou muito o casal e Max decidiu que seria sua última temporada com eles.

Max deixou Agatha sozinha, ainda se recuperando, e partiu para o Iraque. Agatha conseguiu embarcar três dias depois, para Londres.

Em outubro, foi publicado Assassinato na Casa do Pastor/*Murder at Vicarege*, primeiro livro de Miss Marple. É também o primeiro livro publicado pelo novo selo da Collins, *The Crime Club*. A partir de então, somente livros exclusivamente sobre investigação de assassinatos seriam publicados com esse selo. Eles faziam parte de um clube do livro, em que, a cada mês, três livros eram oferecidos aos associados.

No dia trinta de outubro de 1930, nasceu Archibald Christie III, filho de Archibald e Nancy Christie, irmão de Rosalind.

Em dezembro, depois de sua volta da lua de mel, Agatha estrearia sua primeira peça escrita por ela mesma para teatro, *Black Coffee*[54]. A peça seria sucesso e ficaria em cartaz por cinco meses, com Francis Sullivan no papel de Poirot. Francis Sullivan se tornaria amigo de Agatha por toda sua vida, apesar de ela não o ter achado compatível com o papel de Poirot.

A partir de seu novo casamento em 1930, Agatha entraria em uma nova fase de sua vida. Ela teria a estabilidade de uma família, sossego para escrever e harmonia a sua volta. O casal Mallowan seria feliz e Agatha teria orgulho de Max e Max teria orgulho de Agatha. Os dois, juntos, construiriam um futuro e escreveriam seus livros e seus nomes na história das celebridades britânicas. Os dois seriam companheiros inseparáveis e subiriam juntos, em cooperação, os degraus da fama. Não se pode mais dissociar a história de Max da de Agatha. Agatha alcançaria o maior sucesso entre todos os escritores de todos os tempos graças a Max lhe permitir sonhar e escrever, resolvendo os problemas práticos. Agatha acompanharia Max em suas escavações como membro ativo da equipe, ajudando-o. O casal viajaria todos os anos, até 1962 para o Oriente, menos no período de 1939 a 1947, por causa da guerra. Max se tornaria um dos maiores professores de arquelogia da Inglaterra e do All Saints College, de Oxford, alcançando fama e renome internacional, concretizando a previsão de James Watts.

Em 1930, começou a nova e feliz vida estável de Agatha Mallowan — Agatha Christie em seus livros, pois a fama já não lhe permitia trocar o nome de escritora. As portas para a consagração e todas as obras-primas da literatura policial, escritas por ela, estavam abertas.

Assim que voltou da lua-de-mel, Agatha comprou uma nova casa, maior e mais bem localizada, em Kensignton, 47/48, Campden Street. A casa era uma união de duas de um grande bloco de casas de três andares e tinha um jardim no telhado.

Ainda durante o ano de 1930, vimos surgir a escritora Mary Westma-cott, pseudônimo de Agatha para livros românticos e não de aventura ou investigação. O nome viria de sua avó, Mary Ann West, mais o nome da

---

54. Jeffrey Feinmann e Gordon Ramsey erram ao datar a peça para 1934. Anos mais tarde, Howard Thompson, ao fazer a crítica de outra peça de Agatha, perguntaria onde andava Black Coffee, excelente peça de 1934, o que provavelmente gerou o erro dos autores.

autora predileta de estórias infantis de Agatha, Louisa Mary A. Cott.

O primeiro livro de Mary Westmacott foi O Gigante/Entre Dois Amores/*The Giant's Bread*. O enredo é extremamente musical; fala de um compositor que tem a história de sua vida contada desde a infância — muito similar à de Célia, em O Retrato/O Retrato Inacabado, publicado em 1934, e à da própria Agatha, narrada na *Autobiografia*. Agatha parece usar o livro como uma fantasia do que teria sido sua vida como pianista ou compositora, carreira da qual desistira devido a sua extrema timidez. Devido ao início extremamente igual à história da própria Agatha, muitos creditam o livro como "autobiográfico" e o mesmo, bem como os outros cinco da autora, foram extremamente usados como base da biografia escrita por Laura Thompson, *Agatha Christie — An English Mystery.*

Especula-se que tanto O Gigante/Entre Dois Amores, quanto O Retrato/O Retrato Inacabado, teriam sido criados através de textos escritos por Agatha Christie, propostos por um possível psiquiatra que pode ter tratado dela durante o ano de 1927. Esses textos seriam um caminho para que Agatha conseguisse recuperar a memória dos fatos de que se esquecera durante os acontecimentos de dezembro de 1926.

Por volta dos anos 1927 e 1929, Agatha escreveu sua primeira peça original para teatro, chamada A Filha/Filha é Filha/*A Daughter is a Daughter*. A peça seria produzida anos depois, porém o teatro que estava preparando sua estreia faliu. Anos mais tarde, Mary Westmacott adaptou a peça para um livro com o mesmo nome. A própria Agatha está retratada no livro e na peça como Dame Laura Whitstable. Agatha teve uma séria conversa com Judy, a filha de Nan Watts, que estava tendo problemas de relacionamento com a garota, que voltara da França com um mal comportamento, querendo se casar com um jovem indesejável, entre todos seus namorados.

Gwen Robbins afirmou, em seu livro *The Mystery of Agatha Christie*, que todos que tiveram contato com Agatha nesse ano foram contagiados por sua felicidade. Em uma carta para Allen Lane, em setembro de 1930, ela escreveu: "Oh, Allan, 1930 is a marvelous year!"[55] Ela assinou a carta como Agatha Mallowan. No rodapé, ela escreveu: "Eu vou continuar Mrs. C. no mundo dos livros.". Ela já lhe havia escrito em vinte e seis de julho de 1930, dizendo que ia para a Escócia se casar e usou, já nessa carta, a mesma expressão, de que o ano estava sendo maravilhoso.

A própria Agatha, em sua carta de Natal para Max, que estava nas escavações com os Woolley em dezembro, disse que todos os dias vinte e quatro de dezembro — a data de seu primeiro casamento — haviam sido doloro-

---

55. "Oh, Allan, 1930 está sendo um ano maravilhoso."

sos para ela desde 1926, mas agora ela não sofria mais. Agatha Mallowan havia esquecido Archie e a dor da separação.

Mathew Prichard, seu neto, na introdução do livro *The Grand Tour*, editado por ele em 2012, disse que a avó perdera grande parte de sua confiança e da vida sem reservas ao se separar de Archibald. Os dias de uma Agatha feliz e vivaz em público jamais retornariam, mas, talvez, o grande beneficiado tenha sido o próprio público, pois a porta para uma quantidade e qualidade incrível em sua obra foi aberta em 1927.

Detection Club - Gerard Street

47, 48 Campden Street

Miss Marple, St. Mary Mead e Cockington Village

Durante o ano de 1927, Agatha escreveu seis contos para *The Royal Magazine*. O primeiro deles, publicado em dezembro de 1927[56], chamava-se O Clube da Terças-feiras/*The Tuesday Murders Club*. Nascia Miss Marple. Junto com ela, vieram seu sobrinho, Raymond West, o escritor, e Sir Henry Clithering, aposentado da Scotland Yard.

A gênese de Miss Marple, segundo Agatha, foi inspirada na personagem Caroline Sheppard, de O Assassinato de Roger Ackroyd. Por Agatha conhecer muito da natureza humana e ser fã de Jane Austin, acredito que o nome Jane tenha vindo daí. Seu sobrenome veio de uma casa de família, próxima a Abbney Hall, onde Agatha foi com Madge para uma venda de jardim e comprou duas cadeiras, que podem ser vistas hoje na drawing room, de Greenway. A casa se chamava Marple House.

Nesses primeiros contos, Miss Marple aparece como uma peça de museu vitoriano, vestida de preto, com peitilho de renda, touca e fichu. Ninguém mais se vestia assim nessa época. Uma passagem da *Autobiografia* de Agatha Christie, repetida em O Caso do Hotel Bertram/A Mulher Diabólica/*At Bertram's Hotel*, dá-nos o nome da mãe de Miss Marple e a situação ocorreu na vida real, com Auntie-Grannie e a mãe de Agatha, inspiradora da caracterização da personagem.

Como Auntie-Grannie morreu em 1919, essa cena tinha mais de dez anos na época. Auntie-Grannie estava em um evento social com a mãe de Agatha e, subitamente, virou-se para ela e disse: "Clara! Eu sou a única mulher usando touca!". Essa frase, literalmente, está no livro O Caso do Hotel Bertham e na *Autobiografia*. Portanto, o nome da mãe de Miss Mar-

---

56. *v*, de Dennis Sanders & Len Lovallo, data o conto em 1928.

Cockington Court

Balcão Marina Gregg

ple, nunca citado por Agatha, é Clara e a caracterização da personagem, em 1927, é diretamente inspirada em Caroline Sheppard e em sua tia-avó. A personagem Miss Viner, de O Mistério do Trem Azul, porém, que também mora na fictícia St. Mary Mead, de Katherine Grey, em Kent, e não na de Miss Marple, contém fortes traços da personagem.

O vilarejo de St. Mary Mead e toda sua caracterização também surgiriam nesse conto. A casa de Miss Marple tem vigas de madeira aparente no teto e paredes tortas. Não devemos confundir o vilarejo fictício com o de Katherine Grey, de O Mistério do Trem Azul. O vilarejo de Kherine Grey é citado como sendo em Kent; o vilarejo de Miss Marple, é descrito como próximo a Market Basing. Não existe, porém, em toda a Inglaterra, um lugar chamado St. Mary Mead. Existem algumas ruas ou pequenos bairros, mas nenhuma cidade ou vilarejo com esse nome. Como o primeiro conto de Miss Marple foi publicado em 1927, próximo à conclusão de O Mistério do Trem Azul, Agatha deve ter usado o mesmo nome, mas destacou um como Kent e outro como próximo a outro lugar fictício. Agatha criou St. Mary Mead de Miss Marple para ser um cenário idealizado para as aventuras da personagem.

A localização do vilarejo de St. Mary Mead será uma incógnita permanente. As primeiras referências o colocam a menos de uma hora de trem de Londres, porém em A Testemunha Ocular do Crime — *4.50 from Paddington*, Elspeth McGillicuddy, amiga de Miss Marple, viaja mais de três horas de trem e faz uma baldeação para chegar lá, vinda de Londres.

Hilary Macaskill, em seu livro *Agatha Christie at Home,* cita o pitoresco vilarejo de Cockington, Torquay, como o modelo de St. Mary Mead. Ao visitar o local, procurei traços para corroborar essa teoria. A localização da Aldeia é diferente da proposta inicialmente, mas corresponde a de A Testemunha Ocular do Crime. A aldeia de St. Mary Mead parece — e é descrita como — um lugar afastado, perdido no tempo, já em 1927. Cockington está perdida no tempo até hoje. Agatha, como já dito no capítulo O Misterioso Caso de Styles, frequentava a casa dos Mallock, Cockington Court, que era a principal casa do lugar. Em St. Mary Mead, existem duas casas principais, Gossington Hall, dos Bantry — depois de Marina Gregg — e Old Hall, do Cel. Potheroe; porém, ao lermos os demais livros, as duas casas nunca se misturam nas histórias. Old Hall fica praticamente esquecida, sendo somente um ponto geográfico nos livros que se desenrolarão ao redor de Gossington. Gossington, que será cenário de mais histórias, é apenas um ponto geográfico na única história em que Old Hall é o foco da cena. Para mim, as duas são uma única e, ao olhar para Cockington Court, eu a vejo como ambas.

Ainda nessa época, Agatha deveria saber que a família Mallock estava organizando uma fundação para preservar toda a propriedade e o parque a sua volta.

Pegando alguns elementos de outros livros, verificamos que, se saírmos da porta de Old Vicarege House e pegarmos a Vicarege Lane, um estreito caminho em que mal passa um carro, desembocaremos no centro de Cockington, às portas do grande parque. Ao lado da casa, no centro do parque, encontramos uma igreja muito antiga, cujo pulpito foi retirado de um galeão espanhol desmontado no rio Dart, ali perto. Tem lindos vitrais históricos, como os citados pelo Pastor Clement, em Assassinato na Casa do Pastor/*Murder at Vicarege,* de 1930.

Há uma pedreira dez quilômetros ao norte de Cockington Village que corresponde à pedreira de Venn, onde ocorre um acidente de carro em Um Corpo na Biblioteca/*A Body in the Library.*

O Imperial Hotel de Torquay aparece em dois livros de Miss Marple com nomes diferente, mas nitidamente inspirados no mais luxuoso hotel da região na época, dito "a algumas milhas" de St. Mary Mead. Acredito na teoria de Hilary Macaskill. St. Mary Mead é inspirada em Cockington Village.

Em Assassinato na Casa do Pastor encontramos as amigas de Miss Marple e o Pastor Clement, que sucedeu o Pastor Pender dos contos de revista. Miss Marple aparece em uma versão remoçada em relação a sua primeira aparição e abandonou a touca, o fichu, o peitilho de renda engomada e as roupas pretas.

Um trecho do livro criaria a falsa impressão de que Miss Marple é uma fofoqueira, imagem que perduraria quase para sempre associada à personagem, mas que não reflete a realidade.

A verdadeira intenção de Miss Marple nesse trecho do livro era alertar Griselda e o Pastor de que a amizade de Griselda com Lawrence Redding estava gerando mexericos na aldeia, que poderiam atingir o casal. A frase final: "Concordo que o mexerico é errado e até cruel, mas quase sempre é verdadeiro, não é?" parece ser extremamente direta para Griselda, o que mais tarde seria respondido pela própria Griselda, com o desabafo para o marido: "Aquela gata suja!".

Ao sabermos, porém, o final da trama, verificamos que a frase é perfeitamente ajustável a outra situação; a verdadeira situação a que Miss Marple se referia, mas foi mal-entendida pelo Pastor e sua esposa. A maioria dos leitores também fica retida a essa frase, bem como ao fato de Miss Marple perguntar coisas da vida dos outros aos empregados, ao peixeiro, às amigas e escutar todos os mexericos da vila. Ela, porém, nunca os repete, o que faria dela uma fofoqueira. Quando lança mão do recurso de bisbilhotar a vida dos outros, com perguntas ou com seu binóculo, sempre é com um objetivo claro e para elucidar o crime, nunca gratuitamente. Miss Marple tem uma imaginação muito fértil e tendência a sempre pensar o pior de todo mundo.

Outro ponto que deve ser esclarecido é que Miss Marple, em sua descrição, é alta e magra, imagem e comportamento oposto ao de sua primeira protagonista no cinema, Margareth Rutherford. A imagem da atriz, associada ao mal-entendido do primeiro livro, faz milhares de leitores considerarem Miss Marple muito diferente fisicamente do que é e sua bisbilhotice a faz ser considerada fofoqueira.

A personagem Joyce Lamprière, noiva de Raymond West, sobrinho de Miss Marple, que aparece nos contos, é alvo de uma discussão entre autores. A maioria credita a um erro de Agatha, quando, em todos os demais livros, a esposa de Raymond se chama Joan West. O que ninguém pensou é que, coincidentemente, Raymond West pode não ter se casado com Joyce, que era sua noiva, e sim com outra mulher, chamada Joan. Vale notar que o marido da irmã de Miss Marple tinha o mesmo sobrenome de sua família materna, West.

Alguns autores também chamam a sobrinha de Miss Marple, Mabel Denman, de Mabel West. Mabel, pelo menos em Os Treze Problemas, não pode ser irmã de Raymond West, como presumem. Miss Marple conta a história para todos os presentes, entre eles Raymond, e explica que Mabel era sua sobrinha, sem citar filha de quem. Raymond não sabia nada sobre esse caso, portanto não se trata da irmã dele.

Rock House

A Segunda Primavera

Com o início do ano de 1931, Agatha se tornaria duas pessoas distintas: Agatha Christie, a celebrada autora de *bestsellers* e peças de teatro no gênero policial, e Agatha Mallowan, esposa de um jovem e promissor arqueólogo, sua auxiliar e arqueóloga amadora. Era o início de uma nova vida e ela conseguiu o que um ano atrás parecia impossível: voltou a ser feliz e, desta vez, vivia uma felicidade estável, com uma pessoa não impulsiva, que tinha um plano de vida bem definido e sem novidades a cada instante.

No dia dezessete de janeiro de 1931, Agatha Christie leu na rádio BBC seu capítulo O Inquérito/*The Enquire*, da nova peça de rádio escrita pelo Dectection Club — Um Furo Jornalístico/*The Scoop*. Ela passou o Natal em Abney Hall, com Rosalind e Madge, depois seguiu para Torquay. Nesse mês, *The Listener* publicou o capítulo de Um Furo Jornalístico, de Agatha. Essa nova produção conjunta do Detection Club, apesar de mais organizada que a primeira, também não foi livre de contratempos. Um almoço marcado para o encontro dos seis autores resultou em parte deles indo para um lugar e horário diferentes do outro grupo e a reunião acabou não acontecendo. Pressionada pela BBC, Dorothy L. Sayers pelo menos escreveu uma sinopse do caso, o que deu mais consistência ao produto final.

Max deu uma enorme prova de amor a Agatha. Ele atravessou o deserto de Nasriyah a cavalo, a fim de encontrar um rádio suficientemente potente para ouvir a transmissão da leitura ao vivo da esposa. Ela, por sua vez, venceu a timidez, mas uma suspeita *gripe* fez com que requeresse que a transmissão fosse feita de uma estação da BBC em Newton Abbot, alegando não poder ir para Londres. Assim, ela se manteve longe da multidão, que poderia intimidá-la na saída da rádio.

Em abril, Agatha viajou para o Oriente Médio, a fim de passar a última semana da escavação com Max. Ela nos falou do medo do reencontro, pois havia se casado e passado quatro meses longe de Max, que estava na escavação. A cada vez que se afastava de Archibald, ela encontrava uma pessoa diferente na reaproximação e tinha de lidar com isso, além de se sentir pouco à vontade cada vez que acontecia. O reencontro com Max foi como se ele tivesse partido alguns dias antes. Max era o mesmo Max e não houve nenhum constrangimento.

Os dias que passaram com os Woolley foram agradáveis, porém Max estava decidido a procurar outra pessoa com quem trabalhar na próxima temporada.

Eles retornaram para a Inglaterra, mas antes fizeram uma vigem de aventuras pela Pérsia (atual Irã) e pelo sul da Rússia.

A partir desse ano — o que se tornará quase uma regra para as publicações futuras de Agatha Christie —, revistas e jornais americanos começaram a serializar seus livros em capítulos, antes da publicação, garantindo uma renda extra livre de impostos para Agatha. Assim, em março, *The Good Housekiping* serializou o próximo livro de Agatha Christie, O Mistério de Sittaford/*Sittaford Mystery/Murder at Hazelmoore*. A história se passava na fictícia cidade de Sittaford, localizada em Dartmoore, ou seja, mais uma vez Devon e as vizinhanças de Torquay foram o cenário escolhido por Agatha.[57]

O novo livro é um misto de sobrenatural e investigação policial de resultado surpreendente, usando as tendências espíritas de Agatha em sua juventude.

Em abril, estreiou o filme *Alibi*, primeiro filme falado de Agatha, adaptado de O Assassinato de Roger Ackroyd. Ela não gostou da adaptação, pois Poirot era jovem e sem bigodes (Austin Trevor). Além disso, sua personagem predileta do livro, Caroline Sheppard, foi removida da história e, em seu lugar, uma jovem Caryll Sheppard (Mercia Swinburne) foi colocada para formar par romântico com Poirot. O filme foi feito pelo Twickenham Film Studio, da Inglaterra, e dirigido por Leslie Hiscott. A Twickenham havia recentemente produzido cinco filmes de Sherlock Holmes e estava interessada em investir na área dos filmes de suspense.

Max fez acertos profissionais com o Prof. Cambpell Thompson para a próxima temporada e ele e a esposa foram visitar os Mallowan em Torquay. Avaliaram que a presença de Agatha não atrapalharia em nada a expedição e ela foi aceita para acompanhar a equipe. Ela faria essa viagem levando sua máquina de escrever. Seu próximo livro a ser publicado, A Casa do Penhasco/A Casa Perdida/*Peril at End House*, já estava pronto bem antes da viagem e foi serializado em treze junho de 1931, pela *Liberty Magazine*, dos EUA.

---

57. Não há nenhum indício que sustente a hipótese de que o livro havia sido escrito em 1929, antes da segunda viagem de Agatha ao Oriente, como dito por Dennis Sanders & Len Lovallo.

Antes de se juntar à equipe, Agatha fez uma parada sozinha em Rhodes. Janet Morgan nos conta que Agatha escreveu nessa parada Treze à Mesa/ *Lord Edgware's Die*, porém ela continua a escrever o livro na escavação de Campbell Thompson. A própria Agatha nos conta que o professor perguntava diariamente a ela do progresso do livro e que o primeiro esqueleto a surgir na escavação ganhou o nome de Lorde Edgware.

Consultando a biografia de Max, *Mallowan's Memoirs,* ele contou o mesmo caso da discussão de Agatha com Campbell Thompson sobre a compra de uma mesa para a máquina de escrever de Agatha e concluiu dizendo: "On it she wrote Lord Edgware's Die"[58].

Isso nos dá uma boa ideia do quanto Agatha estava escrevendo por antecipação, pois, no outono de 1931, ela já estava escrevendo o livro que apareceria somente em 1933.

Janet Morgan também falou que em Rhodes foi escrito Os Treze Problemas, porém os contos que compõem o livro já haviam todos sido publicados anteriormente, entre 1927 e 1929. Somente o último conto do livro, Morte por Afogamento/*Death by Drowing* apareceu em dezembro de 1931; portanto esse é o conto que deve ter sido escrito em Rhodes.

Em agosto de 1931, as telas da sétima arte voltam a ser brindadas com um filme produzido a partir de uma obra de Agatha Christie. A peça teatral *Black Coffee* ganhou uma versão cinematográfica da mesma equipe de *Alibi*, novamente com Austin Trevor como Poirot.

O Dectection Club decidiu escrever um livro em colaboração com seus associados e coube à Agatha escrever o capítulo IV — Principalmente Conversas, do livro A Morte do Almirante/*The Floating Admiral,* publicado por Hodder and Stoughtin Ltd[59].

Agatha retornou para a Inglaterra sozinha de trem, na segunda semana de dezembro, para passar o Natal em Abney Hall, com Madge e Rosalind. Sua viagem de volta foi extremamente complicada. Uma carta datada de catorze de dezembro narrou todas suas peripécias no caminho de volta.

O Expresso do Oriente ficou preso por dois dias em um alagamento na Iugoslávia e Agatha teve a chance de apreciar longamente seus companheiros de viagem. Uma americana que teria que pegar um navio que zarpava no dia dezesseis não cansava de repetir que na América isso seria resolvido de outra forma. Um diplomata húngaro, um italiano, duas missionárias dinamarquesas; o restante dessa fórmula todos conhecem. Henrietta McCall, baseada nos diários de Max, também datou o incidente em dezembro de 1931. Max contou, em sua biografia, *Mallowan's Memoirs,* que ficou

---

58. "Sobre esta mesa ela escreveu Treze à Mesa".
59. Dawn B. Sova e Matthew Bunson indicam o livro, publicado pela primeira vez nos EUA em 1932, por Doubleday, Doran & Cia, sem citar versão inglesa.

orgulhoso ao ver o livro dedicado a ele, pois ele havia dado a Agatha a ideia do verdadeiro assassino. Para concluir, Agatha escorregou no gelo em Calais e caiu nos trilhos do Expresso do Oriente, sendo socorrida por um carregador pouco antes do trem começar a se mover.

Durante o ano de 1932, Max decidiu que era hora de escavar sozinho, com sua própria equipe. Campbell Thompson concluiu seu trabalho em Nínive e não retornaria mais às escavações. Max partiu para a difícil tarefa de levantar fundos para a escavação. Agatha parecia entusiasmada com a venda de algum livro para filmagem, o que lhe renderia fundos extras suficientes para ajudar no projeto, mas a negociação acabou não acontecendo. Finalmente, Max conseguiu uma verba de duas mil libras do Museu Britânico, através de Sir Edgard Bohan-Carter[60] e de Sir Edward Keeling, da Escola Britânica de Arqueologia. Max também escreveu um livreto, intitulado *The Gertrude Bell Memorial Expedition to Arpaciyah near Nineveh*. Gertrude Bell foi a arqueóloga que previamente visitou o sítio da futura escavação de Max. A renda da venda do livro foi usada na expedição.

Em fevereiro, foi publicado na Inglaterra o livro A Casa do Penhasco. A inspiração do livro veio diretamente da Rock House, de Torquay; no alto de um penhasco de pedra, uma solitária casa, na época do livro vizinha ao Imperial Hotel. No livro, o hotel mudaria de nome para Hotel Majestic e, em seu terraço, hoje envidraçado depois da reforma da fachada nos anos 50, Poirot veria a Srta. Buckley quase levar um tiro. O livro se passava, mais uma vez, em um cenário muito familiar a Agatha Christie. O Imperial Hotel foi o primeiro cinco estrelas da Inglaterra fora de Londres e era considerado um destino de alto luxo para férias.

Vanessa Wagstaff & Sthephen Poole cogitaram que o hotel que inspirou Agatha poderia ter sido o Salcombe Hotel. O Hotel originou-se da junção de diversas casas eduardianas, sendo uma delas a da Família Lucy, os amigos de Agatha. Os próprios autores reconhecem que o Imperial Hotel está muito mais próximo do hotel do livro do que o proposto por eles.

Em oito de fevereiro[61], estreou, em Nova York, a peça de teatro *Fatal Alibi*, nome americano para a produção de *Alibi*, novamente com Charles Laughton. A peça não fez sucesso e foi tirada de cartaz após vinte e quatro apresentações.

Em junho, foi publicado o livro Os Treze Problemas[62]; em agosto, *The Sketch*, no Reino Unido, e *Cosmopolitan*, nos EUA, publicaram seis dos

---

60. Tio avô da atriz Helena Bohan-Carter.
61. Dennis Sanders & Len Lovallo, em seu livro, datam a estreia da peça para nove de fevereiro; Charles Osborne, para vinte e oito de fevereiro.
62. Charles Osborne diz que os contos que originaram o livro foram escritos depois de Assassinato na Casa do Pastor, porém os contos datam de 1927 (Grand Magazine) e 1929 (Story Teller), sendo somente o último de 1932 (Nash's Pall Mall Magazine); Dennis Sanders & Len Lovallo erram ao datar a primeira aparição de Miss Marple em 1928, em The Sktech, e ao afirmar que os últimos sete contos foram escritos para a publicação do livro.

Linha do Tempo

1932

165

contos do detetive Park Pyne. Com eles, nasciam, além do próprio Park Pyne, Miss Lemon e a Sra. Oliver, que depois migrariam para o universo de Poirot.

Durante o outono desse ano, Agatha frequentou uma escola na região de Torquay para aprender a desenhar em escala, a fim de ajudar Max em seu trabalho como elemento ativo, na próxima escavação.

Segundo Janet Morgan, no final desse ano Agatha teria sofrido um aborto espontâneo do filho que esperava de Max. O assunto nunca foi citado por Agatha ou Max. Janet Morgan justificou que o assunto ficou conhecido por poucos amigos da família, além de Madge e Rosalind. No entanto, em *Desenterrando o Passado/Come, Tell me How You Live*, publicado em 1946, contando as expedições arqueológicas de Agatha e Max, Agatha nos falou de uma passagem de 1935 (datado comparativamene com a biografia de Max — *Mallowan's Memoirs*), de uma conversa com duas senhoras turcas no trem, cujo assunto foi exclusivamente os filhos e abortos seus e de seus parentes. Ao ser perguntada sobre quantos filhos e abortos tivera, Agatha disse que ficou imaginando se deveria inventar algum aborto espontâneo ou não, para não parecer estranha àquelas mulheres, quando o apito soou e elas pularam para fora do trem.

O paragrafo nos faz pensar na procedência ou não da informação dada por Janet Morgan. Ou realmente as pessoas foram muito discretas e Agatha não falou mais no assunto, ou Agatha não mencionou o fato, como em seus demais episódios de perda de alguém amado, ou a informação estava errada. No entanto, ficará para sempre a dúvida se Agatha perdeu ou não um filho que esperava de Max, pois Janet Morgan teve acesso a pessoas conhecidas de Agatha, além de documentos.

Infelizmente, quase todas as pessoas com idade para terem conhecimento de um assunto tão íntimo já morreram e devemos confiar na afirmação de Janet Morgan, pois com certeza alguma fonte a forneceu. A única biógrafa, além de Janet Morgan, a citar o fato é Henrietta McCall, sem entrar em detalhes.

Durante o ano de 1932, foi produzido, na França, o filme *Le Coffret de Laque*, adaptação de *Black Coffee*.

Agatha viajou de dezesseis de janeiro a vinte e seis de maio com Max e John Rose, um arquiteto, para a primeira escavação independente de Max. Eles foram para o norte do Iraque, novamente na região da Assíria, a sete quilômetros da escavação de Nínive, liderada por Campbell Thompson, e escavaram a colina de Arpachiyah. A escavação obteve sucesso e Max escreveu o livro *Prehistoric Assyria — The Excavations at Tall Arpachiyah*

1933, publicado pelo British Museum em 1935. Era o começo do sucesso da carreira de Max.

Alguns biógrafos de Agatha, preocupados mais com fofocas do que com pesquisa comprometida com a verdade, alegaram que as escavações de Max eram patrocinadas por Agatha. Logo de início, através dos documentos e depoimentos, tanto de Agatha como de Max, notamos a inverdade dessas afirmações. Se tudo fosse tão fácil para Max, ele não perderia seu tempo buscando patrocínios. Além do mais, o custo de uma expedição arqueológica era extremamente alto e Agatha, sozinha, não teria condições de financiá-la. Eventualmente, como veremos mais tarde, Agatha faria melhorias, para sua conveniência ou em objetos de decoração ou conforto, que comprava às suas custas, em casas de expedição, depois era reembolsada pelos financiadores de Max.

Charlotte Trümpler, editora do livro alemão *Agatha Christie und Der Orient/Agatha Christie and Archaeology*, mostra-nos, em seu brilhante livro sobre a carreira de arqueóloga de Agatha Christie, uma prestação de contas de Max, arquivada no Museu Britânico, da escavação de Arpacyrah. Nela, estão relatadas todas as despesas da viagem, corretamente registradas, sendo que somente não foram pagas pelo museu as passagens de Agatha, apesar de elemento ativo na escavação. Daí deduzimos que a contribuição de Agatha para essa primeira expedição de Max foi arcar com suas próprias despesas de viagem, coisa que ela fazia normalmente, antes do casamento. Também não estão na conta as dez libras pagas pelos prêmios que foram comprados, para serem entregues aos operários da escavação em uma gincana comemorativa do final da expedição, o que deve ter sido patrocinado por Agatha. Daí até a generalização de que as expedições de Max foram pagas por Agatha é um imenso exagero.

Henrietta McCall, em seu livro *The Life of Max Mallowan*, e Andrew Eames, em seu livro *The 8.55 to Baghdad*, dizem que provavelmente foi nessa expedição que Agatha escreveu Assassinato no Expresso do Oriente/ *Murder on the Orient Express/Murder in Calais Coach*. A ideia do livro já estava presente na imaginação de Agatha, tendo em vista a carta que ela escreveu em dezembro de 1931[63]. Como 1932 não apresentou a publicação de nenhum livro escrito naquele ano, pois A Casa do Penhasco já estava concluído desde junho de 1931 e Os Treze Problemas foi um livro de contos já publicados anteriormente, suspeito que Agatha desenvolveu o enredo de Assassinato no Expresso do Oriente durante o ano de 1932.

Nesse ano, entre março e maio, ocorreu o caso do rapto do bebê Lingenberg, nos EUA, que inspirou a outra metade da trama do livro. O tra-

---

63. Dawn B. Sova, em seu livro *Agatha Christie A to Z*, data a viagem para 1929, mas a carta de Agatha confirma a data como 1931.

balho da expedição de Arpachiyah em apenas três pessoas, pelo volume de material coletado, deve ter ocupado todo o tempo dela. Por outro lado, a suspeita de que o livro possa realmente ter sido escrito na escavação é válida, pois John Curran, em Os Diários Secretos de Agatha Christie/*Agatha Christie's Secret Notebooks*, revela que não existe mais nenhum vestígio de qualquer anotação de Assassinato no Expresso do Oriente/*Murder on the Orient Express* nos cadernos de Agatha Christie, que ele estudou exaustivamente. Também a maioria das anotações dos livros da década de vinte desapareceram. Agatha pode ter perdido o caderno nessa viagem, se realmente escreveu, tentou escrever ou concluiu o livro nela.

Motonori Sato, da Universidade de Keio, no Japão, diz que Agatha Christie pode ter se inspirado no livro O Trem de Istambul/O Expresso do Oriente, de Graham Greene, publicado em 1932. A carta de dezembro de 1931, porém, comprovou claramente que Agatha já tinha intenção de escrever o livro.

Em junho, *Nash's Pall Mall Magazine* publicou mais cinco histórias do Detetive Park Pyne e, em setembro, Treze à Mesa/*Lord Egware's Died* foi publicado. O enredo do livro foi inspirado em uma apresentação de paródias feita pela americana Ruth Drapper, que fez uma temporada de apresentações em Londres e nas tradicionais beldades cinematográficas jovens, porém de pouca cultura e futilidade ímpar. Não reclame de Agatha Christie. Esse arquétipo existe até hoje e, volta e meia, deparamo-nos com ele.

Em outubro, Agatha teria seu primeiro livro de suspense publicado na Inglaterra por uma editora que não fosse Willian Collins and Sons, desde que fora contratada por eles. *The Hound of Death*, uma coletânea de contos, entre os quais estava Testemunha de Acusação/*Witness for the Prosecution*, foi publicado pela Oldham Press.

O livro seria entregue exclusivamente a quem juntasse os cupons distribuídos por uma revista da editora. A Collins publicaria o livro, comprando os direitos da Oldham Press, em 1935. A edição da Collins teria duas cores em capa dura (leather cover): a preta comum e algumas, muito raras, laranjas. Alguns autores dizem que o livro foi publicado por outra editora porque a Collins não estava interessada em uma coletânea de contos, sem saber o detalhe do tipo de publicidade que cercou a primeira publicação do livro, justificando o fato sem pequisa complementar[64].

Durante esse ano, foram publicados no Brasil os dois primeiros livros de Agatha Christie. O Trem Azul/*The Mystery of Blue Train* e O Assassinato de Roger Ackroyd/*The Murder of Roger Ackroyd* foram publicados na Coleção

---

64. Mathew Bunson datou a Collins como tendo publicado o livro em 1933, sem falar na Oldham Press.

_____ Linha do Tempo

1932-1934

Amarela da Livraria do Globo, de Porto Alegre. Sessenta anos depois, em seu livro sobre a história do complexo editorial Editora Globo, José Otávio Bertaso, um dos fundadores da Livraria do Globo junto com Érico Veríssimo, atribuiria grande parte do sucesso da empresa à Coleção Amarela, citando especificamente as obras de Agatha Christie.

O Detectecion Club lançou seu segundo livro, *Ask a Policeman*, e quarto trabalho conjunto de seus autores, porém dessa vez Agatha Christie não participou. Ela alegou que o trabalho dispendido com essas obras era grande demais em relação ao retorno financeiro obtido pelo clube, sendo melhor doar ao mesmo o valor do que gastar tempo e energia com as obras conjuntas. Isso pode soar rude, porém as três primeiras produções foram extremamente desorganizadas, chegando ao ponto de, nas vésperas de algumas transmissões dos capítulos das peças de rádio, elas não estarem escritas, devido à incompatibilidade de agenda dos autores.

Minhas simpatias quanto à desorganização e recusa a participar de outro trabalho do Dectection Club estão com Agatha. Logicamente, aqueles biógrafos de fofocas aproveitaram o fato para taxar Agatha como soberba.

Agatha ganharia a quarta — e última — concorrente ao título de Rainha do Crime quando a britânica neozelandesa Ngaio Marsh publicou seu primeiro livro, *The Man Lays Dead*.

Agatha, Max e Rosalind partiram para uma vigem de férias no Egito, em dezembro. Os objetos achados na escavação de Arpachiyah tiveram uma série de problemas com o governo do Iraque e finalmente estavam a caminho do Museu Britânico. Nessa viagem, Agatha cruzaria o Nilo a bordo de um navio chamado *SS Karnak*, desembarcando no luxuoso Cataract Hotel.

Assassinato no Expresso do Oriente foi publicado em janeiro. Mary Westmacott publicou O Retrato/O Retrato Inacabado em março. Max afirmou, em sua biografia, que o livro era um mix de fantasia e realidade.

No dia sete de março de 1934, a exposição dos objetos colhidos em Arpachiyah finalmente foi inaugurada no Museu Britânico. Em abril, Max estava novamente à procura de financiamento para nova expedição.

Em treze de maio, *The Illustrated London Magazine* publicou a matéria "New Light on a Lost Civilization, Relics of the 5th. Millennium B.C." Depois de apresentar a equipe de arqueólogos (Max e Rose) e os patrocinadores da expedição, apareceu o comentário de que Mr. Mallowan havia sido acompanhado por Mrs. Mallowan na temporada de escavação. Entre parênteses — Agatha Christie, a novelista.

Durante o ano de 1934, Agatha publicou a coletânea de contos *The Lysterdale Mystery*, em junho, O Detetive Parker Pyne/*Parker Pyne Investigates/Mr. Parker Pyne* e Por que Não Pediram a Evans/*Why Didn't They Ask*

Evans/The Boomerang Clue, no mês de setembro. Nessa época, seu próximo livro, Tragédia em Três Atos/*Three Act Tragedy*, já estava pronto e sendo serializado.

Se fossemos embarcar nas teorias absurdas do desaparecimento de 1926, uma boa explicação estaria em O Detetiver Parker Pyne. Além do nome do personagem soar como "Mr. Parker Party", que estava escrito na tabuleta do vagão de trem em que Agatha embarcou em Harrogate, para viajar até Leeds, O Caso da Mulher de Meia Idade/*The Case of Midle Age Woman*, primeiro conto do livro, seria uma boa ideia para abstrações.

Por que Não Pediram a Evans é, de longe, o título mais original de toda a obra de Agatha Christie, desvalorizado em sua versão americana, *The Boomerang Clue*. O livro girava em torno de um acidente em um campo de golfe, próximo a uma escarpa, de onde um homem cai. O moribundo profere a enigmática frase: "Por que Não Pediram a Evans?", e morre. O campo de golfe, onde ocorre o acidente, remete, mais uma vez, à Torquay, pois sua localização e descrição são idênticas ao campo de golfe que Agatha Miller frequentava com Regi Lucy, o Torquay Golf Course. No livro, a localização foi alterada para Marchbolt, na costa do País de Gales. O livro foi dedicado a Christopher Mallock, seu amigo de Cockington Village.

O filme *Lord Edgware Dies* foi produzido e estreou em Londres, da mesma equipe de *Alibi* e *Black Coffee,* com Austin Trevor como Poirot.

Agatha comprou uma casa às margens do Tamisa. Na verdade, eles procuravam um cottage ou algo parecido, mas a grande casa, com um grande jardim, estava com um preço muito barato. O casal procurava uma casa no campo havia algum tempo e, finalmente, a oportunidade apareceu.

Em outubro de 1934, Agatha comprou Winterbrooke House, em Wallinford, próximo a Oxford[65]. Em seguida, em novembro, partiramm para a Síria, a fim de achar um novo sítio arqueológico que os interessasse, pois o Iraque fora tão frustrante com sua burocracia que Max não queria mais se arriscar por lá. Provavelmente a recente liberdade do Iraque do domínio britânico influenciou essa atitude do novo governo do país.

O casal ficou cerca de um mês na Síria e escolheu o sítio a ser escavado. Durante essa viagem, Agatha conheceu a cidade de Palmyra, que achou muito bonita, porém adoeceu com febre, mas se recuperou em quatro dias. De lá, foram para o Egito e Malta, retornando à Síria para o início da escavação de Chagar Basal, em março de 1935.

A primeira noite de Agatha na casa de acampamento foi uma verdadeira noite do terror. Muitos ratos corriam por toda a casa, inclusive no cabelo de Agatha, e uma infinidade de baratas subia pelas paredes, enquanto uma grande aranha preta pendia do teto em direção a seu rosto. Agatha ficou

---

65. *Dennis Sanders & Len Lovallo datam a compra da casa como tendo sido em 1931.*

completamente histérica e só se acalmou quando Max mandou colocar as camas no pátio, onde dormiram. Depois os problemas com insetos e animais foram resolvidos, exceto pelas pulgas — Agatha chegou a matar cento e sete em um dia. Este só seria resolvido mais tarde. O casal retornaria à Inglaterra somente em maio de 1935.

Esse longo período de oito meses ausente da Inglaterra foi o início de Desenterrando o Passado, publicado por Agatha Mallowan em 1946 e escrito durante a guerra. O embarque de Agatha e Max em Victoria Station foi a cena inicial do livro, magistralmente contada por Agatha.

Aqui encontramos uma icógnita. Agatha disse que comprou Green Lodge — 58, Sheffield Terrace[66], Kensington, Londres, em 1934, bem como a placa azul que hoje está na fachada da casa; porém, lendo e ouvindo sua *Autobigrafia*, Agatha fala claramente que comprou Winterbrook House, Wallingford *antes* de 58, Sheffield Terrace. Ao analisarmos a *Autobiografia*, Agatha nos conta que a casa de Sheffield Terrace foi comprada por sugestão de Carlo e Mary Fischer, que ficaram encarregadas de achar uma nova casa em Londres para Agatha, enquanto ela passava *um ano na Síria*. Sabemos que Agatha passou oito meses na Síria, porém, como a *Autobiografia* foi escrita quase vinte anos depois, podemos perdoar o lapso de tempo, sempre impreciso, de Agatha. Então, se a casa foi comprada *depois* de Winterbrook House, às pressas, antes da longa viagem à Síria, e foi encontrada por Carlo e Mary Fisher *enquanto* Agatha estava na Síria e comprada *depois* da viagem, 58, Sheffield Terrace foi comprada em 1935, não em 1934, como é aceito por todos; ou Winterbrook House foi comprada em 1933, porém a citação da viajem "de um ano" à Síria indicariam 1935.

The Illustrated London News, em vinte e três de novembro de 1935, publicou uma matéria intitulada "Tapping a New Archaelogical Source in Siria", falando sobre o sucesso da escavação de Chagar Basal, por Max.

Em janeiro de 1935, Agatha publicou Tragédia em Três Atos. O livro seria o seu primeiro a passar a marca de dez mil exemplares vendidos em um ano e marcaria a migração do Sr. Satterthwaite do universo do Sr. Quin para o de Poirot. Nesse mesmo mês, ela já tinha pronto Morte nas Nuvens/ *Death On the Clouds/Death on the Air*, provavelmente escrito durante o longo intervalo que se deu entre uma e outra escavação de Max, de junho de 1934 a março de 1935; porém ele também pode ter sido escrito durante a primeira expedição de escavação de Chagar Basal.

Morte nas Nuvens/*Death On the Clouds/Death in the Air* levou ao extremo o conceito de crime de câmera fechada e um reduzido número de

66. Agatha Christie — ou quem transcreveu as fitas de gravação da Autobiografia/An Autobiography — errou e colocou o endereço como 48, Sheffield Terrace.

Green Lodge

Green Lodge

Jardim da Princesa

suspeitos confinados em um avião é o palco do assassinato. Agatha provavelmente se inspirou nas viagens que ela e Max fizeram de Paris à Londres ou ao Oriente Médio, pois o Prometheus, avião em que ocorre o crime, tem a exata configuração dos aviões que operavam a linha naquela época, inclusive com nomes de heróis da mitologia grega.

Nenhum desses aviões, parecidos com o 14-bis de Santos Dumont, com quatro hélices e um vagão de trem pendurado, estava inteiro em 1941. Todos caíram ou estavam destruídos por acidentes. Gwen Robbins disse que a ideia do modo como o crime foi cometido, comum ao conto Ninho de Vespas/*Wasp's Nest*, foi tirada de um acidente doméstico em Ashfield, que ocorreu com o filho da cozinheira de Agatha, Mrs. Potter; ele foi consultado por Gwen nas pesquisas para o livro. No entanto, um episódio contado por Agatha na *Autobiografia*, quando ela abre a janela do trem na viajem para Ur, em 1928, e o vagão se enche de vespas é mais provável de tê-la inspirado. Em O Assassinato de Roger Ackroyd, o Dr. Sheppard comentou que a essência do romance policial era um veneno raro que ninguém jamais tivesse ouvido falar, com morte instantânea e indetectável.

Agatha desenvolveu, nesse livro, o conceito dessa ideia, que ela mesma havia criado dez anos antes.

Em julho desse ano, o mercado literário ganhou novo impulso quando Allen Lane, sobrinho de John Lane, fundou a Penguin Books. A Penguin Books publicaria romances de qualidade em edições baratas, os *paperbacks*. Reza a lenda que Allen Lane teve a ideia da nova editora voltando de Ashfield, onde fora visitar o casal Mallowan. Na baldeação da estação de Exeter, Allen não encontrou nada agradável e barato para ler no trem, então teve a ideia de livros leves para serem vendidos em bancas de estações e fundou o sucesso editorial Penguin Books. Foram publicados, inicialmente, dez títulos; entre eles estava O Misterioso Caso de Styles[67]. O sucesso dos livros foi tão grande que foi necessária uma reedição logo no ano seguinte.

O ano de 1935, com Max escrevendo seu livro, parece ter sido bastante proveitoso para Agatha, pois, em novembro, Morte na Mesopotâmia/*Murder at Mesopotamia* estava pronto e Mensagens Sinistras/Os Crimes ABC/*The ABC Murders* também.

Durante o ano de 1935, foi lançado o terceiro livro de Agatha Christie no Brasil, A Casa Perdida/*Peril at End House,* número quarenta da Coleção Amarela, da Livraria do Globo, de Porto Alegre.

Os três novos livros de Agatha, além do quarto e o quinto já estarem prontos, vieram no ano de 1936. Em janeiro, foi publicado Os Crimes ABC.

---

67. Alguns autores falam em dois livros de Agatha, mas o outro título foi publicado somente no ano seguinte.

Mais uma vez, o cenário foi Torquay e suas redondezas, porém desta vez os nomes eram claros. Andover é uma das cidades onde o trem de Londres para Devon faz parada. Churston, cenário central da trama, é vizinha a Torquay; e o cinema e o Jardim da Princesa — em que o personagem Alexander Bonapart Cust está lendo um jornal após o assistir a um filme —, são em Torquay e lá realmente estão até hoje. O livro é uma trama inspirada no guia de estrada de ferro A.B.C., muito popular na época; além disso, teremos o primeiro e único *serialkiller* de Agatha Christie em ação, tirando-a muito da zona de conforto e conseguindo êxito.

Em março, Agatha viajou com Max para a segunda temporada de escavações em Chagar Bazar, dessa vez com a ampliação para mais uma frente, escavando a vizinha Tell Brak. A nova temporada traria mais atividades: a arquivista, desenhista e restauradora de cerâmicas Agatha Mallowan. Ela tiraria e revelaria fotos da escavação.

Trinta e um de março foi o dia em que *Love from a Stranger*, adaptada para teatro por Frank Vosper[68] do conto *Phillomel Cottage*, estreou no New Theatre de Londres e foi aclamada pela crítica.

Em maio, Cartas na Mesa/*Cards on The Table* estava pronto. O livro já devia estar pronto antes de março e do embarque de Agatha. Em junho, foi publicado Morte na Mesopôtamia e, em novembro, Cartas na Mesa.

Morte na Mesopôtamia é claramente inspirado na casa de expedição de Chagar Bazar e seus personagens são baseados nos personagens da expedição de 1929, de Leonard Woolley. Agatha parece se vingar da atitude de Katherine Woolley, ao criar a personagem Louise Laidner. A própria Agatha admitiu a inspiração, se não cópia, da personagem original. Surpreendentemente, a Sra. Woolley parece não ter notado a semelhança, comprovando a teoria de Agatha de que pessoas muito egocêntricas dificilmente se reconhecem como tal. Esse tipo de atitude seria exposto por Agatha quando comentou as semelhanças entre Archibald e Dermot (personagem de O Retrato/O Retrato Inacabado). Janet Morgan comenta que a própria Agatha estaria retratada na enfermeira Amy Leatheran. Lendo o livro, também tive essa impressão. Max foi retratado no personagem Emott. Quando falou do livro em sua biografia, Max errou a datação e o colocou como tendo sido publicado em 1963.

A primeira edição do livro tinha a capa desenhada pelo arquiteto das escavações de Max, Robin Macartney, e é uma das mais lindas capas originais dos livros de Agatha Christie. Ele desenharia, ainda, as capas de Morte no Nilo, Encontro com a Morte e Assassinato no Beco.

---

68. Gwen Robbins, em seu livro, diz que a peça foi adaptada pela própria Agatha, auxiliada por Vosper, porém Agatha não teve participação na adaptação.

Cartas na Mesa expôs uma premissa de Poirot. O misterioso Sr. Shaitana convidou quatro detetives e quatro assassinos para um jantar, seguido de jogo de bridge. Pela primeira vez, Poirot encontrou a Sra. Oliver (de O Detetive Parker Pyne), o Coronel Race (de O Homem do Terno Marrom) e o Comissário Battle (de O Segredo de Chimneys e O Mistério dos Sete Relógios). Um encontro de estrelas, *n'est-ce pas, mes amis*? O enredo do livro foi comentado por Poirot, em Os Crimes ABC, como o crime perfeito.

Dia vinte e nove de setembro, estreou em Nova York a peça de teatro *Love from a Stranger,* de novo com Frank Vosper, fadada a ser tirada de cartaz após trinta e uma apresentações.

Em setembro, foi publicado o conto Assassinato no Beco pela Redbook Magazine. Fechando o ano, Poirot Perde uma Cliente/*Dumb Witness* estava pronto.

Dia sete de janeiro de 1937 estreou nos cinemas de Londres o filme *Love From a Stranger*[69], produzido pela *Trafalgar Studios* e estrelado por Basil Rathbone, que ficou conhecido no cinema por interpretar o melhor Sherlock Holmes de todos os tempos. De quebra, estava num papel menor do filme a jovem Joan Hickson, que, cinquenta anos depois, viria a ser a mais perfeita Miss Marple, na série de TV da BBC.

Em março, o livro Assassinato no Beco foi publicado. No primeiro conto, que dá nome ao livro contendo quatro histórias, a casa do beco em questão era claramente 22, Creswell Place. Além da casa ficar em uma rua secundária, entre duas principais, Agatha se referiu a ela como casa da estrebaria e Max conta que a casa ainda tinha caixas de arreios. No livro, as personagens comentam que a casa era uma estrebaria e Poirot e Japp trafegam de carro pela Brompton Road para chegar ao endereço do crime; a Brompton Road é o caminho principal para se chegar a Creswell Place. A história teria seu toque de genialidade na maneira como o crime foi cometido.

Morte no Nilo/*Murder on the Nile* estava concluído, pois Agatha partiu com Max para a terceira temporada de escavação em Chagar Bazar e Tell Brak e o livro foi serializado em maio, pelo *Saturday Evening Post.*

O trabalho de Max nas escavações de 1936 foi publicado, mais uma vez, na *The Illustred London News* de vinte e sete de março e, no final do ano, em *Iraq*, volume IV, parte II.

Dessa vez, a verba do casal Mallowan estava mais folgada, pois além do financiamento do British Museum e da Escola Britânica de Arqueologia no Iraque, Max conseguiu uma verba do Ashmolean Museum de Oxford e do

---

69. Gwen Robbins, ao citar o filme em seu livro, confunde-se com o nome da atriz Madaleine Carroll e a personagem do filme, Ann Carroll. Robbins diz que a atriz Madeleine Carroll era a protagonista feminina do filme, porém ela não estava no elenco.

Museu de Arqueologia e Etnologia de Cambridge. O prestígio de Max em apenas quatro escavações pode ser medido na proporção dos patrocínios que ele recebeu, desmentindo, de vez, a hipótese de que suas escavações eram patrocinadas por Agatha. Em tempo, os orçamentos de Max em relação às escavações incluíam a publicação dos livros sobre elas, antes que se fale que isso era mais caro do que a expedição e que Agatha os financiava.

Terminada a temporada de escavações, Agatha e Max foram para a Grécia e Creta, retornando à Inglaterra somente em agosto.

Provavelmente foi quando retornaram que Rosalind, agora formada no colégio e uma linda jovem, falou à Agatha sobre seu desejo de fazer algo ligado à fotografia. Agatha prontamente foi à Escola Reinhardt de Fotografia Comercial de Londres para ter informações sobre o curso, porém voltou matriculada ela mesma de lá. Rosalind, na verdade, queria ser modelo fotográfica, não fotógrafa, para o desespero de Agatha. Algumas fotos de Rosalind posando como modelo, apesar dela não ter seguido carreira, mostram-nos uma Gisele Bündchen de 1937, absolutamente linda; não se pode cansar de repetir isso. Não à toa, Agatha nos contou que seu debut, quando foi apresentada à sociedade por Dorothy North, amiga de Agatha — pois Agatha, como divorciada, não podia fazê-lo —, foi um sucesso e não faltaram pretendentes para a jovem e linda Rosalind. Ela, porém, já demonstrava muita personalidade e só se casaria com quem quisesse e quando quisesse.

Em maio, *The Saturday Evening Post* serializou Morte no Nilo. A inspiração foi claramente a viajem feita com Max e Rosalind, em dezembro de 1933. O livro certamente foi escrito entre 1934 e 1936, sendo o Cataract Hotel o lugar onde Poirot se encontraria com os demais personagens do livro. Apesar de Monty ter morrido em 1929, uma clara lembrança dele está presente na obra, quando Tim Allerton lê para sua mãe uma carta com notícias da Inglaterra: "O velho Monty foi preso por estar dirigindo embriagado."

Julho nos trouxe uma homenagem de Agatha ao seu amado cão Peter: Poirot Perde uma Cliente. Peter, além de ser o personagem principal da trama, deu a pista do que aconteceu a Poirot, além de ter sido fotografado para a capa do livro; na contracapa, há uma mensagem do próprio Peter ao leitor: "Se não fosse por mim, o velho Poirot nunca teria solucionado este caso. Bob (nome de Peter no livro)".

Agatha dedicou o livro a Peter, o mais fiel dos amigos e companheiro mais querido.

O livro foi a última aparição de Hastings até Cai o Pano/*Curtain*. Infelizmente, o livro trouxe spoilers de O Misterioso Caso de Styles, O Assassinato de Roger Acroyd, O Mistério do Trem Azul e Morte nas Nuvens.

Segundo John Curran, o livro foi uma expansão do conto de 1933, O Incidente da Bola de Cachorro/*The Incident of The Dog's Ball*, e havia uma correspondência entre o vilarejo onde o crime acontecia e Wallingford, onde Agatha havia comprado Winterbrook House, no ano seguinte. Isso reforça a hipótese da data de compra da casa ser um ano antes do que se acredita. A semelhança foi um pub chamado The Lamb, que existia em Wallingford e é citado em seus diários, nas anotações para o preparo do conto, e estava presente na cidade de Market Basing, próximo de onde ocorre o crime de Poirot Perde uma Cliente.

Gillian Gill disse, em seu livro *Agatha Christie, The Woman and Her Mysteries,* que a casa de Miss Marple teria semelhanças com Winterbrooke House, porém a casa de Miss Marple foi descrita em 1927, quando Agatha não havia comprado a casa de Wallingford.

Em agosto e setembro, tivemos Max tentando conseguir mais um patrocínio para a conclusão da escavação de Tell Brak com Sidney Smith, porém a negociação não ocorreu. Max, contudo, conseguiu um quinto patrocínio além dos quatro que já tinha, de um industrial e entusiasta de arqueologia, Sir Robert Mond.

Encontro com a Morte/*Appointment with the Death*, inspirado na viagem que fez com Max à Petra, já estava concluído e o livro Morte no Nilo foi publicado em novembro. O título do livro foi o mesmo de uma história publicada em 1934, em O Detetive Parker Pyne. Apesar de serem distintas, o livro com Poirot e a história com Parker Pyne apresentavam alguns traços em comum. Em seu livro *Stranger Than Fiction — Agatha Christie's True Crime Inspirations*, Mike Holgate atribui a construção da personagem Lady Westholme como baseada na representante do Devon no parlamento Britânico, Lady Nancy Astor.

Durante o ano de 1937, Agatha escreveu uma peça teatral que se passava no Egito, *Akhnaton*, nunca encenada devido à dificuldade com o orçamento para produção, fato esclarecido à Agatha por John Gielgud. As grandes dificuldades eram as sete cenas da peça e os vinte e dois atores no palco, fora os figurantes. A peça ficaria esquecida por trinta e cinco anos, até que Agatha a encontrou durante uma arrumação e ela foi publicada.

Não por acaso, *Akhnaton* era considerada por Max a peça mais bonita e profunda de Agatha: "brilhante em sua definição de personagens, tensa como drama".

A partir do instante em que Agatha escreveu *Akhnaton*, ela percebeu que não gostava das adaptações que faziam de suas obras para o teatro e resolveu que ela mesma deveria adaptá-las.

Durante o ano de 1937, uma obra de Agatha Christie apareceu pela primeira vez na televisão. *Wasp's Nest* foi produzida para *Theatre Parede* da BBC, um teleteatro ao vivo.

Linha do Tempo

1938

Em janeiro, *The Illustrated London News* publicou uma matéria de Max, intitulada "A Gigantic Palace of 2500 B.C. In a Remote Stronghold of Sumerian Culture."[70]

A primeira temporada de escavação de 1938 foi de catorze de março a trinta e um de maio. Agatha e Max levaram Rosalind com eles, que desenhou algumas peças de cerâmica para Max. Rosalind, perfeccionista ao extremo, odiou os desenhos e queria rasgá-los, chegando a brigar com Max; porém Max não só aprovou os desenhos como ainda publicou alguns deles em seu livro sobre Tell Brak.

Agatha Christie mais uma vez foi pioneira ao filmar em dezesseis milímetros a expedição. O filme feito por Agatha usava letreiros mostrando suas subdivisões e alternava imagens em preto e branco e coloridas, mostrando a inovação do uso do filme recém-lançado em 1935, pela Kodak, bem como o uso de filtros coloridos para as filmagens e fotos. A disposição de Agatha mostrava, mais uma vez, sua capacidade de inovar e experimentar. O filme foi considerado por Charlotte Trümpler, que nos fornece estas informações em seu livro *Agatha Christie und der Orient/Agatha Christie and Archaeology*: "um verdadeiro tesouro para os amantes dos primeiros filmes amadores". As cenas mostravam objetos encontrados na escavação, o dia a dia cotidiano da expedição e algumas imagens de Rosalind.

Outra novidade da expedição desse ano foi Guilford Bell, jovem arquiteto que se juntou ao grupo, sobrinho dos Bell de Brisbaine, Austrália, com quem Agatha passara alguns dias durante a Expedição do Império Britânico, em 1922. Bell faria longos passeios a cavalo com Rosalind durante a expedição, o que nos leva a crer numa possível intenção de Agatha de aproximar os dois, pensando em casamento.

A expedição teve um êxito ainda maior do que as outras e eles encontraram, além de cerâmicas, ouro, jóias, amuletos e cristais.

Agatha, Max e Rosalind fizeram uma longa viagem de volta para a Inglaterra, passando pela Grécia, países da futura Iugoslávia e Itália. Ao voltarem para Ashfield, Max começaria uma batalha para conseguir fundos para uma nova temporada no mesmo ano, querendo concluir a escavação, porque os resultados da última expedição haviam sido encorajadores. Sidney Smith enviou aos patrocinadores um relatório da expedição de Max. Os Trustes do British Museum, Ashmolean Museum e dois patrocinadores, Sir Charles Marston e Mr. A. L. Reckitt, concederam uma pequena verba para a escavação, que não tinha previsão de ser longa. Max publicou em *The London Illutrated News,* em quinze de outubro, uma matéria de seis páginas, intitulada: "Revelations of a Brilliant Art in The North East Syria Over 4000 Years Ago — New Discoveries at The Great Mound of Brak; A Palace

---

70. "Um Palácio Gigantesco de 2500 A.C. em uma remota Fortaleza Sumeriana".

Built by King Nahan-Sin of Agade in 2500 B.C. And a Tower Plataform of 3000 B.C. With a Hoard of Treasure Buried Beneath."[71]

Agatha publicou Encontro com a Morte em agosto. O livro conta o assassinato de uma personalidade tirânica, matriarca de uma família. Denis Sanders & Len Lovallo e Matthew Bunson dataram a viagem à Petra, que inspirou Agatha a escrever o livro e o conto presente em O Detetive Parker Pyne, que se passava também nesse local, como sendo feita em maio de 1933; no entanto, o conto A Pérola de Alto Preço/A Pérola Valiosa/*The Pearl of Prince,* de Parker Pyne foi publicado exatamente nesse mês, o que nos faz pensar que a viagem deve ter sido realizada antes disso. Charlotte Trümpler parece ser a pessoa mais certa na datação dessa viagem dos Mallowan; mesmo assim, indecisa entre 1930 e 1931. Vanessa Wagstaff & Stephen Poole dizem que Max, em sua biografia, datou o livro como tendo sido escrito durante a expedição de 1938. Não achei essa referência de Max em sua biografia e Encontro com a Morte já havia sido serializado em agosto de 1937. O livro tem spoilers de Cartas na Mesa e Os Crimes A.B.C..

Durante o verão passado em Ashfield, Agatha lera o anúncio de uma propriedade, considerada por sua mãe a mais perfeita propriedade do Devon: Greenway. Tratava-se de uma casa georgiana com trinta e três acres de terreno, na curva do rio Dart. A casa branca ficava em um promontório e a propriedade remontava ao reinado da Rainha Elizabeth I, em 1530, sendo seu proprietário na época o pai de Sir Walter Raleigh e de seu meio irmão, Francis Drake. Drake pilhava o ouro dos galeões espanhóis para a Rainha e Raleigh foi quem tomou posse das primeiras terras americanas para Elizabeth I. A casa original havia sido destruída por um incêndio e reconstruída no século XVIII.

Ela e Max resolveram ir visitar o local acompanhados de Guilford Bell, que estava hospedado com eles[72]. Ao visitarem a propriedade, Agatha acreditou ter ouvido errado seu valor quando lhe falam seis mil libras. Ela entendera dezesseis mil. O valor era muito abaixo do que a propriedade valia e Guilford Bell, que seria responsável pela reforma da casa, aconselhou-a a demolir toda uma parte anexa, construída no século XIX, vitoriana, que escondia a lateral da casa. Tal manobra baratearia o imposto de propriedade e Agatha fez o negócio.

Ashfield vinha apresentando uma série de problemas, não só com sua manutenção, mas com a vizinhança, chegando ao ponto de uma das casas

---

71. "Revelações de uma Arte Brilhante no Nordeste da Síria 4000 Anos Atrás — Novas Descobertas na Grande Colina de Brak; Um palácio construído pelo Rei Nahan-Sin de Agade, em 2500 A.C.; e a base de uma torre com um tesouro escondido sob ela".

72. Henrietta McCall diz que o hóspede que visitou Greenway com Max e Agatha foi Rodney Kannreuther e que, após a compra, levara Guilford Bell até lá, para avaliar a reforma. Gwen Robbins, Dennis Sandres & Len Lovallo datam a compra de Greenway em 1939.

Winterbrook House

Wallingford

Greenway

a sua volta ser uma clínica psiquiátrica, cujos pacientes invadiam Ashfield regularmente; até o dia em que um deles invadiu o jardim com um taco de golfe, ameaçando as toupeiras. A Torquay Grammar School se mudara para a casa vizinha e os gramados e vidros da estufa eram frequentemente quebrados por bolas perdidas. A escola repunha, mas, mesmo assim, causava transtornos. A própria estufa caiu com uma tempestade e seu custo de reconstrução foi alto. Bondes passavam agora na sua porta. Tudo isso estimulou a decisão e Agatha vendeu sua amada, mas problemática Ashfield.

Ela também falou, em sua *Autobiografia,* que sempre sentiu que Max tinha ciúmes de Ashfield, por ser uma casa que abrigava seu passado, que ele não compartilhara com ela. A venda de Ashfield, além de uma solução prática para os problemas que apresentava, também seria um gesto de amor de Agatha por Max.

Jared Cade disse que Max obrigou Agatha a vender a casa, visão que não é compartilhada por nenhum de seus outros biógrafos.

Max nos diria, em sua biografia, que Agatha o ajudou com a decisão da venda da casa. Ele tanto pode ter se referido a eles terem tido menos problemas com a vizinhança e ele ter podido trabalhar em paz, como ao gesto de desprendimento de Agatha em relação aos seus sentimentos por Ashfield, como Agatha ter usado o dinheiro da venda para ajudá-lo. Ele nos disse que estava se preparando para retornar à Chagar Bazar e foi favorecido pela sorte de Agatha, em sua urgência pela troca das casas.

Em novembro — e dessa vez podemos pensar em uma manobra de Agatha para ajudar Max, pois a verba da segunda expedição de escavação de 1938 foi menor —, ela serializou, ao mesmo tempo, dois novos livros na América, O Natal de Poirot/*Hercule Poirot's Christmas* e É Fácil Matar/*Murder is Easy*. Outra indicação de que Agatha precisava de uma entrada de dinheiro maior, por isso lançou mão de material de reserva, ou seja, livros que escrevera antecipadamente, pensando em emergências.

Agatha, Max e Guilford Bell partiram para nova expedição na Síria. Agatha e Max passaram o Natal com um casal de arqueólogos que se tornariam grandes amigos, Odile e Claude Shaeffer, deixando Beirute no ano novo. Conforme o navio se afastava, ela disse a Max que aquele havia sido um lugar muito feliz de se viver. Mais uma vez, a capacidade de premonição de Agatha falava por ela. Apesar de saber que as expedições à Tell Brak haviam acabado e que a casa de expedição havia sido entregue ao Sheik, dono das terras, conforme previa o contrato, nada impedia que voltassem em breve, o que não aconteceria.

Em dezembro de 1938, foi publicado O Natal de Poirot. O livro é um tributo a Abney Hall, a grande mansão gótica de Magde e James Watts, em Cheadle, Manchester, e aos dias de Natal que Agatha lá passara. A dedicatória é para seu cunhado: "Ao meu Querido James". Agatha relembrou as alegrias de Natais passados e completou a história com um crime violento e sangrento, mais uma vez atendendo aos pedidos do cunhado. Imagino que a homenagem também foi um agradecimento a James, por ter apoiado qualquer decisão que ela tomasse em relação ao pedido de casamento de Max, a despeito da atitude de Madge. James era um conselheiro sempre ouvido por Agatha em suas decisões.

O ano de 1939 foi mais um ano prolífico para Agatha Christie. Com Max não viajando nesse ano, por conta de escrever o livro sobre as cinco temporadas de escavação na Síria, de Chagar Bazar e Tell Brak, Agatha teve tempo de sobra para escrever.

The Earliest Known Carved Heads in Syria, Found at Brak, artigo de Max para *Illustrated* London News, foi publicado em vinte de maio de 1939.

Ela produziu mais uma de suas obras primas. Em maio, apareceu no *The Saturday Evening Post* — O Caso dos Dez Negrinhos/E Não Sobrou Nenhum/*Ten Little Nigers/And Then Where None*. Em junho, ela publicou É Fácil Matar/*Murder is Easy* e, em setembro, *The Sketch*, na Inglaterra, e *This Week*, nos EUA, começaram a publicar os contos que, anos mais tarde, formariam o livro Os Trabalhos de Hércules/*The Labours of Hercules*.

Em novembro, O Caso dos Dez Negrinhos/E Não Sobrou Nenhum foi publicado. O livro é, hoje, um dos dez mais vendido da história do mundo e o mais vendido romance criminal de todos os tempos, com mais de cento e dez milhões de cópias.

O livro tinha como cenário a "Ilha do Negro", claramente inspirada em Burgh Island, na costa do Devon, e em seu elegante hotel de veraneio. A cantiga inspiradora era do século anterior e há uma discussão se é a mesma canção americana *Ten Little Indians*, de Septimus Winner, ou do inglês Frank Green, que se tornou um clássico das cantigas infantis. No Brasil, havia uma versão chamada *Tangu-Sarumango,* muito bem lembrada e descrita na versão brasileira do livro O Mundo Misterioso de Agatha Christie, de Jeffrey Feinmann, feita por Enéida Vieira Santos. No mesmo mês, Cipreste Triste/*Sad Cipress* foi serializado.

Durante o ano, foi publicado, nos Estados Unidos, o livro *The Regatta Mystery*, com contos de anos anteriores. No Brasil, o livro As Quatro Potências do Mal/*The Big Four* foi lançado como número sessenta e oito da Coleção Amarela, da Livraria do Globo, de Porto Alegre.

Em setembro de 1939, Max e Agatha ouviram pelo rádio, na cozinha de Greenway, o Rei George VI declarar guerra a Hittler, dando início a Segunda Guerra Mundial. A previsão de Agatha, deixando Beirute no navio, confirmou-se.[73]

---

73. Situação extremente tocante e bem retratada no filme O Discurso do Rei/*The King's Speech*.

II Guerra Mundial

A chegada da guerra, dessa vez, não surpreendeu ninguém. Ela já era pressentida nas atitudes de Hitler; e temida. Acredita-se que, além do fator Wallis Simpson, o parlamento forçou Eduardo VIII a abdicar do trono, pouco antes de sua coroação, por ser simpático às ideias do Füher alemão. O novo Rei George VI, seu irmão e pai da Rainha Elizabeth II, fez, no rádio, um discurso conclamando os britânicos a se manterem calmos e corajosos. A Rainha Elizabeth — esposa de George VI, conhecida como Rainha Mãe, que tinha o mesmo nome da filha, a atual Elizabeth II — se recusou a deixar o Palácio de Buckinghan com suas filhas, dizendo que seu lugar era ao lado do Rei e que o lugar de suas filhas era ao seu lado. Hitler não a apavoraria nem a faria fugir de sua casa. Toda a nação inglesa se inflamou com o espírito e a atitude da família real e a Inglaterra caminhou para uma vitória quase impossível sobre Hitler.

Nos primeiros tempos da Segunda Guerra Mundial, Agatha e Max permaneceram em Greenway. A guerra parecia algo distante, de que se ouvia falar pelo rádio. Max contou que o trecho do Rio Dart que passava por Greenway abrigou toda a frota pesqueira belga durante a evacuação de Dunquerque (Dunkirk), em 1940, deixando a paisagem do rio como nos tempos da Rainha Elizabeth I. Ele buscava uma colocação mais ativa no combate, pois estava trabalhando na patrulha noturna das redondezas, enquanto Agatha voltou para o dispensário do Hospital de Torquay. Enquanto isso, Max cuidou e ampliou a quantidade de plantas raras dos jardins de Greenway.

Ele começava a ficar frustrado, pois, por ser filho de um austríaco, os comandos de guerra tinham medo de que ele fosse simpático à causa de Hitler. Ele declinara de um convite para comparecer a um Congresso de Arqueologia em Berlim, pois os rumores da guerra já eram eminentes e o simpósio teve que ser encerrado antes de ter chegado às conclusões finais.

Agatha acolheu filhos de amigos de Londres em Greenway, para afastá-los de um bombardeio à cidade, porém, para a surpresa geral, o primeiro alvo da força aérea de Hitler foi exatamente o Devon. Ela conta que estava com uma das crianças em campo aberto, quando o menino, entusiasta de aviões, disse que o avião que estava passando sobre eles era uma Masserschimitt. Ela retrucou que não, que era impossível, era um avião inglês. O garoto insistiu, ela também. O avião lançou bombas perto de onde estavam. Apavorados, os dois correram para se abrigar, com o garoto chorando e insistindo que havia dito que era um Masseschimitt.

Um novo revés com o imposto de renda ocorreu durante o ano de 1939. O governo americano decidiu taxar seus livros produzidos nos EUA, porém Agatha já pagava impostos sobre eles na Inglaterra. Agatha usava o dinheiro vindo da América para pagar as taxas inglesas. Até analisarem o caso, os americanos bloquearam o envio de dinheiro e Agatha se viu em uma situação difícil, temendo uma falência por falta de pagamento da dívida. Os americanos não só a taxaram como decidiram cobrar impostos retroativos, exigindo, de uma só vez, impostos desde 1935. Ela chegou a cogitar a venda de Greenway para o pagamento das taxas. Esse problema com impostos, iniciado em 1919 e já descrito neste livro, perduraria até o fim da vida de Agatha Christie.

Winterbrooke House havia sido alugada para um casal idoso, pois Agatha e Max pretendiam ficar um longo tempo em Greenway, enquanto Max escrevia seu livro sobre as escavações de Tell Brak e Chagar Bazar. Também havia alugado 58, Sheffield Terrace. Eles haviam vendido 47/48 Campden Street após a compra de Sheffield Terrace e 22, Creswell Place também estava alugada, para um inquilino que traria problemas à Agatha por muitos anos, sublocando a casa sem consultá-la previamente ou atrasando os aluguéis, além de ser impertinente e mandar contas superfaturadas da manutenção do imóvel.

Um grande terremoto destruiu a cidade de Ercincan, na Turquia, e Max conseguiu uma posição em Londres, para ajudar a organizar o Anglo Turkish Relief Committee, para reconstrução da cidade e ajuda às vítimas. Ele partiu, deixando Agatha em Torquay. Esse comitê era importante para a Inglaterra, pois a simpatia do governo da Turquia seria essencial para o fornecimento de cromo — ingrediente indispensável para a produção de aço —, escasso no mercado.

Pouco depois, Agatha decidiu se juntar a ele em Londres, porém eles não tinham onde ficar e Max improvisou um apartamento na Half Moon Street, Mayfair. Agatha demonstrou seu choque quando contou que o edifício era o único que havia em pé em todo um lado da rua, parecendo um dente em uma boca banguela. Uma semana depois, eles trocaram para um apartamento caro, com serviço de hotel, em St. James Place. Os bombardeios eram intensos e aconteciam todas as noites.

Carlo empregou-se em uma fábrica de munições e Rosalind tentou se colocar em algum serviço de auxílio de guerra. Subitamente, ela comunicou à Agatha que pretendia se casar, dias depois, com Hubert Prichard. Hubert era um amigo mais ou menos frequente de Rosalind, apresentado pelo sobrinho de Agatha, Jack Watts. Doze anos mais velho do que Rosalind, era das famílias mais ricas do País de Gales. Agatha já suspeitava de que Rosalind e ele acabariam se casando e não ficou surpresa. Ela mesma se casara pela primeira vez em circunstância de uma guerra mundial e entendia que o futuro era algo muito incerto para se esperar e agir com lentidão.

Rosalind e Hubert se casaram no País de Gales, em onze de junho de 1940. Em sua resposta à carta de felicitação ao casal, enviada por Edmund Cork, Agatha comentaria alguns casamentos realizados nas mesmas circunstâncias que o de Rosalind. Agatha doou a Rosalind dez mil libras como presente de casamento, provindas de uma remessa de dinheiro finalmente feita de seus direitos autorais nos EUA, embora sem solução definitiva do problema. O dinheiro só seria creditado quase no fim do ano.

Os inquilinos de 58, Sheffield Terrace deixaram a casa e Max e Agatha mudaram-se para lá. Na madrugada de dez[74] de novembro de 1940, porém, a casa foi bombardeada e parcialmente destruída. Nada ocorreu com Agatha e Max, que estavam fora de Londres. Hoje, ao percorrermos Sheffield Terrace, vemos claramente que as três casas vizinhas à direita da casa de Agatha foram destruídas completamente e, em seu lugar, ergueu-se um novo edifício. Sobre o fato, Agatha contou que seu piano Stenway, que ficava em seu estúdio na casa e hoje está na drawning room, de Greenway, nunca mais foi o mesmo. Ela levou toda a mobília da casa para o salão de squash de Wallingford.

Agatha e Max alugaram outro minúsculo e moderno apartamento funcional, no prédio desenhado com linhas e mobília inspirada pela escola Bauhaus, em Hampstead, 22, Lawn Road, próximo ao hospital universitário. Agatha foi trabalhar no hospital e Max finalmente conseguiu uma colocação no Ministério da Aeronáutica, como tradutor.

Profissionalmente, ela, às voltas com o problema dos impostos, que a ameaçava de falência —, trabalhando três dias no hospital, dedicou-se à única coisa que lhe restava para fazer em seu tempo livre: mergulhou em um frenesi de trabalho literário. Isolada no apartamento de 22, Lawn Flat Road, Agatha escreveria mais de dez livros durante a guerra. Entre 1938 e 1939, ela provavelmente escreveu seis. Ao final da guerra, teria escrito quase vinte livros, além de três peças de teatro.

O edifíício em sua galeria abrigou uma exposição sobre sua "mais ilustre moradora, Agatha Christie" em 2021.

---

74. Datado por Henrietta McCall. Existem divergências entre dez e onze de novembro.

Edmund Cork a alertou de que os livros estavam tendo menos espaço para serialização em jornais na Inglaterra. Nos Estados Unidos e na Inglaterra, os contos que mais tarde formariam Os Trabalhos de Hércules continuaram a ser publicados, porém o último dos contos, Nas Profundezas do Inferno/A Captura de Cérbero/*The Capture of Cerberus*, foi rejeitado para publicação, pelo *The Strand*. O conto falava claramente em Hitler e Mussolini, rebatizados Hertzlein e Bondolini. A situação incerta do destino da Inglaterra na guerra fazia com que os editores temessem publicar algo extremamente direto à pessoa de Hitler, temendo uma possível invasão, em que seria aconselhável não ter nada escrito contra uma possível nova força dominante. O conto foi devolvido à Agatha muito tempo depois.

Os editores americanos de Agatha, Dodd, Mead & Co., prepararam um grande lançamento de *And Then Where None* para dezesseis de fevereiro. No dia dezenove do mesmo mês, também na América, Agatha Christie foi lançada pela Pocket Books. Os primeiros títulos foram O Assassinato de Roger Ackroyd/*The Murder of Roger Ackroyd* e O Mistério do Trem Azul/*The Mystery of the Blue Train*. Os dois venderam mais de quarenta mil cópias em um ano.

Em março de 1940, *Cipreste Triste/Sad Cypress* foi publicado. Agatha não gostou da capa original do livro, pois não foi consultada previamente e enviara um esboço do que desejava. No livro, vamos nos deparar com a personagem mais densa de toda a obra de Agatha Christie. É impossível ler o livro e não sentir a profundidade de Eleanor Carlile. Ela, em sua aparente apatia, domina a cena do livro todo. Apesar de apática, é impossível se esquecer dela como um furacão contido, precisando ser fria o tempo todo para preservar o amor de Roderick Welner e sendo vítima dessa frieza, que a levou ao banco dos réus. No mesmo mês, o livro ganhou uma versão para rádio, adaptada por Francis Durbridge, e foi ao ar no programa *Crime Magazine*.

Peril at End House estreou no dia primeiro de maio[75], no Vaudeville Theatre de Londres, adaptada por Arnold Ridley, com Francis Sullivan no papel de Poirot. A peça ficou três meses em cartaz e sua descontinuidade precoce deveu-se, principalmente, à incerteza dos tempos de guerra.

A preocupação de Agatha com sua vida e o futuro das pessoas a sua volta era clara nesse instante. Ela doou os direitos autorais de Os Cinco Porquinhos, que só seria publicado depois de três anos, para Max.

Ao final do ano de 1940, Agatha já tinha mais dois livros prontos, Uma Dose Mortal, publicado em outubro, e Morte na Praia, escrito em 1938, que foi serializado nos EUA. Provavelmente, na mesma época, ela escreveu ao

---

75. Gwen Robbins data a estreia da peça para dois de janeiro.

mesmo tempo M ou N? e Um Corpo na Biblioteca, alternando entre um e outro, pois M ou N? teve uma versão resumida publicada em março do ano seguinte e, em maio, Um Corpo na Biblioteca foi serializado.

Uma Dose Mortal foi um livro de Poirot, escrito por volta de abril de 1940, sobre o qual Agatha comentou ter tido trabalho em sua elaboração. O expert em textos de Agatha Christie, John Curran, atribui ao livro o título de "o mais complexo enredo escrito por ela". Mais uma vez, ela usaria uma cantiga infantil como inspiração.

Morte na Praia foi publicado em junho de 1941; seu cenário é, novamente, Burgh Island, na costa do Devon.

O Almirantado inglês enviou uma carta à Agatha, requisitando Greenway para abrigo dos fuzileiros americanos.

Os Cinco Porquinhos foi serializado nos EUA em setembro.

Em novembro, foi publicado M ou N?. Ao enviar o livro para Edmund Cork, em julho de 1940, Agatha escreveria que esperava que a Inglaterra não fosse invadida por Hitler, senão ela provavelmente seria mandada para um campo de concentração por causa do livro.

O tema do livro são Tommy e Tuppence em uma investigação secreta durante a Segunda Guerra Mundial e espiões nazistas são o alvo da investigação. O livro foi recebido com ressalvas pelos editores americanos. Agatha Christie acabaria sendo investigada pela Inteligência Britânica por causa dele, pois, sem querer, ela acertou um local de desembarque de espiões alemães e da Quinta Coluna na história. Soma-se a isso o fato de que, em 1989, com a queda da cortina de ferro e a abertura de arquivos da Segunda Guera, descobriu-se que, entre 1935 e 1941, quatro espiões moraram no edifício, entre eles Arnold Deutsch, recrutador da KGB para um grupo de Cambridge, e Kim Philby.

Durante o ano de 1941, Agatha entregou a Edmund Cork Cai o Pano, para ser guardado em um cofre para publicação póstuma. Nesse livro, Poirot morre. O agente americano de Agatha, Harold Ober, trocou cartas com Edmund Cork, em que dizia temer que Agatha estivesse muito deprimida por causa da guerra e do problema dos impostos, fato que a teria feito escrever o livro. Particularmente, imagino ela se divertindo muito, livrando-se de Poirot.

Anos depois, ao falar sobre o livro trancado no cofre para publicação póstuma, Agatha diria que havia escrito dois livros para publicação póstuma durante a guerra. No entanto, John Curran comprovou que ela se confundiu, pois a datação de seus cadernos, fato que raramente ocorria, demonstra que o enredo de Um Crime Adormecido, claramente datava de depois do fim da guerra, por volta dos anos cinquenta. A citação de A Du-

Linha do Tempo

1941

Rio Dart

22, Lawn Road

Jardim da Bateria

Dittisham

Sino que Arthur Calgary toca para atravessar o rio

quesa de Malfi, estrelada por John Gielgud, citada no texto, data de abril de 1945, o que dá mais credibilidade ao fato de realmente o livro ter sido escrito no pós-guerra.

Voltando ao episódio em que Agatha batizou um personagem seu com o nome de Carlo, em 1925, quando sua secretária havia sido recentemente contratada, deparamo-nos com uma pista ainda mais esclarecedora: ela batiza o casal de ex-funcionários de Miss Bantry, que agora têm uma pousada em Dillmouth no livro, como "Saunders"; o primeiro contato de Agatha com Peter Saunders foi em setembro de 1950. O livro deve ter sido escrito entre o final de 1950 ou, mais provavelmente, na temporada de escavações de 1951. Limito a data de sua elaboração até 1952, devido ao seguinte texto do livro, que diz que sobre a lareira havia cachorros de porcelana e uma foto do Rei George VI e da Rainha, com as duas Princesas — Elizabeth II, uma das princesas, ascendeu ao trono em fevereiro de 1952.

Max disse que a guerra ainda não era levada a sério e ele mesmo caminhava pelas ruas durante os bombardeios. Uma manhã, ao chegar ao escritório, um colega mostrou-se surpreso ao vê-lo vivo, pois havia visto, pela janela, ele "seguir em frente no meio de uma tempestade de bombas e devia ter morrido".

Depois de um ano trabalhando nos escritórios do Ministério, Max foi designado para uma vaga de tradutor no Cairo, no quartel general da RAF. Ele trabalharia em contato com a parte livre da França, República Tcheca e a resistência polonesa. Segundo Max, os aviadores poloneses foram o fiel da balança para que a Inglaterra ganhasse a Batalha da Britânia, em 1940. Se a Inglaterra perdesse essa importante batalha, provavelmente haveria sucumbido a Hitler.

Chegando ao Cairo, antes de arrumar onde morar, Max se hospedou no Continental Hotel, onde, para sua completa surpresa, encontrou seu irmão, Cecil, tomando um café na varanda. Ele havia sido voluntário na guerra da Finlândia, contra a invasão russa, e havia sido feito prisioneiro de guerra. Em seu caminho de volta para casa, foi um dos poucos ingleses que viu um *raid* inglês sobre Hamburgo. Durante um ano, ele e Max dividiram um apartamento no Cairo, até Max ser transferido para Trípoli.

Durante a viagem entre as duas cidades, em 1943, Max teria um incidente com um navio carregado de armamentos, o qual ele convenceu a não deixar o porto, porque o Mediterrâneo estava coalhado de submarinos alemães. Isso lhe rendeu outro boato; um colega, depois da guerra, mostrou-se surpreso ao encontrá-lo, pois havia tido notícias de que ele fora "afundado" por um submarino alemão.

Max parecia divertir-se com essas lendas sobre ele. Por sorte, aparentemente nenhuma chegou aos ouvidos de Agatha. Em uma de suas cartas para Agatha durante esse período, ele disse a ela que, se fosse necessário, tinha uma reserva de dinheiro no banco que ela poderia usar para tentar resolver seus problemas financeiros.

Agatha estava sozinha em Londres, em meio aos bombardeios, que ela enfrentava em seu apartamento, dormindo com um travesseiro sobre o rosto, caso alguma bomba estourasse os vidros. Como milhares de londrinos e ingleses, ela se recusava a ir para abrigos antibombas, não admitindo ser retirada de sua casa e de sua cama por medo de Hitler.

O problema com os impostos americanos estava pior do que nunca e Agatha, que queria se juntar a Max, não tinha dinheiro para viajar. Continuava a rotina de ir ao hospital três vezes por semana e escrever nos outros dias, trancada no pequeno apartamento.

No ano de 1942, o auge da guerra, havia economia até de papel e apenas Um Corpo na Biblioteca foi publicado, em maio. No prefácio do livro, um dos raros escritos por Agatha Christie para suas próprias obras, ela disse que, durante muito tempo, pensou em uma variação do clássico tema do romance policial, o corpo na biblioteca.

Veraneando em um hotel à beira-mar, Agatha, observou uma família e reuniu os elementos para escrevê-lo. O hotel presente no livro, outra vez, é o Majestic Hotel, porém o local é St. Loo. Nitidamente, o Imperial Hotel Torquay está presente mais uma vez como inspirador de Agatha Christie. Alguns autores cogitam a biblioteca de Abney Hall como a inspiradora da biblioteca do crime. Pode-se pensar que, como Agatha falou que ficou anos sem ver Greenway, pois não voltou à Torquay durante grande parte da Segunda Guerra Mundial. A impossibilidade de ir ao lugar que mais amava no mundo, Torquay, deve ter aumentado ainda mais seu sentimento de solidão. O livro tem, além do raro prefácio, o melhor início de história de toda sua obra, reconhecido por ela mesma, o que nos faz pensar, mais uma vez, em uma Agatha saudosa de seu tempo de rotina.

Um Corpo na Biblioteca voltará a nos dar a imagem do cotidiano de um vilarejo no interior da Inglaterra em um clima nostálgico. Outro elemento vivido por Agatha Christie em 1926 estaria presente no livro: o peso da opinião pública e dos amigos sendo um fardo pesado de se carregar. O Cel. Bantry seria alvo de intrigas por causa da bela mulher encontrada morta em sua casa. Sua esposa, Dolly Bantry, recorreria à Miss Marple para impedir que, caso o crime não fosse adequadamente esclarecido, essa sombra pesasse sobre o marido para sempre, pois alguns amigos já estavam se afastando dele ou fazendo questão de não o encontrar. Em 1927, Agatha e Carlo colocariam essas pessoas na Ordem dos Ratos. Outra novidade seria sua primeira vítima infantil, na personagem de Pamela Reeves, em um crime horroroso, pouco do estilo Agatha Christie.

Charles Osborne, Dennis Sanders & Len Lovallo, Dawn B. Sova e Matthew Bunson, em seus livros, afirmam que Agatha Christie escreveu A Mão Misteriosa ao mesmo tempo que M ou N?. Todos copiaram o erro de Charles Osborne. O livro que foi escrito ao mesmo tempo que M ou N? foi Um Corpo na Biblioteca, conforme a própria Agatha Christie escreveu em sua *Autobiografia.* John Curran, em seu segundo livro sobre os cadernos de Agatha Christie, *Murder in The Making,* encontra todos os indícios necessários para confirmar a afirmação da autora.

Finalizando, vale a pena notar que Dolly Bantry, meio avessa à Miss Marple em sua primeira aparição, em Os Treze Problemas, e nem citada é em Assassinato na Casa do Pastor, agora é uma boa amiga dela.

Sob os intensos bombardeios de Londres, as atividades sociais ficaram restritas. Agatha entrou em uma rotina de ir ao trabalho — agora de dois dias inteiros, mais três de meio período e domingos alternados — e ficar em casa, como as famílias inglesas, em geral. O radio se tornou o companheiro dos ingleses durante as noites de vigília, ouvindo bombas caírem, ou recebendo a notícia de que filhos, pais, parentes, amigos ou conhecidos haviam morrido.

Nas gravações dos depoimentos para o Museu da Guerra, ouvir Agatha Christie dizer palavras como: "O tempo passava e não parecia mais um pesadelo; parecia algo que sempre existira e era natural alguém que amávamos morrer de súbito. Ninguém sabia como seria mais tarde, depois da Guerra" é algo profundamente emocionante. Nos dias de hoje, a pandemia da Covid-19 pode nos dar uma ideia mais presente dessa dura realidade. Essas gravações se tornaram de domínio publico no final de 2014, quando o Museu da Guerra acabou seu processo de restauração de mais de dois anos.

O rádio investiu em programas de entretenimento e *For the Armchair Detective,* de Ernest Duddley, leu um capítulo de Um Corpo na Biblioteca como recomendado para ser posto nas meias de Natal.

Agatha passou o Natal com Rosalind, enquanto Max e Cecil convidaram alguns amigos para passar com eles, no apartamento do Cairo. A mãe de Max estava sob forte pressão emocional, pois o irmão mais novo deles, Phillip, fora alvejado durante a guerra e voltara para casa semi-inválido; não conseguia uma colocação. Agatha ampararia, confortaria e até mesmo suportaria os maus humores da sogra. Ela pediu a Max que escrevesse com frequência à Marguerite, sua mãe.

Em janeiro de 1943, o mesmo programa fez uma versão para o rádio do lançamento do mês, Os Cinco Porquinhos.

O cenário de Os Cinco Porquinhos é Greenway e esse seria o primeiro dos livros que Agatha ambientaria em sua propriedade, bem como o primeiro livro em que ocorre a investigação de um crime ocorrido no passado.

Linha do Tempo

1943

★Dezembro • Nascimento de Mathew Prichard

O Jardim da Bateria, num pequeno promontório sobre o Rio Dart, onde os canhões dos tempos das guerras contra Napoleão ainda estavam presentes, seria o local onde achariam o corpo de Amyas Crale. A pequena despensa com geladeira na casa de barcos, a paisagem do Rio Dart e Dittisham estão minuciosamente retratados nas páginas do livro. Ao caminhar hoje por Greenway, podemos ver os cenários e os personagens nitidamente, como Agatha deve tê-los imaginado.

A personagem Elsa Greer, uma jovem na época do crime, depois se tornaria Lady Dittisham, aproximando ainda mais o enredo do local. Mais uma vez, às voltas com um crime cometido com veneno em um ambiente doméstico, Agatha Christie escreveu mais uma de suas obras-primas. John Curran descobriu nos cadernos de Agatha, não surpreendentemente, que a personagem da governanta Miss Willians fora realmente inspirada em Carlo. Surpreendente é descobrirmos que a personagem da irmã de Caroline Crale, Angela Waren, tem a seu lado o nome "Judy?" anotado ao lado do nome na lista de personagens. Agatha pode ter se inspirado na filha de Nan Watts para a criação de Angela, uma jovem leviana e inconsequente quando tinha quinze anos.

Pelo fato do crime ser ambientado em Greenway, com uma personagem nitidamente inspirada em Carlo, o nome da vítima ser o mesmo de um *affair* do passado de Agatha (Amyas) e o motivo do crime ser um caso extraconjugal, alguns biógrafos, numa tentativa de caracterizar Agatha em 1926, dizem que Caroline Crale seria a própria Agatha; Carla Lemarchand seria Rosalind e Amyas Crale (cujas inciais são A.C.), seria Archibald Christie.

Os Cinco Porquinhos foi o primeiro livro de Agatha Christie a ultrapassar a casa dos vinte mil exemplares vendidos em um ano.

A Mão Misteriosa foi serializada e, em seguida, o livro foi publicado, em junho de 1943. Miss Marple entra na história depois do meio do livro, para esclarecer o mistério. Na sua primeira versão, o livro é mais extenso do que vemos hoje, faltando todo o primeiro capítulo. Ele foi considerado redundante e a revista Collier's, que o serializou, pediu sua retirada. Cartas anônimas circulam em um vilarejo e um romance latente no ar fazem do livro mais um dos que não podem faltar na galeria dos melhores de Agatha Christie. No livro, estão presentes dois personagens que seriam os únicos a fazer uma ponte entre os universos de Poirot e Miss Marple: o Rev. Caleb Dane Calthrop e sua esposa, Maud. Maud seria quem chamaria "uma especialista" para resolver os crimes; essa especialista era Miss Marple.

Max foi novamente transferido, dessa vez para a fronteira da Líbia com o deserto do Saara. A correspondência com Agatha tornou-se mais difícil. Ele disse que lá viveu sozinho e em paz, porém os oficiais de Trípoli decidiram que ele precisava de um guarda-costas. Totalmente inexperiente, o guarda-costas, em sua primeira noite, assustou-se quando Max deixou o escritório e deu-lhe um tiro. Max disse que, por sorte, o guarda-costas era um mal atirador e a bala passou por sobre seu ombro.

Agatha passou o ano escrevendo, trabalhando no hospital e passando finais de semana com Rosalind, cujo marido, Hubert, continuava na guerra. Rosalind, em maio, havia contado à Agatha que seria mãe em breve. Agatha, cada vez mais entusiasmada com o teatro, produziu uma nova adaptação de um de seus livros, *Ten Little Niggers*. A peça de teatro tinha um final diferente do livro O Caso dos Dez Negrinhos. A peça foi produzida por Bertie Meyer.

Pouco mais de uma semana antes da estreia da peça, Agatha Christie teria uma das maiores alegrias de sua vida. Nasceu Mathew Prichard, filho de Rosalind, no dia vinte e um de setembro de 1943[76]. Rosalind havia ido para Abney Hall, para esperar o nascimento do bebê. Agatha nos contou que Madge mantinha limpa e organizada a enorme mansão de catorze quartos, sozinha. Os dezesseis empregados dos tempos anteriores à guerra não mais existiam e ela trabalhava duro, cuidando, inclusive, do jardim e da horta.

Max fora deslocado para o deserto. Rosalind foi para Londres por algumas semanas e Agatha sentiu o terror da guerra quando as sirenes de bombardeio, com que antes não se importava, ameaçaram seu neto recém--nascido. Ela disse que hospedou Rosalind em 48, Campden Street, porém ela também disse já ter vendido a casa no início da guerra. Provavelmente, Agatha hospedou a filha em 58, Sheffield Terrace, que já devia ter sido consertada do estrago sofrido em 1940.

Ten Little Niggers estreou no Wimbledon Theatre no dia vinte e nove[77] de setembro. Em seguida, estreou em Londres, no dia dezessete de novembro, no St. James Theatre. A peça ficou um ano em cartaz, tendo mudado de endereço para o Cambridge Theatre, quando o St. James foi destruído por um bombardeio. Toda a crítica aclamou a peça, que, no ano seguinte, estreou em Nova York, com o título de *Ten Little Indians*, pois o título *Ten Little Niggers* soava ofensivo aos afrodescendentes americanos. A peça ficou mais de um ano em cartaz, marcando o primeiro sucesso de Agatha nos palcos americanos. Ela foi assistir à peça em companhia do casal Woolley. No ano seguinte, Katherine morreria subitamente.

Rosalind se instalou com Mathew na grande casa da família de Hubert, no País de Gales, pois o pai de Hubert faleceu em 1942 e sua sogra mudou--se para uma casa menor. Agatha passaria muitos finais de semana com Rosalind e o neto, viajando de Londres para Gales.

---

76. *Gillian Gil data o nascimento de Mathew Prichard em 21/09/1942. Martin Fido erra a data para 21/09/1941.*
77. *Richard Hack em seu livro é o único autor a datar a estreia da peça para 20 de setembro.*

No final do ano de 1943, Agatha ainda embarcaria num projeto maluco, sugerido pelo amigo de Max, Stephen Granville, de escrever um livro em que ocorresse um crime no Egito, dois mil anos antes de Cristo. Stephen lhe forneceu o material necessário de pesquisa dos hábitos cotidianos do passado. O pai dele, um senhor idoso, sozinho e doente, morava em um dos apartamentos de Lawn Flats e Agatha cuidava dele.

As biografias sensacionalistas de Agatha Christie dizem que quem morava no prédio era o próprio Stephen e sugerem que sua proximidade com Agatha podia ser algo mais do que amizade. Pelo simples recurso torpe de trocarem o verdadeiro morador do endereço, já devemos desqualificar quaisquer informações sobre o assunto, oriundas dessas biografias.

Agatha foi convidada a engajar-se em um projeto que levaria teatro aos soldados ingleses, no norte da África. Ela se animou com a ideia, pois seria um jeito de rever Max; porém o projeto não saiu do papel.

No dia seis de junho de 1944, aconteceu a Invasão da Normandia, marcando o dia D da Segunda Guerra Mundial. Pouco depois, em dezesseis de agosto, Rosalind recebeu um comunicado de que Hubert Prichard estava desaparecido na França e provavelmente morto. Agatha foi para Gales ficar algum tempo com Rosalind. A sempre quieta Rosalind parecia se conformar com o destino e Agatha sofria por não saber como lidar com isso. Segundo ela, uma das coisas mais difíceis da vida era não saber como lidar com a dor de quem amamos e não poder fazer nada.

Um dia, Rosalind entregou para Agatha um telegrama que recebera vinte e quatro horas antes, sem nada comentar com ela. O telegrama, de nove de outubro, dizia que Hubert Prichard havia morrido na guerra. Rosalind sofreu em silêncio.

O hospital estava mais vazio e o fim da guerra era esperado. Isso ajudou no sucesso teatral de Os Dez Negrinhos. A Inglaterra estava inquieta, ansiando o fim da guerra, que se anunciava, e começava a reviver; contando seus mortos e reconstruindo suas cidades, mas vitoriosa.

Hora Zero foi publicado em julho. O Superintendente Battle estava de volta para investigar o assassinato de uma velha senhora em sua casa, no alto de um penhasco à beira do mar. Paralelamente, investigará um problema que está ocorrendo com sua filha no colégio. O cenário, como de costume, o Devon, pois o penhasco em questão é Salcombe, rebatizada Saltcrek no livro, e se localiza em Kingsbrigde, próximo à Burgh Island.

A estrutura do livro é curiosa, pois Agatha escreve a história do momento em que o assassinato é planejado até o momento em que ocorre, chamado de hora zero. Um novo tipo de assassino entraria para o universo dos livros de Agatha Christie — os psicopatas.

Mary Westmacott publicou A Ausência/Ausência na Primavera[78] em agosto. O livro foi escrito em três dias, no ano de 1943, e Agatha diz que mal dormiu para escrevê-lo, diretamente na máquina de escrever. Quando terminou, dormiu vinte e quatro horas ininterruptas, tendo, inclusive, faltado ao serviço no hospital para concluir o livro.

Max, em sua biografia, diz que é um dos melhores livros de Agatha e sou obrigado a dizer que é o melhor livro de Mary Westmacott, com certeza. Henrieta McCall nos conta que Agatha viveu uma situação semelhante à da protagonista do livro em outubro de 1931, quando foi se encontrar com Max no Oriente Médio e o trem, que devia tomar para encontrá-lo, estava com a linha interrompida, forçando-a a ficar dois dias em uma casa de hóspedes, no meio do deserto. O livro, ao contrário da opinião geral sobre as obras de Mary Westmacott, fez sucesso, a ponto de, em 1950, Harold Ober escrever para Edmund Cork, dizendo que os editores americanos de Westmacott estavam ansiosos por mais um livro da autora.

E no Final a Morte foi publicado em outubro. John Curran chamou Agatha de pioneira, pois, mais uma vez, ela foi a primeira a lançar a moda dos crimes no passado. O livro teria, também, um recorde: é o livro de Agatha Christie com maior número de assassinatos domésticos — oito.

O programa de rádio *Saturday Night Theatre*, da BBC, fez a dramatização de Hora Zero próximo ao fim do ano.

Durante o ano, foi publicado, por Ellery Queen, nos EUA, o livro As Desventuras de Sherlock Holmes/*The Misadventures of Sherlock Holmes*, uma coletânea de contos do personagem, que contém alguns contos de outros autores, entre eles Agatha Christie.

Entre os anos de 1940 e 1944, foi publicado, no Brasil, o livro O Caso dos Dez Negrinhos, na Coleção Amarela da Livraria do Globo, de Porto Alegre; no ano de 1944, foi publicado Morte no Nilo/*Death on the Nile,* como o centésimo quinto número da mesma coleção.

Um Brinde de Cianureto foi publicado nos Estados Unidos em fevereiro de 1945, muito antes da publicação do livro na Inglaterra, que ocorreria somente em dezembro. O livro é a expansão do conto Os Íris Amarelos. É o único livro em que o Coronel Race investiga sozinho um suicídio ocorrido em um luxuoso restaurante, durante uma comemoração de aniversário. Na simulação do crime, um ano depois, no mesmo local, outro crime acontece. O livro foi o primeiro a ultrapassar a marca de trinta mil exemplares vendidos em um ano.

Durante anos, Agatha pagou ao governo mensalmente quarenta e cinco por cento de sua renda. Edmund Cork contratou um advogado tributarista para resolver o problema de dupla tributação com o governo americano,

---

78. Carol Dommermuth-Costa diz que o livro sobre uma mulher sozinha em um hotel se chama Silent Spring.

1945

já que os EUA haviam retido cento e dezoito mil dólares de Agatha. Esse dinheiro só seria recebido depois do fim da guerra e do acordo sobre os impostos. Agatha pagaria mais dois anos de impostos ao governo inglês, antes de regularizar sua situação. No começo da guerra, a dívida que o governo cobrava de Agatha era de setenta e oito mil e quinhentas libras, mais de dez vezes o valor de Greenway. Agatha, mergulhada no trabalho, conseguiu reverter a situação.

Appointment with Death estreou no dia trinta e um de março, no Picadilly Theatre de Londres. Produzida por Bertie Meyer, a peça teve alguns problemas e Bertie pediu à Agatha que mudasse a conduta de alguns personagens. Além disso, o Ministério do Trabalho se opôs à presença de uma empregada doméstica no enredo.

A peça ficou por cerca de seis meses em cartaz, fazendo relativo sucesso. O criminoso era diferente do livro e Poirot não aparecia na peça, dando lugar a um personagem chamado Dr. Calbury. No elenco, Joan Hickson, fazendo sua primeira e única aparição teatral em uma peça de Agatha Christie. Agatha enviou à atriz uma carta, em que dizia que, no futuro, ela seria uma excelente Miss Marple.

Quarenta anos depois, a profecia de Agatha se realizou. Eu vi essa carta em minha entrevista com Mrs. Carolyne Holton, a filha de Joan Hickson, em setembro de 2014.

Na primavera, o programa de rádio da CBS de Nova York, *The Adventures of Mounsier Poirot* estreou, com contos semanais do detetive. Era a primeira vez que Agatha tinha um programa de rádio somente com suas obras. Ela comentou com Edmund Cork que não gostou das adaptações.

No Brasil, Morte no Nilo foi publicado durante o ano de 1945, no número cento e cinco da Coleção Amarela da Livraria do Globo, de Porto Alegre. Em seu livro sobre a história do complexo editorial Globo, O Globo da Rua da Praia, José Bertaso se confunde e dá a entender que o primeiro livro de Agatha Christie publicado pela Livraria do Globo de Porto Alegre, que deu origem ao complexo editorial Globo dos dias de hoje, foi Morte no Nilo.

A primeira versão de *And Then Where None* foi filmada em Hollywood pela Twenty Century Fox, com direção de René Clair e o vencedor do Oscar de 1944, Barry Fitzgerald no papel do juiz Wargrave. Anthony Marston foi trocado por um príncipe russo. O filme, hoje, é um clássico entre os filmes de suspense, apesar de ter uma forte pitada de humor. Muitos o consideram, até hoje, a melhor das cinco adaptações desse livro para o cinema. Eu atribuo esse título à minissérie da BBC, em três capítulos, de 2015.

Em um domingo de maio de 1945, Agatha retornou tarde da noite da casa de Rosalind, no País de Gales; chegou a seu apartamento em 22, Lawn Flat Road, minúsculo e funcional, no prédio desenhado com linhas e mobília inspirada pela escola Bauhaus. Ela foi fritar peixes para jantar, quando ouviu um barulho de tilintar na escada do edifício; olhou para fora e viu um homem carregado de coisas subindo as escadas; abriu a porta e Max estava de volta.

As dúvidas e incertezas de Agatha quanto ao reencontro, depois de quase três anos, dissiparam-se em um instante. Max continuava sendo Max, o seu Max. As saudades dos dois eram imensas e o medo da morte deixou o apartamento, saindo pela mesma porta pela qual Max entrou. Os temores de Agatha Mallowan acabaram.

Max, por sua vez, escreveria que a guerra fora clemente com os dois e que eles puderam se reencontrar depois de um longo e duro período de separação. Ele acreditava que a carga de Agatha, sozinha sob os bombardeios de Londres e vendo os horrores dos feridos de guerra no hospital, havia sido uma jornada mais dura do que a dele.

A Segunda Guerra Mundial acabou na Europa em junho de 1945.

Caroline Holton

Pós-Guerra

"O passado não pode ser curado."

Rainha Elizabeth I

Agatha e Max continuram a viver no apartamento de Hampstead. Eles passaram o Natal com Rosalind, no País de Gales.

No final do ano, Agatha publicou uma charada em um jornal, chamada O Corpo — Um Mistério Encapsulado/*The Body — A Capsule Mystery*. Poirot e o Tenente Tully encontram o corpo de um homem na praia. É uma história de duas páginas, com uma pergunta final: como Poirot descobriu o crime e por que ele foi cometido?

Em fevereiro, Greenway foi devolvida à Agatha; começava uma briga com o Almirantado para que alterassem algumas reformas que fizeram. Eles prontamente se ofereceram para remover o afresco incompleto, pintado à volta da biblioteca por um fuzileiro. Agatha não aceitou, dizendo que aquele seria seu monumento da guerra. Ninguém sabe quem foi seu autor, mas os quatro continentes, Greenway e as musas estão pintados à volta da biblioteca até hoje. O afresco está começando a sofrer os desgastes do tempo e, infelizmente, parece que não terá como ser restaurado, pois a argamassa está se soltando da parede.

Agatha preferia que eles removessem catorze privadas instaladas lado-a-lado em sua despensa, mas o Almirantado entendia que aquela era uma obra de melhoria para a propriedade e a discussão prosseguiu. Finalmente, removeram as privadas, mas deixaram os canos. Algum tempo depois, Agatha conseguiu a solução do problema.

Max estava decidido a passar os próximos dois anos concluindo o livro sobre Tell Brak e Chagar Bazar. Quando ele foi desmobilizado da guerra, recebeu um terno de excelente qualidade como retribuição por seus serviços. Ele recebeu, em Greenway, seus amigos, Stephen Glanville e o Professor Sidney Smith, responsável pelos relatórios ao Museu Britânico, e outros financiadores.

Murder on the Nile, adaptação teatral de Agatha para o livro Morte no Nilo, estreou no Ambassador Theatre de Londres, no dia dezenove de março de 1946[79]. Agatha retirou Poirot da peça, condensou alguns personagens, introduziu o personagem do Conego Pennefather[80] para ser o detetive da história e criou a Sra. Ffolliat-ffowkes, um misto de Salome Otterbourne e Sra. Allerton. Se a Sra. Allerton não fez falta, Salome foi uma grande perda para a peça e o personagem híbrido Sra. Ffolliat-Ffowkes teve que ser brilhantemente interpretado para segurar a peça.

Quando assisti à peça em Windsor, em 2012, a comediante britânica Kate O'Mara fazia esse papel magnificamente. Mesmo assim, achei-a a mais fraca de todas as peças de Agatha que já vi. Dia dezenove de setembro, a peça estreou no Plymouth Theater de , com o nome de *Hidden Horizon*, porém não foi bem recebida e encerrou sua turnê com apenas vinte exibições[81].

A rádio CBS americana adaptou o conto Um Acidente para seu programa, chamado *Suspense*, em abril de 1946.

Desenterrando o Passado foi publicado em novembro, com o nome de Agatha Christie Mallowan. O livro é uma reminiscência das expedições de escavação pelo Oriente Médio, que Agatha e Max fizeram de 1932 a 1938.

Alguns autores especulam que o título do livro veio de uma passagem de Alice no País dos Espelhos, de Lewis-Carroll, presente em uma versão parodiada por Agatha, no começo do livro. No entanto, a própria Agatha Christie, na primeira linha do prefácio do próprio livro, explicou a origem do título do livro, dizendo ser uma resposta à frequente questão que lhe faziam, de como era viver no Oriente Médio. Ela se inspirou no ar de surpresa que as pessoas exibiam quando ela falava que viajava por meses pelos desertos do Irã e da Síria. Alguns fãs consideram esse um dos melhores livros escritos por Agatha; entre eles, a brasileira Cris Siqueira, autora do blog Agatha Christie: Obra e Autora e de uma dissertação sobre Agatha, publicada na Inglaterra.

Em Desenterrando o Passado, encontramos Agatha Mallowan da primeira à última página; uma Agatha extremamente feliz, muito mais do que

---

79. *Richard Hack data a estreia da peça para 17 de janeiro de 1944; o erro aumenta, quando ele comenta que seu novo nome é Hidden Horizon, nome que adotaria em sua versão americana, e coloca Agatha assistindo a estreia da peça, o que poderia nos levar a pensar que Agatha Christie esteve na América em 1944, ou mesmo em 1945, ainda durante a guerra.*

80. *Peter Hanning em seu livro Agatha Christie Murder in Four Acts, diz que o personagem chama-se Padre Borrowdale.*

81. *Derrick Murdock em seu livro The Agatha Christie Mystery diz que foram 12 apresentações.*

em qualquer trecho em que ela fala de seu primeiro casamento.

Durante o outono, A Mansão Hollow foi lançado na Inglaterra. No livro, escrito durante a guerra, vamos encontrar a piscina de Francis Sullivan e sua esposa, na casa de quem Agatha passou alguns finais de semana. A dedicatória é um pedido de desculpas ao casal, pelo uso de sua piscina para um assassinato. As personagens Gerda e Henrietta são mais duas das marcantes criações de Agatha. Ao lerem o livro, imaginem Gerda como a Agatha Christie de antes dos episódios de 1926 e Henrietta como a Agatha Christie que surgiu no final de 1927. A presença de uma árvore chamada *Ygdrasil*, reminiscente da casa ancestral da família do livro, Ainswick, remete claramente às lembranças de Agatha de Ashfield, em uma das raras presenças da casa em seus livros. Agatha teria o mesmo tipo de árvore em Greenway e Wintterbroke House, provavelmente como uma marca de seu tão saudoso jardim de Ashfield. A casa, em mau estado de conservação, precisando ser toda restaurada, também nos lembra a casa dos Miller, em Torquay.

O conto Nas Profundezas do Inferno/A Captura de Cérbero, em sua nova versão, reescrita para fazer parte do livro Os Trabalhos de Hércules, foi publicado por *This Week*, nos EUA, em março de 1947.

Por volta dessa data, Agatha recebeu uma solicitação da BBC. A emissora estava preparando um programa de rádio especial para a comemoração de oitenta anos da Rainha Mary, avó da Rainha Elizabeth II. A sisuda e austera rainha, endurecida por duas guerras, foi uma das poucas a ver três reis serem coroados e a ser rainha durante o reinado de quatro. Ela foi coroada juntamente com seu marido, George V; viu seu primeiro filho tornar-se rei e abdicar ao trono antes da coroação; viu Eduardo VIII querer se casar com Wallys Simpson; viu seu outro filho ser coroado George VI e viu sua neta, Elizabeth II, ser coroada Rainha da Inglaterra.

A foto das três rainhas juntas no enterro de George VI é uma imagem emblemática e a Rainha Mary traria em sua expressão, para sempre, as marcas de uma vida difícil. A imponente Rainha, quando consultada pela emissora sobre o que gostaria de ouvir no rádio, na programação especial a ela dedicada, respondeu que gostaria de ouvir uma peça de rádio da Sra. Agatha Christie. Agatha mostrou-se muito modesta sobre o pedido em sua *Autobiografia*, mas o prestígio e a deferência com certeza lhe foram honrarias muito grandes.

Os Três Ratos Cegos foi ao ar pela BBC no programa especial para comemoração dos oitenta anos da Rainha Mary, em vinte e seis de maio de 1947[82]. Sem se saber, começaria o trajeto do maior sucesso teatral de todos os tempos.

82. Alguns autores datam o programa para vinte e sete de maio.

Cosmopolitan acervo do autor

Royal Theatre Windsor

48, Swan Court

Os Trabalhos de Hércules foi publicado em outubro. No mês seguinte, *Love From a Stranger* ganhou uma nova versão made in Hollywood, feita por um estúdio independente. Os nomes dos personagens e a história em si foram alterados. O resultado foi fraco e a crítica afirmou que a primeira versão do filme era melhor do que essa. Quando exibido na Inglaterra, o filme adotou o nome de *A Stranger Walked In.*

Uma frase da protagonista: "We're going to places nobody ever heard of — India, The Persian Gulf, Baghdad"[83] foi magistralmente ironizada por Charles Osborne, em sua observação: "Nobody in Hollywood, perhaps"[84]. Nos dias de hoje, tais lugares estão mais presentes na vida dos americanos que o Brasil, mas não em 1947.

O programa de rádio *Monday Matineé* levou ao ar uma adaptação de *Ten Little Niggers,* em dezembro. Essa adaptação, de uma hora e meia, seria o primeiro "Christie for Christmas", gerando o slogan que acompanharia Agatha Christie até o final de sua carreira. Mais de trinta anos depois de sua morte, a tradição seria alterada para "A Christie for Christie", quando a data de novos lançamentos de obras relacionadas a ela tornou-se o *International Agatha Christie Festival,* em Torquay, que era realizado todos os anos na semana de seu aniversário, no mês de setembro, até 2019, quando passou a ser bienal.

Indicado por Stephen Glanville e pelo Professor Sidney Smith, que ficaram profundamente impressionados com seu trabalho na visita à Greenway, em 1946, Max foi convidado a assumir a primeira cadeira do Departamento de Arqueologia da Ásia Ocidental, no Instituto de Arqueologia da Universidade de Londres[85]. Era o início da carreira de professor de Max. No dia dezesseis de outubro de 1947, Max ministrou sua primeira palestra como professor: *The Legacy of Asia.* A partir de então, ele daria aulas, faria seminários e orientaria alunos de pós-graduação. Ele integraria o quadro de funcionários do Instituto de Arqueologia até 1960. Ele aceitou o cargo com a condição de ter tempo livre para suas escavações. O orgulho de Agatha foi enorme.

O casal comprou um novo apartamento com serviço de hotel, dessa vez em 48, Swan Court[86]. Era um abrigo de pessoas que tinham suas propriedades no interior e usavam o endereço somente para suas estadias em Londres. O endereço foi escolhido por sua facilidade de refeições e manutenção, em uma nova Inglaterra sem empregados e por ser de fácil acesso ao

---

83. "Estamos partindo para lugares de que ninguém nunca ouviu falar — India, Golfo Pérsico, Bagdá".
84. "Ninguém em Hollywood, talvez".
85. Derrick Murdock diz que Max foi eleito Presidente da Escola de Arqueologia no Iraque, o que não ocorreu.
86. Henrietta McCall diz que eles deixaram 22, Cresswell Place, porém o endereço ainda estava alugado, nessa data, para o inquilino problemático e nunca foi vendido por Agatha.

Instituto de Arqueologia, metrô e a estação de Paddington, de onde partem os trens para Wallingford e Torquay.

Quando vi o grande prédio de fachada reta, bem ao estilo de Poirot, imaginei que pudesse ser a inspiração para o edifício do nosso amigo bigodudo e cabeça de ovo, porém o endereço e sua descrição, na ficção de Agatha Christie, apareceram em 1936. Hoje em dia, devido ao seriado *Poirot*, da BBC, exibido de 1989 a 2013.

No dia 2 de agosto, desembarcam no porto do Rio de Janeiro Archibald Christie, Nancy Neele e o filho do casal, Archibald Christie III. Eles ficariam na cidade até o dia dez de setembro, tendo se hospedado na Rua Saint Roman 204, Copacabana. Provavelmente ele veio ao nosso país a serviço, pois era diretor de uma empresa de energia elétrica inglesa que prestava serviços aqui.

***

A partir do momento em que Max começou a dar aulas, Jared Cade, novamente buscando alguma originalidade em sua obra com intuito de aumentar a vendagem, resolveu plantar outra semente sensacionalista e inverídica — taxou Max como mulherengo, adúltero e interessado somente no dinheiro de Agatha. Como a primeira parte de seu livro ele havia garantido com a *fanfiction* que criou sobre o desaparecimento, agora ele apresentava essa outra. Como já me dediquei a provar a inviabilidade de suas hipóteses em sua primeira empreitada, não gastarei o meu tempo e o de meu leitor. Isso também servirá para eu não precisar expor aqui suas insinuações, extremamente pesadas e chocantes, que sujariam as páginas de meu livro. Somente os autores franceses repetirão essas insinuações, numa nítida cópia do referido autor, sem nenhum trabalho direto de pesquisa e provavelmente liderados por François Rivière, que descobriu o casal Gardner e se sente como uma espécie de coautor das teorias absurdas sobre Agatha.

Não acredito ser o mais original em uma biografia escrita sobre Agatha. Tanto já se falou e escreveu que fatalmente sempre estaremos repetindo o que alguém já disse; porém resta a quem escreve sobre ela o discernimento de verificar a veracidade dos fatos e concordar ou não com o que já foi escrito. Pauto o valor desta obra na veracidade de tudo o que está aqui escrito, num minucioso trabalho de pesquisa, numa cuidadosa sequência dos fatos e no meu amor incondicional por Agatha. Acredito serem esses os ingredientes que, eventualmente, farão seus fãs gostarem da minha obra, sem ter que apelar para qualquer recurso escuso.

Por volta do mês de dezembro, foi publicado, no Brasil, o livro O Segredo de Chimneys, número cento e trinta e sete da Coleção Amarela da, agora, Editora Globo.

Em dezembro de 1947, *Mystery Playhouse* convidou o Dectection Club para produzir uma série de peças para o rádio, que levariam os nomes de *The Dectection Club*. Seis autores escreveriam seis peças independentes de meia hora cada uma. Como o projeto não envolvia as parcerias complicadas que afastaram Agatha dos projetos em conjunto do Clube, ela aceitou participar.

O primeiro programa da série foi "Butter in a Lordly Dish", de Agatha Christie, transmitido no dia treze de janeiro[87]. O sucesso foi tão grande que reprisam a peça dias depois. O título é um dos versículos da bíblia prediletos de Agatha; a história, macabra, é protagonizada por Sir Luke Enderby, um promotor que convence a corte a condenar um inocente à morte. John Curran encontrou traços da peça no capítulo onze de Noite das Bruxas, publicado vinte anos depois.

Agatha e Max partiram mais uma vez — a primeira depois da guerra —, para começar a preparação de uma série de palestras de Max, bem como a negociação para um novo sítio escavações. Max estava na dúvida entre quatro antigas capitais Assírias: Nineve (escavada previamente por Campbell-Thompson), Ashur, Khorsabad e Nimrud (Calah — escavada no século XIX, por Austen Layard). Max tinha à sua disposição um grande valor para a expedição, pois, durante a guerra, os recursos para esse fim foram poupados e acumulados.

Nos dois primeiros meses do ano, O Secreto Adversário/O Inimigo Secreto foi publicado no Brasil, no número cento e trinta e sete da Coleção Amarela da Editora Globo.

Seguindo a Correnteza foi publicado na Inglaterra, em abril. De todos os livros de Agatha, decididamente Seguindo a Correnteza é o que mais falará dos reflexos da guerra.

A história já começa com Poirot e diversos senhores presos em um abrigo antiaéreo durante um bombardeio na cidade de Londres. Sem ter o que fazer enquanto esperam autorização para sair, ficam ouvindo um velho chato que fala sem parar. A casa de 58, Sheffield Terrace e sua destruição são claramente retratados, inclusive com o mesmo nome; porém as mortes que ocorrem durante a explosão da casa são inspiradas na casa vizinha.

No livro, uma enfermeira do WREN que servira no Egito e no norte da África (os mesmos lugares que Max) está de volta ao lar depois da guerra, em uma cidadezinha de interior, e não consegue se adaptar novamente a sua antiga rotina e a seu noivado. Essa pequena cidade parece claramente inspiradas em Sunnigdale e Sunninghill, que visitei em 2012, inclusive pela presença de um campo de golfe, um hotel de luxo, a estação de trem e uma

---

87. Janet Morgan data a peça como tendo sido produzida em 1955.

pequena cidade escondida atrás de outra. Os altos impostos, o custo de vida, a nova realidade da falta de empregados, os casamentos-relâmpago que ocorreram durante a guerra, as mortes, as viúvas de guerra, os desaparecidos de guerra, as bombas, o mercado negro de comida, os cupons de racionamento, tudo está fielmente retratado na história do livro, que se passa depois do bombardeio inicial, na primavera de 1946[88].

Os personagens Charles Treton e David Hunter são claramente inspirados em Monty, e deviam ser um tipo comum na época: um sujeito que se dá bem na guerra, cheio de coragem e audácia, sem se preocupar com sua própria segurança. Geralmente ganhavam uma condecoração, frequentemente póstuma; heróis na guerra, que acabam na cadeia em tempos de paz. O tipo já foi bem explorado pelo cinema e TV.

O ponto alto do retrato do choque social que estava ocorrendo na época dá-se quando Poirot senta-se em uma sala com uma velha senhora vitoriana. Ela tenta expulsá-lo de lá. Indignada, diz claramente que a Inglaterra entrou em uma guerra para que os *estrangeiros* pudessem ter suas terras livres e para lá voltassem. Destila seu veneno sobre os tempos modernos, a falta de empregados, o governo, que levou mulheres para as fábricas, abandonando as famílias e resultando em filhos sem regras. No auge de sua explosão preconceituosa, diz que as mocinhas de catorze a dezoito anos só correm atrás de homens e, na guerra, dos soldados. Termina o discurso sem folego, gritando, com indignação: "Americanos! Negros! Essa gentinha polaca!" Depois, continua com críticas às mulheres de calças compridas, shorts, maquiagem, batom e esmalte nas unhas dos pés. Um retrato nada caricato e perfeito da realidade pensada pelos ingleses do século anterior, cheios de preconceitos.

A partir da publicação de Seguindo a Correnteza, a obra de Agatha Christie assumiria uma nova qualidade — já presente nas anteriores, porém não tão destacadamente — que a imortalizaria mais do que o gênero romance policial: Ela seria um retrato vivo das transformações sociais e econômicas da Inglaterra de antes, durante e depois das duas guerras, até a chegada dos anos 1970. Essa talvez seja, hoje, o principal diferencial de sua obra. Como exemplo vivo, temos, hoje, o grande sucesso da TV mundial, Dowton Abbey, que nada mais é do que um romance durante essa época de transformações. Sem querer, Agatha, nos bastidores de seus crimes, seria mais uma vez pioneira em sua obra, de uma maneira que nenhum outro autor poderia ter sido, pois sua longa carreira e seus livros anuais fracionariam essa evolução ao longo de mais de cinquenta anos de transformações.

Em cartas a Edmund Cork, podemos ver que o livro teve algumas partes reescritas, pois os editores americanos não gostaram do texto, aparentemente devido à presença de Poirot. Essas mudanças são citadas também

---

88. Carol Dommermuth-Costa diz que os ingleses recebiam, após a guerra, apenas um pão e um litro de leite para comer a cada três dias.

por Dennis Sanders & Len Lovallo, Janet Morgan e John Curran. Cork elogiou Agatha pelas alterações e o produto final é um livro em que Poirot não aparece em toda a primeira parte, com exceção do prólogo.

Particularmente, duvido que Agatha tenha feito alguma condescendência muito grande em alterações, pois o alegado retorno financeiro do livro em serialização nos Estado Unidos não seria suficiente para dobrar a vontade de Agatha quanto à sua obra.

Charles Osborne, Dennis Sanders & Len Lovallo consideram esse o livro com o plot mais intrincado de Agatha Christie, mas prefiro concordar com John Curran e ficar com Uma Dose Mortal.

A revista americana Cosmopolitan publicou, em seu número de maio, o conto *Three Blind Mice* (Os Três Ratos Cegos), destacado como *plus* na capa da revista. A editora pagou a Agatha sete mil e quinhentos dólares pela adaptação da peça de rádio para conto. Um personagem explicitamente gay está presentes nesse conto. A tradução brasileira de 1979 traz um erro ao usar um palavrão.

Nos Estados Unidos, *The Chevrolet Tele-Theatre* exibiu, pela NBC, uma produção de *Witness for the Prossecution*, no dia vinte e sete de setembro de 1948[89].

Durante o ano de 1948, Allen Lane lançou, em um único dia, cem mil de paperbacks de Agatha Christie, divididos em dez títulos. O lançamento se chamava *Penguin Million;* hoje, esse nome é dado a uma parte do site da editora. Ela foi a primeira autora do mundo a ter, somente para si, um lançamento de livros dessa ordem.

Nos EUA, foi publicada a coletânea de contos Os Três Ratos Cegos e Outras Histórias.

O Conflito/*The Rose and the Yew Tree*, de Mary Westmacott, foi publicado em novembro, na Inglaterra, por William Heinemann Ltd, que publicaria os últimos livros da autora.

Em 1949, Max foi nomeado Diretor da Escola Britânica de Arqueologia no Iraque. A escola havia sido fundada em 1932, mas nenhum movimento havia sido feito a fim de concretizá-la. Max empregou um antigo funcionário de Leonard Woolley e de Campbell-Thompson como secretário. Ele o encarregou de achar uma casa adequada para a instalação da escola. A escola dispunha de um orçamento de quarenta e quatro mil libras, quando Max assumiu a diretoria.

Agatha e Max chegaram à nova casa da Escola em Bagdá no dia dezoito de janeiro. Eles permaneceram no Oriente por volta de seis meses. Na primavera de 1949, estavam preparando a escavação de Nimrud, sítio que Max acabou escolhendo. Como em sua primeira expedição, de 1932, a equipe

---

89. Peter Hanning data a exibição para trinta e um de outubro de 1949.

era pequena — Agatha, Max e mais dois arqueólogos. A nova casa de expedição também era modesta e Agatha, mais uma vez, seria a responsável pelas fotografias, expulsando todos da sala, que transformava, de tempos em tempos, em câmera escura. A casa não era de forma alguma adequada e eles decidiram pela construção de uma nova.

Provavelmente nessa época, Agatha, dirigindo por Bagdá, encontrou, no cruzamento, um guarda de trânsito que a reconheceu e demonstrou a ela seu carinho. Ele era um menino que trabalhara para eles nas expedições dos anos 1930, agora crescido e pai de família.

A preocupação de Max era encontrar marfim e, principalmente, escrita cuneiforme, para justificar a manutenção da escavação e de sua verba. Ele encontrou ambos. O Conselho do Departamento de Antiguidades do Iraque decidiu, por um voto, aceitar que Max levasse os maiores troféus da temporada para o Museu Britânico, a fim de garantir a manutenção da verba para a escavação. A importância dos achados foi suficiente para a manutenção da verba por dez anos.

Uma linda foto feita por Agatha Christie de um Lamassu, hoje no Museu Britânico, ainda enterrado na areia do deserto, dá uma ideia dos tesouros que encontrariam.

O British Museum enviou uma nova secretária e bibliotecária para tomar conta da escola — Bárbara Parker. Ela era especialista em escrita cuneiforme e ficou encarregada de tomar conta da construção da nova casa de expedição. Agatha pagaria os custos da construção de um quarto e um banheiro exclusivos para ela nessa nova casa e não toda a expedição, conforme alguns autores insinuam. Agatha ainda estava às voltas com os problemas de impostos.

Pouco depois da partida de Agatha para as escavações, uma carta do Conselho Americano de Intolerância chegou ao escritório de Edmund Cork. Na carta, Agatha era questionada sobre sua postura, considerada por eles antissemítica, em O Mistério do Trem Azul, A Casa do Penhasco, Tragédia em Três Atos e Os Trabalhos de Hércules. Cork negociou para que as novas edições americanas de Agatha fossem revistas e, retirado o conteúdo tratado como ofensivo pelo Conselho, a crise se resolveu.

Dada a reação de Agatha e Max, de assombro e susto, quando encontraram um nazista alemão, Dr. Jordan, e sua esposa em 1933, no Oriente, qualquer um saberia as ideias de Agatha sobre o assunto. Ela se mostrou chocada com a frase "Os judeus são um perigo e devem ser eliminados"; e mais ainda quando descobriu que a esposa era mais radical do que o marido. No entanto, depois da guerra qualquer coisa, por mais inocente que fosse, como os comentários de Agatha em seus livros, tornaram-se alvo de protestos. As ideias totalmente contrárias de Agatha sobre o assunto estavam bem expressas em

M ou N?, mas acredito que o Conselho preferiu ignorar esse fato.

Susan Rowland, em seu livro *From Agatha Christie to Ruth Randell*, analisaria a fundo o problema do racismo na obra de diversas autoras. Ela chegaria à conclusão de que as quatro autoras de mistério da Era de Ouro do romance policial inglês, Agatha Christie, Marghery Allen, Dorothy L. Sayers e Ngaio Marsh seriam consideradas racistas, se não fossem entendidas como um eco da sociedade da época, em que uma pseudo-aceitação existia. A própria Susan Rowland chamava Nagio Marsh de "colonial com um conceito elevado da terra mãe Inglaterra, à qual não conhecia, por isso idealizava"; depois falou que os neozelandeses tinham uma "violência natural" (*natural violence*). Ela salienta o uso de personagens estrangeiros para aguçar a xenofobia natural dos ingleses e ressalta que raríssimas vezes eles eram os reais criminosos.

Bruce Pendergast, em sua pouca informação, repetiu o erro de taxar Agatha como racista.

Ainda com Agatha no Oriente, um novo problema ocorreria, dessa vez a enfurecendo. Em março de 1949[90], Sir Robert Bruce Lockhart descobriu, através de um jornalista americano, a verdadeira identidade de Mary Westmacott, publicando o segredo em um jornal londrino. Rosalind escreveu uma carta enfurecida para Edmund Cork, bem como a própria Agatha, que acabou sabendo da descoberta quando recebeu o jornal no Iraque. A fúria de Rosalind devia-se à revelação do segredo, algo que não havia como Cork evitar; porém a de Agatha era por ter tido que levar o choque lendo o jornal e não ter sido avisada previamente por Cork.

A Casa Torta foi publicada em maio. Apesar de não tão famosa quanto E Não Sobrou Nenhum/O Caso dos Dez Negrinhos ou O Assassinato de Roger Ackroyd, o livro é, sem dúvida, uma obra-prima de Agatha Christie. Refletindo novamente a tendência do pós-guerra, uma das grandes casas da Inglaterra foi dividida em três, abrigando toda a família Leonides. O patriarca da família é assassinado misteriosamente e todos são suspeitos. No meio do livro, há a tentativa de assassinato de uma criança que sabia demais. O desenlace do livro, com o segundo personagem psicopata de Agatha Christie sendo o assassino, é tão chocante que o livro foi rejeitado para adaptação pela rádio NBC americana. Também Edmund Cork, a Collins e Dodd, Mead & Sons questionaram Agatha sobre o final do livro, mas ela insistiu em sua ideia e o livro fez sucesso.

Uma charge de jornal da época mostraria três velhinhas tomando chocolate em uma confeitaria e comentando: "O que eu mais gosto em Agatha Christie é que ela é cheia de surpresas. Dessa vez, pôs veneno no chocolate."

No dia dez de junho de 1949, uma nova faceta do trabalho de Agatha Christie foi inaugurada. Pela primeira vez, ela teve um texto seu adaptado por Sidney

---

90. Gillian Gill diz que a descoberta do pseudônimo foi em 1946, mas a carta de Rosalind sobre o assunto data de vinte e dois de março de 1949.

Budd para um filme de televisão, pela BBC — *Witness for the Prosecution*[91]. No dia vinte de agosto, foi a vez de *Ten Little Niggers*. O orçamento foi o maior até então usado para uma produção de TV, devido ao primoroso elenco.

Outubro guardava uma surpresa para Agatha e Max. Como de costume, em cima da hora, um convite meio tímido foi feito por Rosalind aos dois. Ela os convidou para o seu casamento com Anthony Hicks, um advogado civil de sucesso do País de Gales. Ela informou a eles que não haveria festa, pois precisava retornar à grande propriedade herdada por seu filho, Mathew, onde moravam, para alimentar os cachorros. Agatha e Max compareceram, felizes, ao casamento. Anthony Hicks seria um grande amigo e ajudaria Agatha e Max em diversos assuntos, para o resto de suas vidas.

Bertie Meyer sugeriu a dois autores teatrais, seus amigos, que adaptassem para o teatro *The Murder at The Vicarege*. Agatha acabou participando bastante dessa adaptação, apesar de feita por Barbara Toy e Moie Charles. A peça estreiou no Playhouse Theatre de Londres, em catorze de dezembro de 1949[92]. A peça foi atualizada para o ano de 1949 e Miss Marple foi interpretada por Barbara Mullen, trinta anos mais nova que a personagem. Peter Hanning informa que a peça ficou em cartaz por mais de mil e setecentas apresentações, o que facilmente daria mais de um ano em cartaz. Em dois de janeiro de 1950, uma carta de Edmund Cork para Agatha a avisava de que o sucesso dessa peça fora maior do que o de todas as outras.

Devido à intensidade dos trabalhos nos primeiros anos da nova escavação de Max, o ritmo de trabalho de Agatha cairia durante os anos de 1949 e 1950. Ela publicaria apenas um livro em cada um desses anos. A BBC adaptou para o radio *Witness for the Prosecution*, que foi apresentada em vinte e oito de janeiro de 1950[93].

Agatha viajou para o Iraque com Barbara Parker, a fim de encontrar Max e a equipe, provavelmente no final de março de 1950. A equipe agora contava com a própria Barbara e mais dois membros, além de Max, Agatha e dois membros da temporada anterior. A Casa de Expedição estava pronta. Surpreendentemente, nesse período Agatha fez uma melhor datação do que Max, que deixou as informações meio confusas. Está na primeira página da *Autobiografia* — "Nimrud, Iraque, 2 de abril de 1950".

Agatha e Max voltaram à Inglaterra em maio. Convite para um Homicídio foi publicado em cinco de junho. Houve uma intensa publicidade, tanto na Inglaterra como nos EUA, anunciando o quinquagésimo livro de Agatha

---

91. Scott Palmer e Peter Hanning não citam essa versão de *Witness for the Prosecution* e consideram *Ten Little Niggers*, do dia vinte de agosto, o primeiro filme para TV de Agatha Christie. Charles Osborne não cita nenhum dos dois.

92. Charles Osborne data a estreia para dezesseis de dezembro e diz que a peça ficou em cartaz por quatro meses, o que não combina com a informação da carta de Edmund Cork para Agatha.

93. O texto resumido de Peter Hanning para *Agatha Christie Official Celebration*, precisa ser lido duas vezes para não se confundir e entender que a transmissão foi feita em 1948, contradizendo o livro do próprio autor.

Christie, em seu sexagésimo aniversário. A tiragem inicial do livro foi de cinquenta mil exemplares, a maior da história até então.

Alguns autores contestam e até ironizam essa contagem, alegando que o livro seria o quadragésimo oitavo ou quadragésimo nono; o quinquagésimo segundo, mas não o quinquagésimo. Existem dois livros de contos que foram publicados somente nos EUA, o que poderia fazer de Convite para um Homicídio o quinquagésimo segundo na América, porém existem dois livros de contos que foram publicados apenas na Inglaterra. Assim, em ambos os países, Convite para um Homicídio é o quinquagésimo livro publicado por Agatha Christie.

O livro é totalmente inusitado. A *Chipping Cleghorn Gazette*, um pequeno jornal local, em sua página de anúncios pessoais, convida os amigos de Letitia Blacklock para um assassinato em sua casa. Os convidados imaginam um jogo de caça ao assassino e os próprios moradores da casa ficam surpresos com o anúncio, pois ninguém o publicou. Na hora marcada, todos chegam e, subitamente, o assassinato acontece. Miss Marple aparece e resolve o caso teatralmente. A irmã de Letitia, Charlotte, falecida, foi nitidamente inspirada em May, a amiga da família de Agatha, que a levou para Florença quando ela era adolescente. Anos depois, Agatha usaria, em uma carta particular, uma das situações que ocorrem no livro para descrever seus próprios sentimentos quando uma amiga morreu. No entanto, tal sentimento pode ter sido inspirado pela doença de Madge.

A personagem Mitzi, a empregada doméstica que era uma refugiada de guerra da Europa oriental, seria outra realidade social explorada por Agatha. Mitzi era doutora por uma universidade em seu país, agora anexado à URSS, cujo diploma não era reconhecido na Inglaterra e era obrigada a trabalhar em um emprego que não estava à altura de suas qualificações. Mulheres jardineiras cuidando de grandes propriedades para terem algum dinheiro também são retratadas, assim como um bem insinuado casal de mulheres, algo inédito na obra de Agatha.

Levando ao extremo seu conceito de boa cozinheira e excelente gourmet, Agatha Christie parece celebrar seu próprio aniversário com um enigma: qual seria a receita secreta do bolo que para sempre povoaria a imaginação e os delírios gustativos de seus fãs pelo mundo afora? No livro, ocorre uma festa de aniversário e o mundo ficaria para sempre intrigado com o bolo servido: *Delicious Death*, ou "Delícia Fatal", como foi apelidado pelo sobrinho da dona da casa.

Em 2010, na comemoração dos cento e vinte anos de Agatha Christie, a confeiteira Jane Asher's foi escalada para desenvolver a receita do bolo que persegue a imaginação de seus fãs.

Delicious death
Delícia fatal

INGREDIENTES:

Massa:
- 175 grs. de chocolate amargo ralado (50 ou 55%)
- 100 grs. de manteiga sem sal em temperatura ambiente
- 100 grs. de açúcar de confeiteiro
- 5 ovos grandes separados
- ½ col. de sopa de baunilha
- 100 grs. de amêndoas trituradas como farinha
- ½ col. de sopa de fermento em pó químico

Recheio:
- 150 ml. de rum, conhaque ou suco de laranja
- 150 grs de uvas passas sem sementes
- 55 grs. de açúcar mascavo
- 8 cerejas cristalizadas
- 1/2 col. de chá de gengibre em pó
- 1 col. de sopa de suco de limão siciliano

Cobertura:
- 175 grs de chocolate amargo ralado
- 150 ml de creme de leite fresco
- 2 col. sopa de geleia de abricot
- 20 grs. de confeitos de decoração ao seu gosto

Pré-aqueça o forno a 150ºC. Unte uma forma redonda de 20 centímetro de diâmetro, sem furo no meio e forre o fundo com papel manteiga.

Recheio:
Em uma pequena panela, misture todos os ingredientes menos as cerejas e passas e misture em fogo baixo até borbulhar por dois minutos ou até o líquido secar, mexendo com cuidado. Reserve para esfriar.

No recipiente maior da batedeira, bata o açúcar e a manteiga até ficar claro e fofo. Acrescente uma a uma quatro gemas, batendo bem depois de acrescentar cada uma.

Junte o chocolate derretido à mistura da batedeira, mexendo com cuidado, depois junte a baunilha. Em outro recipiente, misture a farinha de amêndoas e fermento. Junte aos outros ingredientes, mexendo suavemente.

Bata as claras em neve firme e junte a mistura, mexendo gentilmente.

Leve a massa para a forma de bolo, nivelando a superfície e asse por 55 a 65 minutos, até estar firme e bem assada. Deixe esfriar por 10 minutos e desenforme para terminar de esfriar.

Corte o bolo horizontalmente ao meio com uma faca de serra. Espalhe as cerejas e passas por cima da metade inferior, cubra com o recheio frio e coloque a
outra metade do bolo por cima, comprimindo suavemente.

Decoração:
Junte o chocolate ralado e o creme de leite e leve ao banho-maria ou micro-ondas para derreter, sem ferver.
Cubra todo o bolo com a geleia de abricot morna, espalhando bem. Coloque o bolo sobre uma grade. Cubra todo o bolo com a cobertura.
Coloque o bolo no prato onde será levado à mesa.
Use o que sobrou da cobertura para fazer enfeites como o bico de confeitar.
Deixe descansar por 3 horas.
Decore as bordas com o confeito escolhido. Pode usar folha de ouro comestível picado.

Illustrated London News publicou um artigo de quatro páginas, em vinte e nove de julho, com as descobertas de Max do ano anterior e outro, em dezesseis de agosto, intitulado: "Winged, Harnessed and Poised to Guard the King's Majesty of Assurnasirpall the Second: One of the pair of 11 Foot High Monsters (c. 880 B.C.) Recently Discovered in the Most Important Assyrian Dig at Nimrud Since Layard's Time a Hundred Years Ago". Essa é a peça da impressionante foto de Agatha, mostrando a ponta de sua asa aparecendo fora da terra.

As alegrias do ano seriam diminuídas pela morte de Madge, em agosto. Agatha não citou sua morte na *Autobiografia*, assim como não citaria a de mais nenhum ente querido. Mais uma vez, Agatha prefere fechar os olhos e não comentar suas dores.

Em setembro, Agatha Mallowan comemorou seus sessenta anos com um jantar *Black Tie* em Greenway. Agatha enviou uma carta, agradecendo, em seu melhor humor, a Edmund Cork, por ter convidado "A Sra. Christie" para um jantar de aniversário.

Agatha recebeu diversas cartas cumprimentado-a por seu aniversário e pelo quinquagésimo livro. Entre elas, havia uma bem grafada como particular e confidencial, de assinatura ilegível, em que lhe ofereciam a venda da "K Note": uma nota que, tocada ao violino, fazia vibrar a parte baixa do cérebro e era fatal.

Também em setembro de 1950 aconteceria um importante encontro profissional na vida de Agatha. Alguns meses antes, Peter Saunder, um novo empresário teatral, viu o sucesso de *The Murder at Vicarage — by Agatha Christie* anunciado na fachada do Playhouse Theatre. Ele pensou consigo mesmo que a peça deveria ser anunciada *Agatha Christie — Murder at Vicarage*, com Agatha Christie escrito em letras maiores, pois a autora tinha uma legião de fãs. Ele produziu uma pequena turnê de *Black Coffee* pelo interior e o resultado financeiro foi estimulante.

Peter Saunders conversou com Edmund Cork[94], mas não houve continuidade no assunto. Alguns meses depois, Cork procuraria Saunders. Imediatamente, Peter Saunders perguntou por que estava sendo acionado, pois o produtor de Agatha era Bertie Meyer. Edmund Cork esclareceu que Agatha estava insatisfeita, pois Meyer estava há algum tempo com sua nova peça, *The Hollow,* escrita em 1946, parada; se Meyer não desse continuidade ao projeto dentro de alguns meses, ele liberaria a peça para Peter Saunders, que procurou Bertie Meyer; este, por sua vez, disse que a peça era impossível de ser produzida por causa do elenco.

---

94. Hubert Gregg, na autobiografia chamada *Agatha Christie and All That Mousetrap*, diz que Hughie Massie liberou a peça; Hughie Massie, conforme dito, morreu antes de 1924 e o agente de Agatha era Edmund Cork, um jovem funcionário que o substituiu.

Peter Saunders aceitou o desafio e começou a tentar produzir a nova peça de Agatha, com quem teve um almoço de negócios. Ele foi ao almoço com Hubert Gregg, um desconhecido ator de comédias leves, que escalou para ser o diretor da nova peça. Agatha compareceu com toda sua família: Rosalind, Max e Anthony Hicks. Durante o almoço, Hubert Gregg deu um fora quando foi perguntado sobre *Black Coffee* e disse que gostou mais do livro. Agatha prontamente interrompeu a refeição e disparou: "Nunca foi um livro". Peter Saunders também sugeriria alterações em A Filha, peça teatral escrita anos antes por Agatha e nunca encenada.

Witness for the Prosecution teve uma nova versão para TV americana, no programa *Danger*, da CBS de Nova York, apresentada no dia sete de novembro. *The Case of the Missing Lady* foi apresentado em sete de dezembro, pelo programa americano *Nash Aiyrflit Theater;* um ator estreante faria o papel de Tommy: Ronald Regan fazia sua primeira aparição.

Durante o ano, Edmund Cork recebeu diversas cartas de Harold Ober. Ober pedia insistentemente que Agatha atendesse o pedido das televisões americanas e vendesse os direitos para adaptação de histórias com Poirot. Agatha respondeu a Cork um enfático não. Ober, então, trocou o personagem e começou uma série de pedidos para adaptações de Miss Marple. Em uma das cartas, ele comunicou que os editores americanos de Mary Westmacott queriam mais um livro da autora.

Carlo, com sérios problemas de artrite, deixou o casal e foi morar em um pensionato. Sua amizade com Agatha duraria por toda sua vida. Ela seria a única pessoa no mundo a ter quase todos os livros publicados por Agatha, até sua morte, com um autógrafo e palavras pessoais de carinho. Os livros foram leiloados pelos herdeiros de Carlo — que morreu em setembro de 1976, oito meses depois de Agatha — em 2012; alguns alcançando mais de seis mil libras.

Em janeiro de 1951, Agatha e Max voltaram para Bagdá. Quase em seguida a chegada deles, Phillip, o irmão mais novo de Max, enviou-lhe uma carta, dizendo que sua mãe estava em uma casa de saúde. Max subentendeu que fosse alguma de suas crises de bronquite, mas logo ela foi diagnosticada com câncer. No dia seis de fevereiro, Max enviou uma carta muito emocional, diferente de seu estilo, à mãe. Agatha alertou a Edmund Cork para que tomasse providencias para amparar Margherite, a mãe de Max, em uma carta do dia oito de fevereiro. Marguerite, porém, morreu no dia sete de fevereiro, pouco depois de receber a carta de Max.

A equipe, agora, contava com um arqueólogo americano, enviado pelo Museu Metropolitano de Arte de Nova York — novo e generoso financiador das escavações de Max. Ele foi recepcionado por Agatha e Barbara.

The Hollow, produzida por Peter Saunders e dirigida por Hubert Gregg, fez uma pré-estreia no Arts Theatre de Cambridge e a peça fez sucesso. Gregg estava dirigindo a peça e interpretando John Cristow, ao mesmo tempo. Gregg e Saunders conversaram sobre um único riso que aconteceu durante a encenação e alteraram rapidamente a cena. Agatha enviou uma carta no dia catorze de fevereiro, agradecendo a Saunders e Gregg, dizendo que foram muito inteligentes ao não fazer uma peça de humor, que era o que ela considerava o erro de Bertie Meyers na produção de suas peças. Particularmente, ela enviou ama carta no dia dezenove de fevereiro para Gregg, alterando algumas cenas e falas. Hubert Gregg diria que a peça só fez sucesso por causa de suas próprias alterações. Agatha disse que pediria à Rosalind para assistir a peça. Se a avaliação dela fosse "não de todo ruim", a peça seria um sucesso.

Os primeiros problemas com a manutenção de Greenway surgiram quando o jardineiro hospedou toda sua família na casa principal.

Aventura em Bagdá foi publicado em março. Harold Ober não conseguiu serializar o livro nos EUA, pois não foi bem recebido e os periódicos não gostaram de Victoria Jones. O livro é mais um dos livros de aventura de Agatha e a personagem central, Victoria Jones, aparece na história perdendo o emprego porque estava fazendo caretas imitando o chefe e foi flagrada por ele. Na América, Anna Schele, secretária de um executivo, parte para Londres para acompanhar a cirurgia da irmã. Victoria vai para Bagda em seu novo e misterioso emprego, onde é narcotizada e acorda com os cabelos tingidos de loiro.

Em abril, o casal Mallowan estava voltando para a Inglaterra, trazendo na mala preciosos e belos marfins da escavação. Antes de partir, eles receberam, no dia três, a visita de Allen Lane e sua esposa, nas escavações de Nimrud. A emoção e o amor de Agatha pela arqueologia podem ser sentidos em suas palavras sobre Nimrud na Autobiografia e em sua descrição de como limpou a "Mona Lisa de Nimrud", como a chamou, e viu surgir diante de si a maior cabeça de marfim já encontrada, preservada por dois mil e quinhentos anos de lama.

Algumas dessas peças, como o escravo sendo devorado pela leoa e outras, podem ser vistas hoje no Museu Britânico. Judith Hurdle, em seu bom guia de viagens *Agatha Christie's England,* alertou de que a localização dada em seu livro estava para ser trocada, pois o museu estava em reformas quando ela o publicou. Hoje, Nimrud e Nínive têm uma ala do museu dedicada somente para elas. Os marfins de Max e Agatha estão na sala sete, Assyria — Nimrud. No site do Museu Britânico, encontramos mais de sete mil peças diversas, trazidas por Max e Agatha, fora as que estão em outros museus do mundo; no Museu do Iraque e no Instituto Britânico de Arqueologia, também no Iraque, que, pelos acordos de exploração, ficaram com metade de tudo o que foi descoberto, inclusive as melhores peças. Com

Marfins encontrados
por Max Mallowan
no British Museum

a Guerra do Golfo (1990-1991), muitas dessas peças foram enviadas para guarda no Museu Britânico e em outros museus.

Edmund Cork estava às voltas com os *copyrights* de diversos contos de Agatha que estavam sendo selecionados para o lançamento da coletânea *Under Dog and Other Stories,* nos Estados Unidos. Como muitos dos contos do livro são dos anos anteriores à contratação de Cork, seus direitos autorais foram negociados, algumas vezes, pela The Bodley Head, que os registrara como seus, embora não fossem. A coletânea foi lançada em agosto.

No dia vinte e três de abril, estreou, em Londres, a peça teatral *Come, Live with Me*, de autoria do casal Dorothy e Campbell Christie. Agatha enviou flores e um telegrama de felicitações a seus ex-cunhados. A peça fez sucesso.

The Hollow estreou em sete de julho, no Fortune Theatre de Londres. A peça ficou em cartaz por onze meses e foi a primeira de uma coleção de triunfos da carreira de Agatha. Hubert Gregg deixou de interpretar Cristow, pois foi fazer um filme. O teatro teve um dia tumultuado quando, subitamente, a Rainha Mary mandou o serviço do Palácio avisar que ela assistiria à peça e enviou uma cadeira para que ela se sentasse durante a exibição.

Agatha convidou Peter Saunders para passar um final de semana de verão em Greenway. Saunders nos deu uma excelente visão da vida de Agatha em Greenway. Ele contou que Agatha deixava todos à vontade em sua casa. Tinha um mordomo que a atendia aos finais de semana, George Gowler. O café da manhã ficava no aparador e cada um se servia quando quisesse. As outras refeições eram anunciadas por um gongo e ninguém se vestia com roupas formais para o jantar.

Nos meses de julho e agosto, *Illustrated London News* publicou artigos com as descobertas dos marfins.

Agatha abriu os jardins de Greenway para um grupo de turistas da Suécia a pedido do British Council e serviu um grande almoço para eles. Jared Cade diz que Agatha incumbiu Nan Watts de recebê-los como cicerone, porém, na carta a Edmund Cork, Agatha não citou a amiga e ficou bem claro que ela estava presente a esse evento, coordenando o almoço.

Um manuscrito intitulado "A Vida de Poirot" foi enviado a Cork pelo fã Rev. J. M. Thompson. Agatha não gostou do projeto, pois Poirot era tratado como centenário. Além desses, os pedidos de fãs do mundo inteiro eram enviados a ela; pessoas de outros países, que haviam perdido contato com parentes na Inglaterra durante a guerra; pedidos de entrevistas, autógrafos, fotos. Agatha sempre enviou autógrafos, mas nunca fotos, a fim de preservar sua imagem e anonimato. Com certeza ela não gostaria nem um pouco das mídias sociais do século XXI. Na medida do possível, Agatha sempre tentou atender aos pedidos de seus fãs, só não realizando os muito absurdos. Tudo isso está muito bem documentado em mais de cinco mil cartas arquivadas e não é escrito aqui somente porque alguém falou, sem certeza da veracidade da informação. A palavra falada é como o vento que passa; a escrita, somente o fogo destrói.

O programa de rádio *Book at Bed Time* apresentou uma versão reduzida de *The Hollow*. A coletânea de contos *A Handbook for Poisoners*, editada por Raymond Bond, foi publicada nos EUA, trazendo o conto Um Acidente/*Accident*. No Brasil, foi publicado O Homem da Roupa Marrom/*The Man in the Brown Suit*, número cento e cinquenta e um da Coleção Amarela da Editora Globo.

Pouco depois do Natal de 1951, Agatha Christie convidou Peter Saunders para almoçar com ela. Como perfeita anfitriã, o encontro foi um evento social. Somente após o café, Agatha Christie entregou a Peter Saunders um envelope lacrado e recomendou a ele que não o abrisse naquela hora; somente quando chegasse a sua casa. Ela acreditava que ele poderia fazer algum dinheiro com o que estava ali dentro.

Peter Saunders chegou à sua casa, abriu o envelope e dentro dele estava o script de A Ratoeira/*The Mousetrap*.

Monalisa do oriente

Linha do Tempo

1952

B.M. / A.M.

"KING CLAUDIUS — What do you call the play?
HAMLET — The Mousetrap. Marry, how? Tropically. This play
is the image of a murder done in Vienna"

The Tragedy of Hamlet, Prince of Denmark
Willian Shakespeare

O ano de 1952 mostraria a nova maneira de encarar os impostos de Agatha. Ela começou a doar os direitos de suas obras, como forma de renda, para diversas finalidades. Pouco adiantava ela escrever para si mesma, pois os impostos consumiriam tudo. Ela tinha uma posição estável, propriedades, a vida de arqueóloga e um marido em franco progresso profissional.

As escavações de Nimrud se tornaram atração turística e Agatha assumiu o papel de cicerone, hostess, organizadora de almoços, lanches e outras coisas. Celebridades do mundo todo foram à Nimrud. Todos os dias havia turistas. Ela ainda era responsável pelas fotografias durante alguns anos. Não existia mais a preocupação com fundos para as expedições arqueológicas, pois os sucessos e as peças encontradas eram suficientes para que os fundos começassem a ser oferecidos às expedições, sem nem mesmo serem solicitados.

Surpreendentemente, Max já não seria tão preciso em suas datações, pois os triunfos e a quantidade de serviço eram tão grandes que tudo se confunde, dada a magnitude dos achados. Nimrud, através do trabalho de Max, teeia o mesmo espaço de destaque e importância de achados famosos do Museu Britânico, como as antiguidades da Grécia e do Egito. Agatha e Max trabalharam exaustivamente, até ela completar oitenta anos.

Peter Saunders leu o script de A Ratoeira e começou a produzi-la na mesma hora. Originalmente, a peça se chamava Os Três Ratos Cegos/*The*

Three Blind Mice, como o conto e a peça de rádio, porém já havia existido uma peça de teatro com esse nome. O genro de Agatha, Anthony Hicks, sugeriu a troca do nome, inspirado na peça teatral que Hamlet escreveu para exibir à corte e desmascarar o tio, Rei Cláudio, assassino de seu pai.

O programa de TV *Suspense*, da CBS americana, exibiu *The Red Signal* no dia vinte e dois de janeiro de 1952. No dia doze de maio, outro programa da mesma emissora, *Studio One*, exibiu *They Came to Baghdad*.

A temporada de escavações começou em março e Agatha e Max partiram para o Iraque. Novas e incríveis descobertas os aguardavam sob as areias do deserto. Agatha já não viajava de trem, mas de avião, tomando o trem somente no Iraque. Barbara Parker se tornou um dos membros fixos das escavações, sucedendo ou se revezando com Agatha nas fotografias, até que, nos últimos anos, um fotógrafo profissional foi contratado.

A Morte da Sra. McGinty foi publicada no mesmo mês. Embora menos falado que os grandes sucessos de Agatha Christie, o enredo do livro, baseado em uma série de matérias de jornal sobre crimes e assassinos do passado que acabam resultando em um novo assassinato, é excelente. O famoso caso de Lizzy Borden, que a justiça absolveu por falta de provas, mas o público condenou por ter matado a família a machadadas, é um dos casos inspiradores. Subitamente, descobre-se que existe uma assassina em uma pequena cidade, mas ninguém sabe quem ela é e quem será a próxima vítima.

A Sra. Oliver mais uma vez é a *partner* de Poirot e suas frases ironizando sua vida de autora de mistérios policiais dão um tempero extra à história. É impossível não ver o alter-ego de Agatha Christie — sim, Christie, nem Agatha, nem Agatha Mallowan, apenas Agatha Christie, a escritora), representado na personagem. A emblemática fala da Sra. Oliver, desanimada porque querem fazer de seu personagem, o finlandês Sven Hjerson, um jovem que pula de paraquedas e flerta com as moças bonitas em uma adaptação teatral é o espelho da reação de Agatha à adaptação de *Alibi*.

O crime, dessa vez, será regado a sangue e um quebrador de açúcar que Agatha comprou em um bazar será a arma do crime. Gwen Robbins disse ter entrevistado a dona da loja de artigos fotográficos onde Agatha Christie mandou revelar o filme com a foto da machadinha que, depois, estampou a capa original do livro. Um novo personagem, secundário, aparece pela primeira vez nesse livro e, após mais de quinze anos, em mais dois: o superintendente Spence.

Hubert Gregg, para o desgosto de Agatha, desistiu de dirigir a nova peça, *A Ratoeira*, no mês de junho. Em sua autobiografia, ele explicitamente debochou da peça, de Agatha e de sua atenção para com ele. Também reivindica ter sido ele quem alterou o nome da peça para A Ratoeira, enquanto ainda estudava dirigi-la, mas trocou por outra peça, segundo ele muito melhor, chamada *To Dorothy*. Divertidamente, ele tenta explicar que a peça era muito melhor e justifica que A Ratoeira, bem como toda a obra de Agatha Christie, só fez sucesso por causa da repercussão de seu desaparecimento em 1926 e a seu nome em letras grandes no outdoor do teatro. Ele tem ao menos a elegância de deixar claro que o desaparecimento jamais ocorreu por motivos publicitários.

Mathew Prichard tem a primeira lembrança de Agatha lendo um trecho de um de seus livros para a família, na drawning room de Greenway, nesse ano. Ele conta que lembra de sua "Nima" — palavra que fala com emoção até os dias de hoje, lendo um capítulo de Cem Gramas de Centeio. "Nima" foi a palavra que ele criou na infância para chamar Agatha. Mathew tinha oito anos quando isso aconteceu, mostrando que, como Agatha, ele teve uma infância muito feliz, da qual se lembrará para sempre.

O *Illustrated London News* de dezesseis de agosto trouxe, em sua capa, a "Monalisa de Nimrud", que Agatha limpou, em tamanho natural. Quinze dias depois, a revista traria nova matéria com outros objetos encontrados, além das fotos dos enormes "winged colossis" que guardavam a entrada noroeste do Palácio, que a escavação desenterrou naquele ano. Eles foram retratados em posters no metrô, convidando os transeuntes a comparecer à exposição do Museu Britânico[95]. Mais de setenta e cinco mil pessoas compareceram à mostra, que depois mudou-se para o Ashmolean Museum, de Oxford.

Peter Saunders foi passar um final de semana com os Mallowan, em Greenway. Durante uma conversa, ele disse à Agatha que lera o conto A Testemunha de Acusação e o achara muito aproveitável para ser transformado em uma peça de teatro. Agatha disse que não achava possível, pois o conto era muito curto.

Agatha Mallowan filmou a expedição, mais uma vez. O filme mostrava o cotidiano e as redondezas da escavação, além de algumas aparições da própria Agatha. O filme foi denominado por Agatha *The Dig at Nimrud 1952*. Uma série de fotos coloridas aparecem durante os próximos cinco anos de escavações.

Um Passe de Mágica foi publicado em novembro. Essa nova aventura de Miss Marple nos revela um pouco do passado da personagem, quando ela vai se encontrar com duas amigas americanas dos tempos do pensionato, em Florença. Coincidentemente ou não, na *Autobiografia* de Agatha

---

95. Henritta McCall diz "uma pequena exposição"; pode ter sido em quantidade de objetos, mas o público que a viu não foi pequeno.

ela descreve sua chegada ao pensionato em Paris, em 1906, onde conviveu com diversas garotas de outros países e gostava, particularmente, das americanas.

Conhecendo Agatha Christie e lendo o livro, a impressão que temos é a de que Miss Marple, a partir dele, tornar-se-á não mais a personagem inspirada na avó e na tia-avó de Agatha, mas no alterego da própria Agatha em seus livros, dividindo a tarefa de fazê-lo com a personagem que mais a reflete em toda sua obra: Tuppence. A partir desse ano até o fim da carreira de Agatha, Miss Marple e Poirot empatam na quantidade de livros inéditos publicados de um e outro personagem. As transformações sociais serão mais evidenciadas por Miss Marple, bem como seu olhar vitoriano/eduardiano sobre a sociedade e os costumes da época.

Há um aparentemente tenso relacionamento entre filha e mãe no livro. Em um momento de dor e desamparo, as duas vivem uma situação que gera a frase do livro, nunca explorada por nenhum outro autor e bastante evidente para mim; no momento supremo de dor e angústia, a mãe olha para todos aos seu redor, aqueles que sempre a ampararam, mas vê somente o nome de sua filha, "Mildred", que responde: "Mamãe". Naquele momento, todos percebem o quanto uma gosta da outra, apesar de não ser um fato nítido o tempo todo.

Agatha define em duas palavras entre aspas — "Mildred" e "Mamãe" — todo o relacionamento de amor entre ela e Rosalind. As personagens não foram inspiradas nas duas e diferem muito delas; todo o enredo familiar do livro é totalmente fictício; mas o relacionamento pseudotenso, embora de profundo amor entre mãe e filha, é o delas.

A casa que serve de cenário para a trama, Stonygates, parece ter sido inspirada em Abney Hall, pela sua descrição. Abney Hall foi o lugar onde Agatha viveu seu maior drama, em 1926, e ela mesma disse que só sobreviveu por causa de seu amor por Rosalind.

Talvez essa única frase tenha sido o estímulo inicial que me fez escrever todo este livro. É tão nítida para mim a resposta implícita a uma questão tão batida por tantos autores, mas nenhum enxergou que a resposta estava ali o tempo todo. Para mim, é a frase mais forte de toda a obra de Agatha Christie.

No entanto, o livro em si não é um de seus melhores. Talvez a vontade de transmitir o sentimento tenha superado a necessidade de uma boa trama. Charles Osborne comentou que Bazun e Taylor, em seu livro *A Cataloge of Crime*, parecem se confundir com outra história, quando descrevem o livro como uma narrativa da escola de Miss Marple, que retorna, já idosa, para investigar um crime que acontece.

Linha do Tempo

1952

★ Novembro • Estreia A Ratoeira

O dia vinte e cinco de novembro de 1952 foi um divisor de águas da história do teatro mundial. Estreou, no Ambassador Theatre de Londres, o maior sucesso teatral de todos os tempos: A Ratoeira[96], em cartaz até hoje, setenta anos depois, tendo interrompido sua exibição apenas durante o *lockdown* da Covid-19, em 2020/2021. Peter Saunders, sabiamente, demarca a sua história — e a do teatro — em *B.M. — Before Mousetrap* (Antes da Ratoeira) — e *A.M. — After the Mousetrap* (Depois da Ratoeira).

No dia seguinte à exibição, Agatha Christie, Peter Saunders e Edmund Cork conjecturavam quantas exibições a peça conseguiria alcançar. A mais otimista foi Agatha Christie, que disse oito meses. Nunca ninguém, por mais otimista que fosse, podia imaginar o que estava acontecendo naquela noite. A peça quebrou muitos outros recordes, ao ponto de, anos depois, Agatha Christie ser questionada por um repórter sobre que outros recordes a peça ainda quebraria. Ela perguntou ao repórter, em resposta, quais ainda faltavam ela quebrar, num reflexo de sua modéstia.

Agatha doou os direitos da peça a seu neto, Mathew, segundo ela o sortudo da família. Essa doação, anos depois, seria alvo da acidez de Gwen Robbins, preocupada mais com fofocas e em reclamar da família de Agatha, por não ter lhe dado acesso aos documentos. Gwen Robbins descreve alguns bens da família do avô paterno de Mathew Prichard sem dizer diretamente, mas dando a entender que foram fruto dos direitos autorais da peça. Ela disse que ele afirmava a diversos jornais que essa doação pouco influiu em sua vida econômica. Fora do livro, em entrevistas, ela não seria tão polida em acusações veladas.

Mathew Prichard jamais mentiu ou foi arrogante. Seu pai era o único herdeiro de duas das famílias mais ricas do País de Gales. Toda a fortuna de Agatha, bem como a renda de A Ratoeira, jamais poderiam fazer frente à herança que ele recebeu de seu pai.

É curioso notar que esses biógrafos se preocupam em disseminar mais boatos do que verdades, ou desconhecem as origens das coisas de que estão falando, demonstrando que fizeram uma pesquisa muito falha sobre o assunto. Também podemos creditar a origem do mal-entendido, mais uma vez, a Charles Osborne, que escreveu, em sua biografia: "Agatha Christie deu os direitos da peça para seu neto, Mathew Prichard, que tinha nove anos. Ele tem hoje cinquenta e a peça fez dele um milionário".

Mary Westmacott publicou o livro A Filha/Filha é Filha/*A Daughter is a Daughter,* adaptado da peça de teatro que escreveu no fim dos anos vinte. Alguns biógrafos especulam que a mãe e a filha retratadas na peça seriam

---

96. Jared Cade dedica um parágrafo de seu livro de trezentas e trinta páginas à peça.

projeções de Agatha e Rosalind, porém, em 1930, Rosalind não tinha idade para ter as atitudes que a filha representada na peça tem; era ainda uma criança. É uma simples questão de matemática. A própria Rosalind, falando sobre a peça, esclareceu que a verdadeira inspiração da peça — e agora do livro — fora o relacionamento de Nan Watts com sua filha Judith, conforme outros autores também afirmam e eu concordo.

Peter Saunders pediu a Agatha que ela olhasse novamente o conto A Testemunha de Acusação, com intenção de transformá-lo em uma peça de teatro. Agatha respondeu novamente que não achava possível e sugeriu que Peter tentasse fazê-lo ele mesmo. Semanas depois, ele lhe enviou o script. Ela leu e disse a ele "muito obrigada". Agora que ele lhe mostrara o caminho, ela sabia como adaptá-la e rescreveu a peça inteira.

A temporada de escavações começou em março de 1953. Dessa vez, a equipe era composta por sete membros. Diariamente, eles recebiamm turistas enviados pelo British Council e tinham que se preocupar com chás e bolos para servir.

Em abril, Agatha Christie ganhou sua primeira série de programas de radio na Inglaterra. Tommy e Tuppence tiveram suas histórias adaptadas para treze episódios, com as vozes de Richard Attenborough e de sua esposa, Sheila Sin, os atores protagonistas de A Ratoeira.

Agatha comprou um novo carro, um Humber Super Sallon com capacidade para sete pessoas. A família viveria aventuras, piqueniques e passeios por todo Devon abordo da nova e divertida perua.

Depois do Funeral/*After the Funeral* foi publicado na Inglaterra em agosto. A frase da irmã do morto, depois do funeral: "Ele foi assassinado, não foi?" daria origem a uma dúvida que levaria a sua própria morte, em um crime digno dos melhores episódios das sangrentas séries de TV da atualidade.

A grande casa da família Abernethie, Enderby Hall, é mais uma das versões de Abney Hall. Quando uma bomba caiu na casa sem explodir durante a guerra e Madge teve que sair às pressas, tendo ordem de pegar somente o necessário, a única coisa que se lembrou de pegar foi um arranjo de flores de cera, do qual nem gostava. Agatha viveu uma experiência semelhante, sem saber o que fazer com um arranjo de flores de cera que estava em Ashfield, quando foi arrumar a casa, em 1926. O arranjo de flores de cera é um elemento ativo da trama do livro.

Cem Gramas de Centeio foi serializado por *The Daily Express*. Continuando a decisão de não publicar mais de um livro por ano, Agatha doou os direitos desse livro para a Escola de Britânica de Arqueologia, no Iraque.

A doação, feita em 1953, foi um ato de generosidade, pois as escavações estavam recebendo fundos e contribuições de diversos financiadores e simpatizantes do trabalho de Max.

A CBS americana exibiu, na sua série chamada *Lux Vídeo Theater*, uma adaptação de *Witness for the Prosecution* no dia dezessete de setembro.

Dia vinte e oito de outubro, estreou, no *Winter Garden Theatre* de Londres, *Witness for the Prosecution*. Agatha Mallowan estava na primeira fila do seu camarote, no teatro com mais de mil e duzentos assentos, assistindo à peça anonimamente. Ao final, uma ovação de minutos explodiu na plateia e um refletor, provavelmente a pedido de Peter Saunders, deslocou-se, mostrando Agatha Christie em seu faixo de luz. A ovação aumentou. Agatha, muito tímida, fez um aceno e fugiu. Ao encontrar Saunders, ela disse: "Foi divertido, não foi?".

Agatha comentou que queriam que ela alterasse o final. Ela se recusou, sendo mesmo teimosa, e disse que não o faria, que a peça funcionaria muito bem como havia sido escrita. Agatha foi muito elegante em não dizer que quem queria que ela alterasse o final era Hubert Gregg. O próprio Gregg revelaria que sugerira alterar o fim da peça, por achar que não era bom, em sua autobiografia; ele disse que se arrependeu de não ter dirigido a peça. No entanto, ele ressalta que a peça só fez sucesso por ser um thriller, meio nas linhas de Edgar Wallace.

Charles Osborne disse, em seu livro, que a cortina devia descer um minuto e meio antes do que ocorre, apesar de achar que Agatha e seus representantes não concordariam. Agatha Christie soube muito bem, durante toda sua vida, o que fazer de suas obras e seu sucesso supera, de longe, o de todos que deram palpite no que ela fazia.

Cem Gramas de Centeio/*A Pocket Full of Rye* foi publicado em novembro. Mais uma vez, uma cantiga infantil inspirou o plot do livro, no mistério a ser investigado por Miss Marple. A casa onde mora a família Fortescue — cujo patriarca foi assassinado — e as vizinhanças, são claramente *Styles* e *Sunningdale*. Agatha não esconde seu pouco apreço pela casa e os arredores ao descrever o cenário como pretensioso. A presença de um Inspetor chamado Neele também demonstra uma Agatha relembrando o ano de 1926. A dedicatória do livro também é nostálgica, a Bruce Ingram, quem primeiro editou suas histórias no *The Scketch*, em 1923, salvando-a da crise financeira de seu primeiro casamento e depois sustentando toda a extravagância financeira do casal.

Uma passagem dos tempos do Hospital de Torquay durante a Primeira Guerra Mundial também é retratada, quando a secretária Miss Summers não sabe o ponto de fervura da água para fazer o chá, sendo repreendida por Miss Griffith. A mesma situação é contada na *Autobiografia*, quando Agatha conta que a enfermeira Anderson, sua mestra, chamava a atenção de suas aprendizes, dizendo que elas não sabiam ferver a água. Alguns biógrafos usam essas semelhanças para dizer que Agatha estava saudosa ou querendo demonstrar mágoa. Eu digo que ela estava escrevendo ao mesmo tempo a *Autobiografia* e Cem Gramas de Centeio, e simplesmente aproveitou suas memórias para ambientar o livro. A solução mais simples e óbvia é, quase sempre, a verdadeira.

Em dezembro, *Witness for the Prosecution* foi a peça de teatro que o Duque e a Duquesa de Windsor escolhem para assistir, em sua primeira visita a Inglaterra desde 1937, quando o Duque, então Eduardo VIII, abdicou do trono. A *Princesa Margareth* também assistiu à peça, pedindo a reserva de uma sala para receber amigos para drinks no intervalo. O *Royal Windsor Theatre* pediu autorização para produzir a peça em uma apresentação especial para a rainha.

A edição anual do *Who's Who* enganou-se ao publicar que a esposa de Max Mallowan era Margareth Mallowan. Agatha declinou um convite da BBC para comparecer a um programa de entrevistas ao vivo, chamado *Panorama*. Harold Ober pediu a produção de mais histórias do detetive Parker Pyne.

Max decidiu não realizar uma temporada de escavação em 1954, a fim de escrever e organizar tudo o que foi descoberto entre 1950 e 1953. Barbara Parker ficou na Escola Britânica de Arqueologia do Iraque, fazendo as traduções dos escritos cuneiformes descobertos e mantendo as coisas em ordem.

A rotina do casal Mallowan era escrever — Max, em seu living room do andar superior de Greenway ou em sua biblioteca de Wallingford; Agatha, em qualquer canto da casa. Ela não teve mais um escritório ou sala só para si desde a destruição de 58, Sheffield Terrace. Seus lugares de escrever voltaram a ser um canto qualquer. A escrivaninha da drawing room, a mesa de seu quarto ou da biblioteca, a mesa da sala de jantar ou da cozinha. A única coisa de que ela precisava era privacidade e ninguém a interrompendo. Quando havia convidados e ela tinha alguma ideia para desenvolver, segundo ela mesma, "saía de fininho para um canto solitário, depois voltava, contente". Ela comparou seu comportamento com o dos cachorros que ganham um osso. Seus hóspedes mesmos a questionavam sobre que horas escrevia, pois nunca a ouviram dizer que o faria.

O verão em Greenway foi particularmente animado. Rosalind, como fazia todos os anos, foi com a família. Os sobrinhos de Max, filhos de Cecil, também estavam lá.

Linha do Tempo

1954

Cecil, depois de sua estadia na Finlândia, casara-se com uma moça daquele país, chamada Dolores Kavaleff. Tiveram dois filhos, John Michael (26/07/1950) e Peter Andrew (16/08/1952).

Agatha e Max já tinham consciência de que eram um casal de certa idade, estabilizado financeiramente, ainda ativo e produzindo. Max tinha cinquenta e Agatha, sessenta e quatro anos. Eles começaram a se preocupar com o futuro da nova geração.

Cecil trabalhava na Embaixada Britânica, tendo um bom cargo. Os sobrinhos de Max seriam tratados por Agatha como membros próximos da família, passando os verões em Greenway e sendo amparados por ela e Max quanto ao futuro. Agatha doou aos seus sobrinhos-netos, John e Peter, os direitos autorais de Morte na Rua Hickory, seu livro seguinte.

Nessa época, Max começou a ensinar seu neto, Mathew, a jogar cricket e escrita cuneiforme. Questionado se seria capaz de jogar, Mathew respondeu, racionalmente: "Eu tenho que tentar, mas acredito que, se quiser, posso conseguir".

O campo de cricket está lá ainda hoje, bem ao lado da casa em Greenway. Olhando para o local, podemos imaginar, através das histórias de Agatha e Max, os dois lá, com as três crianças. Podemos até ouvir o barulho das correrias. Agatha, apesar da idade, era extremamente ativa, nadando, jogando tênis e cricket. A imagem refletida nas entrelinhas do que eles nos deixaram escrito é a de um casal de avós muito felizes com seu neto e seus sobrinhos, acolhidos na família.

Mathew foi levado por Agatha a todos os lugares durante as férias. Rosalind e Anthony tinham a enorme propriedade do País de Gales para administrar, quase sem funcionários na nova realidade social inglesa; então Agatha levou Mathew para suas viagens pelo mundo, para óperas — pelas quais ele desenvolveu uma grande paixão, como os avós. Os divertidos piqueniques no enorme automóvel da família também são lembrados e inúmeras fotos dele podem ser vistas em muitos livros sobre Agatha, no Museu de Torquay e de Wallingford. Agatha sempre estava sorrindo nessas fotos, quando não estava atrás da câmera, fotografando. Interessante o contraste, pois em suas fotos posadas, durante toda sua vida, ela nunca parece tão a vontade em frente à objetiva, mas, quando flagrada em um momento em família, estava sempre sorrindo, feliz e divertida, fosse no Iraque, num piquenique em Devon ou até mesmo em algum evento profissional, em que sua atenção não estivesse voltada para as câmeras.

No dia catorze de abril de 1954, a televisão da Alemanha Ocidental exibiu o filme *Die Fuchsjagd*, adaptado para a TV de A Ratoeira.

Peter Saunders foi procurado pela atriz teatral de comédias Margaret Lockwood. Ela desejava saber de Peter se Agatha Christie poderia escrever uma peça de teatro para ela. Ele organizou um encontro das duas no

Mirabelle, um dos restaurantes da moda, de que Agatha gostava. Agatha e Margaret se entenderam muito bem e Agatha não só escreveu para ela a peça, como ainda escreveu um papel para sua filha, Julia, de catorze anos.

Agatha escreveu somente um novo livro, Um Destino Ignorado, publicado em novembro. É mais um livro de aventura e espionagem, no gênero que Agatha considera mais rápido e fácil de escrever, reflexo da insistência de Edmund Cork e Harold Ober para que o ano não passasse sem nenhum novo livro ser escrito. Agatha estava sobrecarregada de trabalho, pois o script de A Teia de Aranha/*Spyder's Web*, ficou pronto na última semana antes da estreia de A Testemunha de Acusação.

A protagonista do livro, Hillary Craven, recebe uma proposta suicida de infiltrar-se em uma rede de tráfico de cientistas. Não se sabe se os cientistas do mundo todo estão indo voluntariamente para algum lugar ou se estão sendo sequestrados por alguma potência inimiga. A inspiração pode ter sido o caso de cientistas, artistas e outros membros da sociedade inglesa que estavam indo para o outro lado da Cortina de Ferro, como era chamada a URSS na época da Guerra Fria.

O livro tem uma história de amor que corre paralelamente, bem ao gênero de Agatha Christie, mas com uma pegada muito mais dura do que os outros do mesmo gênero. Hoje, esse livro não é um dos meus prediletos, mas foi ouvindo seu enredo fascinante, contado em minha infância por minha tia Olga, que era uma excelente contadora de histórias, que me apaixonei pela obra de Agatha Christie. Depois, eu me apaixonaria por Agatha, por Agatha Mallowan, por todos que ela amava e toda sua história de vida.

Após uma curta temporada de pré-estreia no interior da Inglaterra, A Teia de Aranha estreou dia treze de dezembro, no Savoy Theatre de Londres. Marcando seu nome entre os grandes autores do teatro inglês, Agatha Christie tinha três peças em cartaz ao mesmo tempo em Londres: A Ratoeira, Testemunha de Acusação e A Teia de Aranha; um feito para muito poucos e, até hoje, por nenhuma outra mulher.

A Teia de Aranha é uma comédia leve, brilhantemente interpretada por Lockwood. Sua filha acabou não fazendo o papel criado por Agatha para ela na peça; em seu lugar, foi escalada a atriz Margaret Barton. Também no elenco, estava o casal de atores Cicely Courtneidge e Jack Hulbert. A direção foi de Wallace Douglas. Hubert Gregg não foi consultado sobre ter ou não interesse em dirigir a peça. Ele dedicou uma linha de seu livro a ela, sem comentar seu sucesso. O sucesso de A Teia de Aranha lhe rendeu quase dois anos em cartaz.

Sucesso teatral era a ordem do dia para o ano de 1954 na vida de Agatha Christie. Três dias depois da estreia de A Teia de Aranha, em Londres,

Testemunha de Acusação estreou no dia dezesseis de dezembro de 1954, no Henry Miller Theater, de Nova York.

O conto Santuário foi publicado; seus direitos autorais foram doados para o fundo de restauração da Abadia de Westminster. Nesse conto, encontraremos pela segunda vez a afilhada de Miss Marple, Diana *"Bunch"* Harmon, que havia aparecido em Convite para um Homicídio.

A *Radio Time* produziu o programa *Agatha Christie Close-Up*, exibido em onze de fevereiro de 1955. Nele, há uma entrevista com a autora, que fala de sua desorganização para escrever. O programa pode ser ouvido na Biblioteca de Londres, onde há um arquivo dele.

A temporada de escavação transcorreu sem grandes novidades.

O triunfo teatral de Agatha Christie foi consagrado no dia dezesseis de maio de 1955[97]. Elá foi indicada para o Edgar Award nos Estados Unidos, prêmio da Associação Americana dos Escritores de Mistério, por Testemunha de Acusação, na categoria de melhor peça teatral estrangeira do ano. Agatha venceu o prêmio na sua categoria e ainda o *Grand Marter Award* [98]— prêmio da própria Associação Americana dos Escritores de Mistério para o trabalho mais significativo de todas as diversas categorias. Ao vencer o *Grand Master Award*, ela sobrepujou Raymond Chandler e Ellery Queen, entre outros concorrentes ao prêmio desse ano.

Se lembrarmos que ela venceu os prêmios na América, lembraremos que ela estava em outro país, do outro lado do Oceano Atlântico, a mais de doze mil e oitocentos quilômetros de distância. Seu desaparecimento foi muito pouco falado por lá. No entanto, sua obra estava sendo produzida no país para rádio, cinema, TV e sendo serializada em jornais desde que ela começou a publicar seus livros. Se alguém ainda for capaz de pensar — ou pior, de dizer — que o sucesso de Agatha Christie só aconteceu por causa da repercussão de seu desaparecimento perante este inquestionável argumento, só nos resta lamentar por sua postura ou sua inveja e despeito. Aliás, despeito e inveja em relação à obra de Christie é o que não faltará, para sempre.

Peter Saunders se tornou o mais bem-sucedido empresário teatral da Inglaterra. Edmund Cork enviou uma carta para Agatha Christie, comunicando que Testemunha de Acusação e A Teia de Aranha estavam que-

---

97. Nas cartas de Cork, o prêmio é comentado, em particular, no dia 08/04; porém a notícia oficial seria dada somente no dia quinze de maio. Cork pediu que Harold Ober representasse Agatha Christie na cerimonia de premiação, pois ela estava no Oriente Médio, nas escavações de Max.

98. Hubert Gregg não cita os prêmios de Agatha Christie em sua própria autobiografia, chamada *Agatha Christie and All That Mousetrap*; Jared Cade muda o nome do prêmio e só fala dele para a peça de teatro, não do *Grand Award* recebido por ela. Ele gasta um parágrafo de seu livro de trezentas e trinta páginas com Testemunha de Acusação.

brando todos os recordes dos teatros por onde passavam, na excursão itinerante pelo interior da Inglaterra e uma estava quebrando o recorde da outra, quando passavam pelo mesmo teatro. Eles decidiram não produzir A Ratoeira na América, para não concorrer com o enorme sucesso de Testemunha de Acusação.

Harold Ober continuava a insistir com Cork para autorização de novas adaptações de Poirot, de Miss Marple ou de Parker Pyne para a TV americana. A troca de cartas dos dois mostra que Testemunha de Acusação era um sucesso tão grande que o teatro não conseguia nem mesmo programar mais exibições extras. Os produtores americanos estavam eufóricos. O México, o Brasil e a Argentina compram os direitos autorais para a produção da peça.

Testemunha de Acusação voltou aos palcos ingleses em 2018, ambientada no histórico *The* , atrás da Roda do Milênio, e estava tendo sua temporada prorrogada para atender à demanda, até o *lockdown* da pandemia de 2020/2021. Em maio de 2021, voltou a ser exibida e é preciso comprar ingressos com meses de antecedência.

Os feitos de Agatha Christie no teatro, entre 1952 e 1955, garantiram-lhe o título de "a mulher mais bem-sucedida na dramaturgia inglesa". Até hoje ela não foi superada.

O *Courier Mail* de Brisbaine, Austrália, solicitou a receita e o prato preferido de Agatha para publicar em seu jornal. Agatha, para surpresa geral, aceitou conceder uma entrevista para Dennis Plimer. A entrevista apareceu no jornal como *The Queen of Crime*, de Charlotte e Dennis Plimmer.

Os direitos autorais de Testemunha de Acusação foram vendidos para filmagem abaixo do preço que valiam, devido à intensa especulação da imprensa americana sobre seu valor, o que foi permitido por Gilbert Miller, o agente americano encarregado da negociação. A venda foi doada para Rosalind.

A televisão da Suécia produziu o filme *Musefælden*, adaptado de A Ratoeira, no dia quinze de agosto.

As Bodas de Prata de Max e Agatha Mallowan foram comemoradas em grande estilo. Max, durante o ano, enviou diversas cartas a Edmund Cork, pedindo atenção a diversos detalhes da preparação da festa. A festa *Black Tie* foi realizada em Greenway, com "montanhas de caviar", segundo Agatha.

Max foi eleito para a Academia Britânica — British Academy.

Pouco antes de seu aniversário, Edmund Cork concluiu a criação da Agatha Christie Ltd., em comum acordo com Agatha, Max, Rosalind e Anthony Hicks. A empresa, a partir de então, seria a proprietária dos *copyrights* de todas as obras de Agatha, com exceção das obras com direitos autorais doados. A manobra visava diminuir os problemas recorrentes de Agatha com o imposto de renda; ela passou a ser funcionária de sua própria empresa. O contrato previa, ainda, alguns riscos, pois Agatha deveria estar viva por mais dois anos, a fim de que o problema se resolvesse.

Morte na Rua Hickory foi publicado em outubro. A partir desse ano, Edmund Cork e Harold Ober tentam firmar o lema lançado pelo rádio: "A Christie for Christmas", no intuito de estimular Agatha a escrever ao menos um livro por ano.

O enredo de Agatha Christie se desenvolve em uma pensão de estudantes, em que trabalha a irmã de Miss Lemon, secretária de Poirot. Reforçando minha hipótese, já exposta quando comentei Cem Gramas de Centeio, Agatha usa a casa de 47/48 Campden Street como cenário; ou seja, não por qualquer motivo fútil, como é especulado por alguns autores, mas somente por estar escrevendo sua *Autobiografia,* ela utiliza cenários do passado em sua obra do presente. A casa do livro é a união de duas casas coladas, assim como o endereço de Agatha em 47/48 Campden Street. Essa casa não foi inspiradora de nenhum outro cenário dos livros.

Agatha sofreu a ameaça de um processo pela filha de uma homônima Sra. Nicolletis. A personagem, de ascendência grega, era a dona da pensão onde ocorre o crime e a mãe da homônima também. Agatha protestou, afirmando veementemente que inventara o nome. O problema não teve maiores consequências. Só espero que as semelhanças entre a personagem e sua homônima da vida real não abarcassem também o gosto por garrafas de rum vazias, escondidas dentro do armário.

Um projeto de adaptação do livro para musical, em 1961, não foi levado adiante.

John Curran descobriu, nos cadernos de Agatha, que a personagem Valerie Robhouse, uma modelo alta e elegante, foi inspirada em Barbara Parker. Ao lado do nome do nome da personagem, estava escrito "como Barbara, boa companhia". Barbara, antes de fazer o curso de arqueologia do Museu Britânico, era modelo. Curran também descobriu referências a ela em outro projeto de Agatha, provavelmente entre 1959 e 61, não levado adiante, que se chamaria *The Hellenic Cruise.*

Durante o ano de 1955, nenhum inglês fez mais sucesso no mundo do que Agatha Christie. Ela, sem ter sua imagem divulgada, dividiria espaço na América com Elvis Presley, Marlyn Monroe, Grace Kelly e James Dean, que morreu naquele ano. Em 1955, o mundo estava aos pés de Agatha Christie.

Aposentadoria

A partir de 1956, Agatha se dedicaria mais a fazer o que gostava, sem prestar muita atenção a necessidades de contrato ou financeiras. Ela estava com sessenta e seis anos, tinha uma carreira próspera, um marido bem-sucedido e estava mais preocupada em aproveitar o que a vida lhe oferecia de bom. As viagens de passeio aumentaram de número e ela trabalharia mais em peças de teatro do que em livros.

No primeiro dia do ano, Agatha Christie estava na lista de condecorações da rainha, sendo nomeada Comandante do Império Britânico.

No dia vinte e um de janeiro de 1956, a TV Paulista exibiu pela primeira vez uma adaptação de Agatha Christie para a televisão brasileira. Os Três Ratinhos Cegos, adaptação de Marcos Rey, com direção de Ezzio Tozzi, foi ao ar, pela série Teledrama. No elenco: Walter Avancini, Homem de Melo, Percival Ferreira, Edson França, Yara Lins, Gervásio Marques, Marisa Santos, Francisco Negrão, Luiz Pini e José Russo.

A temporada de escavações foi bastante confusa, apesar dos achados da equipe de sete pessoas. Tempestades de areia e um terremoto atrapalharam os trabalhos e Agatha Mallowan adoeceu, precisando ser enviada para o hospital de Bagdá. Max ficou preocupado se ela, com sessenta e seis anos, continuaria a ter condições de acompanhar as expedições, mas ela se recuperou e voltou a acompanhá-lo até a última. Ela se dedicaria mais a seus livros, ajudando ainda com a limpeza das peças de marfim e a colagem de cerâmicas, mas o trabalho tomaria um rumo muito mais científico do que as aventuras dos primeiros tempos.

Peter Saunders produziu, finalmente, *A Daughter is a Daughter,* que estreou em uma pequena temporada de uma semana no Royal Theatre de Bath. A peça fez algum sucesso, mas não foi montada em Londres.

A TV da Alemanha Ocidental exibiu um filme adaptado de A Teia de Aranha, chamado *Das Spinnennetz*, em quinze de agosto.

Linha do Tempo

1956

Hora Zero/*Towards Zero* estreou no dia quatro de setembro, no St. James Theatre de Londres[99]. A peça foi adaptada do livro por Agatha e Gerald Vernier. Anos antes, uma carta de Agatha para Cork dizia que ela não achava o tema do livro bom para uma peça de teatro. Peter Saunders pouco comenta sobre a peça, que ficou em cartaz por seis meses, não tendo o mesmo sucesso que as demais. Infelizmente, um jornal, ao fazer a crítica da estreia da peça, revelou o assassino, o que prejudicou o seu desempenho. No entanto, um dia a Rainha Elizabeth II chegou de surpresa para assisti-la, tendo comprado os ingressos de uma agência independente.

Mary Westmacott publicou seu último livro, A Carga. O relacionamento entre duas irmãs, em que a mais velha abdica de sua vida própria e de sua felicidade para zelar pela mais nova, é o tema central. No entanto, a irmã mais nova tem uma tendência autodestrutiva mais forte do que os esforços da mais velha. Eu vislumbro algo do relacionamento de Madge e Agatha nesse livro e o casamento da irmã mais nova seria o de Agatha com Archibald. Hoje, todos os livros de Mary Westmacott têm seus direitos autorais em propriedade do Rosalind Hicks Charity Trust.

Os direitos de filmagem de A Ratoeira foram vendidos para Romulus Films, com a condição de que a história só fosse filmada quando a peça saísse de cartaz. Na segunda metade da década de 1960, Agatha se ofereceu para recomprar os direitos da peça da produtora cinematográfica, mas eles responderam que ainda acreditavam que um dia o investimento deles daria frutos.

A Extravagância do Morto foi publicado também em novembro. Poirot e a Sra. Oliver entram em ação em Greenway. A propriedade do livro, Nasse House, é claramente Greenway, com seus jardins, a casa de barco (onde encontram mais uma vítima infantil de Agatha assassinada), o rio Dart (chamado Helm), Dartmoor e Plymouth.

O livro é, com razão, o mais significativo dos ambientados em Greenway, sendo um verdadeiro culto de amor ao lugar e seus recantos. O livro é o primeiro escrito por Agatha a ter seu *copyright* registrado em nome da Agatha Christie Ltd. Coincidentemente, eu estava fazendo mais uma visita à propriedade, quando a estavam preparando para filmagem do episódio A Extravagância do Morto, um dos últimos da série Poirot, em vinte e um de junho de 2013.

Em dezembro, um longo problema de direitos autorais foi resolvido e o conto A Extravagância de Greenshaw foi publicado pelo *Daily Mail*. Agatha escreveu o conto e doou seus direitos autorais para St. Mary Church, de Churston, onde ela assistia à missa aos domingos, quando estava em Greenway. Seu objetivo era doar um grande vitral para o altar principal da

---

99. Hubert Gregg apenas cita a peça e se diz em dúvida sobre se a peça foi encenada em 1955. Na realidade, foi em 1956.

Boat house e escada de A extravagância do Morto

avalariças: Inspiração para Um Pressentimento Funesto   Acima e abaixo: Campo de cricket em Greenway

anistart

igreja. Ela queria um vitral alegre, com o Bom Pastor em destaque e a crucificação com menor ênfase. O conto era grande demais para um simples conto e pequeno demais para uma história, o que dificultou sua publicação. A paróquia não sabia o que fazer com os direitos autorais, pois o vitral já havia sido encomendado e instalado e precisavam pagar o artista. A solução final foi a própria Agatha comprar os direitos que doara de seu conto; ela comenta que achou mau negócio para a paróquia, pois o conto poderia render muito mais se pensassem em direitos de publicação em outros países ou filmagens. Enfim, o problema foi resolvido e o vitral pode ser visto até hoje, aos finais de semana, na igreja de Churston — eu fui durante a semana e descobri que a igreja só abre aos fins de semana, ficando sem ver o vitral em minha primeira visita.

Agatha escreveu uma nova história, que publicou com o título de A Extravagância de Greenshaw/*Greenshaw's Folly*, com Miss Marple. A história original foi transformada no livro A Extravagância do Morto/*Dead's Man Folly*.

No dia trinta do mesmo mês, o primeiro filme com Miss Marple foi produzido para a televisão, pela NBC americana, para o programa *Goodyear Television Playhouse*. Miss Marple, como Poirot, seria remoçada para seu primeiro filme, *A Murder is Announced*, interpretada pela atriz inglesa Gracie Fields, de cinquenta e oito anos. Letitia Blacklock foi interpretada pela grande dama do teatro inglês, Jessica Tandy, e um ator desconhecido na época fez o papel de Patrick Simmons: Roger Moore. A produção foi a primeira em cores de uma obra de Christie.

O ano de 1957 seria um ano de viagens. A temporada de escavação se estendeu de fevereiro a abril. Agatha fez um novo filme da escavação, *The Escavation at Nimrud and Bavlawat*.

A revista O Cruzeiro serializou A Quermesse da Morte/A Extravagância do Morto/*Dead's Man Folly* em seis episódios, de doze de janeiro a dezesseis de fevereiro.

A televisão brasileira exibiu na série Teledrama, da TV Paulista, O Caso dos Dez Negrinhos, adaptada por David Conde, no dia dezesseis de fevereiro.

A Editora Civilização Brasileira publicou o livro-script da peça Testemunha de Acusação, traduzida por Raimundo Magalhães Júnior. Na orelha da primeira edição do livro, uma informação dá margem a dúvidas. A editora afirma que Agatha Christie teve seus livros publicados no Brasil por *diversas* editoras, porém, até aquele momento, o projeto Memorial Agatha Christie Brasil tinha apenas edições da Livraria do Globo de Porto Alegre, a mesma Editora Globo, e da Cia. Editora Nacional. Tendo em vista que duas das editoras citadas eram a mesma, houve desconhecimento ou exagero por parte de quem escreveu a sinopse da orelha da primeira edição do livro. A outra editora brasileira que publicaria um livro de Agatha Christie seria a Edições de Ouro, em 1962.

Em 1976, ao escrever para a Revista Manchete de vinte e quatro de janeiro a matéria sobre a morte de Agatha, Raimundo Magalhães Junior esclareceu que, em 1957, comprara os direitos de produção da peça para o Brasil a pedido de Franco Zampari, diretor do TBC — Teatro Brasileiro de Comédias. O teatro, porém, faliu antes da produção. Ele enviou uma carta a Agatha Christie e ela concordou que, pelo valor pago, ele publicasse o livro ao invés de produzir a peça. Ele ficou grato a Agatha por sua generosidade, o que lhe poupou um grande prejuízo. Mais uma prova documentada de generosidade da Rainha do Crime, para quem se atreveu a descrevê-la como mesquinha por toda sua vida.

Max recebeu a medalha Nancy Wharton Drexel Gold da Universidade da Pensilvânia. Nos Estados Unidos, uma multidão de fãs começou a prever uma visita de Agatha Christie ao país. O casal Mallowan chegou no final de maio. Dodd & Mead organizou uma festa para Agatha, com a presença dos editores de Ellery Queen, sua agente americana, Dorothy Oldiner, e outros autores de mistério.

Agatha visitou Mary Roberts Rinehart, então com oitenta e um anos de idade. O casal Mallowan conseguiu passar três dias passeando no Grand Canyon e Agatha aproveitou a parada na Califórnia para visitar o set de filmagem do filme Testemunha de Acusação. O casal viajou para St. James, Barbados e retornou à Inglaterra para o Natal. Vemos e lemos uma Agatha radiante de felicidade.

O livro A Testemunha Ocular do Crime foi publicado em novembro. Miss Marple está às voltas com um problema proposto por uma amiga: a caminho de St. Mary Mead, seu trem emparelhou com outro e, subitamente, o reposteiro da janela se abriu e ela viu uma mulher sendo estrangulada. Nenhum corpo foi encontrado e ninguém acreditou nela, a não ser Miss Marple.

Aparentemente, Agatha buscou em duas antigas empregadas suas a inspiração para o enredo. Lucy Eyelesbarrow é uma matemática formada em Oxford que prefere trabalhar por curtos períodos como empregada em casas de pessoas muito ricas, cobrando um salário alto e tendo bastante tempo livre. Seu nome nos lembra Lucy, a empregada de Agatha em Torquay, que depois a acompanhou a Londres, com um salário muito maior do que o normal, quando Rosalind nasceu. Lucy Eyelesbarrow é mais uma das personagens inesquecíveis de Agatha Christie e, ao final do livro, sobra uma pergunta velada e enigmática: com quem ela ficou, se ficou?

A outra é a Sra. Potter, que não quis acompanhar Agatha quando ela se mudou de Ashfield para Greenway, preferindo montar uma casa de hóspedes, como a boa Florence, ex-empregada de Miss Marple, que agora tem uma casa de hóspedes, onde ela vai se hospedar para tentar investigar o crime, sé é que houve um crime.

Reforçando a hipótese de que St. Mary Mead é inspirada em Cokington Village, encontramos, nas anotações de Agatha, citadas por Janet Morgan e John Curran: "Train, Comming from London, READING". Reading é uma das primeiras paradas dos trens para o oeste da Inglaterra, diametralmente oposta a Kent, onde ficava a St. Mary Mead, de Katherine Grey. Além disso, os trens para Kent partem de Victoria Station.

O triunfo de Agatha Christie, ligado a Testemunha de Acusação, não havia acabado. O filme produzido nos Estados Unidos estreou em novembro[100]. Marlene Dietrich, Tyrone Power, Charles Laughton e sua esposa, Elsa Lanchester, foram o elenco dirigido por Billy Wilder no melhor de todos os filmes baseados na obra de Christie feitos até hoje. O filme teve uma bilheteria memorável e recebeu seis indicações ao Oscar: melhor ator, melhor atriz coadjuvante, melhor filme, melhor diretor, melhor sonorização e melhor edição. Como a Academia de Artes de Hollywood nunca é muito justa, Marlene Dietrich não foi indicada e o filme não ganhou nenhum prêmio. No entanto, hoje ele é uma obra de arte dos filmes cult, não só entre os filmes de mistério, mas entre todos os gêneros.

O papel de Agatha nas escavações agora era ajudar Max nos dias de pagamento, além de classificar e colar algumas cerâmicas. Max diminuiu a permanência deles no sítio arqueológico nas últimas três temporadas, assustado com a doença de Agatha em 1956. Como o futuro é sempre um elemento surpresa, quem se ressentiria mais fisicamente dessas últimas expedições seria o próprio Max. Barbara Parker era a responsável pelas fotos de campo agora e Agatha usava a fotografia mais como lazer. O final da temporada foi complicado, pois estourou uma revolução civil no Iraque.

No dia doze de abril, A Ratoeira tornou-se a peça há mais tempo em cartaz na história do teatro mundial.

Veredito estreou em Londres em vinte e dois maio de 1958, no Strand Theatre de Londres. A peça não era uma investigação criminal. Uma série de fatores convergiu e a peça ficou apenas um mês em cartaz. No dia da estreia, a cortina desceu uma cena antes do final e as pessoas ficaram sem entender o que havia acontecido.

Peter Saunders se recriminou por ter tirado o nome de Agatha do destaque no outdoor e colocado o seu. Agatha achou que a troca do nome original da peça, que ela não queria que fosse trocado, *No Fields of Amaranth* para *Verdict*, fora um erro, pois as pessoas foram assistir à peça imaginando algo na linha de Testemunha de Acusação ou de uma peça de mistério.

Peter Saunders ficou com medo de que o fracasso da peça influenciasse o futuro teatral de Agatha e insistiu para ela escrever outra peça rapidamen-

---

100. Charles Osborne não cita o filme.

te. Em vinte e dois de agosto, estreou, no Duchess Theatre de Londres, O Visitante Inesperado. Hubert Gregg voltava a dirigir uma peça de Agatha. Nela, um assassinato acaba de ocorrer na sala de uma casa, quando um desconhecido entra pela porta pedindo ajuda com seu carro quebrado. O morto é claramente inspirado em Monty e em seus problemas de inconveniência social, atirando nas pessoas pela janela da casa e nas paredes, revoltado com sua situação de inválido.

Agatha faz as pazes com o sucesso e a peça fica em cartaz por mais de seiscentas apresentações. Além de ser mais um sucesso de Agatha Christie, a peça seria a sua primeira no Duchess Theatre, agora de propriedade de Peter Saunders.

Punição para Inocência foi publicado em novembro. Pela data de algumas cartas entre Agatha e Edmund Cork, percebemos que o livro estava sendo escrito no outono do ano anterior e não nas escavações. Outra vez, o cenário é Greenway — batizada Sunny Point no livro — e a barca que faz a travessia do Rio Dart, da propriedade para Dittsham, está presente no enredo. A ideia do livro foi dada pela amiga de Agatha e Max, que ajudava Agatha com sua correspondência, Stella Kirwan. Ela vira no jornal a matéria de expedicionários da Antártida, que haviam se perdido e voltaram anos depois à Inglaterra. Assim, Arthur Calgary volta à Inglaterra depois de anos ausente e descobre que podia ter sido a testemunha-chave da inocência de Jacko Argylle, um dos filhos adotivos da falecida proprietária de Sunny Point. Jacko teve pneumonia na prisão e morreu, menos de um ano depois de sua condenação. Calgary volta e sua maior preocupação é confortar a família e se desculpar, com a consciência pesada pela condenação e morte de Jacko. No entanto, a família, ao invés de confortada, fica revoltada.

Muitos falam que, nos anos 1950, houve uma queda na qualidade da obra de Christie. Não existe nenhum livro extremamente fraco nesses anos e pontos altos, como Punição para Inocência, é uma das provas de que Agatha Christie ainda produziria livros de alta qualidade.

Edmund Cork recebeu pedidos de Desenterrando o Passado, que estava esgotado nas livrarias. Harold Ober continuava insistindo em novas adaptações de Miss Marple para a televisão americana. As correspondências mais inusitadas, porém, eram enviadas pelos fãs, como pedidos do histórico médico de Agatha, por um farmacêutico que colecionava o item de celebridades; ou um afrodescendente americano de vinte e três anos, que sofreu um esgotamento nervoso no Japão e pedia que Agatha escrevesse sua história.

No ano de 1958, Nancy Neele morreu. Agatha enviou um telegrama de condolências a Archibald. Archibald a agradeceu por ter sido desprendida e permitido que ele vivesse feliz com Nancy. Ele tivera um filho com ela, Archibald Christie III. Esse telegrama é algo pessoal de Agatha e não acho que deveria ter sido divulgado. Nada acrescenta ou diminui à sua biografia. Agatha cita o nome de Nancy apenas uma vez em toda a *Autobiografia* e não falou de sua morte e do telegrama.

Jack Watts, sobrinho de Agatha, vendeu a casa que herdou do pai, Abney Hall, para *Cheadle and Gatley Urban District Council*. No ano seguinte, a casa se tornaria o *City Hall* de Cheadle.

O ano de 1959 parece ter sido um preparo para uma nova década, uma nova idade e uma nova fase nas vidas de Agatha e Max.

A temporada de escavação não é comentada nem por ela, nem por ele, nem por nenhum autor que escreveu sobre eles. Verificando periódicos, houve uma matéria de Max na Illustrated London News em janeiro, com descobertas dos anos anteriores.

Ten Little Niggers foi exibida pela ITv inglesa, no dia treze de janeiro, no programa *Play of the Week*. No dia dezoito do mesmo mês, outra apresentação ao vivo foi mostrada pela televisão americana, *Ten Little Indians*.

Na vida pessoal de Agatha, a grande perda foi a morte de sua amiga Nan. Mais uma vez, Agatha, ela mesma, não comenta a morte de alguém de quem muito gostava.

Ela enviou uma carta para Judith, a filha de Nan, cujo texto foi revelado no livro de Laura Thompson. Nitidamente, ela ofereceu suporte financeiro para alguma eventualidade, além de dizer o quanto amava Nan. Ela comentou que, com a morte da amiga, a última pessoa que conhecia sua história de vida desde o começo, que tinha memórias do passado comuns com as suas, havia morrido. Curiosamente, a mesma situação por ela comentada na carta ocorre em Convite para um Homicídio, publicado quase dez anos antes.

Também Harold Ober, seu agente americano, morreu repentinamente; sua filha, Dorothy Olding, assume sua função.

O único livro publicado por Agatha Christie nesse ano seria Um Gato Entre os Pombos, um misto de intriga internacional com traços das mil e uma noites, associado a instigação de um crime em um austero colégio inglês para nobres de todo o mundo e famílias de fino trato. Mais uma vez, a probabilidade de Agatha estar escrevendo cenários para seus livros advindos da *Autobiografia* que estava ditando é bem comprovada. O colégio do livro é claramente um misto de Beneden e do Calledonian, escolas que Rosalind frequentara em 1928. A diretora do colégio, Honoria Bulstrode, foi inspirada na diretora do Calledonian, Srta. Wynne. Uma das professoras tem o nome de uma rua próxima a Ashfield, Vansittart. A mãe da personagem Julia Upjohn estava fazendo uma viagem de ônibus para a Anatólia. Julia Upjohn é uma menina muito inteligente e racional, que chama Poirot para investigar o caso. Ela é uma imagem nítida de Rosalind e, não por acaso, de sua mãe, Agatha, que estava fazendo uma viagem de trem para Bagdá e Ur. Beneden existe até hoje no mesmo lugar, mas as árvores da estrada não a permitem ser vista; por acaso, a casa vizinha à escola da realidade se chama Meadway e na escola fictícia onde a trama se desenrola, Meadowbakn[101].

Agatha transferiu a propriedade de Greenway e de Greenway Lower Farm, que comprara tempos antes, com seus quase trezentos acres de terreno, para sua filha, Rosalind, e Anthony Hicks.

James Watts foi eleito membro do Parlamento Britânico por Manchester.

No final do ano de 1959, o teatro brasileiro viu a primeira montagem de uma peça de Agatha Christie. O Teatro Guayra, de Curitiba, e o Teatro do Rio, ambos da mesma equipe, produziram A Ratoeira. Traduzida por Cléber Ribeiro Fernandes, a peça foi dirigida por Ivan de Albuquerque. No elenco, Léa Bulcão (Mollie), Renato Coutinho (Giles), Rubens Corrêa (Christopher Wren), Aurora Aboim (Sra. Boyle), Nildo Parente (Major Metcalf), Thelma Reston (Leslie), Germano Filho (Sr. Paraviccini) e o próprio Ivan de Albuquerque (Sargento Trotter). A peça ficou em cartaz no Rio de Janeiro por um ano e meio.

Jardim da Bateria

---

101. Dennis Sanders & Len Lovallo chamam o colégio de Meadowbrooke em uma página e pelo nome correto na outra.

O Bom da Vida

Os anos sessenta foram anos de desfrute de todo o trabalho de uma vida, tanto para Agatha como para Max. Foram cheios de viagens, óperas, passeios e de alguma atividade literária. No entanto, Agatha ainda surpreenderia o mundo com alguns livros e Max seria definitivamente consagrado.

A temporada de escavações de 1960, a última de Max e Agatha, começou de uma forma um pouco diferente. Normalmente, eles iriam para a temporada, depois viajariam, mas, dessa vez, resolveram primeiro viajar para o Ceilão — atual Sri Lanka —, Índia e Paquistão, com Rosalind, Anthony e Mathew[102]. Agatha enviou uma carta particular a Cork, comentando que estava muito feliz com a viagem em família.

Além da escavação, Max começou a ter mais trabalho acadêmico no Iraque. O British Concil resolveu verificar a possibilidade de implantação de uma nova escola em Teerã e Max foi encarregado de fazer os estudos preliminares. O Tesouro Britânico doou cinco mil libras para o *British Institute of Archaeology in Iraq*. Durante a temporada de escavações, Leonard Woolley morreu na Inglaterra e Max foi o responsável por várias conferências em sua homenagem, no Iraque e na Inglaterra.

Os Mallowan compraram um segundo carro, um Rolls-royce de segunda mão. Ao contrário do que se afirma em algumas biografias, Max não vendeu o carro rapidamente por consumir muito combustível. O carro ficaria em uso pela família por alguns anos.

A Ratoeira ultrapassou três mil apresentações em fevereiro de 1960. A resposta de Agatha ao saber disso foi: "A warm hearted woman unspoilt by fame"[103].

O casal Mallowan comprou um acre de terra ao lado de Winterbrook House.

---

102. Henrietta McCall diz que a viagem foi uma comemoração pelo título recebido por Max, de Comandante do Império Britânico, recebido na Lista de Honras de Ano Novo de 1960; no entanto, Max foi agraciado com o título na Lista de Honras de Aniversário de primeiro de junho de 1960.
103. Uma mulher de coração aquecido revelado pela fama".

A Agatha Christie Ltd., consolidada, dividiu-se em duas empresas, a *Agatha Christie Ltd.* e a *Agatha Christie Copyrights*. A empresa, de comum acordo com Agatha, vendeu para a MGM os direitos para a produção de filmes com Miss Marple. Seus livros foram traduzidos para o malaio.

Go Back For Murder estreou no dia vinte e três de março, no Duchess Theatre de Londres. A peça é baseada em Os Cinco Porquinhos/*Five Little Pigs*. A peça fez uma pré-temporada de sucesso na Escócia, porém fracassou em Londres, encerrando a temporada com trinta e uma apresentações[104].

Eu a assisti em 2013, com montagem da *Agatha Christie Theatre Company*. O grande problema de sua produção original era o excessivo número de cenas e trocas de cenário, o que deixou a peça entediante. Na nova versão, uma primorosa montagem usou do recurso de luzes e da música *Pretty Woman*, de Roy Orbson, para fazer rápidas trocas de posição dos móveis do cenário na penumbra, enquanto o foco de luz ficava sobre a personagem Carla Lemanchand. A engenhosa saída foi muito boa e a peça foi muito bem recebida, ao nível das peças de Agatha.

Hubert Gregg dirigiu a peça e, em sua autobiografia, deu destaque ao problema do cenário e das mudanças. Peter Saunders somente citou as péssimas críticas à peça, feitas pelos jornais. O grande problema que todos apontavam era a mudança tediosa de cenários, muito bem resolvida em 2013. Portanto, se a peça fracassou, o erro foi de seu diretor, que não conseguiu uma boa solução para o problema da tediosa troca de cenários. Provavelmente Hubert Gregg acreditou que somente o nome de Agatha Christie seria capaz de repetir o sucesso de outras peças bem dirigidas.

Max foi condecorado Comandante do Imperio Britânico na Lista de Honras de Aniversário da Rainha, de primeiro de junho. No mesmo dia, José Augusto Berbert de Castro publicou, no jornal A Tarde, a notícia da estreia de A Ratoeira/*The Mousetrap*, no Rio de Janeiro. Ele enviou a Cork uma cópia do jornal.

Greensaw's Folly, depois de resolvidos os problemas de direitos autorais, finalmente foi publicado, em agosto, na América, em Woman's Journal. Em setembro, o mesmo periódico publicou um conto inédito de Agatha depois de muitos anos: O Mistério do Baú Espanhol.

Agatha Mallowan decidiu não mais alugar Greenway para temporadas, nem deixá-la somente aos cuidados de empregados, pois os jardins continuavam a lhe dar trabalho e dores de cabeça. Rosalind e Anthony Hicks começaram a passar maiores temporadas lá, hospedando-se no Ferry Cottage de Greenway, à beira do Rio Dart.

---

104. Dennis Sanders & Len Lovallo dizem que a peça foi apresentada mais de duzentas e cinquenta vezes. Não sei o número de apresentações em Edimburgo, que pode ter sido somado a esse total, porém em Londres os outros autores dizem trinta e uma.

Para comemorar os setenta anos de Agatha, ela e Max viajaram muito durante o ano todo; foram à Irlanda e à Iugoslávia para assistir a uma peça de teatro que ambos queriam ver há muito tempo. O dia do aniversário foi comemorado em Greenway, com toda a família presente.

Dorothy Olding, principalmente, e Edmund Cork estavam apreensivos, porque Agatha não escrevera nenhum livro durante o ano. Ela enviou um prefácio para Cork e eles juntaram diversos contos e publicam, em outubro, A Aventura do Pudim de Natal, com contos de Miss Marple e Poirot.

A Ratoeira estreiou no Maidman Playhouse de Nova York, dia cinco de novembro, depois de oito anos de sucesso em Londres. As críticas foram mornas e a peça ficou em cartaz por cerca de cinco meses, segundo Dennis Sanders & Len Lovallo[105].

No dia vinte e nove de novembro, a última das peças originais de rádio escrita por Agatha Christie foi ao ar pela BBC: *Personal Call.*

O filme *Spider's Web*[106] foi produzido, na Inglaterra, pela United Artists, em uma versão semimusical. Seu sucesso foi pequeno e os críticos apontaram a causa disso na não escalação de Margaret Lockwood para o papel principal.

O governo francês enviou uma intimação à Agatha para que ela prestasse contas dos impostos de suas obras naquele país.

Max viajou para o Oriente Médio para concluir os acertos da instalação da nova escola britânica em Teerã, o British Institute of Persian Studies. No mês seguinte, Max foi eleito presidente do Instituto.

Henrietta McCall disse que Max sofreu um pequeno derrame cerebral no dia três de março, no Irã, durante a visita do casal real à Universidade de Teerã. Pelas cartas trocadas por Edmund Cork e Dorothy Olding, a data seria mais próxima de agosto, não de março. Dorothy perguntou a Cork se deveria escrever a Agatha perguntando sobre a saúde de Max, mas Cork respondeu que era melhor não o fazer, pois ele mesmo evitava tocar no assunto com Agatha, que "was playing it down"[107]; ele confidenciou à Dorothy que, subitamente, Max, agora, parecia muito mais velho do que Agatha. A agenda de Max foi diminuída para que ele pudesse se recuperar.

O casal Real doou ao British Institute of Persian Studies uma nova casa, com acomodações para nove pessoas.

O casal Mallowan estava no Irã, novamente no outono, para a inauguração oficial da nova escola em Teerã. Os trabalhos começaram em outubro,

---

105. Derrick Murdoch data a estreia em seis de novembro. Dennis Sanders & Len Lovallo são os autores que melhor confiança passam quanto à duração da peça em cartaz; Charles Osborne não cita a temporada americana, bem como Peter Hanning e Hubert Gregg; Peter Saunders pouco comenta sobre o assunto. Como a peça não foi para a Broadway, a pesquisa sobre ela em jornais americanos também fica difícil, somente se encontrando uma crítica do New York Times de sete de novembro.
106. Peter Hanning não cita o filme.
107. Tentando atribuir ao fato menor importância do que ele realmente tem.

com Max tendo levantado uma verba de dezessete mil libras, que garantiriam três temporadas de escavação em Pasárgada.

Spider's Web foi produzida pelo programa da TV americana CBS *The Kraft Theater*, no dia nove de agosto.

A Universidade de Exeter concedeu à Agatha Christie o título de Doutora em Letras[108].

Agatha visitou o *set* de filmagem de *Murder She Said*, o primeiro de Margaret Rutherford para a MGM. Ela e a atriz simpatizaram uma com a outra imediatamente; sem saber, suas histórias de vida tinham muitos pontos em comum. No entanto, assim como Sullivan foi desaprovado pelo seu visual como Poirot e se tornou um grande amigo de Agatha, ela desaprovou a linha de direção das histórias pela MGM e a escalação de uma comediante, que tinha um tipo físico muito diferente do de Miss Marple, para o papel.

O Cavalo Amarelo foi publicado em setembro. A história foi a única investigada por Ariadne Oliver sozinha e dois personagens do universo de Miss Marple estarão presentes no livro — o Rev. Dane Calthrope e sua esposa, Maud. Esse encontro demonstra que, na imaginação de Agatha, Poirot e Marple existiam no mesmo tempo e espaço, porém cada um em seu universo, sem contatos. Ela mesma diria que os dois jamais se dariam bem. Poirot acharia Miss Marple uma velha senhora pouco ortodoxa em seus métodos amadores de investigação e muito atrapalhada para se comunicar. Ela o consideraria um estrangeiro almofadinha e afetado, muito cheio de si.

A história de assassinatos cometidos com os poderes paranormais de uma organização de três "bruxas" é o tema do livro e seu segredo renderia à Agatha muitos elogios por ter ajudado a encontrar vários assassinos na vida real, pois agentes de polícia, médicos e enfermeiros do mundo todo conseguiram identificar criminosos por causa das descrições de Agatha no livro.

Nos Estados Unidos, durante o ano, foi publicada uma coleção de contos anteriores de Agatha, chamada *Double Sin*.

A UNESCO declarou Agatha Christie a autora de *bestsellers* de língua inglesa mais traduzida do mundo, em cento e quatro idiomas. A revista francesa *Femmes d'Aujurd'hui* pediu que Agatha lhes concedesse uma entrevista, lembrando que eram os distribuidores de seus livros na Bélgica, terra de Hercule Poirot. Agatha mandou um curto bilhete a Cork, pedindo que informasse que nada a horrorizava mais do que esses artigos sobre "Grandes Feministas". Através desse bilhete, a visão de Agatha, já expressada uma vez sobre o feminismo, demonstrava que seu pensamento não evoluíra

---

108. Alguns autores dizem 1956, entre eles Tito Prates, em Viagem à Terra da Rainha do Crime, mas os registros da Universidade de Exeter apontam para 1961.

muito com o tempo: ela achava que o feminismo era uma grande bobagem, pois, querendo direitos iguais, as mulheres, que antes viviam uma boa vida presidindo o lar, agora teriam que trabalhar.

O casal Mallowan ainda viveu mais uma aventura devido à grande fama de Agatha — a carta de uma polonesa, dizendo ser parente de Agatha. Ela chamava Agatha e Max de *tio* e *tia* no texto; dizia ser descendente dos Miller dos EUA, Antonia e Charles Caldwell. O dilema dos dois foi grande, tentando descobrir se a pessoa era ou não parente dela. Finalmente, uma carta de F.W. Boehmer disse que nunca ouviu falar de prima nenhuma, filha dos Caldwell. Agatha quase foi vítima de seus próprios truques.

Mathew Prichard, para orgulho de seu bisavô, Frederick Miller, se fosse vivo, e de seu avô, Max Mallowan, que o ensinara a jogar, tornou-se capitão do time de cricket de Eton College, em 1961, fazendo um emocionante campeonato durante o ano. O ex-aluno de Eton, primo e grande amigo de Mathew, Jack Watts, acompanhou a turnê do time. Agatha falou com orgulho do neto em sua *Autobiografia,* como uma das boas coisas da vida que viveu, ver Mathew jogando no torneio entre Eton e Harrow.

Jack Watts morreu subitamente, provavelmente de embolia pulmonar, decorrente de uma fratura do tornozelo, que sofrera uma semana antes. Mathew foi a pessoa mais abalada pela morte de seu grande amigo. Em minha primeira visita, ele fez questão de me mostrar uma bonita peça do amigo, uma pequena mesa que se transforma em um portapartitura para quatro pessoas tocarem a sua volta. A emoção e o sentimento de Mathew estavam presentes em sua expressão e voz ao me falar de Jack.

Segundo Jared Cade, a herança foi dividida por Agatha, Mathew e Judith Gardner. Essa informação só aparece em seu próprio livro, pois outras fontes citam somente Mathew como seu herdeiro. Na verdade, Mathew herdou apenas uma casa em Londres. A herança deve ter sido dividida entre todos os irmãos de seus pais e seus filhos.

Max foi eleito associado do All Souls College, a universidade mais importante de Oxford, em março de 1962. Ele se demitiu da Escola de Arqueologia da Universidade de Londres para se dedicar somente aos interesses do Instituto Britânico de Estudos da Pérsia, ficando na cidade somente um ou dois dias por semana.

Barbara Parker continuava secretariando à Escola Britânica de Arqueologia no Irã e assessorava Max quando não estava em Teerã. Max, acostumado a ter Agatha presidindo o dia a dia da casa, precisava de alguém que o ajudasse quando se via sozinho, como muitos maridos da época. Barbara Parker seria essa pessoa, uma discípula em quaisquer circunstâncias. Ela tinha uma vida muito solitária, dedicada à arqueologia. Quando não estava no Iraque, hospedava-se com um sobrinho em Londres e passava um mês durante o verão com os Mallowan, em Greenway. Seus amigos a achavam bastante atrapalhada, mas era um gênio para resolver todo tipo de problema, além de dominar a língua árabe e alguns dialetos. A escola era sua vida.

Agatha e Max começatam uma nova rotina de oferecer e participar de elegantes jantares com os membros do *All Souls*. Alguns seriam bastante frequentes na casa deles de Wallingford. Max eventualmente convidava alguns colegas ou alunos para um final de semana em Greenway.

O ano profissional de Agatha foi dedicado a uma empreitada inusitada. Lawrence Bachmann, produtor da MGM americana, contratou Agatha Christie para fazer a adaptação do livro *Black House,* escrito por Charles Dickens em 1852, para o cinema. O trabalho era um novo desafio para ela, pois estava acostumada a escrever livros e peças de teatro, mas nunca escrevera nem adaptara nada para o cinema.

Depois de ter sido considerada a maior autora de língua inglesa do mundo, a UNESCO declarou oficialmente Agatha Christie a maior autora de *bestsellers* do mundo, ultrapassando Shekspeare em março de 1962. Uma grande revolta para os fãs de Agatha é ver, até hoje, em diversos lugares, a informação de que ela só foi superada por Shakspeare e a Bíblia. A Bíblia é mais vendida do que ela, mas nenhum outro autor conseguiu superar Agatha Christie em mais de cinquenta anos.

Dorothy Olding enviou para Cork um recorte de um jornal americano datado de março, em que aparecia a notícia de que Agatha estava escrevendo a adaptação do livro de Dickens. Chegaram cartas de fãs americanos perguntando se o assunto era verdade.

Agatha enviou para Cork um rascunho do filme em maio. Em julho, a primeira parte do filme, datilografada, estava pronta e a segunda parte foi-lhe entregue em agosto. Faltava, ainda, uma terceira parte da adaptação, porém o script já estava com mais de duzentas páginas. Nos anos 1960/70, a média de duração de um filme era de no máximo cento e vinte minutos, sendo noventa o padrão. Pelas técnicas de escrita para cinema, sabemos que cada folha de um script representa um minuto de filmagem, portanto Agatha já havia estourado o tempo[109]. Houve diversas tentativas de corrigir o problema, porém Agatha desistiu do projeto. Ela achou que o filme descaracterizaria demais a obra de Dickens; o mesmo medo que tinha quando o faziam com a sua.

---

109. Richard Hack diz que o script estava concluído em abril, com duzentas páginas, mas os documentos de Agatha e Cork deixam claro que não. Cathy Cook, em *The Agatha Christie Miscellany*, também cita o script completo de duzentas e setenta páginas em abril. Jeffrey Feinmann comenta que Agatha falou que, uma vez, tentara adaptar o livro para filme, mas eram tantos personagens que ela achou que teria que cortar mais da metade, porém em um tom de informalidade, não comentando o contrato de Agatha.

O ponto de vista de Agatha sobre a adaptação para o cinema de *Black House* hoje, mais de cinquenta anos depois, estava certo. O livro nunca foi adaptado para o cinema. Tudo que se encontra dele são três minisséries de televisão; uma de 1959, outra de 1985 e a última, de 2005, feita pela BBC, com quinze capítulos de quinhentos e dez minutos de duração. Isso reforça ainda mais minha teoria de que Agatha sempre sabia o que fazia e como conduzia sua obra.

The Disappearence of Mr. Davenheim foi produzido para a CBS americana, no programa General Eletric Theater, dia primeiro de abril.

Murder She Said, adaptado de A Testemunha Ocular do Crime, estreou nos cinemas. Margaret Rutherford, no papel de Miss Marple, emprega-se na casa dos Crakenthorpe para investigar o crime que ela mesma viu da janela do trem. O ingrediente básico do livro, Lucy Elesbarrow, é retirado do filme, o que já decepciona. As alterações no enredo original ainda são discretas, bem como as cenas de comédia. Mais uma vez, encontraremos em um papel menor da história Joan Hickson, como Mrs. Kidder.

Eu considero os quatro filmes de Margaret Ruterford, até hoje, uma boa diversão. O único detalhe é: temos que esquecer a Miss Marple de Agatha Christie. Se a esquecermos, gostaremos dos filmes; se a tivermos em mente, os filmes serão uma abominação.

O casal Mallowan viajou com o neto, Mathew, recém-formado, para o festival de óperas de Bayreuth, na Alemanha. O casal conseguiu fazer do neto um apreciador de óperas e de Wagner, como eles próprios.

A Maldição do Espelho foi publicado em novembro. Muitos o consideram o melhor dos motivos para um crime já utilizados por Agatha Christie. A estrela de Hollywood, Marina Gregg (Gregg?), com toda a sua afetação e deslumbramento com a vida, bem como sua leviandade, juntamente com um de seus inúmeros maridos, que faz absolutamente tudo o que ela quer, compra Gossington Hall, a antiga mansão dos Bantry. A Sra. Bantry, viúva, mudou-se para o chalé que antigamente servia como casa do porteiro da propriedade. Durante uma festa promovida pela estrela, uma convidada muito simples morre subitamente. Todos acreditam que ela tivera um mal súbito, mas, depois, descobre-se que ela tomou uma dose excessiva de tranquilizantes.

O livro foi dedicado à Margaret Rutherford, em admiração. Dennis Sanders e Len Lovallo, bem como Mike Holgate, ao tentarem traçar um paralelo da história com um acontecimento da vida real que poderia ter inspirado o livro, entregam um *spoiler* para um leitor mais perspicaz.

Agatha e Max estavam em Bagdá para visitas às escolas e para que Max revisse alguns detalhes para o livro que estava escrevendo, *Nimrud ant It*

Remains, sobre os dez anos de escavação da cidade, no Iraque. Jared Cade disse que o casal viajou acompanhado de Judith Gardner, a filha de Nan Watts, e de seu marido, Graham Gardner. Segundo ele, Graham viajou com uma bolsa do British Institute of Persian Studies e Judith teve as despesas pagas por Agatha. Graham Gardner teria viajado com a função de fazer fotos das peças de Nimrud, escavadas por Max, em poder do governo do Iraque, para o novo livro. O autor cansa de repetir e destacar a fortuna do casal Gardner. Não entendo por que, se eles eram tão ricos, tiveram que viajar com suas despesas pagas. Não há nenhum crédito a Graham Gardner nas fotos do livro de Max.

Durante algum tempo, Peter Saunders insistiu com Agatha para que ela escrevesse uma peça de teatro em um novo modelo — três peças curtas em uma única. Nas cartas entre ela e Edmund Cork, podemos ver uma Agatha não muito à vontade com a ideia. O próprio Saunders admitiu, em sua biografia *The Mousetrap Man*, que Agatha escrevera a peça por insistência dele. Ele estava chateado, pois as duas peças produzidas por ele haviam falhado, *Veredict* e *Go Back For Murder*.

Agatha e Max estsvam de volta a Londres para a festa de dez anos em cartaz de A Ratoeira/*The Mousetrap*.

Finalmente, *Rule of Three* (Regra de Três) estreou no dia vinte de dezembro, no Duchess Theatre de Londres. A peça constitui-se de três pequenas peças de um ato cada: *The Rats* (Os Ratos), *Afternoon at Sea Side* (Uma Tarde na Praia) e *The Pacient* (O Paciente); somente a última é uma peça de mistério; as duas primeiras são romances leves. Curiosamente, Peter Saunders não cita, em seu livro, que o diretor da peça foi Hubert Gregg. Hubert Gregg comenta, em seu livro, sua intenção de mostrar uma das atrizes nua, em *Afternoon at Sea Side*. Ele fala do insucesso da peça, mas parece querer deixar bem claro que estava em Portugal quando a estreia aconteceu em Londres e que, quando voltou, ela já não estava em cartaz. A peça ficou em cartaz por cerca de dois meses.

Archibald Christie morreu em dezembro de 1962. Rosalind, pela primeira vez, encontrou seu meio-irmão, Archibald III, em seu funeral. Ela contou, anos mais tarde, que o pai lhe segredou, em uma de suas conversas com ela, que havia falido duas vezes durante esses trinta e cinco anos. Por essa informação, percebemos que Archibald Christie continuou agindo por impulso durante boa parte de sua vida de aventuras.

Segundo Jared Cade, Anthony Hicks teria dito que Archie era uma boa pessoa, mas teria se tornado maçante porque Nancy Neele era maçante. Pelas evidências que encontrei nas pesquisas para este livro, posso admitir a informação como verdadeira.

Linha do Tempo

1962-1963

Quando morreu, Archibald Christie era presidente da *The Embankment Trust do Southern Stockholders Trust*; diretor da Rank TV e do General Trust, das Organizações Rank e dos Cinemas Odeon. Seu patrimônio era de noventa mil libras. Mathew Prichard, em *The Grand Tour*, disse que, pelo que pôde perceber através de quem conheceu Archibald no mundo dos negócios, ele era sagaz e competente no que fazia. Mathew havia combinado de conhecer o pai de sua mãe alguns dias antes de Archibald morrer, subitamente. Ele usa o termo avô quando se refere a Max.

Em 1962, a Edições de Ouro lançou a Série Agatha Christie no Brasil, em livros de bolso. O primeiro livro foi Pensão Internacional/*Hickory, Dickory, Dock*. Os direitos autorais, misteriosamente, estavam em nome de Agatha Christie, quando são dos sobrinhos de Max e, no fim do livro, há uma frase: "Fim da Primeira Aventura de Hercule Poirot", o que pode induzir a erro os leitores que não conhecem a obra de Agatha, achando que aquele foi o primeiro livro escrito com o personagem. Na verdade, é o fim do primeiro livro de Hercule Poirot da Série Agatha Christie das Edições de Ouro.

Max dedicou os próximos dois anos a escrever o livro, de dois volumes, *Nimrud and It's Remains*. Ao mesmo tempo, dava aulas em Oxford e continuava tratando de seus compromissos em Londres. As viagens ao Irã só aconteciam, agora, quando havia algum compromisso que exijisse sua presença no *British Institute of Persian Estudies*, como conferências, exercício de diplomacia e outros. O casal passou mais tempo em Greenway, onde Max escreveu o livro.

O volume vinte e cinco de *Iraq*, em que Max escreveu diversos capítulos nos anos anteriores, dessa vez foi todo dedicado a Nimrud e às escavações de Max.

Agatha, totalmente desestimulada de escrever por causa dos impostos, que comiam qualquer coisa que ela produzisse, voltou a usar o ato de escrever como um hobbie e uma maneira de agradar seus leitores. Sua atividade caiu e ela se restringiu a um livro por ano. A partir de agora, seus livros seriam escritos durante o ano em que seriam publicados; não mais com anos de antecedência, não havendo mais livros de reserva para emergências.

No meio do ano de 1963, *Murder at the Gallop*, o segundo dos quatro filmes de Margaret Rutherford, foi lançado. Dessa vez, a história é baseada, muito de longe, em Depois do Funeral. Como todos sabem, o livro é com Poirot, porém a MGM o substituiu por Miss Marple. A história se passa em uma escola de equitação e os "super poderes" de Miss Marple começam a aparecer quando ela conta que foi campeã de equitação na década de 1920 e participa de uma corrida a cavalo.

Em uma carta datada de março do ano seguinte, Agatha comentaria com os produtores da MGM sobre colocar Miss Marple em uma história de Poirot, uma vez que ela não era personagem de um único livro, tendo caráter e personalidade. Ressentida, disse que não esperava que eles pudessem supor que ela concordasse com essa distorção de sua personagem favorita. Estava mais horrorizada do que qualquer coisa que pudesse dizer. Ressaltou, ainda, que o ponto de vista defendido por ela era uma questão de integridade do autor.

A televisão brasileira produziu O Caso dos Dez Negrinhos, em O Grande Teatro Tupi, no dia vinte e três de outubro de 1963. A peça foi adaptada por Wanda Cosmo, que também estava no elenco, ao lado de Marcos Ponka, Amândio Silva Filho e Georgia Gomide. A direção foi de Luiz Gallon e Wanda Cosmo.

Os Relógios foi publicado em novembro de 1963. No livro, Poirot encontra-se entediado em seu apartamento, lendo histórias de detetive e tentando achar a lógica delas. Talvez um reflexo de Agatha, ressentida pela rotina e saudosa das viagens ao Iraque. Os comentários de Poirot sobre os diversos autores de novelas de detetive são bastante interessantes. O detetive do livro é muito mais Colin Lamb, que se vê envolvido em um mistério em que quatro relógios na sala de jantar de uma senhora cega são encontrados, misteriosamente, juntos a um homem assassinado. O livro tem uma trama de espionagem e um romance paralelos.

Gordon Ramsey, em seu livro *Agatha Christie Mistress of Mystery*, de 1968 — o único sobre Agatha Christie publicado enquanto ela estava viva e com entrevistas feitas pelo autor com ela —, afirmou que Agatha confidenciou-lhe que o personagem Colin Lamb seria, provavelmente, filho de Battle. Em Os Relógios, encontramos Poirot estranhando o sobrenome de Colin, que responde ser um pseudônimo para não crescer na carreira por ser filho de um ilustre policial. Poirot pergunta, então, como vai seu amigo, o superintendente aposentado. Não há mais nenhuma menção que individualize um personagem. A paternidade de Colin seria aplicável a Japp, Spence e Battle, porém Battle é o único que tem escrita, em suas histórias, uma família com diversos filhos. Spence volta a cena anos mais tarde, em Noite das Bruxas, e nada se comenta de um filho. Japp nunca comentou sua vida particular.

Charles Osborne, baseado no livro *The Gentle Art of Murder*, de Earl F. Bergainniere, disse que Barzun e Taylor, em *A Catalogue of Crime*, erraram ao dizer que Colin Lamb era filho de Battle. Earl L. Bergainniere se baseou em Gordon Ramsey para fazer a afirmação. Gordon diz que Agatha falou "muito provavelmente"; portanto, se analisarmos somente o universo

Christie e o livro Os Relógios, quaisquer das três opções são válidas, havendo uma maior probabilidade de Battle ser o pai de Colin Lamb. Juntando-se a isso a afirmação de Gordon, do que Agatha lhe teria dito, pode-se realmente chegar a essa conclusão. Não se pode, porém, afirmar que o outro autor errou, nem que acertou. As três hipóteses são, em última análise, válidas.

A Filha/Filha é Filha, de 1952, escrito por Mary Westmacott, foi publicado pela primeira vez nos Estados Unidos, em paperback, pela Dell Books.

Durante o ano, Agatha comprou um novo Humble. Campbell Christie foi encontrado morto em sua cozinha, com o gás aberto.

O terceiro filme de Margaret Rutherford, *Murder Most Full*, estreou em março de 1964. O enredo diz ser baseado em A Morte da Sra. McGinty/*Mrs. McGinthy Death*[110], porém as semelhanças são mínimas e temos dificuldade de ver seus traços no roteiro. Mais uma vez, Marple é colocada em um livro de Poirot e a Sra. Oliver se transforma em um agente teatral, que dá uma pista de um crime para a velha senhora. No elenco, Francesca Annis interpreta Sheila Howard. Vinte anos depois, ela seria Tuppence, nas adaptações para a TV de Sócios no Crime e O Inimigo Secreto.

Rosalind e Anthony Hicks viviam uma constante troca de endereços, entre o Ferry Cottage de Greenway e a propriedade do País de Gales, pela qual ainda deviam zelar.

Murder Ahoy estreou no verão. O último filme de Margaret Rutherford foi uma criação da MGM, não baseada em nenhum dos livros de Agatha, apenas usando a sua personagem. Miss Marple, desta vez, é eleita para integrar um clube naval no lugar de um parente falecido. Ocorre um assassinato devido à contas mal prestadas e ela parte para a ação. Agora ela é campeã de esgrima e tem que enfrentar o bandido em um duelo, a bordo do navio. O filme começa com ela em um alfaiate, mandando fazer um traje de capitão.

A atriz Margaret Ruterford ganhou, nesse ano, o Oscar de melhor atriz coadjuvante do ano anterior, por *The Vip's*.

O "Christie for Christmas" desse ano foi Mistério no Caribe, publicado em novembro. Mais uma história de Miss Marple, em que a personagem ganha de seu sobrinho, Raymond West, e de sua esposa uma viagem para o Caribe. No hotel, ocorre um assassinato envolvendo um caso de troca de casais. Miss Marple pede ajuda a Mr. Rafiel, um insuportável milionário inglês inválido, que está hospedado no hotel com sua secretária e um enfermeiro. Existe uma discussão sobre qual ilha do Caribe serviu de inspiração

---

110. *Scott Palmer em seu livro The Films of Agatha Christie coloca Murder Most Foul estreando em 1965, depois de Murder Ahoy.*

para Agatha. O cartão postal, enviado por ela a Edmund Cork em 1957, responde: St. James, Barbados; porém a dedicatória do livro a John Rose e as memórias das férias felizes de Agatha nas Índias Ocidentais nos levam a St. Lúcia, onde o antigo parceiro de escavações de Max tinha uma residência em que os Mallowan se hospedaram.

Nessa altura da vida de Agatha, Edmund Cork deixara de ser um agente literário e transformara-se no empresário de Agatha Christie, bem como em procurador, amigo e confidente. Eles estavam trabalhando juntos há quarenta anos e Cork, agora, dedicava-se exclusivamente aos interesses de Agatha; fosse na gerência da Agatha Christie Ltd., na negociação de direitos autorais, assessoria de imprensa e, até mesmo, de assuntos pessoais de Agatha, Max, Rosalind, Anthony Hicks, Mathew Prichard, Greenway, Creswell Place — ainda alugada para o inquilino-problema —, Wallingford e os carros da família. Ele cuidava das viagens dos Mallowan e das pessoas por quem eles olhavam e davam ajuda financeira. Qualquer coisa de que Agatha ou Max precisassem era solucionada com uma carta para Edmund Cork e ele tomava as necessárias providências, sempre consultando Agatha previamente. Judith e Graham Gardner jamais foram citados em nenhum dos mais de cinco mil documentos de Cork. Carlo e diversas outras pessoas são citadas periodicamente.

Brown's Hotel

Lady Mallowan

A partir de 1965, os livros de Agatha Christie tiveram uma mudança brusca de rumo. As moralizações, que a autora removeu de seus livros nos anos de 1910 e durante quase toda sua carreira, voltaram com toda a força. Agatha olha, analisa e critica a sociedade a sua volta sob um olhar totalmente vitoriano. Muitos dizem que seus livros perderam a engenhosidade, porém eu digo que ganharam muito sob o ponto de vista da evolução da sociedade, que defendo como sendo, hoje, o primordial da obra de Christie e seu lugar na literatura inglesa; mas ninguém pode se dar à liberdade de subjugar Agatha Christie. A genialidade ainda estava presente e uma obra-prima ainda surgiria.

O ano de 1965 foi quase igual aos demais anos da década de 1960, porém algumas coisas importantes e significativas aconteceram.

Ten Little Indians[111], nova versão inglesa, com direção de George Pollock, estreou em Londres. O diretor foi responsável pelos filmes de Margaret Rutherford, mas, dessa vez, abandonou o gênero comédia e o filme foi ambientado nos Alpes austríacos, onde um teleférico quebrado isolou as vítimas em um castelo. As mortes ocorrem de maneiras diferentes das do livro, também.

Max completou seu livro, *Nimrud and It's Remains*[112], em dois volumes.

No dia onze de outubro de 1965, Agatha concluiu sua *Autobiografia*. Nesse momento, podemos ver como estava fisicamente nossa escritora predileta, aos setenta e cinco anos de idade. Agatha falou do problema de seus dentes. Provavelmente nessa época, ela começou a apresentar algum tipo de problema de coração. Suas pernas nas fotos estavam inchadas. A teoria, em voga na ocasião, da extração de todos os dentes frente a um problema qualquer de coração, concomitante com a informação de Agatha, valida a hipótese de que ela começou a ter algum problema de cardíaco nesse ano.

---

111. Peter Hanning não cita essa versão.
112. Richard Hack parece desconhecer a carreira de Max, pois diz que ele passava seu tempo correndo pelas estradas, no novo Humber da família.

Sua artrite e o inchaço das pernas já não lhe permitiam grandes caminhadas e nadar, mas ela ainda podia fazer passeios tranquilos pelo jardim de Greenway e viajar pelo mundo. O uso de medicamentos para o coração, que tinham como efeito colateral a inibição do apetite e a perda de peso, também podem ter sido iniciados nessa época. Mesmo assim, Agatha ainda estava cheia de alegria de viver e de projetos, embora resignada em suas limitações.

Na segunda metade da década de 1960, Cecily Courtneigde e Jack Hulbert, atores que conheceram Agatha quando fizeram parte do elenco de *Spider's Web*, entre 1954 e 1956, optaram por deixar os musicais e o teatro de revista para participar de comédias e dramas. Nessa época, muito provavelmente, a misteriosa peça de teatro de Agatha Christie, nunca produzida, *Miss Perry*, deve ter sido escrita, a pedido do casal. John Curran encontrou somente uma menção à peça nos cadernos de Agatha, sem datação alguma. A presença de um casal de nome Perry no livro Um Pressentimento Funesto, escrito em 1968, poderia ser uma pista de quando a peça foi escrita.

Uma intensa troca de cartas entre Agatha e Cork, em 1973 e 1974, mostra os dois empenhados em descobrir onde estava o script da peça, quando finalmente Cork a localizou com o casal de atores, que a devolveu, justificando sua não produção por ser muito curta. Hoje, existem cópias da peça inédita no The Christie Archive e algumas, que foram compradas em leilão do espólio de Edmund Cork, do colecionador particular Ralf Stultiëns, da Holanda.

A Mulher Diabólica/O Caso do Hotel Bertram foi publicado em novembro. Uma Agatha Christie muito saudosa do passado vem nos falar, através de Miss Marple. O cenário do livro é o ambiente Eduardiano da adolescência de Agatha, surpreendentemente para todos, presente em Mayfair como uma janela do passado. A ambientação do livro e a genialidade com que o ambiente de mais de meio século atrás é revivido são magistrais. A trama é fraca, porém mais um dos psicopatas de Agatha é o criminoso. O final do livro deixa claro que ele teria uma continuação, porém isso nunca ocorreu.

Existe uma discussão histórica sobre qual hotel seria o inspirador de Agatha para o ambiente do Hotel Bertram. As dúvidas recaem entre dois hotéis de Londres, ambos em Mayfair: o Flemmings, em Half Moon Street, rua onde Agatha morou uma semana em 1943, e o Brown's Hotel, na Albermale Road, com entrada traseira pela Dover Street. Alguns autores citam um ou outro, sem propor a dúvida; outros citam a dúvida e propõem seus motivos, porque acreditam ser um ou outro o modelo do Hotel Bertram. Historicamente, ambos são muito parecidos.

O Flemmings foi destruído durante a guerra, mas o Brown's não. Sem me estender no assunto da comparação, afirmo que os pontos a favor do

Brown's hotel são muito mais favoráveis do que os do Flemmings. O emaranhado de salas e salões do térreo, em que você pode se perder, são muito maiores no Brown's. O salão de chá, que se abre diretamente para a recepção e a porta de entrada, estão presentes no Brown's. No livro, um personagem foge pela porta *traseira* do hotel, onde um carro está estacionado. O Brown's tem porta traseira para a Dover Street desde o começo do século XX; o Flemmings *não tem porta dos fundos dando para outra rua.*

Meu argumento final para afirmar que certamente foi o Brown's o modelo do Hotel Bertram é o mais forte: Madge cita o hotel em uma carta de 1924, quando se hospedou em Londres para a montagem de sua peça, *The Claimant,* como se fosse o local habitual de hospedagem da família em Londres. Provavelmente Agatha, que ajudou e prestigiou Madge nessa empreitada, no mínimo tomou chá com ela no Brown's Hotel e, quarenta anos depois, o ambiente veio novamente a sua memória saudosa do passado e crítica da sociedade atual. Agatha também pode ter ido ao hotel na idade em que Miss Marple diz se ter hospedado com os tios lá, quando ela própria teria ido tomar chá no hotel com Auntie-Grannie, que a levava ao teatro semanalmente, entre 1897 e 1901.

Edmund Cork sugeriria, em uma carta para Agatha, que as semelhanças entre o Hotel Bertram e o Flemmings estavam muito evidentes, por causa do nome do gerente Capello, que deveria ser trocado. Cork talvez tenha imaginado o Flemmings por causa do nome do gerente, dando origem à dúvida, ao passo que Agatha tinha na cabeça o Brown's, que lhe era muito mais familiar. Na hora de substituir o nome do gerente no hotel fictício, sua memória a traiu e ela colocou o nome do gerente do Flemmings.

Agatha Christie Mallowan publicou, pela Collins, um pequeno livro de contos e versos de Natal, também em novembro, chamado *Star Over Bethlehem.* O primeiro dos contos, que dá nome ao livro, foi publicado em 1946, por *Woman's Journal.* Max considerou o livro uma obra-prima de Agatha; eu também. Os direitos autorais do livro foram doados à Unicef.

Se 1955 fora o ano de Agatha Christie, 1966 foi o ano de Max Mallowan. Ele voltou à British School of Archaeology in Iraq, como diretor.

A troca de cartas desse ano, entre Agatha e Cork, foi suplantada pela troca de cartas entre Max, Dorothy Olding e Cork, referentes à publicação do livro de Max na Inglaterra e na América. *Nimrud and It's Remains* foi publicado pela Collins com o auxílio de Sidney Smith, o amigo do casal Mallowan, que tanto brigara por ele, para conseguir as verbas para suas escavações, agora coroadas de triunfo. As primeiras palavras do livro são dedicadas à Agatha, que dividiu com ele o prazer e os desafios de escavar Nimrud.

The Alphabet Murders, quinto e último filme da MGM, estreou em março. Dessa vez, Margaret Rutherford, caracterizada como Miss Marple, apenas cruzou com Poirot, o protagonista, na porta da delegacia, em uma cena muda de dez segundos, cheia de caretas de ambas as partes. Poirot foi interpretado por Tony Randall. Os primeiros quinze minutos do filme são gastos com o ator fazendo cenas de comédia pastelão junto a um Hastings gordo, que o está seguindo por ordem da polícia, da qual é membro.

O *The Times* de vinte e quatro de fevereiro e o *Illustrated London News* de quinze de março publicaram longos artigos, elogiando Max e seu livro.

Agatha foi declarada pelo Guiness Book of Records, publicado pela Guiness Superlatives Ltd., a maior autora de *bestsellers* de todos os tempos, ultrapassando Shakspeare[113].

Gordon Ramsey enviou uma série de perguntas à Agatha para publicação de seu livro sobre ela.

Daphne Mauriel enviou também perguntas à Agatha, para um livro que estava escrevendo sobre a Cornuália. Na conversa entre as autoras, Agatha comentou que estava concluindo um livro sobre três moças. Como Agatha lançou, em novembro desse ano, A Terceira Moça/*Third Girl*, podemos concluir que o livro foi concluído nessa data.

Max e Agatha passaram quase dois meses nos Estados Unidos, onde Max fez uma série de mais de quinze palestras em diversas universidades, cruzando o país. O livro rendeu mais de quinze mil dólares em oito meses.

"Os Mallowans" foi o título da matéria publicada pelo *The New Yorker*, feita pelo repórter Geoffrey Hellman e datada do dia vinte e nove de outubro[114]. Nela, uma Agatha emocionada contou como limpou a "Mona Lisa" no Iraque, em 1934.

O trabalho de Max foi homenageado na Alemanha Ocidental, pelo German Archaelogical Institut, e na França, pela Académie des Inscriptions e Belle Letres de Paris.

O Novo Museu do Iraque foi inaugurado em nove de novembro, mas os Mallowan estavam na América e não poduderam comparecer. O Embaixador do Iraque em Washington ofereceu um grande almoço para homenagear Max.

O amigo dos Mallowan e professor de Oxford, A. L. Rowse, escreveria um livro de memórias chamado *Memories of Men and Women,* publicado em 1980. Através da narrativa de seus encontros e amizade com dez personalidades inglesas de renome, entre elas Winston Churchill e Agatha Christie, ele contaria um pouco de sua vida e um pouco do que viu e entendeu de cada um.

---

113. Na época, existiam duas editoras do Guiness Book; também existiam diversos critérios de medição de vendas dos livros de Shakespeare, por serem muito antigos e não se ter um registro de suas vendas em outros séculos, porém Agatha, agora, é reconhecida por todas as estatísticas.
114. Henrietta McCall diz que Max foi fotografado para a revista em Swan Court, mas as fotos são de Winterbrook House, Wallingford.

Linha do Tempo
1966-1967

Uma bela visão dos Mallowan nos anos sessenta nos é passada pelo amigo do casal. Ele confessou nunca ter lido um livro de detetive até conhecer Agatha e fez uma perfeita tradução dela; ressaltou sua modéstia, sua timidez e, o que mais lhe chamou a atenção: disse que ela era uma mulher para quem o dinheiro nada significava, de classe média alta, que nunca quis ser famosa e para quem a fama nada significava. Ele depôs voluntariamente que era até estranho ela não ser vaidosa de sua fama, ainda mais sendo uma autora mundialmente conhecida. Segundo ele, Agatha dizia que nunca fora ambiciosa e que qualquer um que a conhecesse concordaria com ela[115].

Ele estava presente na palestra de Max, no Instituto de Tecnologia de Pasadena. Agatha sentou-se anônima na quarta ou quinta fila da plateia, perto da parede. Todos os presentes sabiam que "a mulher mais famosa do mundo" (SIC) estava presente. Uma ovação foi dedicada a ela. Agatha Mallowan simplesmente se inclinou algumas vezes, em agradecimento, sem olhar para trás, muito tímida.

A Terceira Moça/*Third Girl*, publicado em novembro, foi o livro em que Agatha falou mais asperamente da sociedade que a estava cercando. Ela falou da maconha, LSD, das roupas que os jovens usavam e da música. A primeira versão brasileira do livro omite as drogas por ter sido feita em pleno governo militar. Mais uma vez, se a trama é fraca, a visão da sociedade vale o livro. A presença da juventude e das crianças é um fator recorrente. Todos os últimos livros de Agatha, com exceção de Noite sem Fim, teriam esse tema, que despontara em sua obra no livro anterior. Nitidamente, vemos uma Agatha preocupada com o futuro e com o rumo não muito aprovado por ela da sociedade da época.

O acerto de contas da MGM sobre os dez por cento de bilheteria a que Agatha tinha direito sobre os filmes de Margaret Rutherford estava atrasado. Rosalind comentou com Cork que esse era mais um motivo pelo qual dificilmente Agatha voltaria a concordar com outras adaptações de sua obra para o cinema, além das distorções que fizeram em seus enredos.

O prejuízo da MGM com as produções foi grande e eles decidiram, para o alívio de Agatha, encerrar as filmagens de sua obra. Agatha comentou com Cork que nem se importaria se não recebesse a bilheteria, pois estava mais contente com o fracasso dos filmes.

No Brasil, foi publicado O Misterioso Caso de Styles, pela Editora das Américas — Edameris.

O ano de 1967 foi um ano aéreo. Max e Agatha viajaram mais do que em qualquer outro ano, tanto dentro da Inglaterra quanto na Europa e no Oriente Médio. Na primavera, o casal foi para o Irã, supervisionar os trabalhos do *British Institut of Persian Studies*.

---

115. Jared Cade jamais cita A.L. Rowse, por motivos óbvios.

Mathew se casou com Angel Maples em maio. Agatha consultou Edmund Cork, que lhe certificou de que ele poderia usar o dinheiro do trust para comprar uma casa. No entanto, a casa de Mathew, no País de Gales, estava gerando desconforto para Rosalind e Anthony Hicks, que ficavam viajando entre ela e Greenway para tomar conta de ambas. Eles decidiram que Mathew moraria em sua casa e Rosalind e Anthony mudaram-se definitivamente para o Ferry Cottage de Greenway.

Quem desconhece Greenway não sabe que na propriedade existe outra grande casa georgiana, Greenway South Lodge, no alto do promontório, perto da estrada. É uma casa grande e imponente. Existe, também, outra casa, esta realmente pequena, próxima à parada do trem, antes de se chegar ao atual portão de visitantes.

Rosalind optou pelo Ferry Cottage exatamente por ser menor e ter uma linda vista, às margens do Rio Dart. Para os eventos sociais da família, sempre existiria a casa principal de Greenway e, fora da temporada de verão, era mais prático mantê-la fechada e não ter que cuidar de duas casas grandes sem empregados.

Eles jamais receberam ordem de Mathew de deixar a casa dentro de um mês, sem terem onde morar, quando ele se casou em 1967, conforme afirma Jared Cade, em seu livro *fanfiction*. Hoje em dia, após a doação de toda a propriedade para o National Trust, Mathew Prichard conservou para si e sua família exatamente o bucólico e charmoso Ferry Cottage, às margens do Rio Dart.

Agatha se encontrou com o Prof. Frank Behre, da Universidade de Estocolmo, que pretendia escrever um livro sobre sua obra. Greenway era uma festa para o casal. Durante o verão, além de amigos, parentes e professores de Oxford, colegas de Max, eles costumavam receber alunos da universidade, que não tinham muitas condições financeiras de viajar, para férias de verão, com lautas refeições. Para tanto, Rosalind providenciou a adaptação do celeiro de Greenway, onde hoje estão a lanchonete, um recinto de exposições e a lojinha, para acomodação de hóspedes. O casal Gardner, que não tinha onde morar, acabou sendo abrigado por Agatha nesse local durante um mês inteiro do ano.

Os Mallowan foram passar férias na Eslovênia, antiga Iugoslávia. Uma lei nacional não permitia o envio de dinheiro ganho naquele país para outro, então Agatha e Max passam férias lá para gastar o dinheiro dos direitos autorais que ela havia acumulado. Eles se hospedam em Mladinska — Knjiga — TITOVA 3 — Liubliana. Um jornalista local entrevistou o casal pela sacada do hotel, segundo Andrew Eames. Max ficou muito bravo com a intromissão, querendo chamar a polícia, mas Agatha se sentiu encantada com a oferta de flores do vizinho de sacada e conversou com ele por algum

Linha do Tempo

1967

tempo. Agatha sempre soube controlar o temperamento explosivo de Max, exclamando somente uma palavra para ele se conter.

O verão foi passado em Greenway com os convidados de sempre e, para comemorar o aniversário de Agatha, eles foram para a Espanha, um país recorrente ao casal; iam para lá quase todos os anos, provavelmente para o castelo que Allen Lane comprara no país. Allen Lane também empregou o neto de Agatha, agora formado em Oxford, Mathew Prichard. Ele começou a ser preparado para tomar conta dos negócios editoriais de sua avó. Ao contrário de pesquisas malfeitas ou mal-intencionadas, que dizem que ele nunca trabalhou na vida.

No salão de embarques do Aeroporto Internacional de Bajaras, em Madri, antes de embarcar para Londres, Agatha concedeu uma entrevista a jornalistas locais, entre eles Rafael Montero. Agatha disse que chegou ao aeroporto uma hora antes do embarque para responder a quantas perguntas quisessem, pois, quando chegou ao país querendo descansar, foi cercada por repórteres. Como não quis responder perguntas naquele momento, foi, mais uma vez, injustiçada pela imprensa, que a taxou de mal-educada; então, como um pedido de desculpas, ela chegou cedo para responder ao que quisessem.

Na entrevista, ela riu muito e conversou sobre diversas coisas. Sua primeira frase foi dizer que tudo na Espanha era maravilhoso e que lá se vivia magnificamente. Ela informou que seu pintor espanhol predileto era El Grecco. Ao ser perguntada se era verdade que estava escrevendo um livro ambientado no país, ficou séria e respondeu que primeiro a imprensa se queixava que ela nada declarava, agora perguntavam-lhe a veracidade de uma declaração que ela não dera; muitas vezes a imprensa sabia mais do que ela, inclusive sobre coisas que ela mesma sequer imaginava.

A matéria ainda fez questão de ressaltar o carinho de Max por ela, perguntando se ela não estava cansada, ao que ela sorriu, e sobre o suco de laranja que ele lhe trouxe, mas ela não tomou. Nas palavras do jornal local, Agatha, aos oitenta e três anos — erraram sua idade —, era uma mulher encantadora; nada tinha de retraída ou arrogante; meiga, muito meiga, que continuava tranquila, depois de matar milhares (?!) de pessoas.

Ela terminou a entrevista dizendo que tinha orgulho de sua peça *Monstruo* estar há quinze anos em cartaz. Perguntou ao repórter se não era muito tempo. Ele respondeu que sim, até para a longa vida de uma profissional em venenos[116].

A foto que ilustrou o artigo mostrava uma senhora muito bem-disposta, cheia de saúde, ao lado de um senhor aparentemente da mesma idade que

---

116. Entrevista reproduzida na Revista O Cruzeiro de dois de dezembro de 1967.

ela. Agatha, no entanto, não era mais tão pesada quanto em anos anteriores, provavelmente efeito colateral de seu remédio para o coração.

Max seguiu novamente para o Irã, para uma série de palestras, em outubro. Durante uma delas, sofreu um segundo derrame. Ele foi embarcado de volta à Inglaterra assim que teve condições de viajar. Dessa vez, houve sequelas do trauma e ele ficou com um ligeiro tremor na mão e no braço esquerdo, precisando do auxílio de uma bengala para longas caminhadas.

O casal Mallowan comprou um Volvo. Edmund Cork estava às voltas com um problema de pirataria da obra de Agatha na Grécia. A MGM ainda não acertara a bilheteria de seus filmes com Agatha. O livro de Max esgotou na Inglaterra, tendo vendido doze mil, oitocentas e trinta e nove libras.

A última das obras-primas de Agatha, Noite sem Fim, foi publicada em outubro. O ritmo da narrativa é mais lento do que os livros normais de Agatha Christie, o que faz alguns leitores se aborrecerem com ele; porém o mais terrível dos psicopatas da autora e a inédita narrativa de um crime nos padrões de terror psicológico de Patrícia Highsmith, garantem seu lugar entre os melhores. Agatha Christie, aos setenta e sete anos, provava, mais uma vez, porque era a Rainha do Crime. Ela se atualizou e saiu de sua zona de conforto para escrever mais um livro perfeito. O livro não é um livro de detetive, mas sim um terror psicológico muito bem conduzido.

O enredo do livro gira em torno da ambição de um jovem em ter a casa de seus sonhos, que a idealizara durante toda sua vida. A ambientação é a da lenda do Campo do Cigano (Gipsy Acre), no País de Gales. Agatha dedica o livro à Nora Prichard, avó paterna de Mathew. A lenda havia sido contada a ela poucos meses antes, quando Agatha e Max estavam passando o inverno com Rosalind. Mathew se atrasou para o chá, pois estava ajudando a recuperar a estrada em um trecho onde havia uma curva perigosa. Quando ele comentou isso, sua avó, Nora Prichard, contou a história da lenda do Campo do Cigano e sua avó, Agatha Christie, escreveu o livro. Finalizando, um arquiteto famoso, nos padrões de Guilford Bell, completa os elementos que a Rainha do Crime usou na construção da trama, logicamente com um final surpreendente.

Ein Fremdler klopft an foi produzido e exibido pela televisão da Alemanha Ocidental em cinco de dezembro, baseada em *Love from a Strager*.

Assassinato no Campo de Golfe foi publicado durante o ano de 1967 no Brasil, pela Editora das Américas — Edameris.

O livro *Agatha Christie Mistress of Mystery*, de Gordon Ramsey, foi lançado pela Collins, em 1968. Agatha aceitou sua publicação, mas pedindo que não fosse usado o termo "autorizado". Ao ler o livro, ela desaprovou algumas das colocações do autor.

A Editora Ypiranga, do Rio de Janeiro (Nova Fronteira), pagou oito mil libras pelos direitos da obra de Agatha, que foram depositados em sua conta, no Loyds Bank Torquay.

O casal Mallowan voltou ao Irã para as atividades de Max junto ao Bips, mas o ano foi mais lento para eles.

Em trinta e um de maio de 1968, a *London Gazzete* anunciou, na página seis mil e trezentos, a Lista de Honras de Aniversário[117]: a partir de oito de junho daquele ano, o Professor Emérito Max Mallowan, CBE.[118], tornou-se Sir Max Mallowan, Cavaleiro da Ordem do Império Britanico, por seus serviços na arquelogia. Ao saber da honraria, a maior alegria de Max foi dizer que o título pouco significava para ele, mas estava feliz, pois ser uma Lady era uma aspiração infantil de Agatha, que agora o título dele podia realizar.

Um Pressentimento Funesto foi publicado em novembro. Novamente o casal Tommy e Tuppence estavam em ação. Diferente dos outros personagens principais de Agatha Christie, o casal foi o único cuja cronologia de vida acompanhou a cronologia real do tempo. O jovem casal de 1922 agora era um casal de quase setenta anos.

No livro, durante visita a uma tia de Tommy, uma senhora internada na mesma casa de repouso que ela pergunta se a criança atrás da lareira era sua filha, observando que, naquele dia, o leite que estava bebendo não estava envenenado. Essa é uma situação recorrente na obra de Christie. Também está presente em Um Crime Adormecido, escrito por volta de 1950, e em O Cavalo Amarelo, de 1961, porém somente como um acontecido. Em Um Pressentimento Funesto, Agatha finalmente desenvolve a ideia.

Concordo com todos os autores que sugerem que essa situação pode ter ocorrido com Agatha em Ashfield, quando a casa vizinha foi transformada em casa de repouso e seus ocupantes a estavam perturbando.

A cena final do livro acontece em um local de Greenway, que Agatha conheceu durante a guerra. Seu jardineiro havia escondido milhares de cebolas para ela, antes da casa ser ocupada pelo Almirantado. Ele a levou para ver as cebolas em um lugar do sótão, a que se chegava por uma porta secreta. Como o local sofreu uma reforma no ano anterior à publicação desse livro, provavelmente Agatha relembrou os acontecimentos de 1942 e usou-os na história.

O livro é tido como um dos menos brilhantes de Agatha, juntamente com todos os outros que ela escreveria de agora em diante, mas eu não desgosto totalmente dele.

A empresa inglesa Booker McConnell comprou cinquenta e um por cento da Agatha Christie Ltd. Durante os anos, essa participação cresceria

---

117. Janet Morgan erra ao dizer que foi na Lista de Honras de Ano Novo.
118. *Commander of British Empire.*

até sessenta e quatro por cento, mas a diretoria da empresa ficaria sempre na mão da família de Agatha Christie.

Poirot Investiga foi publicado no Brasil durante o ano de 1968, pela Editora das Américas — Edameris.

La Toile d'Araignéé foi produzido pela televisão francesa ORTF, para o programa *Au Tréâtre ce Soir* e exibida no dia três de janeiro de 1969, baseado em *Spider's Web*.

Max publicou um novo artigo em *Iraq XXI*, dessa vez sobre os crânios descobertos por ele em 1934. Os crânios foram quebrados no transporte do Museu Britânico para o Royal College of Surgeons, para serem analisados, impossibilitando o estudo. Max conseguiu que o Museu de História Natural analisasse os achados mais de trinta anos depois e suas conclusões estavam presentes no artigo *Rediscovered Skulls of Arpachiyah*.

Em junho, Max, que completara sessenta e cinco anos em maio, foi aposentado pelo All Souls College de Oxford, seguindo as normas da instituição.

A televisão da Alemanha Ocidental produziu o filme *Zehn Kleine Negerlein*, baseado em *Ten Little Niggers*, exibido em cinco de julho.

Agatha recebeu um pedido da seguradora de seu carro, para que realizasse exames médicos que atestassem que ela ainda tinha capacidade para dirigir. Os exames foram feitos e Agatha foi autorizada a continuar dirigindo. Isso nos atesta sua boa condição de saúde em 1969. Olhando fotos da festa de aniversário de A Ratoeira desse ano, encontramos uma Agatha muito bem-disposta, porém com dez quilos a menos do que em suas fotos de 1965.

Profissionalmente, ela parecia estar querendo escrever ou adaptar alguma nova peça de teatro, pois pediu a Edmund Cork que solicitasse a Lorde Chamberlain a peça de teatro *The Claimant*, de Madge, da qual ele era o depositário.

No âmbito familiar, uma orgulhosa bisavó Agatha seria presenteada duas vezes; nasceu sua primeira bisneta e seu nome é Alexandra Agatha[119]. As demonstrações de amor de Mathew por sua *Nima* estão sempre presentes, seja em sua juventude, quando a convidava para o chá da tarde, uma ópera ou homenageando-a, dando seu nome à sua primeira filha.

Mathew também negociou com Edmund Cork a criação do Fundo Agatha Christie para as crianças. Durante o mesmo ano, ele se tornou o presidente do *Booking McCornell Prize*, prêmio criado para autores do Reino Unido.

Noite das Bruxas foi publicado em novembro. Uma nova vítima infantil é assassinada durante a festa da noite das bruxas, em uma pequena cidade do interior. A Sra. Oliver chama Poirot para ajudar na investigação do caso.

---

119. Elizabeth Walter, no capítulo escrito por ela para o livro editado por H.R.F. Keating, *Agatha Christie First Lady of Crime*, diz que Agatha tinha um neto chamado Alexander, nascido em 1969.

Mais uma vez, o aspecto crítico de Agatha Christie em relação à sociedade da época está presente, em um livro bom.

No Brasil, duas novas editoras começaram a publicar os livros de Agatha Christie. A José Olympio lançou Os Relógios e a Nova Fronteira lançou Noite Sem Fim e A Terceira Moça, em 1969. As primeiras capas são reproduções ampliadas da capa da *Dell Publishers* americana.

É interessante notar que, durante a década de 1960, Agatha dedicou seus livros à diversas pessoas, como Margaret Rutherford, Rosalind, sua secretária e amiga, Stela Kirman, mas nunca dedicou livro nenhum à Judith Gardner ou a seu marido.

Capa M ou N

Dame Agatha Christie

*"Em uma idade de ansiedades, ela ainda se lembra
de como rir e como relaxar."*

Gordon Ramsey

A idade começava a mostrar seus efeitos em Agatha. Max, apesar de mais debilitado fisicamente, ainda se mantinha estável. Vimos uma Agatha muito ativa até os oitenta e três anos, apesar dos problemas de saúde que brotavam de quando em quando, normais a idosos.

Profissionalmente, ambos se sentaram no trono das conquistas, recebendo homenagens e deferências. O casal ainda viajaria bastante, mas não mais para lugares exóticos e distantes. Agatha continuou a tradição de "A Christie for Christmas", o que talvez tenha sido sua motivação para perseverar nos últimos anos de sua vida. A autora, preocupada com seus leitores e em constante déficit financeiro, lutou contra todo o bom senso de que era a hora de descansar.

O ano de 1970 foi de comemorações e festas pelos oitenta anos de Agatha. Podemos dizer que uma das Agathas, a Christie, completou sessenta anos; a outra, a Mallowan, quarenta. Três Agathas que habitavam uma única. A autora famosa, a esposa do arqueólogo e a Agatha que nascera em 1890 e trouxe toda uma sábia bagagem de vida para vencer as intempéries, reinventar-se e ser feliz, trazendo alegria a todos a sua volta e a milhões de fãs pelo mundo todo.

O casal Mallowan viajou para Chipre e, de lá, para Oberammergau, na Alemanha, novamente para assistir à Paixão de Cristo. A peça é uma tradição na cidade alemã desde o século XVII, sendo montada a céu aberto de junho a setembro, todos os anos.

Linha do Tempo

1970

Houve comemorações do aniversário de Agatha, em Greenway, com um piquenique e no Boodle's, elegante clube londrino na St. James Street, quase de frente para a St. James Place, onde Agatha morou em 1942. Mathew era sócio do elegante clube e recebeu os avós e outros convidados para a festa. Em carta a Edmund Cork, Agatha disse se sentir a primeira bailarina do teatro, de tantas flores e cartas que recebera do mundo todo. Ela estava em grande forma, mas nostálgica. A Collins também promoveu uma festa para sua ilustre autora.

Ela foi fotografada para a National Portrait Gallery de Londres e Oskar Kokoschka pintou um retrato seu. Kokoschka era amigo de Mathew, que se recorda do divertido dia em que o quadro foi pintado. Agatha comentou sobre o quadro que o artista soube honrar "meu nariz".

Eu sempre apreciei mais atitudes do que palavras para avaliar o sentimento das pessoas. Em minha primeira visita a Mathew e sua esposa, Lucy, em 2012, pedi para ver o quadro. Ele está na drawning room da atual casa do casal Prichard. Mathew, mais uma vez, falou com emoção que o quadro foi posto ao lado de sua poltrona predileta, para que ele "possa senti-la perto dele novamente". Lucy Prichard, além de uma encantadora anfitriã, é uma defensora ardorosa da memória e do trabalho de Agatha Christie, como se ela fosse sua verdadeira avó.

Profissionalmente, além do livro que publicou nesse ano, Agatha demonstrava estar pensando em alguma nova peça teatral. Cork localizou *The Claimant* e ela apresentou a peça a Peter Saunders, mas, pelas críticas ruins que a peça recebeu em 1924, Saunders achou melhor não a produzir.

Agatha escreveu uma nova peça, *Fiddlers Five*, uma comédia sobre uma herança, mas Peter Saunders também declinou dela, achando abaixo dos padrões das peças de Agatha Christie e temendo que pudesse arruinar sua reputação como autora de teatro. Ele não comentou a peça em seu livro, que foi publicado em 1972, e esses fatos são do fim de 1970. Comprovando o início de uma fase nostálgica de Agatha, John Curran encontrou um esboço do enredo da peça em suas anotações de de 1958.

Max foi indicado presidente da British School of Archaeology in Iraq, que ajudara a fundar em 1932, e foi seu diretor até a criação do British Institute of Persian Studies, no Irã, que deixou para assumir o novo cargo e não precisar mais fazer as constantes viagens ao Oriente Médio.

No Brasil, A Ratoeira foi montadada no Teatro Princesa Izabel do Rio de Janeiro, estreando dia cinco de setembro. Produzida e dirigida por Orlando Miranda e Pedro Veiga. No elenco, Leonardo Vilar, Vanda Lacerda, Isolda Cresta, Alvim Barbosa, Nelson Mariani, Mirian Carmem e Antonio Victor. A peça ficou em cartaz por sete meses.

A revista O Cruzeiro reproduziu a entrevista de Agatha para o *Daily News* na ocasião de seu aniversário. Paulo Medeiros de Albuquerque, escritor brasileiro, pediu para escrever um livro usando o personagem Hastings, mas a licença foi negada.

No Japão, foi lançado o primeiro livro sobre um personagem de Agatha Christie, *Miss Marple*, de Yasuo Suto.

Nasceu James, segundo bisneto de Agatha e atual presidente da Agatha Christie Ltd., desde outubro de 2015.

No mesmo mês de setembro, para comemorar os oitenta anos da autora, Passageiro para Frankfurt foi lançado simultaneamente na Inglaterra e nos Estado Unidos, com tiragem de oitenta mil cópias, que se esgotaram em pouco mais de um ano. A crítica da época parece ter sido condescendente e não quis diminuir os méritos e a festa de Agatha Christie, mas, fora isso, o livro, apesar de ter permanecido quase um ano entre os mais vendidos, é um dos menos apreciados por seus fãs. Para alguém de fora da Inglaterra no fim dos anos sessenta, o livro é mais incompreendido ainda. Cheguei a ouvir de alguns fãs brasileiros e latinos que Agatha não sabia mais o que estava fazendo quando o escreveu, devido a sua idade. Outros dizem que o livro ficou sem sentido porque ela não teve tempo de escrever sua continuação.

Nada disso ocorreu. O livro na verdade é uma "extravagância", como a própria Agatha sugeriu que fosse usado em seu subtítulo, demonstrando que ela sabia muito bem o que estava fazendo e que a publicação era uma questão pessoal. A origem do livro é A Captura de Cérbero/*The Capture of Cerbrus,* décimo segundo conto original de Os Trabalhos de Hércules, rejeitado pelo *The Strand* na época. Em 1947, Agatha escreveu outro conto com o mesmo nome para completar o livro. John Curran nos revelou que a ideia de publicar o livro já rondava Agatha desde 1963.

Em Passageiro para Frankfurt, Poirot foi retirado da história e substituído por Sir Stafford Nye. Agora, sua missão não era mais encontrar um Hitler convertido, que pudesse semear a paz no mundo, mas sim seu filho, que uma madrinha protetora preparara para ocupar o lugar do pai e já arregimentava seguidores; porém novamente o objetivo era a dominação do mundo. O garoto seria o jovem Siegfried, da ópera de Wagner. Na época, a Guerra Fria era tema do dia e a suspeita — ou medo — de que Hitler não estivesse realmente morto, dadas as circunstâncias em que seu corpo fora encontrado, justificavam plenamente o enredo. Fora da Europa, pode parecer estranho, mas, no contexto da época, era perfeito; ainda mais se levarmos em conta que a ideia dos que se julgam arianos terem de dominar o mundo existe até hoje.

Na história, cientistas estavam desenvolvendo um projeto chamado Benvo, que consistia no desenvolvimento de uma droga capaz de neutralizar os impulsos destrutivos de humanos potencialmente perigosos à sociedade.

Não bastasse isso tudo, o final do livro ainda foi duramente criticado como sendo inconclusivo. Na verdade, eu acho somente uma manifestação romântica de Agatha Miller, sempre gostando de misturar histórias de amor em seus livros de aventura. Isso não impede, contudo, que seja um dos menos apreciados thrillers da autora, em meu gosto particular, superado somente por Os Quatro Grandes, em que Poirot e Hastings mais parecem Batman e Robin. Assim mesmo, se outra pessoa o houvesse escrito, talvez não fôssemos tão críticos com ele. Se o retirarmos do universo das obras-primas de Agatha Christie, o livro pode ser até apreciado. Charles Osborne foi um dos poucos que, como eu, parece ter entendido a mensagem de Christie. Jared Cade também parece compreender a atitude da Rainha do Crime frente à situação da sociedade inglesa da época.

A televisão francesa homenageou Agatha Christie com a exibição de sua produção *Dix Pètit Negres*, baseado em O Caso dos Dez Negrinhos, no programa *Au Tréâtre ce Soir* de primeiro de outubro.

A peça teatral A Ratoeira foi montada em Paris.

Mord im Pfarrhaus foi produzida pela *ZDF* da Alemanha Ocidental, baseada em Assassinato na Casa do Pastor, e exibida em vinte e um de novembro.

No final do ano, a revista *The Woman's Day* publicou uma matéria sobre Agatha Christie que a desagradou bastante. Em janeiro do ano seguinte, Agatha enviou uma carta para Edmund Cork, pedindo que entrasse em contato com a revista, esclarecendo diversos pontos como: seu nome errado na matéria; o fato de nunca ter tentado escrever um romance de mistério com doze ou treze anos; que ela não foi para Bagdá em 1928 para escrever um livro; que ela nunca tomou chá na banheira, no máximo leu e pensou em enredos.

No Brasil, a Nova Fronteira lançou Aventura em Bagdá, O Detetive Parker Pyne, Um Pressentimento Funesto, Encontro com a Morte. As capas eram, novamente, reproduções ampliadas das capas da Dell Publishers americana.

Em dezembro de 1970, Teia de Aranha/*Spyder's Web* foi produzida no teatro Mesbla, no Rio de Janeiro.

No dia primeiro de janeiro de 1971, a Lista de Honras de Ano Novo concedeu à Agatha Christie Mallowan, escritora e autora teatral, o título de Dama do Império Britânico. Ao lado de Max Mallowan, Dame Agatha

Christie ingressou no muito restrito círculo de casais britânicos que conseguiram essa honraria, cada um por seus próprios méritos.

A notícia foi uma emoção tão grande para Agatha que do mesmo modo que reagiu quando ganhou seu cachorro do pai, ela não soube lidar com isso e ensaiou um tímido D.B.E. ao lado do título do manuscrito de seu novo livro, *Nêmesis*. Alguns biógrafos atribuem a essa tentativa de entender sua emoção sozinha uma atitude de soberba e orgulho. Acho que nem mesmo eles acreditam nisso. Agatha continuaria a ser a mesma de sempre, com ou sem título.

O casal Mallowan desfrutou de alguns dias passeando por Paris.

Agatha caiu na porta da varanda de Winterbrook House no começo de junho. A dor não a impediu de comparecer à estreia de sua nova peça teatral, *Fiddlers Five*, no dia sete de junho, no Southsea Theatre. No final do mês, ela foi operada em Oxford, pois, depois de muita teimosia de sua parte, aceitou ser examinada e descobriu-se que ela havia fraturado a cabeça do fêmur[120].

A peça, produzida por Grant Anderson, fez uma excursão pelo interior da Inglaterra e sua bilheteria foi muito boa, apesar da crítica ser contrária.

Em julho, Agatha já estava escrevendo em sua máquina, plenamente recuperada, porém com limitações de movimento e repouso para convalescença, o que a entediava demais.

A Mulher Diabólica/O Caso do Hotel Bertram foi lançado no Brasil pela José Olympio Editora, em agosto. Sua tiragem inicial de mil e quinhentos exemplares esgotou em um mês e, em setembro, já seria feita a segunda edição.

Em setembro, os bilhetes de Agatha, escritos a mão, estão perfeitos, com sua caligrafia firme e ilegível de sempre. No entanto, o que não foi comentado por nenhum biógrafo, ela voltou a ter problemas de coração, como atesta uma carta exposta no Museu de Wallingford. Ela, então presidente do grupo teatral amador da cidade, justificou a Mr. Atwell não poder comparecer à exibição da peça *Edda Gabler*, pois "minha bacia fraturada está quase boa novamente, mas andei abusando e meu antigo problema de coração retornou, então tenho que repousar no momento". A carta é datada de quatro de outubro.

Em novembro, os Mallowan compraram um novo carro, um Mercedes 250. O Rolls-royce já havia sido vendido há muito tempo e nenhum outro foi comprado; havia uma foto do carro na cozinha de Greenway quando lá estive, em 2012 e 2013. Não a procurei nos anos seguintes.

---

120. O local anatômico exato que Agatha Christie quebrou na queda é objeto de muitas versões. Alguns jornais dizem ter sido a perna; alguns autores, a costela (entre eles Tito Prates, em Viagem à Terra da Rainha do Crime) e outros, a bacia. A cabeça do fêmur é o verdadeiro.

Apesar de ainda estar comprometida em seus movimentos devido à cirurgia de agosto, Agatha compareceu ao Museu de Cera de Madame Tussauds, para que fossem tomadas suas medidas antropológicas para uma estátua em sua homenagem, que foi inaugurada no ano seguinte. Infelizmente, a estátua foi retirada dos salões e, pelo menos até 2018, estava no almoxarifado do museu.

No dia cinco de novembro, o Papa Paulo VI concedeu o direito à Igreja da Inglaterra de, no País de Gales, usar o rito da Missa Tridentina. O rito havia sido mudado por ele em 1969/70, mas alguns ingleses lhe enviaram uma carta, pedindo que o rito antigo fosse mantido em suas igrejas. Entre as assinaturas, estavam a de Cecil Day-Lewis, Robert Graves, Joan Shuterland e outros. A lenda conta que, ao ler as assinaturas, o Papa viu a de Agatha Christie e exclamou em voz alta: "Oh, Agatha Christie!", e assinou o indulto. Hoje, o documento é conhecido mundialmente como "O Indulto Agatha Christie"; e provavelmente Paulo VI era um de seus leitores.

Nêmesis foi publicado em dezembro. Foi a última história de Miss Marple escrita por Agatha, pois Um Crime Adormecido foi escrito no início da década de 1950. O enredo do livro é um crime do passado, em que Mr. Rafiel, de Mistério no Caribe, agora falecido, solicita a seus testamenteiros que enviem uma carta à Miss Marple. Ela é desafiada a resolver um crime do passado do filho de Mr. Rafiel; caso consiga, receberá uma pequena herança. A revista Ele & Ela de junho de 1972 traz uma pequena chamada sobre a Rainha do Crime e *Nêmesis,* que foi publicado a seguir no Brasil.

Miss Marple parte em uma excursão de ônibus para ver casas e jardins ilustres da Inglaterra. Na excursão, ela conhece uma professora que sofre um misterioso acidente. Mr. Rafiel deixou preparado o caminho para que três irmãs, que vivem em uma casa caindo aos pedaços e com renda muito restrita, a hospedassem durante uma etapa "muito cansativa" da viagem, segundo ele. Ali ela deveria descobrir o mistério.

Presente na trama do livro, há uma estufa de plantas caída por causa da má conservação. Alguns autores dizem que é a estufa de Wallingford, porém, devido a uma frase do livro, vemos que, na verdade, a estufa é uma reminiscência de Ashfield, bem como a casa das três irmãs. Agatha, falando em sua *Autobiografia* sobre como ganhou confiança em sobreviver de seus livros em 1928, comentou que, se a estufa de Ashfield precisava ser reconstruída, ela escreveu um conto e pagou com o dinheiro. Também os doces pêssegos de que ela falava, da estufa de Ashfield, são lembrados por uma das irmãs. A vítima do crime do passado não é uma criança, mas uma jovem ainda adolescente.

Apesar de muitos não apreciarem o livro, achando-o lento, eu o classifico como um bom livro de Agatha.

Nos EUA, foi publicada a coletânea de contos A Mina de Ouro, com contos de Agatha que nunca haviam sido publicados em livros.

Max solicitou ao Palácio de Buchinghan que fossem tomadas algumas providências quanto às escadas, para que Agatha comparecesse com ele à recepção do Rei do Afeganistão, em visita de estado, no dia sete de dezembro. No dia seguinte, foi oferecido um jantar ao Rei em Lancaster House e o casal Mallowan também compareceu. Agatha estava boa novamente.

A Nova Fronteira se tornou a editora de Agatha Christie no Brasil e publicaria toda a obra da autora que ainda não havia sido lançada no país. Inicialmente, foram lançados mais cinco livros: Convite para um Homicídio, Morte na Mesopôtamia, Treze à Mesa, A Morte da Sra. McGinty e Noite das Bruxas. As capas ainda eram as da Dell Publishers americana.

A Ratoeira foi montada no Teatro Gazeta, de São Paulo. No elenco, Joanna Fomm, Neri Victor, Ivan Lima, Dina Lisboa, Graça Melo, Irene Ravache, Francisco Curcio e Renato Master. Produzida pelo Grupo Teatral de Comédias e dirigida por Egydio Eccio.

O governo da Nicarágua pediu autorização para estampar Poirot em selos comemorativos dos cinquenta anos da Interpol, em 1972.

Max e Agatha viajaram para Nice em agosto. Pouco antes da viagem, nos primeiros dias do mês, eles foram a Guilford assistir à estreia de *Fiddlers Three*, reescrita a partir da peça do ano anterior, *Fiddlers Five*. A peça foi dirigida por Allan Davis e foi novamente sucesso de bilheteria, porém não encontrou lugar para ser apresentada em Londres. Diversos autores que escrevem sobre Agatha Christie não mencionam essa peça.

Na primavera, estreiou *Endless Night*, filme dirigido por Sidney Gilliat. Apesar de ter sido feito pela MGM, o filme ficou bem fiel ao original, exagerando nos trajes e no comportamento dos jovens dos anos sessenta. O resultado foi razoável, porém, segundo Max, a inclusão de uma cena erótica no final do filme fez com que Agatha o abominasse.

A Ratoeira completou vinte anos em cartaz e houve uma grande festa. Peter Saunders lançou sua biografia *The Mousetrap Man*, no evento. Agatha escreveu a introdução do livro, falando da amizade e da trajetória de sucesso dos dois. "And now, 1972 — The Twentieth Proud Year. Yes, I am proud. And so is my friend The Mousetrap Man ... Your Friend Agatha Christie"[121] são algumas de suas palavras finais na introdução. Hubert Gregg diria que Agatha tinha uma dívida de gratidão mal retribuída com Saunders. Aí está a prova de que não.

Os Elefantes não Esquecem foi publicado em novembro. Poirot e a Sra. Oliver vivem sua última aventura juntos. A Sra. Oliver gasta quase dois

---

121. "E agora, 1972 — os vinte orgulhosos anos. Sim, estou orgulhosa e orgulhoso está meu amigo, o Homem da Ratoeira... Sua Amiga, Agatha Christie".

capítulos do livro falando de si e de sua vida de escritora de romances policiais. Quase literalmente as mesmas palavras do epílogo de Agatha, em sua *Autobiografia*, são ditas pela personagem, quando fala de seus dentes, de seu horror a entrevistas e eventos sociais em que ela seja o foco das atenções.

A história, mais uma vez um crime do passado, leva Poirot e ela a investigarem o assassinato de um casal, que são pais de uma afilhada da Sra. Oliver. Apesar da trama fraca, o livro não é de todo ruim e muitos gostam dele.

Durante os anos de 1972 e 1973, a Nova Fronteira lançou, no Brasil, mais treze títulos dos livros de Agatha, agora com uma capa sem desenhos, com as cores de fundo mudando de livro para livro e o nome de Agatha Christie grande, escrito dentro de um octógono; embaixo de seu nome, o título do livro em letras menores. A capa foi criação de Bia Feitler.

Os livros foram A Casa Torta, Um Corpo na Biblioteca, Um Destino Ignorado, É Fácil Matar, Passageiro para Frankfurt, Cartas na Mesa, Uma Dose Mortal, Mistério no Caribe, A Morte nas Nuvens, Nêmesis, Os Elefantes não Esquecem, Tragédia em Três Atos, A Mina de Ouro, Cem Gramas de Centeio, O Cavalo Amarelo, O Mistério dos Sete Relógios e Morte no Nilo. Finalmente, Os Elefantes não Esquecem e Nêmesis seriam publicados no Brasil ao mesmo tempo em que no resto do mundo.

Lorde Mountbatten procurou Edmund Cork, pedindo-lhe para conversar com Agatha, pois seu genro, John Brabourne, um dos mais respeitáveis produtores de cinema da época, estava interessado em filmar Assassinato no Expresso do Oriente/*Murder in the Orient Express*. A primeira resposta de Agatha a Cork em uma carta, datilografada e assinada por ela em janeiro de 1974: "Eu sou alérgica a filmagem dos meus livros."

O próprio Lorde Mountbatten, acompanhado do genro, encontrou-se se com Agatha e Rosalind. Eles tinham um alto orçamento para fazer o filme. Acreditando no nobre inglês, a quem Agatha já conhecia pessoalmente, ela aceitou a filmagem, sob supervisão de Rosalind, para quem ela doou o dinheiro recebido pelos direitos autorais da obra.

O cinema indiano produziu o filme *Dhund*, baseado em O Visitante Inesperado, que estreou em treze de fevereiro de 1973.

Max foi apontado para ser curador do Museu Britânico, representando a Academia Britânica. A indicação foi uma honraria e lhe foi feita pela então Ministra da Educação, Margareth Tatcher.

Apesar de todos os cargos eméritos que ocupava, Max estava aposentado, o que o deixava com uma renda mensal muito pequena. "I have earned fame, not money"[122], foi a frase que ele usou em uma carta para Cork.

---

122. *"Eu alcancei a fama, mas não a riqueza."*

Em meados de 1973, Agatha e ele estavam realmente preocupados com a situação financeira de Max, pois a retirada mensal de Agatha da sua empresa não fazia frente a todas as despesas do casal. Max pensou em hipotecar Winterbrook House. A casa apresentava problemas no telhado e os jardins estavam malconservados. Agatha pensou em doar-lhe os direitos autorais de todos os livros que ainda não estavam destinados ao trust e consultou Cork sobre a possível publicação de Um Crime Adormecido, porém, como a doação dos direitos autorais seria recente, ela não poderia fazê-lo, pois o imposto ficaria com tudo.

Somente em 1973, Agatha destinou os direitos autorais de Um Crime Adormecido. Ao contrário do que foi transcrito e dito, está errado na *Autobiografia* quando ela ditou seu final, em 1965. Na verdade, ao ditar o livro ela fala que o destinou para *Mathew*; na frase seguinte, ela se confunde e fala *Max*. A questão sobre se ela errou na primeira frase seria válida se, em resposta a um artigo vinculado pela imprensa em 1967 sobre a publicação do livro de Gordon Ramsey, que ela exigiu que não tocasse no assunto dos livros póstumos, um repórter não os tivesse citado, afirmando que um era para Rosalind e outro para Max. Agatha escreveu para Cork muito chateada com a notícia e retrucou que os livros estavam guardados, um para Rosalind e outro para ela mesma ou quem ela desejasse. Até à publicação do artigo, os livros não eram de conhecimento público e Gordon Ramsey tirou a informação de seu livro, a pedido de Agatha.

Nasceu Joana, terceira bisneta de Agatha.

Frank Behre publicou sua obra sobre Christie, *Get, Come and Go, Some Aspects of Situational Grammar — A Study Based on a Corpus Draw from Agatha Christie's Writings*. O estudo foi publicado em inglês e alemão por uma editora de Estocolmo, onde Behre era professor. Ele enviou uma cópia do livro à Agatha. Ela, muito modestamente, agradeceu e disse que não era suficientemente letrada para entendê-lo, mas ficava muito feliz e honrada com o livro. Lendo o livro de Behre, eu também o achei muito complexo para um leigo. Charles Osborne citou o livro de Behre em sua obra algumas vezes.

Demonstrando bem a fase nostálgica de Agatha, ela publicou o script da peça de teatro inédita *Akhnaton*, em maio. Em seguida, publicou o livro *Poems,* que contém os livros *The Road of Dreams*, de 1924, e algumas outras poesias que Agatha escreveu durante os anos seguintes. Agatha costumava sempre escrever odes e pequenos versos para comemorar situações, como aniversários ou celebrações, cheias de humor, para familiares e amigos próximos. Max falou das divertidas odes que ela escrevia nas escavações para Guillford Bell, Barbara Parker e outros amigos e membros da equipe. Ele mesmo escreveu uma longa ode para Agatha, na comemoração de seus oitenta anos, e publicou-a em seu livro.

A publicação desses livros não foi surpreendente, pois Agatha diminuiu muito seu ritmo de vida devido ao problema do coração. *Akhnaton* foi encontrada durante uma arrumação na biblioteca de Winterbrook House e acredito que os poemas tenham sido reorganizados durante esse tempo também. Víamos uma Agatha muito mais caseira, com menos viagens, até pela limitação financeira, novamente. Ela estava entediada com essa situação.

Suas fotos de 1973 nos mostram uma senhora com saúde, muito mais envelhecida e magra do que a de 1969, mas ainda com vigor. Mais ou menos nessa época, os primeiros bilhetes de Agatha para Ed Cork começariam a demonstrar irregularidades de caligrafia. Alguns eram perfeitos, outros nem tanto, mas nenhum demonstrava dificuldade na escrita.

A televisão da Alemanha Ocidental exibiu *Black Coffee* no dia três de agosto, produzido pela ZDF.

Ten Little Indians ganhou uma nova versão cinematográfica, em uma coprodução da Itália, França, Alemanha Ocidental e Espanha[123]. O filme, como os demais, teve grandes estrelas do cinema, como o cantor francês Charles Aznavour, Richard Altteborough, Elke Sommer, Alberto Celi e a incomparável voz de Orson Wells, como Mr. Owen. Dessa vez, as dez vítimas do Sr. Owen estavam presas no deserto. O filme não foi bem recebido pela crítica e o The New York Times intitulou sua matéria sobre ele: "Global Disaster in Iran".

Portal do Destino, o último livro que ela escreveu, foi publicado em outubro. Rosalind e Cork sugeriram a não publicação do livro. A preocupação de Agatha com o *Christie for Christmas*, bem como a necessidade de dinheiro e o fato dela não querer admitir que já não tinha força suficiente para conduzir o enredo, fizeram-na persistir obstinadamente em sua publicação, dobrando Cork e Rosalind. Rosalind, a partir de então, iria se tornar a mais feroz guardiã da obra e da memória de sua mãe.

Não surpreendentemente, o livro começa com Tommy e Tuppence mudando-se para uma nova casa. A casa que inspira o livro é Ashfield, a casa querida de sua infância, de sua família, onde ela e Rosalind nasceram. Nos anos 1960, a casa foi demolida para dar lugar a um prédio de apartamentos. Dela, hoje, só resta uma pedra com a placa azul assinalando o lugar onde Agatha Miller nasceu e viveu sua infância. Em 2020, a pedra, rente ao chão, foi substituída por uma coluna, mais visível e imponente. Ashfield — Aynsweek, em A Mansão Hollow. Era a estufa de Ashfield, em Nêmesis. Agora, Ashfield seria a nova casa de Tommy e Tuppence.

Tuppence comenta com Tommy que não queria ter saído da casa anterior, Bartons Acre, mas ele a lembra dos problemas do telhado da sala de

---

123. Scott Palmer cita o filme como produção britânica.

jantar, do sótão e que o carro quase demolira a garagem. Tuppence cogita que poderiam reformá-la, ao que Tommy responde que só a reconstruindo.

Bartons Acre. Ashfield ficava na Barton Road. A estufa caída está presente, novamente, neste livro, bem como um gazebo onde se guardava coisas da casa. Dois brinquedos da infância de Agatha, *Mathilda* e *True Love*, estão presentes, como também na *Autobiografia*.

É quase possível ver Agatha e Max sozinhos em Winterbrook; ele, ainda com indas e vindas de Oxford e Londres; ela, mais reclusa, com Miss Honeybone, sua acompanhante, governanta e cozinheira; uma Lucy Eylesbarrow. Agatha gostava tanto de sua atenção que lhe dedicou Nêmesis.

É possível ver Agatha arrumando a biblioteca e relendo suas histórias infantis (quase todos os livros que ela cita estão, hoje, na biblioteca de Greenway), organizando papéis esquecidos e agora encontrados; organizando a *Autobiografia*, agora já datilografada; com bons e maus dias de saúde e, ao mesmo tempo, escrevendo seu novo livro.

Agatha dedicou O Inimigo Secreto "Para todos aqueles que levam vidas monótonas, na esperança de que possam experimentar, em segunda mão, os prazeres e perigos da aventura". Não coincidentemente, foi o primeiro livro de Tommy e Tuppence, seus únicos personagens que evoluíram de idade durante sua obra; não coincidentemente, um livro que ela escreveu quando estava sozinha em Londres, com Archibald Christie trabalhando na cidade. Depois disso, toda sua vida foi de aventuras. Deu a volta ao mundo, enfrentou um futuro incerto, foi para o deserto, casou-se novamente, apesar de seus temores, voltou para o deserto e ajudou Max a construir sua agora laureada carreira. Agora, ela só podia arrumar e reler livros velhos.

Dentro de sua genialidade, porém, veio o lampejo de mais um argumento perfeito. Dentro de um dos velhos livros infantis, Tuppence encontra uma frase escrita em código por um garoto que morreu logo depois, à qual, depois de algum tempo, decifra: "Mary Jordan não morreu naturalmente. Foi um de nós. Acho que sei quem." A frase fecha um dos primeiros capítulos do livro. A presença de *Mathilda*, o cavalo de balanço da família Miller, encontrada no gazebo da nova casa de Tommy e Tuppence, é tão fortemente ligada ao enredo que, em algumas línguas, o título do livro é "Cavalo de Balanço".

O livro foi dedicado "A Hannibal e seu dono". Hannibal é Pingo, o Manchester Terrier de Agatha e Max, presente no livro. Seu dono é Max. Se a história do livro não é boa, Agatha, consciente como sempre de sua obra e do que fazia, sabia que era seu canto do cisne; e só isso vale a leitura. Ela já não se preocupava com uma trama elaborada, queria fazer o que realmente queria fazer. A fama nunca lhe representou nada. Se fosse prejudicada por um livro ruim, pouco lhe importava. Como ela disse, em uma carta para uma entrevista americana em 1971: "Sorry if I seem disobliging, but at 81 one does know one's own mind and avoids what one does not like".[124]

Nesse mesmo mês de outubro, Agatha teve um ataque do coração. Ela se recuperou rapidamente, mas o declínio de sua saúde geral começou a acelerar. Suas fotos, no aniversário de A Ratoeira, no mês seguinte, são de uma Agatha extremamente debilitada.

Mathew foi eleito Grand Sheriff de Glamorgan, onde ficava sua casa e a grande propriedade de sua família paterna. Ele ficou no cargo por dois anos, quando a cidade foi dividida em três diferentes municípios.

A partir daí, veríamos os bilhetes de Agatha alternando entre boa e má letra; muitos escritos à máquina e assinados por ela, alguns por Max. Em março, ela recebeu um pedido para que comparecesse à recepção de um prêmio e enviou um bilhete a Cork, pedindo que ele se desculpasse com os anfitriões, pois ela agora estava aposentada e reclusa.

Mesmo assim, ela tentou, com Cork, ver se conseguia a produção de *Miss Perry*, sua peça que estava desaparecida; porém, por ser uma peça curta, o projeto não foi levado adiante pelos produtores aos quais foi oferecida.

Em vinte e cinco de janeiro de 1974, a Editora Nova Fronteira escolheu, em um concurso com sessenta e seis candidatos, uma nova capa, cem por cento brasileira, para os livros de Agatha Christie. A capa escolhida foi desenhada pela Equipe 4 e apresenta um olho cuja pupila é um alvo, visto em uma tela de retina. O primeiro livro, de uma série que apareceram nesse ano, a utilizar a nova capa foi M ou N?. Até 1976, a editora adotou essa capa e publicou Portal do Destino, Assassinato no Expresso do Oriente, Um Passe de Mágica, Cipreste Triste, Os Primeiros Casos de Poirot e Hora Zero.

A revista Manchete de vinte e sete de abril de 1974 trouxe uma matéria de duas páginas sobre o início das gravações de Assassinato no Expresso do Oriente.

A Ratoeira mudou de casa em maio, atravessando a rua e indo para o St. Martin Theatre, pois o Ambassador Theatre estava pequeno para o público, mesmo após vinte e um anos em cartaz. O St. Martim comporta cem pessoas a mais do que o Ambassador.

Max completou setenta anos em maio e houve uma série de festas, honrarias e homenagens. Agatha o acompanhou. Ele recebeu de seus colegas o volume XXXVI de *Iraq* "In Honour of Sir Max Mallowan", com uma grande foto sua na capa, uma breve biografia e bibliografia de seus escritos.

A Teia de Aranha foi produzida em Nova York.

A BBC transmitiu o programa de radio *Agatha Christie a Birthday Tribute*, no dia de seu aniversário.

---

124. "Desculpe se pareço desagradável, mas aos oitenta e um anos deve-se fazer o que se tem em mente, não o que os outros gostariam que fosse feito".

No final de setembro, ela recebeu, em Wallingford, Lorde Snowdon, cunhado da Rainha Elizabeth II e fotógrafo oficial da Coroa. Sua missão era fotografar Agatha em sua casa e seu dia a dia, para uma matéria preparando o lançamento do filme de Brabourne.

Nas fotos, vemos Agatha e Max; ela, muito frágil e envelhecida, com as pernas e os pés muito inchados, curvada. Foi fotografada em diversos lugares da casa e do jardim. Vê-se que está debilitada, porém melhor do que logo após o ataque do coração, em outubro anterior. Ainda tinha fôlego para o dia a dia em sua casa.

Max dedicava a ela um olhar carinhoso, cuidadoso e apreensivo. Agatha, que era mais alta do que Max, aparece nas fotos tendo a altura de seu queixo. No entanto, Max caminhava com sua bengala e ela, somente de braços dados com ele.

Ela disse algumas palavras para uma pequena entrevista, em que falou de seu primeiro livro e de como quis ser uma cantora de ópera. Segundo Lorde Snowdon, entrevistado por Gwen Robbins, sua memória estava clara e perfeita. O começo de sua entrevista foi falando que gostaria de ser lembrada como uma boa escritora de histórias de detetive. A última frase da entrevista parece ser acrescida pelo próprio Lorde Snowdon, quando ela diz que, por ser casada com um arqueólogo, a cada dia que passa ela envelhece e ele a aprecia mais. Agatha negou ter dito isso. Uma parte das fotos e a entrevista foram reproduzidas na revista brasileira Fatos & Fotos, de vinte e seis de maio de 1975.

Agatha gravou seus depoimentos sobre as duas guerras mundiais para uma entrevistadora do Museu da Guerra, no dia dezesseis de outubro de 1974. Ela foi qualificada como Voluntária Civil da Cruz Vermelha Britânica, enfermeira e dispensária em Torquay, de 1914 a 1918, e como dispensária em Londres, de 1939 a 1945. Ouvimos uma Agatha com voz forte, um pouco ofegante, cansada e com tendência a divagação, porém somente no início. Depois, ela conta sua experiência nas duas guerras com determinação e se irrita com a entrevistadora, que a interrompe a todo momento, perguntando se ela viu gente morrendo e se participou de cirurgias e amputações. Agatha fala para ela que é lógico que viu, que todos nos hospitais viram, mas que vantagem teria em se falar disso?

Em um bilhete a Cork, ela disse: "I am sorry, but I really cannot continue ditacting forewords"[125]. Ela havia sido convidada para escrever o prefácio do livro *Sherlock Holmes Play*.

Agatha se resguardou e fez repouso por mais de uma semana. Finalmente, ela estava pronta. Na penúltima semana de novembro de 1974, fez sua última aparição pública em Londres. Uma consagração. Ela foi com Max, escoltada pessoalmente por Lorde Mountbatten, à estreia de gala de

---

125. *"Desculpe-me, mas eu não posso realmente continuar ditando prefácios."*

Assassinato no Expresso do Oriente. Ao final da sessão, uma Agatha entusiasmada disse que foi tudo perfeito, que gostou muito do filme, mas que os bigodes de Albert Finney não eram os que imaginava para Poirot.

Na plateia, estavam presentes a Rainha e o Príncipe Phillip. Houve uma recepção após o filme e Agatha deslocou-se em uma cadeira de rodas, empurrada por Lorde Mountbatten. Ela fez questão de se levantar quando a rainha a cumprimentou. O olhar da rainha na foto é um misto de admiração e perplexidade com a fragilidade e a coragem de Agatha. À meia noite em ponto, Lord Mountbatten dirigiu a cadeira de Agatha para a saída da recepção. Uma ovação aconteceu no salão e Agatha saiu acenando.

O filme foi o mais caro da história do cinema inglês daquela época. Em contrapartida, foi a maior bilheteria que um filme já havia recebido naquele país. O filme foi indicado aos Oscars de melhor ator — Albert Finney (Poirot), melhor atriz coadjuvante — Ingrid Bergman (Greta Olhson), melhor roteiro adaptado, melhor musica original, melhor montagem e melhor guarda-roupas. Somente Ingrid Bergman ganhou. Na British Academy of Film and TV Award de 1974 — BAFTA, John Gielgud ganhou o prêmio de melhor ator coadjuvante, Ingrid Bergman o de melhor atriz coadjuvante e o filme ganhou o prêmio Anthony Asquith Memorial Award[126].

No dia vinte e um de novembro, Max enviou uma carta para Cork e, no rodapé, Agatha escreveu, com sua letra, que gostou muito da festa de lançamento do filme.

Os Primeiros Casos de Poirot, uma coletânea de contos nunca publicados em livro, dos anos 1920, foi publicado em novembro.

Em dezembro, Agatha levou um tombo na porta-balcão de Winterbrook House e bateu a cabeça, o que produziu um grande corte e muito sangue. Por alguns dias, ela ficou desorientada, mas se recuperou. Agora, estava ainda mais frágil e sua cama foi descida para o andar de baixo da casa.

O ano de 1975 foi lúgubre. Agatha era uma sombra da Agatha que havia sido; muito frágil, às vezes confusa. Durante a semana, Dafne Honeybone ficava com o casal e, à noite, uma enfermeira acompanhava Agatha. Nos finais de semana de folga de Mrs. Honeybone, Barbara Parker vinha ficar com eles. A boa Barbara, fiel amiga para todos os momentos. Sem vida própria que não girasse em torno da arqueologia. Segundo Laura Thompson, que colheu o depoimento de sua amiga, Joan Oates, Agatha e Barbara eram amigas, mas não amigas íntimas. Barbara possuía aquela qualidade de, quando recebia uma tarefa, fazer qualquer coisa para cumpri-la, sem medir esforços e sem nunca pensar em não a fazer, quase obsessivamente.

---

126. *Dennis Sanders & Len Lovallo dizem que Finney ganhou o prêmio de melhor ator, Wendy Hiller o de melhor atriz e o filme foi o melhor do ano no BAFTA. Scott Palmer diz que Wendy Hiller ganhou o prêmio de melhor atriz coadjuvante no BAFTA.*

St, Martin Theatre

Ambassador Theatre

Galpton Grammar School

Uma vez, ainda no Iraque, ela convenceu policiais que estavam lhe dando carona a dar uma volta de quilômetros no trajeto, para comprar árvores frutíferas para a varanda da casa de expedição, porque Agatha queria árvores frutíferas. Não bastasse isso, quando chegaram à casa de expedição, ela ainda convenceu os policiais a cavarem o buraco para as árvores.

No começo do ano, Agatha escreveu a Cork dizendo que tanto ela como Max escreveram suas biografias e que, portanto, não tinha interesse que ninguém o fizesse, declinando de um pedido de um autor para escrever sua biografia.

As correspondências do ano, às vezes mais do que uma por semana, eram todas escritas por Max agora. Ele assumira a função de Agatha e se pôs à frente da casa. Analisando a correspondência, vemos que Max não saiu nem um dia do lado de Agatha, durante o ano todo. Agatha apenas assinava algumas cartas, outras tinham seu nome datilografado.

Nancy Blue Wynne enviou uma carta a Ed Cork, comentando o lançamento de seu livro sobre a obra de Agatha — *An Agatha Christie Chronology*, que ocorreu nesse ano. Andy East lançou *Agatha Christie Quiz Book*, destinado aos fãs.

Desenterrando o Passado/*Come, Tell me How Do You Live* foi reeditado no verão.

A lenda diz que Rosalind e Edmund Cork conseguiram convencer Agatha a publicar o romance de Poirot, escrito durante a guerra, que estava guardado no cofre para publicação póstuma. Eles teriam argumentado com ela que era melhor ela publicar o livro e não correr riscos de outros usem seu personagem. Na verdade, Agatha faz menção a sua intenção de publicar do livro já em 1973, em carta a Cork. Vemos uma carta de Agatha, datada de vinte e seis de dezembro de 1974, ordenando a Dorothy Olding que publicasse Cai o Pano/*Curtain* no ano seguinte.

A Revista Desfile trouxe, na edição setenta, de junho de 1975, uma nota sobre a publicação de Cortina, livro guardado por trinta anos, que seria publicado em breve.

No final de julho, Agatha apresentou uma boa melhora e Max decidiu passar o resto do verão em Greenway com ela. Através das cartas, vemos Agatha em Devon no mês de agosto, ao contrário de alguns biógrafos, que afirmam que sua última visita foi em 1974. Ela escreveu uma carta para a Galpton Grammar School, próxima à Greenway, da qual era patrona, passando seu cargo para Rosalind. Ela ainda compareceu à cerimônia anual da escola. Foi sua última aparição em público.

No mesmo mês de agosto, Cai o Pano[127] foi publicado simultaneamente nos EUA e na Inglaterra. A primeira página do *The New York Times* do dia

---

127. Jeffrey Feinmamm diz que o livro foi disputado por seis editoras e que a Pocket Books o publicou; no entanto, o livro foi publicado pelos tradicionais editores de Christie — Collins, na Inglaterra, e Dodd & Mead, nos EUA.

seguinte ao lançamento trouxe, em sua capa, pela primeira vez na história, um obituário de uma pessoa fictícia: "Hercule Poirot está morto".

Cai o Pano é a última obra-prima de Agatha Christie, guardada por trinta anos. O mais perfeito de seus criminosos será perseguido por um Poirot muito debilitado, com sérios problemas de coração, tendo que recorrer à cadeira de rodas para se movimentar.

Mais uma vez, a Agatha sensitiva pode ter feito uma previsão, com trinta anos de antecedência. Ela estava nas mesmas condições que ele. O livro todo tem um ar de anticlímax lúgubre. Poirot e Hastings estão de volta a Styles, agora uma casa de hóspedes, com seus enormes quartos divididos. Novamente, eles caçarão juntos o criminoso. No final, resta-nos uma dúvida para sempre: quem venceu, Poirot ou o criminoso?

Em outubro, Max e Cork decidiram fazer algumas cópias dos autógrafos de Agatha, pois o estoque de Cork acabara, os pedidos continuavam chegando e ela não conseguia mais assiná-los em quantidade suficiente. Em novembro, ela não conseguia mais nem mesmo assinar autógrafos. Max, de sua parte, teve uma crise de gota.

Agatha, agora, precisava ser cuidada como uma criança, o que a deixava muito irritada. Ela não aceitava bem a situação.

Max deixara de escrever sua biografia na biblioteca para fazê-lo em uma incômoda cadeira, na drawning room de Winterbrook House, ao lado de Agatha. As cartas de Max para Cork mostravam, veladamente, o medo de Max do que poderia acontecer. Ele se desdobrava em cuidados com Agatha, diariamente ao seu lado, sem descanso, tentando procurar uma boa notícia em qualquer melhora insignificante.

Em dezembro, Agatha pegou uma gripe.

O inverno de 1975/1976 foi atípico. Foi um inverno "quente", com temperaturas positivas, apesar de muito vento e chuva. Algumas regiões do país foram afetadas por essas intempéries.

Agatha e Max passaram o Natal em Winterbrook, com Barbara Parker. Ela os deixou no dia vinte e sete, conforme combinado com Max e Rosalind. Os Hicks chegaram nesse dia, para ficar até o Ano Novo com eles. Naquele ano não nevou.

A rotina lenta e lúgubre dos dias cinzas e úmidos se alternava. Passado o Ano Novo, Mrs. Honeybone retornou para ficar com os Mallowan. Agatha dormia na drawning room. Max, ao seu lado, escrevia sua biografia. Nos finais de semana, Barbara Parker vinha para acompanhá-los.

A segunda feira, doze de janeiro de 1976, amanheceu como os dias anteriores — cinza e úmida. Winterbrook House estava sofrendo com seus problemas de conservação, goteiras e umidade. O jardim, sem neve, estava malcuidado. Agatha tomou o café da manhã na cama. Mal mexeu na comida, como já fazia há algum tempo. Somente a empurrava de um lado para outro no prato.

Mrs. Honeybone trocou sua roupa e tirou sua camisola feita por cegas, que Agatha comprava sempre em obras de caridade; sentou-a na poltrona. Max chegou com seu livro. As horas passaram. O dia continuava cinza. As horas se arrastavam. Agatha pouco falou. Seu olhar estava perdido. Provavelmente seus pensamentos estavam em Ashfield. Ela cochilava.

Na hora do almoço, Max e Mrs. Honeyborne a colocaram na cadeira de rodas e Max a levou para a sala de jantar. Agatha continuava silenciosa e olhando para o nada. Novamente, remexeu sua comida de um lado para o outro no prato, comendo muito pouco; nem mesmo a sobremesa a motivava mais a comer.

Agatha e Max terminaram o almoço. Max começou a empurrar a cadeira de rodas de volta para a drawing room. No caminho, Agatha olhou para cima e murmurou para Max: "I'm joining my Maker"[128]. Max chamou o médico pelo telefone. Logo em seguida, ele telefonou novamente e disse à esposa do médico: "She is gone"[129].

Túmulo Agatha Christie

Igreja St. Mary the Virgin

---

128. "Estou me juntando ao meu Criador".
129. "Ela se foi."

Últimas Histórias

"Sleep after toyle
Port after stormic seas
Ease after war
Death after life goes greatly please"[130]

Edward Spender

Após a morte de Agatha Christie, alguns biógrafos terminam seus livros; outros os continuam até a morte de Max. No entanto, a história de Agatha e Max não terminou em nenhum desses momentos. Agatha está mais viva hoje do que em seu próprio tempo e sua história continua.

Os versos acima estão na lápide do túmulo de Agatha Mary Clarissa Mallowan, na Igreja de St. Mary, Choolsy[131], próximo a Wallingford. Alguns biógrafos comentam que a própria Agatha escolheu a sepultura próxima ao limite do terreno. A enorme lápide teve que ser içada sobre o muro, pois é de tamanho e peso acima do normal. Embaixo de seu nome, está seu outro nome: Agatha Christie, escritora e autora teatral.

Na noite de treze de janeiro de 1976, as luzes de todos os teatros do West End Londrino foram diminuídas em homenagem à Agatha. Max, sozinho em Winterbrook House, estava perdido. Havia repórteres na porta, pilhas de telegramas e cartas de condolências começaram a chegar. Rosalind assumiu a tarefa de respondê-las. Ela pedia desculpas pelas cartas datilografadas e pela demora nas repostas, porém, pelas datas, vemos que ela levou quase um mês para responder as mais de quinhentas que eu vi.

Agatha foi sepultada no dia dezesseis de janeiro. Os repórteres foram

---

130. "Dormir depois de trabalhar, porto depois da tempestade no mar, paz depois da guerra, morte depois da vida é uma grande benesse".
131. Jane Langton, em seu livro *Agatha Christie's Devon*, diz que ela foi enterrada em Chelsea.

mantidos fora do cemitério e da cerimônia fúnebre. O pequeno e simples caixão saiu pela porta lateral da igreja, em direção ao túmulo. Atrás dele, pelas fotos tiradas por cima do muro por um jornal, Rosalind amparava Max, cabisbaixo e com uma expressão de dor, caminhando com sua bengala. Mathew olhava para o alto, para o nada. Anthony Hicks, Edmund Cork e outros poucos seguiam atrás.

No mesmo mês de janeiro, o livro de Nancy Blue Wynne foi publicado. A segunda edição, que aconteceu no mesmo ano, trouxe uma emocionante nota final da autora e fã, comentando a morte de Agatha quando o livro estava na gráfica.

No dia treze de maio, um grande memorial foi celebrado em St. Martin in the Fields, Londres, ao lado da Galeria Nacional. O serviço estava lotado e muitas homenagens foram rendidas à Agatha Christie. Sir Willian Collins, seu editor, em um tributo à Agatha Christie disse: "The World is better because she lived in it."[132] Sir Willian Collins morreu em setembro do mesmo ano. A família pediu que não fossem enviadas flores e quem o desejasse, que doasse o valor para o *Agatha Christie Trust For Children* e *The Little Sisters of the Poors.*

The Little Sisters of the Poors era uma instituição de caridade que construía casas para pessoas em dificuldades, bem como mantinha casas para pessoas idosas sozinhas. Agatha contribuiu com eles desde os anos 1940, por indicação de Carlo.

Quando Agatha morreu, Cai o Pano/*Curtain* encabeçava a lista dos *best-sellers* da Inglaterra, Estados Unidos, Canadá, Japão e França. *Murder at the Vicarage* havia retornado ao Savoy Theatre de Londres, novamente com Barbara Muller, vinte e cinco anos depois, no papel de Miss Marple e agora com a idade certa para a personagem. A peça estava com quase duzentas apresentações e ficou um ano em cartaz.

Max ficou muito sozinho em Winterbrook House. Uma aristocrata da vizinhança começou a fazer insistentes convites para ele, que foi visto algumas vezes dirigindo o carro dela pela cidade, porém não era isso que Max queria. Ele não queria uma nova família em sua idade. Ele queria alguém que lhe lembrasse Agatha e a história dos dois.

Ele foi à Greenway com uma aluna, como costumava fazer nos tempos de Agatha, e continuou sozinho na casa com Mrs. Honeybone, que agora cuidava fielmente dele. O episódio da visita à Greenway com a aluna me faz lembrar de uma frase da Sra. Bantry sobre o Cel. Bantry, em Um Corpo na Biblioteca/*The Body in the Library*, que as vezes se mostrava ridículo com alguma mocinha, meio insensato, mas que não havia mal nenhum nisso, pois ela o conhecia muito bem.

---

132. "O mundo está melhor porque ela viveu nele".

No dia vinte e três de junho, estreou nos EUA o filme de comédia Assassinato por Morte/*Murder by Death*. Trata-se de uma *fanfiction* em que um fã de romances policiais que nunca conseguiu descobrir um assassino nos livros convida seis diferentes detetives para passar a noite em uma casa. Ele é assassinado e começa uma investigação. Os detetives são híbridos de diversos personagens, porém Perrier, interpretado por James Coco, dificilmente não é Poirot; Jessica Marbles (Elsa Lanchester) e sua secretária, Estelle Winwood, são claramente Miss Marple/Jessica Fletcher. O casal Dick Charleston (David Niven) e Dora (Maggie Smith) são inspirados em Tommy e Tuppence, já na meia idade. De quebra, temos Peter Sellers (Wang), que claramente é Charlie Chan, e Peter Falk e seu personagem Columbo. Completam o elenco Truman Capote, como o anfitirão, Alec Guiness, o mordomo cego, Eillen Brennan, esposa de Columbo, e Nancy Walker, como a empregada surda.

A *fanfiction* não pode ser avaliada como boa ou ruim, porém é impossível não rir do começo ao fim do filme. A maior obra-prima da comédia de suspense até hoje já produzida.

Carlo morreu em setembro, na pensão onde morava desde que deixou Agatha. Seus herdeiros ficaram com todas as primeiras edições de Agatha, autografadas para ela.

Um Crime Adormecido foi publicado em outubro. O livro é uma história de Miss Marple, em que uma jovem neozelandesa, Gwenda, compra uma casa na Inglaterra e começa a ter visões quando se muda para lá. Atormentada, ela foge da casa e vai se hospedar com o casal West, amigos de seu marido. Com o casal, está hospedada a velha tia, Miss Marple. Eles vão assistir à A Duquesa de Malfy no aniversário da idosa senhora e, quando o assassino diz a frase: "Cubram seu rosto, ela morreu jovem", Gwenda dá um grito de terror e foge do teatro. Miss Marple, penalizada, vai ajudá-la a descobrir um mistério de seu passado.

Definitivamente, não é o melhor livro de Agatha Christie, apesar de ser meu predileto, por ser seu livro em que o terror está mais presente do que em qualquer outro. Um dia, gostaria de adaptar um roteiro ou escrever uma repaginação dele sob a ótica de Gwenda.

Derrick Murdoch publicou um livro biográfico e de generalidades sobre a vida e a obra de Agatha Christie, *The Agatha Christie Mystery*.

Gwen Robbins visitou Max Mallowan para uma entrevista para o livro que estava escrevendo sobre Agatha, em novembro. Ela encontrou um Max saudoso, cordial, formal e determinado a que nada pessoal da vida de Agatha fosse questionado; somente suas obras.

Durante o ano de 1976, a Editora Nova Fronteira, do Brasil, substituiu a capa escolhida em 1974 por uma que ganhou menção honrosa no concurso, de autoria de Rolf Gunther Braun. A nova capa apresentava o nome de Agatha Christie no topo e um desenho individualizado para cada título ocupando o resto da capa, delimitado por uma linha que fazia uma moldura. Alguns títulos não tinham desenhos individualizados, somente a variação de cores das capas, que nunca deixou de existir, com uma ilustração padrão, em que vemos as pernas de um homem descendo alguns degraus, um revólver, uma impressão digital e símbolos do baralho, tudo em preto e branco, sobre o fundo colorido. Essas seriam as capas da Nova Fronteira até os anos 1990.

Em 1976, com a morte de Agatha Christie, a editora brasileira publicou mais uma série de seus livros, começando com Cai o Pano, que inaugurou a nova capa, O Misterioso Sr. Quin, Assassinato no Beco e Os Treze Problemas ainda com a capa antiga; Depois do Funeral, O Mistério do Trem Azul, Os Crimes ABC e Morte na Praia. Desenterrando o Passado também foi publicado nesse ano, porém com uma capa totalmente diferente de todas as outras, com o nome de Agatha Christie Mallowan.

Os livros de Agatha Christie da Nova Fronteira finalmente ganharam uma ficha catalográfica e datação. Até então, nenhum dos livros tinha seu ano de publicação no Brasil. Nesse ano, também, a editora publicou o último dos seis livros de Mary Westmacott, chamados por eles "Pequena Coleção Agatha Christie".

Max publicou seu livro de memórias, *Mallowan's Memoirs*, no começo do ano de 1977. Ele acrescentou uma última página, falando sobre a morte de sua amada Agatha, ao livro. Continuava sozinho e perdido. A vizinha que o convidava para ir a diversos lugares parou, repentinamente, de convidá-lo, quando soube que ele não recebera nenhuma fortuna em herança. Max recebeu de Agatha Winterbrook House e 22, Campden Street. A herança líquida de Agatha foi muito pequena, pois ela havia destinado todos os seus bens ainda em vida.

Em setembro de 1977, como muitos viúvos idosos fazem, Max se casou com a pessoa mais próxima a ele e Agatha; alguém que sabia suas histórias, sem uma nova vida cheia de novidades: a boa e fiel amiga Barbara Parker. Isso daria motivos para mais especulações, porém qualquer pessoa de bom senso, olhando a seu redor, verá que existem diversos viúvos idosos que se casam rapidamente com alguma mulher próxima. Na minha família existem três casos e posso garantir que foi somente a solidão da viuvez e a dedicação e história pregressa na família das novas esposas que motivaram o casamento.

Richard Hach também sente isso quando diz, em seu livro, que Barbara cuidou de Max e mostrou sua devoção a ele por mais de vinte anos. Não se pode considerar surpresa nenhuma esse casamento. Outros exemplos vivos disso seriam o casamento do inconsolável viúvo Duque de Aumale, que, depois da morte de sua adorada esposa, adotou uma vida de jovem solteiro, com noitadas, bebidas e mulheres. Depois de um ano, casou-se com sua pouco atraente governanta, que, durante décadas, servira ao casal e viveu com eles toda a história da família. Ele morreu pouco depois de seu segundo casamento.

Henrietta McCall qualificou Bárbara Parker na vida de Max como uma escrava que desincumbia qualquer tarefa que ele pedisse, por mais impossível que fosse; amalgamada como uma amiga fiel e, na velhice, uma babá. Segundo ela, Margherite, mãe de Max, tomara conta dele até ele se tornar um homem; então ele se casou com Agatha, que tomou conta dele como adulto; finalmente, Barbara tomou conta dele na velhice. Concordo com ela.

As palavras de Max sobre Barbara em sua própria biografia são de admiração por uma amiga e competente funcionária, extremamente dedicada, sempre disposta a sacrificar qualquer coisa em prol do bem-estar de todos da expedição. Para mim, a imagem predominante de Barbara Parker era a de alguém que usou a profissão para preencher a lacuna de uma vida vazia, sem objetivos pessoais nem ambições.

Jared Cade disse que Agatha escreveu A Boneca da Modista/*The Dressmaker Doll* inspirada nela, como uma forma de vingança. Tenho que concordar que realmente ela pode ter inspirado Agatha a escrever o conto, mas nunca como vingança e, sim, como uma mulher lúcida e sensitiva, ciente da condição da outra. Volto a insistir que, a meu ver, esse é o melhor conto sobrenatural de Agatha Christie.

Peter Saunders adaptou uma nova obra de Agatha para o teatro, *A Murder is Announced,* que estreou no Vaudeville de Londres dia vinte e um de setembro[133]. Agatha havia consentido com a adaptação antes de morrer, mas acredito que não teria gostado do produto final. Leslie Darbon, que a adaptou, e Robert Chetwyn, que a dirigiu, escalaram a comediante Dulcie Gray para o papel de Miss Marple, uma excelente Miss Marple, apesar de ligada novamente à comédia. A peça fez sucesso e ficou por cerca de um ano em cartaz.

A *Autobiografia* foi lançada em novembro. A edição original americana contém quatro páginas de fotos da família de Agatha, que as próximas edições não tiveram. Durante o ano, a Collins e Dodd & Mead lançaram o livro *Poirot Quintet*, reunindo O Assassinato de Roger Ackroyd, O Mistério do Trem Azul/O Trem Azul, Poirot Perde uma Cliente, Morte no Nilo e Depois do Funeral em um único livro com edição de luxo.

---

133. Não achei a referência.

Mathew se tornou o presidente da Agatha Christie Ltd., cargo que ocupou até 2015.

A Nova Fronteira lançou, no Brasil, Porque Não Pediram a Evans, inexplicavelmente o único com a capa de 1974, e A Maldição do Espelho, A Mão Misteriosa, Um Crime Adormecido, Os Quatro Grandes, A Casa do Penhasco, Um Gato entre os Pombos, O Mistério de Sittaford e Seguindo a Correnteza.

H. R. F. Keating editou o livro de diversos autores, entre eles Christiana Brand, do Detection Club, e o historiador do romance policial Julian Simons, *Agatha Christie First Lady of Crime*[134].

Em agosto de 1978, *Death on the Nile* estreou nos cinemas, graças à boa montagem e repercussão de Assassinato no Expresso do Oriente. Rosalind, que passara a cuidar dos interesses da obra de sua mãe, preservando sua memória e imagem, consentiu com a realização de mais quatro filmes pela EMI. Albert Finney não aceitou o papel de Poirot e um ator bem diferente da imagem do Poirot de Agatha assumiu o papel, com um resultado excelente: Peter Ustinov. Infelizmente, Ustinov, que já era um ator consagrado, terminara sua própria biografia pouco antes de fazer esse primeiro de cinco filmes como Poirot. O filme foi um enorme sucesso e seu elenco era de primeira linha, com Maggie Smith, Angela Lansbury, Jane Birkin, David Niven, Bette Davis, Mia Farrow e Olivia Hussey, entre outros.

Durante o ano, Gwen Robbins publicou, nos Estados Unidos, seu livro *The Mystery of Agatha Christie — An Intimate Biography of the Duchess of Death*. Em agosto, Kathleen Tynan publicou sua *fanfiction* biográfica, sobre o desaparecimento de Agatha, em 1926, *Agatha*.

Max se submeteu a uma cirurgia no quadril, por causa de sua artrite, e não estava muito bem. Barbara Parker decidiu levá-lo para se recuperar em Greenway. Max estava jovial como sempre. Uma noite, ele prometeu ao bisneto, James, que no dia seguinte iria ensiná-lo a jogar cricket, assim como fizera com seu pai, Mathew. No dia seguinte, dezenove de agosto, como muitos viúvos inconsoláveis, Max morreu de um ataque do coração, no quarto em que viveu com Agatha desde 1938, em Greenway, junto a sua família.

Dia vinte e quatro de agosto, Max foi enterrado em St. Mary Church, Cholsey, ao lado de Agatha. Em novembro, um grande memorial foi celebrado para ele em St. Martin in the Fields, Londres. Diversas homenagens aconteceram. Barbara Parker, segunda Lady Mallowan, assumiu a Presidência da British School of Archaeology in Iraq no lugar de seu falecido marido.

---

134. Ver bibliografia comentada.

Ela se desfez de Winterbrook House, pois sabia que não teria condições de mantê-la nem de reformá-la, comprando uma pequena casa em Wallingford, onde viveu o resto de sua vida. Ela não tinha sessenta anos quando ficou viúva e nunca mais se casou.

Jamie Bernthal

Palestra em Cambridge junho de 2017

Agatha Christie: de 1978 até o presente

"No século XXI, a mentalidade sobre Agatha Christie está mudando e é impossível não abrir os olhos para o fenômeno de sua popularidade.

A Universidade de Exeter tinha uma velha cópia de Um Corpo na Biblioteca e uma velha biografia sobre ela em francês. Agora, eles têm diversos livros dela e sobre ela, porque hoje eles ENSINAM sobre ela."

Dr. Jamie Bernthal
Agatha Christie P.H.D. da Universidade de Exeter

Este capítulo expõe, de forma abreviada, o que aconteceu após 1   .

***

No mês de junho de 1979, estreou, na Inglaterra, o filme *Agatha*, com roteiro de Kathleen Tynan. Rosalind tentou uma ação judicial para proibir a exibição, pois sua solução fictícia para o mistério do desaparecimento de 1926 poderia ser aceita por pessoas desavisadas, o que prejudicaria a imagem de sua mãe.

Ao assistirmos ao filme, se retirarmos Agatha Christie do papel principal, muito bem interpretado por Vanessa Redgrave, e colocarmos outro nome qualquer na personagem, esquecendo suas semelhanças biográficas, veremos que é um bom thriller de suspense, com cenas magistrais, como os flashes de luz no rosto da protagonista e efeitos sonoros perfeitos durante a

The Book

Filmagens

Book Bench

viagem de trem para Harrogate. Os cenários são todos reais, ambientados na cidade, no hotel e no balneário que Agatha frequentou na época. Harrogate é uma cidade que se desenvolveu com a descoberta das propriedades terapêuticas de suas águas sulfurosas e, assim como Bath, seus principais prédios públicos, como o balneário, o teatro e o mercado foram construídos por ordem da Rainha Vitória e são um monumento à arquitetura e ao luxo da época, valendo uma visita até os dias de hoje. Tudo fielmente retratado no filme.

O jornalista Wally Staton, interpretado por Dustin Hoffman, seria uma versão americana de Richie Calder, que teve participação ativa na pesquisa de Kathleen Tynan, mas com uma participação fictícia na história. Timothy Dalton, muito antes de ser 007, representou Archibald Christie. O filme vale pelo cenário e pelos atores. Esqueça somente o motivo do desaparecimento.

Entre minhas lembranças, assisti ao filme com a famosa Tia Olga, que me apresentou Agatha Christie, em 1981, no Cine Belas Artes, de São Paulo.

Em 1984, Rosalind, após muito hesitar, aceitou vender o direito de filmagem de quatro livros de Miss Marple para a BBC. Inicialmente, ela queria vender apenas um, com medo do que poderia resultar, mas a BBC argumentou que os custos de filmagem para apenas um livro seriam muito altos, sendo o ideal fazer uma série.

Em setembro de 1990, na semana do centenário de Agatha Christie, aconteceu o primeiro *Agatha Christie Festival*. O Expresso do Oriente viajou pela primeira vez de Londres à Torquay, trazendo, a bordo, as famílias de Agatha e Max, David Suchet como Poirot, outros convidados e celebridades.

Ao desembarcarem na estação de Torquay, Joan Hickson, como Miss Marple, aguardava o trem e, pela primeira vez na história, Poirot e Miss Marple se encontraram na vida real. Poirot, muito galante, ofereceu à Miss Marple um buquê de flores.

Um busto de bronze de Agatha Christie, esculpido pela artista holandesa Carol Van Den Booms-Cairnes, foi inaugurado no Princess Garden, em frente ao Torquay Pavillion. Em 2019, vândalos tentaram roubá-lo, mas a tentativa foi frustrada.

A cidade criou a Agatha Christie Mille, constituída por dez pontos ligados à vida e à obra da autora. O Grande Hotel, o Imperial Hotel, o The Strand (trecho entre a Torbay Road e a Tornwood Street, passando pela Fleet Street), o Princess Garden e o Princess Pier, o Torquay Pavillion, o Torbay Museum, o Busto de Agatha Christie, o Royal Torbay Yacht Club e a praia de Beacon Cove são os locais. Algumas fontes falam em doze pontos da Mille, porém a estação de trem de Torquay e a Torre Abbey não são identificadas pelas placas de bronze negro com a foto de Agatha em porcelana, que marcam os outros pontos.

Em Wallingford, houve uma homenagem à Agatha Christie e uma série de pessoas ligadas à sua vida renderam homenagens no cemitério de St. Mary Church, Cholsey. Uma placa de bronze, comemorativa de seu centenário, foi fixada no muro do cemitério, ao lado de seu túmulo. Nela, estão os nomes dos presentes a suas homenagens, que contribuíram, em seu nome, com a restauração da igreja e o plantio de vinte e cinco árvores em sua homenagem. Entre os nomes, estão Rosalind Hicks, Lady Mallowan (Barbara Parker), Mathew Prichard, o Barclay's Bank de Wallinford e os Amigos da Igreja de Cholsey.

Joan Nott, a guia que elaborou a Agatha Christie Mille, comemorou cento e um anos em 2021. Em 2027, ela deu uma palestra de uma hora, na Torre Abbey.

Rosalind fundou a *Agatha Christie Society* em março de 1993. Ela se tornou sua presidente, com David Suchet e Joan Hickson como conselheiros. A missão deles era preservar e avaliar tudo o que fosse feito com a obra de Agatha Christie, visando preservar sua imagem e conteúdo, além de estabelecer comunicação com os fãs de sua mãe.

Barbara Parker, II Lady Mallowan, morreu em novembro, em sua pequena casa de Wallingford.

Nesse ano, David Suchet resolveu dedicar-se novamente ao teatro, participando das peças *Oleana* e *What a Perfomance*. Particularmente, ele havia decidido que era a hora de se separar de Poirot, porém a LWD não gravou nenhum episódio da série para 1994 e as cartas dos fãs fizeram com que eles esperassem o retorno de Suchet para gravar uma nova temporada, para 1995.

A série Poirot apresentou declínio de audiência nos últimos dois anos, 1996 e 1995, o que levou David Suchet a tomar a iniciativa de seguir com sua carreira no teatro, enquanto a LWT, questionada sobre o futuro da série, afirmou que ainda era cedo para pensar em seu final.

No dia dezessete de outubro de 1998, o mundo perdeu a perfeita Miss Marple. Joan Hickson morreu aos noventa e dois anos, após mais de sessenta anos nas telas e palcos da Inglaterra. Joan Bogle Butler, Hickson quando solteira, foi enterrada em Sidbury, Devon, onde sua filha mora.

No mesmo ano, a Booker McCornell vendeu seus sessenta e quatro por cento da Agatha Christie Ltd para a Chorion. Mathew Prichard permaneceu no cargo de presidente da empresa.

Uma exposição foi inaugurada na Alemanha, Agatha Christie no Oriente: Criminalista & Arqueóloga, em Essen, no dia dezenove de outubro de 1999, ficando em exibição até cinco de março de 2000. Com o nome de *Agatha Christie um Der Orient*, foi transferida para Viena, na Áustria, no dia treze de abril, ficando em exibição até dezessete de setembro. No dia vinte de outubro, inaugurou, em Basileia, na Suíça, onde permaneceu até primeiro de abril de 2001. Em seguida, foi para Berlim, Alemanha, no dia dezoito de maio e permaneceu até vinte e seis de agosto. A exposição *Agatha Christie and Archaeology* inaugurou no Museu Britânico, no dia quatro de novembro, e ficou em exibição até vinte e quatro março de 2002, quando seguiu para Bagdá.

Analisando a trajetória da exposição internacional que inaugurou em 1999 na Alemanha, fica difícil aceitar a alegação de Jared Cade, de que a exposição foi elaborada por ordem da família de Agatha Christie, numa tentativa de contradizer a *fanfiction* que ele escreveu. Sem saber a origem e a importância internacional da exposição, pode-se até aceitar sua alegação, mas, conhecendo-se sua história e origem, fica difícil admitir que a Alemanha, a Áustria, a Suíça, a Inglaterra e o Iraque organizaram a exposição, gastando milhares de dólares, somente por causa dele e por ordem da família de Agatha Christie.

Brian Eastman, produtor da ITV, procurou novamente David Suchet, com o plano de produzir mais dois filmes longos para a interrompida série Poirot. Suchet manejou sua agenda de espetáculos teatrais, pois ele mesmo sentia o imenso desejo de completar a filmografia da obra de Agatha Christie com o pequeno belga. No verão de 1999, ele voltou aos estúdios e gravou mais uma temporada da série.

Em maio de 2000, ele e sua esposa, Sheila, fizeram uma visita ao Japão, a convite da NHK, televisão daquele país, e foram tratados como celebridades diplomáticas. O carinho do público japonês encantou o casal. Os episódios da série Poirot, exibidos pela NHK no Japão, tinham cem milhões de expectadores. Essa experiência serviu para que o ator tomasse a decisão de levar o personagem até seu último livro.

Greenway foi doada por Rosalind e Anthony Hicks, em 2001, para o National Trust, para preservá-la. Os jardins foram abertos ao público, mas a casa principal permaneceu fechada para visitação.

A Lista de Honras de Aniversário de 2002 trouxe o nome de David Suchet, condecorado com a Ordem do Império Britânico. Em seguida, a ITV decidiu dar novo rumo e formato à série Poirot e Suchet se viu diante de um dilema, pois o novo projeto não incluia seu amigo Brian Eastman. Muito fiel à sua amizade com o empresário, após uma longa conversa, ele concordou em seguir o desejo de seu coração e de seu compromisso, firmado com Rosalind e Anthony Hicks: continuaria fazendo os filmes de Poirot.

Na mesma época, a ITV pegou os direitos da BBC sobre a série Marple, à qual produziria novamente.

A Ratoeira completou cinquenta anos em cartaz no dia vinte e cinco de novembro de 2002 e o casal real estava novamente presente na plateia.

No dia vinte e dois de setembro de 2003, a televisão inglesa exibiu o documentário *Agatha Christie, a Life in Pictures*, produzido com autorização de Rosalind Hicks. Olivia Willians e Anna Massey fizeram o papel da jovem e da idosa Agatha Christie. As cenas, como a da viagem pelo mundo em 1922, com Agatha e Archibald Christie viajando e nadando num mar de papel azul, são excelentes e o documentário todo é bem fiel, mas o cenário é muito ruim.

Rosalind Hicks morreu no dia vinte e oito de outubro de 2004 e foi enterrada em St. Mary the Virgin, Churston Ferrers, a igreja para a qual sua mãe doara o vitral. Conversando com senhoras da igreja em minha segunda visita ao local, Rosalind foi lembrada como membro ativo das atividades sociais da comunidade, sempre trazendo uma prenda e uma garrafa de vinho de sua adega para as quermesses. Pelo modo como falavam dela, podia-se ver uma pessoa muito querida.

Confirmando minha teoria de viúvos inconsoláveis, Anthony Hicks morreu em maio de 2005, sete meses depois de Rosalind. Nesse mesmo ano, morreu Angela, esposa de Mathew Prichard.

Bill Kenwright Ltd. foi licenciado pela Agatha Christie Ltd. para produzir as peças teatrais de Agatha no Reino Unido, sob o nome *Agatha Christie Theatre Company*, viajando em turnê pelo país. No ano seguinte, 2006, a produção de estreia foi *The Hollow*.

Em setembro de 2009, a casa de Agatha Christie em Greenway foi aberta para visitação do público e Mathew Prichard doou os móveis, objetos, livro e quadros todos da casa para o National Trust. Foram gastos seis milhões de libras na restauração.

A Lista de Honras de Ano Novo de 2011, publicada em trinta e um de dezembro de 2010, condecorou David Suchet como Comandante do Império Britânico (CBE), por serviços prestados à dramaturgia.

Em 2012, A Choriun vendeu seus sessenta e quatro por cento da Agatha Christie Ltd. para a Accorn Media.

The Book, estátua esculpida por Ben Twiston-Dais em homenagem à Agatha Christie, foi inaugurada na noite do dia vinte e cinco de novembro de 2013. A estátua está na Long Acre, West End de Londres, próxima ao San Martin Theatre.

A exposição *Mesopotâmia* inaugurou no dia vinte e dois de junho, no Royal Museum Toronto, Canadá, permanecendo até cinco de janeiro de 2014, com forte presença de Agatha Christie e Max Mallowan.

Os últimos quatro episódios da série Poirot, com David Suchet, foram apresentados pela ITV em treze de novembro de 2013.

É impossível não se falar de *Curtain*. A série Poirot, com David Suchet, chegou ao fim com o melhor de todos os seus episódios. De alto nível em produção e interpretação em seus quase vinte e cinco anos sendo produzida, a série foi ao extremo com *Curtain*. Tudo o que já era excelente durante os vinte e cinco anos foi superado, inclusive a maquiagem e o desempenho de Suchet. Ele contou que teve medo do dia de filmar Cai o Pano/*Curtain*, pois estaria se despedindo de um bom amigo. Esse foi o clima todo da história. A direção e a adaptação ficaram perfeitas. Quando o personagem Norton morreu, deu um sorriso enigmático, não presente no livro, que traz um significado único para o filme da televisão. A discrição da morte de Poirot, que não foi mostrada para o público, é perfeita; e mais do que nunca ficou no ar a pergunta — quem venceu? Poirot ou o criminoso? Uma obra-prima.

Em 2014, os episódios foram exibidos pelas televisões da Itália, Polônia, Japão, França, Canadá, Brasil e EUA, entre outras. Até esta data, Cai o Pano/*Curtain*, foi o único não exibido no Brasil.

Ao se referir ao sucesso da série Poirot, Mathew Prichard justificou, mais uma vez, com sua máxima de que ninguém produziu tanto entretenimento no mundo como Agatha Christie: "Each second of each minute, of each minute of each hour of all hours of all the days of the year, someone is watching Poirot in some place around the world"[135].

Entre os dias vinte e um e vinte e seis de junho de 2013, *Dead Man's Folly*, um dos cinco últimos episódios da série Poirot, foi filmado em Greenway. Eu estava lá e vi a montagem para as filmagens.

Os Crimes do Monograma/*The Monogram Murders*, escrito por Sophie Hannah para a Agatha Christie Ltd., mais uma história de Hercule Poirot, foi lançado mundialmente em trinta e nove países, no dia oito de setembro de 2014. Uma verdadeira operação de guerra, para garantir o sigilo de sua história, foi preparada para essa data.

A história é, de longe, a mais gótica das histórias de Poirot e da própria Agatha Christie. Em um hotel de luxo, três corpos perfeitamente arrumados são encontrados deitados nas camas, cada um em um andar diferente. Uma morte do passado e um chá macabro completam a história. Poirot se associa a um novo companheiro, Catchpool, da Scotland Yard.

---

135. "Cada segundo de cada minuto, cada minuto de cada hora, em todas as horas de todos os dias do ano, alguém está assistindo Poirot, em algum lugar do mundo".

Segundo a própria Sophie Hannah, com muito mérito, ela não tentou nem um pouco escrever um livro como se fosse Agatha Christie. Somente usou o personagem Hercule Poirot e a ambientação entre os anos de 1928 e 1932, quando Agatha Christie não escreveu nenhum livro com o personagem, em uma história sua.

Muitos fãs se questionam sobre o porquê de um novo livro de Poirot, escrito por alguém que não Agatha Christie. A resposta é óbvia. Se a Agatha Christie Ltd. não tivesse essa iniciativa, de produzir uma obra extremamente controlada, dentro de padrões, fatalmente isso acabaria sendo feito por alguém, pois apesar do personagem ser uma marca registrada, aqui e ali aventureiros acabam escrevendo alguma coisa com ele. A genialidade da ideia, contudo, era produzir um novo livro de Poirot, tentando estimular os jovens a ler Agatha Christie. O plano foi tão bem-sucedido que todos os livros dela aumentaram de venda e estão sendo novamente expostos nas vitrines das livrarias; e seu grande sucesso fez com que outros autores de novelas de detetive voltassem a ser impressos. Chamo esse fenômeno de *A Ressurreição de Agatha Christie.*

É interessante observar que, em 1974, o mesmo quadro de "marasmo" editorial estava presente na edição dos livros de Agatha. Eles se vendiam por si sós, mas, com a chegada — e o sucesso — do filme *Murder On The Orient Express*, ocorreu uma nova febre de leitura dos livros de Agatha Christie, principalmente por parte dos jovens. Tal fenômeno seria observado novamente nos anos 1990, com o centenário de Agatha Christie e o surgimento da série Poirot. Vinte e cinco anos depois, era necessário algum evento para retomar esse comportamento dos jovens em relação à obra de Agatha Christie e agitar o mercado editorial. A solução encontrada, e eficaz, foi a publicação de *The Monogram Murders*/Os Crimes do Monograma.

Black Coffee estreou no Royal Windsor Theatre em oito de janeiro de 2014. Eu tive o prazer de ser convidado e ir acompanhado à pré-estreia por Lucy e Mathew Prichard e, depois, jantar com Julius Green. No intervalo, encontrei, pela primeira vez, John Curran.

Dia catorze de abril, Jamie Bernthal organizou a conferência *Agatha Christie: Crime, Culture, Celebrity*, na Universidade de Exeter, inaugurando a nova realidade de Agatha Christie ser lecionada em faculdades. Ao mesmo tempo e no mesmo lugar, houve uma exposição das capas dos livros de Agatha, desenhadas por Tom Adams, a quem tive o prazer de conhecer nesse evento.

No dia vinte e seis de julho, foi inaugurado o *Book Bench* de Agatha Christie, desenhado por Tom Adams e pintado por Mandii Pope, em

Bloomsbury Square, Londres. O objetivo da exposição, por todas as ruas de Londres, era leiloar os bancos para direcionar a renda a fundos de caridade.

A atriz Geraldine McEwan morreu no dia trinta e um de janeiro de 2015.

Mathew Prichard transferiu o cargo de presidente da Agatha Christie Ltd. para seu filho, James Prichard, em outubro de 2015.

Tom Adams, o grande artista das capas de Agatha Christie, morreu em nove de dezembro de 2019.

O Legado: Teatro, TV, Cinema, Rádio, Multimídia e Livros

1978
Brasil:

Editora Nova Fronteira: Um Acidente e outras Histórias (sem correspondente na Inglaterra), Um Brinde de Cianureto, A Aventura do Pudim de Natal, Morte na Rua Hickory, Sócios no Crime e A Testemunha Ocular do Crime.

1979
Livros:

Os Últimos Casos de Miss Marple — reúne todos os contos da personagem que não estão no livro Os Treze Problemas, de 1932. Em alguns países, a pequena história A Extravagância de Greenshaw está incluída, em outros não.

- *A Talent to Deceive — An Appreciation of Agatha Christie — Robert Barnard*

- *The Bedside, Bathtube and Armchair Companion to Agatha Christie — Riley & McAllister*

Brasil:

Os Três Ratos Cegos e outras Histórias, Os Trabalhos de Hércules, E no Final a Morte, O Natal de Poirot e Autobiografia — Editora Nova Fronteira

A *Autobiografia* foi tradução repleta de erros, que comprometem demais o texto e a datação dos fatos da vida da autora. Todas as demais editoras, Círculo do Livro (anos 1970), Coleção Record Agatha Christie (paperback, anos 1980), Coleção Altaya Record (capa dura, anos 1990) até 2015, usaram essa mesma tradução, licenciada para impressão pela Nova Fronteira, e todas carregaram os erros.

- *A Morte do Almirante — Editora Record do Brasil, escrito pelos membros do Detection Club, em 1931.*

1980
Filmes:

- *A Maldição do Espelho/The Mirror Crack'd — EMI*
Angela Lansbury no papel de Miss Marple. O filme é um duelo de titãs, pois Marina Gregg foi representada por Elizabeth Taylor, cuja história de vida é muito semelhante à de sua personagem. Além disso, Geraldine Chaplin, Rock Hudson, Kim Novak e Tony Curtiss estão no mega elenco do filme. Muitos fãs o consideram a melhor adaptação de um livro de Agatha Christie para o cinema e outros, assim como muitos críticos, o texto de Christie melhor adaptável para a sétima arte. O filme se mantém muito fiel ao enredo original, o que ajuda em seu sucesso. Charles Osborne, mais uma vez ácido com Hollywood, não gostou da produção, apesar de ressaltar o elenco. Infelizmente, Angela Lansbury intrerpreta Miss Marple como a personagem Jessica Fletcher, que fazia no seriado *Murder She Wrote*, deixando a desejar no papel da protagonista.

Livros:

- *Memories of Men & Women — A. Leslie Rowse*
Livro com dez curtas biografias de diversas personalidades inglesas importantes. No capítulo que dedicou à Agatha e Max, além de uma profunda compreensão, talvez tenhamos a mais nítida imagem dela de todos os seus biógrafos. Ele citou uma mulher que conheceu Agatha em 1926, mas, como ela não quis ser identificada, seguindo Agatha Christie em seus enredos, ele a chamou de "X". A testemunha sustentava que Agatha sofrera um profundo esgotamento nervoso em 1926. Ela também afirmava que Agatha se arrependia de ter deixado Archibald aos cuidados de Nancy, a quem ela conhecia, quando foi para Torquay. Suspeito que tal testemunha possa ter sido o próprio Max, Rosalind ou Barbara Parker. Rowse também falou que

Max lhe confidenciou, uma vez, que Agatha se expunha anônima e totalmente através de seus livros.

Leslie Rowse nunca quis escrever um livro que só vendesse por causa do nome de Agatha, até porque Winston Churchill também estava entre as minibiografias. Suas afirmações foram feitas como um amigo e admirador do casal, sem interesses comerciais e, por isso, muito verdadeiras.

• *Agatha Christie and All That Mousetrap — biografia da vida de Hubert Gregg*.

Estranhamente, o título do livro com a biografia do ator e diretor teatral não trás seu nome, mas sim o de Agatha Christie. Apesar do vínculo muito próximo com sua obra, parece ter querido fazer sucesso usando o nome da escritora e autora teatral.

• *Agatha Christie Who's Who — Randall Toye*.

Dicionário de personagens de Agatha Christie, com mais de dois mil verbetes e, até hoje, o melhor em seu gênero.

• *The Gentle Art of Murder — The Detective Fiction of Agatha Christie — Earl F. Barganier*.

Livro sobre técnicas de escrita e despistamento sobre a obra de Christie, difícil de se ler até para quem conhece bem todos os livros da autora.

• *The Agatha Christie Companion — Russel Fitzgibbon*.

Livro misto de resenha com dicionário de personagens, com uma excelente visão de história do romance policial baseada em *The Unexpected Guest* e *Verso L'ora Zero*

Brasil:

Assassinato na Casa do Pastor, A Mansão Hollow, A Extravagância do Morto e Poirot Perde uma Cliente. Editora Nova Fronteira.

Finalmente, o Brasil teria toda a obra de Agatha Christie publicada e traduzida no país. Também foram publicados dois volumes em um estojo, com as peças de teatro A Ratoeira, Testemunha de Acusação, Veredito, Os Des Indiozinhos, Retorno ao Assassinato, Encontro com a Morte, Hora Zero e O Refúgio.

1981
Livros:

- *Agatha Christie Cover Story — Tom Adams & Julian Simons.*
Livro de arte. Cada uma das capas de Tom Adams, desenhadas para os livros de Agatha Christie a partir de 1962, comentadas por ambos os autores, cada um dizendo o que interpreta e se gosta ou não das abstrações do artista.

- *The Agatha Christie Crossword Puzzle Book — Randall Toye e Judith H. Gaffney.*
Livro de palavras cruzadas e charadas ao estilo das do *The Times*, porém focadas no universo dos personagens de Christie.

Televisão:

- *The Seven Dial Mystery — Oito de março — RU — London Weekend Television.*
Produção de Jack Williams, com John Gielgud como Lorde Catherham. Bastante fiel ao original. À primeira vista, Harry Andrews, escalado para fazer o Inspetor Battle, parece um pouco velho para o papel, mas, em seguida, perdemos essa impressão e o ator se torna um padrão de interpretação para o personagem. James Warwick apareceu pela primeira vez em um filme de Agatha. A casa que serviu de cenário externo para Chimenys também é muito distante do modelo original. Os cenários internos são ruins, claramente construídos em estúdio. O filme é muito bom depois dos primeiros vinte minutos, apesar dos defeitos.

- *Why They Didn't Ask Evans? — Trinta de março — RU — London Weekend Television.*
Produção de Jack Williams, novamente com John Gielgud no elenco, como o Reverendo Jones, pai de Bobby. Além de mais um bom filme da LWT, Bobby Jones foi interpretado por James Warwick, fazendo par romântico com Francesca Annis, no papel de Lady Frances Derwent. Anos mais tarde, os dois formariam a dupla Tommy & Tuppence para a série *Partners in Crime* e *The Secret Enemy*. O filme contou com mais uma participação de Joan Hickson como Mrs. Rivinton, antes de se tornar a definitiva Miss Marple. A única cena da atriz no filme vale o filme inteiro, pois Joan Hickson fazendo uma cena de comédia como uma madame coquete é algo bastante inusitado para quem a conhece como Miss Marple. O filme é totalmente fiel ao livro, o que o torna um bom filme, apesar de muito longo.

Teatro:

- *Cards on the Table — Nove de dezembro — RU — adaptação: Leslie Darbon — Vaudeville Theatre de Londres.*

1982
Livros:

- *The Life and Crimes of Agatha Christie — Charles Osborne — RU*
Conforme já dito antes, o autor deveria ter se limitado às peças de teatro e às poesias de Agatha Christie, pois seu conhecimento e pesquisa da vida da autora e sua obra são falhos e os erros de seu livro foram copiados ou levaram ao erro diversos outros autores.

Cinema:

- *Evil Under the Sun — Cinco de março — EUA — EMI*
Novamente com Peter Ustinov como Poirot e um elenco estrelar, composto por Maggie Smith, como Daphne Castle, Sylvia Miles, fazendo uma Mrs. Gardener ainda mais irritante do que a original, e Jane Birkin, como Mrs. Redfern.

Inexplicavelmente, o local do filme é alterado da costa do Devon, na obra de Christie, para uma praia do Mar Adriático; no entanto, o set de filmagens foi em Majorca.

Televisão:

- *Murder is Easy — Dois de janeiro — EUA — Warner Bros*
Exibido no programa *Saturday Night at the Movies*. Helen Hayes interpreta uma perfeita Lavínia Fullerton e Olivia de Havilland é a Sra. Waynfleet. O Inspetor Battle é retirado da trama e o futuro Hulk, Bill Bixby, é Luke Willians, mas não fica verde em nenhum momento deste filme. Na Inglaterra, a BBC exibiu o filme em junho desse ano.

- *The Agatha Christie Hour — Sete de setembro — RU — Thames Weekend Television*
Primeira série de TV de Agatha Christie, com dez episódios baseados nas décadas de 1920 e 1930[136]. Nos episódios em que o detetiver Parker Pyne aparece, ele é interpretado por Maurice Denhan. A série, em episó-

---

136. Datas e títulos completos no Apêndice Séries de TV.

dios de cinquenta e dois minutos, fez muito sucesso e originou a produção de muitas outras.

- *Witness for the Prosecution — Quatro de dezembro — RU*
Nova versão escrita por John Gray e dirigida por Alan Gibson. No elenco, Wendy Miller e Ralph Richardson.

- *Spyders Web[137] — Vinte e seis de dezembro — RU — London Weekend Television*
Nova versão, com Penelope Keith no papel de Clarissa. O filme foi um grande sucesso da TV.

Rádio:

- *Unexpected Guest — Doze de março — RU — Radio 4*
Agatha Christie de volta ao rádio, vinte e dois anos depois de *Personal Call*.

1983
Livros:

- *Murder She Wrote — A Study of Agatha Christie's Detective Fiction — Patrícia Maida*
Livro de análise de técnicas de escrita, bastante avançado.

- *Anatomia de Agatha Christie — Carolina Dafne Alonso Cortes — Espanha.*

Cinema:

- *Tayna Chyornykh Drozdov* — Rússia — baseado em Cem Gramas de Centeio.
O filme foi exibido na Inglaterra e nos EUA, com os títulos de *The Secret of Blackbirds* e *The Murders in Yewtree Lodge*. A atriz Rita Ever foi Miss Marple.
A LTW, entusiasmada com o sucesso da série *The Agatha Christie Hour*, produziu o filme *The Secret Adversary*, com Francesca Annis como Tuppence, James Warwick como Tommy e Reence Disdale como Albert. O filme foi exibido no dia nove de outubro de 1983[138]. Em seguida, estreia,

---

137. Scott Palmer data o filme como sendo de 1983.
138. Scott Palmer data o filme para 1985.

pelo mesmo canal, a serie *Partners in Crime*, com os mesmos protagonistas, em dez episódios.

O filme *The Secret Adversary* é excelente, de boa qualidade, com cenas externas. Já o seriado, apesar de ter o mesmo diretor, é ambientado quase totalmente em estúdios, com qualidade de gravação para televisão, ficando bem menos interessante. A direção adotada era mais voltada para a comédia do que o suspense, em relação ao primeiro filme, o que compromete o resultado. No entanto, as futuras gerações de Tommys e Tuppences devem tomar cuidado, pois os protagonistas estão excelentes em seus papéis, muito fiéis às ideias de Agatha Christie. Tuppence é ligeiramente obcecada por moda e vestidos, bolsas e chapéus, mas isso é um recurso para ter um melhor clima dos anos 1920 na série, em nada comprometendo a personagem. No elenco acessório, o episódio O Caso da Pérola Rosa/*The Affair of the Pink Pearl* traz Dulcie Gray como Lady Laura Barton.

A Warner Brothers, em conjunto com a CBS americana, produziu, para a TV, *A Caribbean Mystery,* novamente com Helen Hayes fazendo uma perfeita Miss Marple, exibido no dia vinte e dois de outubro de 1983. As mesmas empresas exibiram, no dia cinco de novembro, *Sparkling Cyanid*. O Coronel Race não aparece no filme e quem investiga o caso é o jornalista Tony Browne.

Brasil:

- *Um Furo Jornalistico e O Cadáver Atrás do Biombo — Editora Record do Brasil*
  Escrito para rádio pelos membros do Detection Club, em 1930 e 1931.

1984
Livros:

- *Agatha Christie a Biography — Janet Morgan — RU*
  Biografia autorizada. O mais claro retrato de quem realmente foi Agatha Christie, até os dias de hoje.

- *Hercule Poirot Casebook — EUA T Editora: Dood & Mead*
  Livro contendo cinquenta contos de Poirot, já publicados previamente.

Televisão:

- *The Body in The Library*[139] — *Vinte e seis de dezembro — RU — BBC e da A&E TV*

É um marco na história dos filmes de Agatha Christie. Nesse dia, Joan Hickson, pela primeira vez, interpretou a mais perfeita — e talvez insuperável — Miss Marple que os fãs de Agatha já assistiram. A produção da estreia foi um especial de cento e dez minutos. Gwen Watford é a Sra. Bantry; Moray Watson é o Cel. Bantry e Raymond Francis é Sir Henry Clithering.

1985
Livro:

- *The Life And Times of Miss Marple — Anne Hart — RU*

Uma interessante biografia e estudo da personagem.

Cinema:

- *Ordeal By Innocence — fevereiro de 1985 — RU — London Canon Films*

Donald Sutherland como Arthur Calgary, Faye Dunaway e Christopher Plummer. Se o visse, Agatha não gostaria da mulher nua na cama de Calgary. Excelente produção, ambientada nos lugares reais que inspiraram Agatha Christie: Dartmouth, Dittishan e Greenway.

- *Kiken na Onnatachi — Vinte e cinco de maio — Japão — baseado em The Hollow.*

Televisão:

- *Murder with Mirrors — Vinte de fevereiro — EUA — baseado em A Maldição do Espelho — Hajeno Productions e Warner Bros*

Helen Hayes é uma perfeita Miss Marple, ficando na segunda posição das atrizes que melhor interpretaram a personagem, em minha cotação. Ela divide a tela com Bette Davis, mais uma vez em um filme de Agatha Christie, como Carrie Louise Serrocold. John Mills é Lewis Serrocold.

- *Série Miss Marple com Joan Hickison — RU — BBC*

- *The Moving Finger — Vinte e cinco de fevereiro.*

---

139. Scott Palmer data o filme para 1985.

- *A Murder is Announced — Vinte e oito de fevereiro.*

- *A Pocket Full of Rye[140] — Sete de março.*

- *Thirteen at Dinner — Dezenove de setembro — EUA — baseado em Treze à Mesa*
Peter Ustinov como Poirot.

1986
Livro:

- *Agatha Christie — Mary S. Wagoner — EUA*
Uma boa biografia.

Televisão:

O programa *Mystery!*, da emissora WGHB americana, apresentado por Vincent Price, na temporada seis, episódio onze, exibiu o primeiro filme da Série Miss Marple, da BBC, *The Body in The Library*, com Joan Hickson, em dois de janeiro de 1986.

A Warner Bros produziu para a televisão inglesa *Dead Man's Folly*, exibido no dia oito de janeiro, mais uma vez com Peter Ustinov como Poirot, Jonathan Cecil como Hastings e Jean Stapleton como a Sra. Oliver. Tanto o cinema como a televisão até hoje esperam a atriz que fará uma perfeita Sra. Oliver; nenhuma até hoje foi ruim, mas nenhuma também foi brilhante.

A Granada Television, da Inglaterra, produziu *The Last Séance* (A Última Sessão) para seu programa *Shades of Darkness,* de suspense paranormal, do dia vinte e sete de setembro. Madame Exe é interpretada por Jeanne Moreau; a triz não gostava de trabalhar em televisão, mas não resistiu à personagem de Agatha Christie.

A Warner Bros exibiu, na televisão inglesa, o penúltimo dos filmes de Peter Ustinov como Poirot. *Murder in Three Acts* foi ao ar no dia trinta de setembro. Tony Curtis é Sir Charles Cartwrighy.

A televisão britânica produziu a *fanfiction Murder by the Book.* O filme, baseado em dados biográficos de Agatha Christie e Poirot, mostra a noite em que Ed Cork jantou com o casal Mallowan, até com Bingo em cena.

---

140. Scott Palmer data os dois filmes para 1986.

Durante o jantar, Cork tenta convencer Agatha a publicar Cai o Pano. Tanto ele como Max estão muito bem retratados no filme, que é uma comédia suave, sem exageros e interessante. Peggy Ashcroft interpreta uma perfeita Agatha Christie. Iam Holm interpreta Poirot, que começa a perseguir Agatha pela casa, querendo destruir o livro. A cena da discussão entre ele e Agatha, apesar de fictícia, é muito próxima do que realmente poderia ocorrer. Agatha é retratada mais jovem do que quando o livro foi publicado e a casa que serve de cenário não é nenhuma das suas. O filme pode ser visto no Youtube. Excelente.

No dia vinte e cinco de dezembro de 1986, estreou a segunda temporada da Serie Miss Marple com Joan Hickson, pela BBC[141].

Rádio:

• *Hercule Poirot's Christmas — RU — Peter Sallis fazendo o papel de Poirot.*

1987

Rosalind e Anthony Hicks agendam um almoço com um ator que eles escolheram para o papel de Poirot. Durante a conversa, eles deixam bem claro que não querem nenhum traço de comédia nos novos filmes. O ator promete ser fiel à família e à memória de Agatha. Após um longo e exaustivo laboratório de construção de personagem, criado e estudado por ele mesmo, David Suchet está pronto para ser Poirot.

Joan Hickson é condecorada com a Ordem do Império Britânico.

Livros:

• *Agatha Christie Trivia — Richard T. Ryan — EUA*
Livro de perguntas e respostas sobre a vida e a obra de Christie.

Cinema:

• *Desyat Negrityat — URSS — Odessa Films — Filmado no Mar Negro.*

Televisão:

• *In a Glass Darkly — RU — dirigido por Desmond Dais.*

---

141. Lista de datas e títulos no fim deste livro.

Teatro:

- *And Then There Where None — Sete de outubro de 1987 — Duke of York Theatre de Londres.*

Rádio:

- *The Murder of Roger Ackroyd — RU — John Moffatt interpreta Poirot.*

Brasil:

As editoras brasileiras que detinham os direitos autorais dos livros de Agatha Christie (Globo Livros, Nova Fronteira, Record e José Olympio Editora) firmaram uma parceria e foi publicada, pela Editora Record, a primeira coleção completa dos livros de Agatha Christie, com as peças de teatro. São *pocket books* em *paperbacks* vendidos semanalmente em bancas de jornal. Os oitenta e seis volumes terminaram de ser publicados em 1989[142].

1988
Cinema:

- *Appointment with Death — Vinte e sete de abril — RU*
Apesar de ser inglês, o filme estreou nos cinemas da França. Mais uma vez, Poirot foi interpretado por Peter Ustinov. No elenco, Lauren Bacall e John Gielgud.

Radio:

- *Murder on the Links — RU — BBC — John Moffatt como Poirot.*

1989
Livros:

- *Agatha Christie L'écriteure de Crime — Annie Combs — França — biografia.*

---

142. Número inexato dos livros de Agatha Christie, pois não tem os livros de Mary Westmacott e contém um livro que não é de sua autoria.

Cinema:

- *Zagadka Endkhauza — Rússia — baseado em Peril at End House*

Televisão:

- *The Man in the Brown Suit — Dois de janeiro — EUA — CBS*
Tony Randall está de volta a um filme de Agatha Christie, como Eustace Pedler. Na história, a maioria dos personagens são americanos. Os diamantes da trama foram roubados no Brasil, onde, logicamente para os americanos, o sócio de Anthony Cade morreu coberto de flechadas de índios, apesar da história ter sido adaptada para os anos 1980.

- *Série Poirot — Oito de janeiro — RU — LWT*
Estreou a primeira temporada, com David Suchet no papel do detetive belga. Ele protagonizaria a serie por vinte e cinco anos, imortalizando para sempre o personagem. No dia seguinte à estreia, assistida por oito milhões de ingleses, o sucesso estava garantido.

- *Série Miss Marple — Mistério no Caribe/A Caribbean Mystery — Vinte e cinco de dezembro — RU — BBC — Série Miss Marple, com Joan Hickson*

- *Tem Little Indians — novembro — RU — Breton Films*
Desta vez, a aventura acontece durante um safári na África.

Audiobooks:

- *Death By Drowing, The Herb of Death, The Affair at the Bungallow, The Thumb Mark of St. Peter, The Blue Geranium — narração de Joan Hickison — EMI Records*
Série de histórias de Miss Marple. A partir de 1999, elas seriam comercializadas pela Harper Collins, que comprou os direitos da EMI.

1990 — Centenário de Agatha Christie
Livros:

- *Agatha Christie Official Centenary Celebration 1890 — 1990 — Editado por Lynn Underwood (diversos autores) — RU — Catálogo*

- *Agatha Christie The Woman and Her Mysterie — Gillian Gill — RU — biografia.* Ganhadora do Macavity Award por melhor biografia crítica de livros de mistério.

- *Agatha Christie Murder in Four Acts — Peter Haining — RU* Livro dedicado ao cinema, teatro, rádio e televisão.

- *Agatha Christie's Devon — Jane Langton — RU* Guia em edição de luxo, com muitas fotos e fatos do passado de Torquay.

- *The Life and Times of Hercule Poirot — Anne Hart — RU* Biografia de Poirot e comentários sobre a vida. *Dorothy and Agatha —* Gaylord Larsen — RU

Fanfiction baseada nas biografias de Dorothy L. Sayers, Agatha Christie e outros membros do Detection Club.

Televisão:

- *Série Poirot — Sete de janeiro — RU — LWT — Segunda temporada.*

- *Série Poirot — Dezesseis de setembro — RU — LWT — O Misterioso Caso de Styles/The Mysterious Affair at Styles.*

- *The Life of Agatha Christie — setembro — RU — Especial sobre o centenário de Agatha Christie. Programa muito criticado por ter sido breve e de pouca qualidade.*

Rádio:

- *The Sittaford Mystery — janeiro — Cinco episódios de meia hora.*

1991
Livros:

- *The Christie Caper — Carolyn G. Hart — RU — Fanfiction* Indicado ao Agatha Award, como melhor novela.

Televisão:

- *Série Poirot — Seis de janeiro — LWT*

- *Série Miss Marple — Um Passe de Mágica/They Do It with Mirrors — Vinte e nove de dezembro — Joan Hickson*

1992
Televisão:

- *Série Poirot — janeiro — RU — Quarta temporada — LWT*

- *Série Miss Marple — Vinte e sete de dezembro — RU — A Maldição do Espelho/The Mirror Crack'd From Side to Side — Joan Hickson*

1993
Livros:

- *The Films of Agatha Christie — Scott Palmer — RU.*

- *The Poisonous Pen of Agatha Christie — Michael Gerard — RU.*
Livro sobre os venenos de Agatha Christie.

- *Black Sheep, Red Hearing and Blue Murder:The Proverbial Agatha Christie — George B. Byran — Suíça.*
Estudo linguístico sobre o uso de provérbios pela autora. Através dele, descobrimos que o livro de Agatha Christie que mais utilizou provérbios foi *Poirot Perde uma Cliente,* com setenta e três provérbios, sendo Poirot o maior utilizador deles, com trezentos e cinquenta e três em todos os seus livros e contos. Surpreendentemente, Miss Marple ocupa um discreto quarto lugar, ganhando de Battle apenas por um. Ela utilizou quarenta e cinco provérbios e ele quarenta e quatro.

Televisão:

- *Série Poirot — Dezessete de janeiro de 1993 — Quinta temporada.*
Nessa temporada, o episódio A Caixa de Chocolates/*The Chocolate Box* é muito interessante, pois, como a história pertence ao passado de Poirot, o encontraremos remoçado, vivendo sua juventude na Bélgica.

Rádio:

A BBC produziu o programa *Radio Collection Agatha Christie Murder At Vicarage,* com June Whitfiled como Miss Marple, dramatizado por Michael

Backwell, apresentado dos dias vinte e sete a trinta e um de dezembro de 1993. Foi o primeiro de oito programas que produziu durante alguns anos.

1994
Livros:

- *The New Bedside, Bathtube and Armchair Companion to Agatha Christie — Riley & McAllister — EUA — revisto e ampliado em 1994.*

1995
Cinema:

- *Innocent Lies — Trinta de julho — RU/França — baseado em Hora Zero.* Rosalind tira o nome de Agatha Christie dos créditos e o título do filme Hora zero é mudado por causa de um incesto que foi incluído na história original.

Televisão:

- *Série Poirot — Primeiro de janeiro — Sexta temporada.*

Rádio:

- *BBC Radio Collection Agatha Christie — Onze de fevereiro — A Pocket Full of Rye — RU*
- *BBC Radio Collection Agatha Christie — Vinte e cinco e vinte e nove de dezembro — At Bertram's Hotel — RU*

1996
Livro:

- *Le Promenades d'Agatha Christie — Françoise Rivière — França* Publicado em 1996 na Inglaterra, sob o título *In the Footsteeps of Agatha Christie.*

- *Agatha Christie's Poirot — Peter Haining — RU* Dedicado ao pequeno belga em suas aparições em teatro, rádio, cinema e TV.

• *Agatha Christie A to Z — Dawn B. Sova — EUA*
Boa fonte para resumos dos contos e livros de Agatha Christie, com dicionário de personagens. No entanto, alguns erros de Charles Osborne ainda estão presentes nessa obra.

• *The Agatha Christie Triviography and Quiz — Kathleen Kaska — RU*
Livro misto de palavras cruzadas com perguntas e respostas sobre a vida e a obra de Agatha Christie. O mesmo livro foi publicado com o título de *What's Your Agatha Christie I.Q.?* — EUA

Brasil:

As editoras brasileiras que detinham os direitos autorais dos livros de Agatha Christie firmaram uma parceria e foi publicado, pela Editora Altaya, da Espanha, em português, distribuída pela Editora Record, uma nova coleção completa dos livros de Agatha Christie, com as peças de teatro. São volumes em capa dura preta, com desenhos exclusivos. Os oitenta e oito volumes[143] terminam de ser publicados em 2000, pois houve sérios problemas de distribuição e a coleção acabou sendo relançada antes do fim, com diversos títulos demorando a chegar e outros chegando somente a algumas bancas de jornal.

1997
Livro:

• *Agatha Christie Woman of Mystery — John Escott —*
Livro de curiosidades, publicado para o ensino de línguas.

• *Agatha Christie Writer of Mystery — Carol Dommermuth-Costa — EUA — Biografia (?)*
Conta a história da vida de Agatha Christie. Aparentemente, ela leu uma biografia de Agatha e recontou a história a seu modo, repleta de erros e faltando muitas informações.

• *While the Light Lasts — RU*
Livro com histórias nunca publicadas anteriormente em coletâneas.

Teatro:

• *Tribute to Agatha Christie — Sheila Hadaway — RU*

---

143. Número inexato dos livros de Agatha Christie, pois não tem os livros de Mary Westmacott e contém um livro que não é de sua autoria.

Escrita em forma de jornal. Lendo-a, achei interessante, porém de longe, sem nenhum apelo que sugerisse uma grande plateia. Não consegui dados sobre se, onde e quando foi encenada.

Televisão:

- *The Pale Horse — Vinte e três de dezembro — RU — Anglia TV*
A história é bastante alterada em relação à original, sem a Sra. Oliver. Os cenários são pobres e o filme, como um todo, não agrada.

Rádio:

- *BBC Radio Collection Agatha Christie — 4:50 From Paddington — Vinte e nove de março — RU*

1998
Livro:

- *Black Coffee — Charles Osborne — RU*
Adaptação para romance da peça teatral homônima. O resultado deixou bastante a desejar.

- *Agatha Christie Dans Tous Ses États — Huguette Bouchardeau — Primeiro de janeiro — França — Biografia*

Brasil:

A Editora Record do Brasil publicou Enquanto Houver Luz/, coletânea de contos inéditos, e Café Preto, romantizados por Charles Osborne a partir das peças de teatro.

1999
Livros:

- *Agatha Christie and the Eleven Missing Days — Jared Cade — Primeiro de abril — RU — Fanfiction*
Livro tão distante da realidade que só poderia ter sua primeira publicação nesta data.

- *The Unexpected Guest — Charles Osborne — RU*
Romantizado a partir da peça de teatro homônima. O resultado é pouco atraente.

- *The World of Agatha Christie — Martin Fido — RU*
Livro sobre cinema, teatro, TV, Rádio e fatos da vida de Agatha Christie.

- *The Life and Crimes of Agatha Christie — Charles Osborne — RU — Biografia*
Revista e ampliada, porém com todos os erros da primeira versão.

- *Agatha Christie und der Orient - Kriminalist und Archälogie — Charlotte Trünpler — Alemanha.*
Livro sobre a trajetória de Agatha Christie como arqueóloga amadora.

- *The Gateway Guide to Agatha Christie's England — Judith Hurdle — RU — Guia de viagens*
Hoje um pouco desatualizado.

2000
Livros:

- *The Spider´s Web — Charles Osborne — RU*
Adaptado da peça teatral, com um resultado melhor do que os dois anteriores do autor.

Televisão:

- *Série Poirot — Dois de janeiro — Oitava temporada — EUA — ITV*

2001
Livros:

- *Women of Mystery — The live and works of notable women crime novelists — Martha H. DuBose —*
Biografias com um capítulo dedicado a Agatha Christie. Ganhador do Edgar Award, por melhor Critical/Biografial, do Agatha Award, por melhor não-ficção, e do Macavity Awards, por melhor não-ficção.

- *The Complete Agatha Christie — Matthew Bunson — EUA — Biografia e enciclopédia*
Who's Afraid of Agatha Christie? And other Stories — Ahmed Fagih — RU — *Fanfiction*

Televisão:

- *Fujinsanroku renzoku satsujin jiken — Dezoito de fevereiro — Japão — adaptação de Izo Hashimoto para Um Visitante Inesperado, com direção de Thoshihiro Ito.*

- *Série Poirot — Vinte de abril — Morte na Praia/The Evil Under the Sun — RU*

- *O Assassinato no Expresso do Oriente — Vinte e dois de abril — EUA — Chorion*
Nova versão é atualizada para a época. Alfred Molina interpreta um Poirot muito diferente do original, apaixonado pela Condessa Rossakov, dona de uma boate de *stripers*. Ele descobre parte da solução do caso consultando um laptop com acesso a internet dentro do trem.

- *Série Poirot — Dois de junho — Morte na Mesopotâmia/Murder in Mesopotamia*
Gravado na Mesopotâmia, em setembro de 2000.

2002
Livros:

- *Agatha Christie and Archeology - Charlotte Trünpler - UK*

- *Agatha Christie Duchesse de la Mort - Françoise Rivière - França*
Biografia. Dissimulou no país a ideia da *fanfiction* de Jared Cade, pois foi ele quem primeiro conheceu o casal Gardener, que se diziam parentes e íntimos de Agatha Christie.

- *From Agatha Christie to Ruth Rendell - Susan Rowland – UK*
Estudo da obra das quatro Rainhas do Crime inglesas, mais P.D. James e Ruth Rendell, autoras modernas da mesma escola.

- *Modern Critical Views of Agatha Christie - UK - Harold Bloom*
Livro dando uma visão geral da vida e obra de Agatha.

2003
Teatro:

- *Chimneys — Onze de outubro — Canadá — Vertigo Theatre*
A peça teatral, escrita em 1928 e cujo script desapareceu, foi misteriosamente encontrada pelo diretor Artístico do Teatro Vertigo de Calgary, no Canadá, John Paul Fischbach. Após aprovação da Agatha Christie Ltd., a peça foi produzida.

Cinema:

- *Shubho Mahurat — Vinte e cinco de julho — Índia — Bollywood — Baseado em A Maldição do Espelho.*
Miss Maple, no filme, é a personagem Ranga Pishima.

Televisão:

- *Sparkling Cyanid — Cinco de outubro — RU — Chorion — Adaptação de Laura Lanson*

- *Neudacha Puaro — Seis de novembro — Rússia — Baseado em Álibi.*

- *Série Poirot — Nona temporada — Catorze de dezembro — RU — ITV*

2004
Livros:

- *Everyman's Guide to the Mystery of Agatha Christie — Bruce Pendergast — EUA*
Livro totalmente desnecessário para o bom conhecimento da obra de Agatha.

- *Agatha Christie A Reader's Companion — Vanessa Wagstaff e Stephen Poole — RU*
Livro de arte sobre as primeiras edições de Agatha Christie, de excelente qualidade.

Televisão:

- *Agasa Kurisuti no meitantei powaro to mapuro — Quatro de julho — Japão — NHK Interprise*

Anime com trinta e nove episódios mostrando Poirot e Miss Marple mais jovens e solucionando casos juntos. Estão disponíveis no Youtube.

- *Série Miss Marple — Doze de dezembro — RU — Chorion, Granada Internacional e WGHB*
Geraldine McEwan interpreta Miss Marple. Assim com Margaret Rutherford, a atriz não tem culpa por não se parecer com o padrão de Agatha Christie e pela linha de direção adotada ter transformado uma Miss Marple mais jovem em uma senhora malvestida, que não é o que imaginamos.

Os episódios são bastante diferentes dos originais. Alguns assassinos são diferentes das histórias originais e há homossexualidade em quase todos os episódios da série. Não acredito que o produto tenha ficado ao gosto dos padrões de Agatha Christie. A pior de todas as adaptações de toda a obra de Agatha Christie, sem dúvidas, é *Nemesis*, desta série.

2005
Cinema:

- *Mon Petit Doigt m'a Dit — Três de abril — Bélgica — 1000 Films — Baseado em Um Pressentimento Funesto*
Produção francesa, que estreou na Bélgica. É o primeiro de três filmes feitos com o casal Tommy e Tuppence, interpretados por Catherine Frost e André Dussolier. Pouco diferente da história original, o filme é uma boa diversão e Catherine Frost se mostra uma excelente Prudence, como é chamada na versão francesa. Já Tommy não tem a mesma sorte e seu nome se torna Bélisaire Beresford. O filme teve um orçamento de mais de cinco milhões de euros e foi visto, na França, por três milhões de pessoas.

Televisão:

- *Série Poirot — Onze de dezembro — Décima temporada — RU — ITV*

Videogame:

- *And Then There Where None — Seis de novembro — AWE Games*
Primeiro jogo de videogame baseado na obra de Agatha Christie, no estilo "objetos perdidos".

2006
Livros:

• *Agatha Christie the Finished Portrait — RU — Dr. Andrew Norman.*
Usando seu conhecimento médico, o autor analisa os fatos do desaparecimento sob a ótica moderna da psiquiatria, chegando a uma conclusão bastante aceitável do que aconteceu com Agatha Christie em 1926.

• *Miss Marple and All Her Characters — James Cresswell — RU*
O livro é uma publicação independente do autor e contabiliza os personagens que aparecem em todos os livros e contos de Miss Marple.

• *Un Divan pour Agatha Christie — Sophie Mijola Mellor — França*
Um estudo de Agatha do ponto de vista psicoanalítico, porém utilizando toda sua vida e sua obra.

• *Agatha Christie Investigating Feminility — Dra. Merja Makinen — RU*
A obra se dedica ao estudo de situações do cotidiano da mulher, na obra de Agatha.

• *The Pocket Essencial Agatha Christie — Mark Campbell — RU*
Pequeno guia da obra, personagens e biografia.

Teatro:

• *Chimneys — Primeiro de junho - RU — Swiss Cottage Theatre*

• *The Hollow — Agatha Christie Theatre Company — RU*

Televisão:

• *Série Miss Marple (Geraldine McEwan) — Cinco de fevereiro — Segunda temporada — RU*
Completando a deturpação da obra de Agatha, o que com certeza não a agradaria, e sob protestos de fãs, como eu, a série introduziu Miss Marple em um caso de Tommy e Tuppence, deturpando os personagens originais, pois Tuppence é uma alcoólatra e Tommy, um marido distante e estúpido com ela. Em seguida, Miss Marple é introduzida em uma história sem nenhum dos detetives principais de Agatha.

- *Uso to Tsuku Shitai — Onze de abril — Japão — Adaptação de 4:50 from Paddington, pelo chines Jesumu Miki.*

- *Mon Petit Doigt m'a Dit — Sete de novembro — Bélgica — France 2 — Baseado em O Natal de Poirot.*

Motivado no enorme sucesso do filme, o canal *France 2* produziu a minissérie Pequenos Assassinatos de Agatha Christie/*Petit Muertres em Famille/A Family Murder Party*. O primeiro dos quatro episódios foi exibido na Bélgica, sendo exibido na Suíça dia dez e na França dia catorze. O orçamento da minissérie foi de oito milhões de euros e mais de sete milhões de telespectadores assistiramm à sua estreia.

A livre adaptação da televisão francesa retirou de cena Poirot, colocando em seu lugar um assistente de detetive mais esperto do que o detetive: Émile Lampion, interpretado por Marius Collucci. A dupla investigava o assassinato ocorrido na casa da família Le Tescou.

Bastante fiel ao original de Agatha Christie, apesar da substituição do personagem principal do livro, a minissérie é muito bem-feita e as situações são divertidas, mas, ao mesmo tempo, de grande suspense. Ponto para a TV francesa!

Videogame:

- *Murder On the Orient Express — Vinte de novembro — RU — AWE — Com David Suchet.*

Brasil:

- *Noite das Bruxas — Primeiro de março — L&Pm*

L&Pm Pockets começa a relançar os títulos de Agatha Christie, sob licença e com traduções antigas da Nova Fronteira.

- *A Ratoeira — junho a dezembro — Teatro do Leblon — Rio de Janeiro.*

Dirigida por João Fonseca, com Débora Duarte e Tonico Pereira no elenco.

2007
Livros:

- *Agatha Christie an English Mystery — Laura Thompson — RU*

- *Agatha Christie Power and Illusion — R. A. York — RU*

- *Crémes & Chântiments — Reccettes Délicieuses et Crimineles d'Agatha Christie — Anne Martinetti e François Rivière — França — Livro de receitas*

Teatro:

- *The Unexpected Guest — Agatha Christie Theatre Company — RU*

Televisão:

- *L'Heure Zéro — Trinta e um de outubro — França — Studio Canal — Dirigida por Pascal Thomas, com François Morel e Danielle Darrieux.*

- *Série Miss Marple (com Geraldine McEwan) — Terceira temporada — ITV — RU*
Mais dois episódios da terceira temporada, última com a atriz no papel de Miss Marple.

Videogame:

- *Evil Under the Sun — outubro — AWE games*

- *Death On the Nile — Big Fish Games*
Caça objetos com David Suchet. O jogo é uma coprodução americana e ucraniana.

- *After the Funeral — Universal & IRM*
Jogo de perguntas e repostas, com David Suchet como Poirot.

Brasil:

- *A Ratoeira — Cinco de julho de 2007 — Teatro Frei Caneca — São Paulo*
Com Rogério Fróes no lugar de Tonico Pereira.

- *A Ratoeira — Vinte e seis de outubro — Teatro da Universidade de Fortaleza*

A ITV exibiu dois episódios da terceira temporada da série Miss Marple, a última com Geraldine McEwan[2].

2008
Teatro:

- *And Then There Where None — Agatha Christie Theatre Company — RU*

Cinema:

- *Les Crimes est Notre Affaire — Quinze de outubro — França — Baseado em Sócios no Crime*

Filme de Pascal Thomas, com a dupla Prudence e Bélisaire de volta. O orçamento foi de doze milhões de euros e quase cinco milhões de pessoas foram aos cinemas, somente na França, para assisti-lo. O enredo começou a se distanciar da obra original de Agatha Christie, mas ainda com um bom resultado para seus fãs.

Televisão:

- *Le Grand Alibi — Trinta de abril — França — UCG, Medusa Films e SBS — Baseado em The Hollow*

Dirigido por Pascal Bonitzer, em seguida foi exibido no Japão.

- *Petit Muertres em Famille — Vinte de junho — Japão.*

- *Série Miss Marple (com Geraldine McEwan) — Três de agosto — Terceira temporada — RU — ITV — Hora Zero*

- *Série Poirot — agosto — Décima primeira temporada — RU — ITV*

Brasil:

A L&Pm Pockets lançou alguns títulos novos, como A Teia de Aranha, romantizada da peça teatral por Charles Osborne, e a coletânea Poirot Sempre Espera e outras histórias, com os contos A Boneca da Modista e Santuário, inéditos no país.

2009
Livros:

- *The Complete Miss Marple — Vinte de maio — RU — Harper Collins*
Livro com todos os livros e contos da personagem, entra para o Guiness book como o livro mais grosso do mundo, com quase cinco mil páginas páginas.

Teatro:

- *A Daughter is a Daughter — Primeiro de dezembro — Agatha Christie Theatre Company — RU*
Depois de ter sido escrita há mais de setenta anos e encenada apenas uma vez, há mais de cinquenta, a peça voltou a ser exibida em Londres, no Trafalgar Studios, em montagem especial, com temporada definida até dez de janeiro de 2010. No elenco, Jenny Seagrove e Honeysuckle Weeks. A Produção foi de Bill Kenwright e a direção, de Roy Marsden.

Televisão:

A ITV exibiu, no dia primeiro de janeiro de 2009, o último episódio da terceira temporada da série Miss Marple, Nêmesis/*Nemesis*; com certeza a pior de todas as adaptações de uma obra de Agatha Christie para a televisão.

- *Série Les Petits Muertres d'Agatha Christie — Nove de janeiro — França — TV5 Monde, France 2 e Escazal Films.*
A série trouxe Marius Colucci como o Inspecteur Lampion, assistente do Comissáire Larosière, novamente interpretado por Antoine Duléry. Entre a produção da minissérie Pequenos Assassinatos de Agatha Christie/*Petit Meurtres Un Famille* e essa nova produção, passaram-se três anos, porém é um pouco estranho vermos o personagem do Comissáire Larosière voltar à cena, interpretado pelo mesmo ator, depois do final da primeira minissérie. Os filmes se distanciam um pouco dos originais de Agatha Christie, mas continuam sendo uma boa diversão. A série foi exibida em diversos países; inclusive o Brasil, em 2012.

- *Pequenos Assassinatos de Agatha Christie — Cinco de junho — Hungria*

- *Série Poirot — Vinte e seis de junho — Décima segunda temporada — RU — ITV*

A ITV deu novo fôlego para a série *Miss Marple*, com a substituição de Geraldine McEwan por Júlia McKenzie. A nova atriz se aproximava muito mais da original e Júlia McKenzie pode ser considerada uma das grandes Miss Marples de Agatha Christie, enquanto McEwan pode ser considerada a pior, mas não por sua culpa. No entanto, o comportamento de Miss Marple ainda não era o comportamento da Miss Marple de Christie.

2010
Livros:

Os Diários Secretos de Agatha Christie/*Agatha Christie's Secret Notebooks* — John Curran — RU

O universo dos livros publicados sobre a obra de Christie receberia, nesse ano, sua publicação definitiva: John Curran publicou o livro inúmeras vezes citado durante esta obra e uma fonte confiável e duradoura de consulta sobre os bastidores da escrita da Rainha do Crime. O livro traz, também, dois contos inéditos de Agatha Christie, A Captura de Cérbero/*The Capture of Cerberus* (o original, de 1941, nunca publicado) e O Incidente da Bola de Cachorro/*The incident of the Dog's Ball*. Quando tive acesso aos cadernos de Agatha Chrstie, pude ver a extrema fidelidade de John Curran a todos os fatos, caminho que pauta também esta obra.

- *Sur Les Traces d'Agatha Christie — Un Siécle de Mystery — Armelle Leroy e Laurent Chollet — França*

Livro de curiosidades; quase um livro de arte, uma pequena enciclopédia sobre a vida e a obra da autora. Os autores franceses não divulgam as hipóteses apregoadas por François Rivière, sobre o desaparecimento de Agatha Christie, provavelmente percebendo, como qualquer pessoa inteligente, que são infundadas.

- *Me Llamo Agatha Christie — Ferran Alexandri e Carles Arbat — Espanha*

Minibiografia, um livreto narrado em primeira pessoa, como se a própria Agatha escrevesse sua história, dedicado ao público infanto-juvenil. Muito agradável de se ler.

- *The Unauthorized Biography of Agatha Christie — Richard Hack — RU — Biografia*

- *Agatha Christie at Home — Hilary Macaskill — RU — Fotos do Devon e lugares ligados à sua vida e obra.*

- *Agatha Christie's Devon — Brent Hawthorne — RU — Fotos do Devon e lugares ligados à sua vida e obra.*

- *Tommy and Tuppence and All Their Characters — James Cresswell — RU*

Livro de estatísticas de personagens.

- *Christietown — Susan Kandell — RU — Fanfiction.*

- *Stranger Than Fiction — Agatha Christie's True Crime Inspiration — Mike Holgate — RU*

Livro de curiosidades.

Teatro:

- *Spyder's Web, Murder on the Air e A Daughter's a Daughter — RU — Agatha Christie Theatre Company (Festival itinerante).*

- *Witness for the Prosecution - UK - Agatha Christie Theatre Company.*

Televisão:

- *Série Poirot — continua a décima segunda temporada — ITV*

- *Série Miss Marple (com Júlia Mckenzie) — Quinta temporada — ITV — RU*

O Segredo de Chimneys/*The Secret of Chimenys* teve a história original tão alterada que perdeu todo o encanto original do livro. Bundle é irmã de Virgínia Revel e ambas são filhas de Clement Revel, Lord Catherham, falido em uma mansão decadente; Anthony Cade é um jovem bobo, meio idiota e por aí a história caminha.

- *Série Les Petits Muertres d'Agatha Christie — França*

Cipreste Triste/*Je Ne Suis Pas Coupable*/*Sad Cypress* começa a se distanciar bastante dos originais, a ponto de ser a história do livro de Christie, porém ambientada em uma reunião de mulheres ativistas políticas, algo muito distante do mundo de Agatha.

Videogame:

- *Triple Murder Mystery Pack — RU — Chorion e a Agatha Christie Ltd.*

Jogo com os videogames *And Then There Where None* (2005), *Murder on the Orient Express* (2006) e *Evil Under the Sun* (2007).

- *Peril at End House — RU — I-play e The Adventure Company — um novo caça-objetos e, junto com o jogo de videogame, vem o livro do título.*

2011
Livros:

- *Agatha Christie Murder in the Making — John Curran — RU*
Continuação do livro de 2009. Esse novo livro traz o conto inédito de Miss Marple, *The Case of Caretaker's Wife,* e o capítulo final original de O Misterioso Caso de Styles/*The Mysterious Affair at Styles,* alterado a pedido de John Lane, em 1920. Ele publicou, também, um livreto, chamado *Agatha Christie an Introdution.*

- *Agatha Christie and the Eleven Missing Days revista e ampliada — Jared Cade — Fanfiction*
Nessa revisão, o autor copia diversos outros autores como se fosse ele que tivesse escrito o que afirma e cita documentos aos quais nunca teve acesso e que sequer existem. Tudo para tentar fundamentar suas histórias, já desmentidas.

Teatro:

- *Verdict — RU — Agatha Christie Theatre Company*

Televisão:

- *Les Petits Muertres d'Agatha Christie — Terceira temporada — França*
O último episódio, em que o Comissáire Larosière encontra uma prostituta morta em sua cama, ao acordar, está muito distante do universo de Agatha para ter correspondência com quaisquer de seus livros. Parece ter sido inspirado no episódio de *Law & Order SVU,* em que o chefe da unidade de vítimas especiais da polícia de Nova York vive a mesma situação.

- *Petit Muertres em Famille — Finlândia.*

2012
Livros:

- *Poirot and All His Characters — James Cresswell — RU*

Teatro:

- *Murder on the Nile — Janeiro de 2012 — RU — Royal Windsor — Agatha Christie Theatre Company*

Cinema:

Grandmaste — Quatro de maio — Índia — Spotboy Motion Pictures. Baseada em Os Crimes ABC.

2013
Livros:

- *The Grand Tour — Editado por Mathew Prichard — RU*
Publicado pela Collins, com os originais das cartas de 1922, de Agatha Christie para a família, durante a viagem da Expedição do Império Britânico.

- *Agatha Christie La Romance du Crime — Françoise Rivière — França — Biografia*
Novamente a teoria do desaparecimento de Jarde Cade, porém sem citar o autor nem reivindicar a descoberta do casal Gardner.

- *In the Footsteps of Agatha Christie — Angela Youngman — RU — Livro de fotos*

- *Agatha Christie — A Biography — Kelly Bautista*

- *Where Agatha Christie Dreamed up Murders — Joshua Hammer — EUA*

Teatro:

- *Go Back For Murder — Janeiro — Agatha Christie Theatre Company — RU*

Cinema:

- *Associés contre le Crime — Vinte e oito de agosto — França — Direção de Pascal Thomas*

Com o casal Prudence e Bélisaire, dito baseado em *Sócios no Crime*. Está muito distante do original e se encontram poucas semelhanças. O filme teve um orçamento de nove milhões de euros. No primeiro mês de exibição, um milhão de pessoas o assistiram; uma grande queda em relação aos outros dois filmes do casal. A nova produção é de Les Film Française, Studio Canal e Studio 37.

Televisão:

• *Série Les Petits Muertres d'Agatha Christie — Dois episódios — França*
A série está tão distante dos originais que já se diz baseada em personagens de Agatha Christie. Apesar de continuar com o mesmo nome, as histórias perdem completamente a conexão com o universo de Agatha Christie e seus protagonistas. Mario Colluci e Antoine Dulérie deixam o elenco.

• *Série Poirot — Os Elefantes Não Esquecem — Nove de junho de 2013 — Décima Terceira temporada*

• *Série Miss Marple (com Júlia Mackenzie) — Sexta temporada*
Esses podem ter sido os últimos e melancólicos episódios da série. No último deles, Miss Marple está na Itália, consolando uma amiga que ficou viúva e se depara com a trama original de *Endlees Night*.

2014
Livros:

• *Viagem à Terra da Rainha do Crime — Uma Aventura de Emoções na Inglaterra de Agatha Christie — Tito Prates — Portugal*

• *Poirot and Me — David Suchet — RU*
Uma obra-prima e uma visão única de vinte e cinco anos da série *Poirot*.

• *The Agatha Christie Miscellany — Cathy Cook — RU — Livro de curiosidades.*

• *The Greenshaw's Folly — John Curran — RU — 26 de junho*
Conto que deu origem ao livro A Extravagância do Morto, com capa de Tom Adams.

• *Agatha Christie — The Disappearing Novelist — Andrew Norman — RU*
Nova versão de seu livro anterior, muito inferior ao primeiro livro *Agatha Christie — A Finished Portrait*.

2015
Livros:

- *Pequeno dicionário de Venenos de Agatha Christie/A is for Arsenic — Kathryn Harkup — RU*
Minucioso estudo sobre os venenos usados por Agatha, de forma leve e bem-humorada.

- *The Golden Age of Murder Mystery — Martin Edwards — RU —*
Conta histórias da fundação e dos autores do Detection Club, entre eles Agatha Christie.

- *Agatha Christie — A Life in Theatre — Julius Green — RU*
A obra-prima sobre o teatro, um minucioso trabalho de pesquisa, que revelou ao mundo algumas peças de teatro nunca localizadas da autora.

- *Tom Adams Uncovered — The Art of Agatha Christie and Beyond — Tom Adams e John Curran — RU*

- *The Pocket Essential Agatha Christie — 125th Anniversary Edition — Mark Campbell — RU*

Teatro:

- *And Then There Were None — Treze de janeiro — Agatha Christie Theatre Company — Royal Windsor Theatre*

Televisão:

- *Minissérie Partners in Crime — Vinte e seis de julho — RU — Três episódios de O Inimigo Secreto.*

- *Minissérie Partners in Crime — Dezesseis de agosto — RU — Três episódios da minissérie, com N or M?*
O cancelamento da série foi anunciado em outubro do mesmo ano, devido ao declínio de audiência do primeiro para o último episódio, que ficou muito abaixo da expectativa, devido à completa transformação das histórias e personagens em uma quimera que não agradou a ninguém. Vale a pena assistir, mas esqueça a história original de Agatha Christie. Somente Tuppence se salva e merece elogios.

- *Minissérie And Then There Where None — Vinte e seis de dezembro — RU — Três episódios*
A melhor adaptação do mais famoso livro de Agatha Christie.

Brasil:

A London Company, empresa de teatro brasileira, comprou os direitos da Agatha Christie Ltd. e produziu a peça O Caso dos Dez Negrinhos/*Ten Little Niggers/And Then There Were None,* que estreou pela primeira vez no Brasil em uma montagem licenciada e oficial no dia nove de janeiro de 2015. O sucesso de público garantiu uma temporada de quase seis meses em cartaz.

2016
Livros:

- *Agatha Christie From My Heart — Uma biografia de Verdades — Tito Prates — Brasil*

- *The Ageless Agatha Christie — Editado por James Bernthal — RU*
Diversos experts na vida e obra de Agatha Christie comentam aspectos de sua trajetória e legado.

- *Agatha Christie on the Screen — Mark Aldrige — RU*
Livro definitivo sobre o cinema e a televisão da obra de Agatha Christie.

Televisão:

- *Minissérie Witness for the Prosecution — Vinte e seis de dezembro — RU — BBC — Adaptada por Sarah Phelps.*

2017
Livros:

- *A Talente for Murder — Andrew Wilson — RU — Fanfiction.*
- *Miss Christie Regrets — Guy Fraser-Sampson — RU — Fanfiction.*

- *Closed Casket — Setembro — Sophie Hannah — RU*
Um novo caso de Poirot, acompanhado por Catchpool.

Cinema:

- *Croocked House — Catorze de setembro — Alemanha — Produção inglesa*
Com Glenn Close, Gillian Anderson, Terence Stamp e Max Irons, em uma adaptação de Jullian Fellowes, o mesmo da série *Downtown Abbey*.

- *Murder on the Orient Express — Nove de novembros — RU*
Nova versão lançada mundialmente, novamente com mega elenco. Kenneth Branagh dirigiu e estrelou o filme como Poirot, acompanhado por Johnny Depp, Daisy Ridley, Judi Dench, Michelle Pfeiffer, Penélope Cruz e Willem Dafoe.

2020
Brasil:

- *Dicionário Agatha Christie de Venenos — Kathryn Harkup — Novembro — Brasil*

2021
Livros:

- *Agatha Christie's Poirot: The Greatest Detective in the World — Mark Aldridge — março — RU*

Leituras Complementares Recomendadas

Biografias:
- Janet Morgan — *Agatha Christie — A Biography* — Collins
- A. Leslie Rowse — *Memories of Men & Women* — Eyre Methuen
- Andrew Norman — *Agatha Christie the Finished Portrait* — Tempus
- Mathew Prichard (Editor) — *The Grand Tour* — Collins
- Henrietta McCall — *The Life of Max Mallowan — Archaeology and Agatha Christie* — British Museum Press

Guias de viagem:
- Judith Hurdle — The Gateway Guide to Agatha Christie's England — RDR Books
- Hilary Macaskill — Agatha Christie at Home — Francis Lincoln Ltd.

Sobre sua obra:
- John Curran — Agatha Christie's Secret Notebooks — Fifty Years of Mystery in the Making — Collins
- John Curran — *Agatha Christie Murder in The Making — More Stories and Secrets from her Notebooks* — Collins
- Robert Barnard — *A Talent to Deceive — An Appreciation of Agatha Christie* — Fontana
- Peter Hanning — *Agatha Christie Murder in Four Acts* — Virgin
- Matthew Bunson — *The Complete Agatha Christie — An Agatha Christie Encyclopedia* — Pocket Books
- David Suchet — *Poirot and Me* — Headline
- Armelle Leroy & Laurent Chollet — *Sur Les Traces d'Agatha Christie — Un Siècle de Mistères* — Hors-Colletion
- Julius Green — *Curtain up — Agatha Christie, A Life in Theatre* — Collins

Programas teatrais:

- BLACK COOFFE — Quince Players — 2012
- THE MOUSETRAP — SUVENIER BOOK — Mousetrap Produtions — 2012
- MURDER ON THE NILE — Agatha Christie Theatre Company — 2012

Agatha Christie:

- *POEMS* — Collins, 1973
- *AKHNATON* — Collins, 1973
- DESENTERRANDO O PASSADO — Nova Fronteira, 1974
- *AN AUTOBIOGHAPHY* — Fontana/Collins, 1978
- AUTOBIOGRAFIA — Nova Fronteira, 1979
- *ASK A POLICEMAN* — *The Detection Club Members* — Harper Collins, 2012

Bibliografia

A. L. Rowse – MEMORIES OF MEN AND WOMEN – 1980 - Hoolet`s Books

Andrew Norman – AGATHA CHRISTIE THE FINISHED PORTRAIT – 2007 Tempus Publishing

Andrew Eames – THE 8:55 TO BAGHDAD – 2004 – The Overlook Press

Angela Youngman – IN THE FOOTSTEPS OF AGATHA CHRISTIE – Collca

Anne Hart – THE LIFE AND TIMES OF MISS JANE MARPLE – 1987 - Berckley Books

Anne Hart – THE LIFE AND CRIMES OF HERCULE POIROT – 1990 – Pavilion Books

Annie Combes – AGATHA CHRISTIE L´ÉCRITEIRE DU CRIME – 1989 – Les Impression

Armelle Leroy & Laurent Chollet – SUR LES TRACES D´AGATHA CHRISTIE – 2009 – Hors Collection

Bruce Pendergast – EVERYMAN`S GUIDE TO THE MYSTERIES OF AGATHA CHRISTIE – 2004 – Trafford

C. A. Larmer – THE AGATHA CHRISTIE BOOK CLUB – 2012 – Larmer Media (Kindle)

Carol Dommermuth-Costa – AGATHA CHRISTIE WRITER OF MYSTERY – 1997 – Lerner Puplicashions

Carolina Daphne Allonso-Cortes – ANATOMIA DE AGATHA CHRISTIE – 1983 - Knossos

Cathy Cook – THE AGATHA CHRISTIE MISCELLANY – 2013 – The History Press

Charles Osborne – THE LIFE AND CRIMES OF AGATHA CHRISTIE – 1999 Harper Collins

Charlotte Trümpler – AGATHA CHRISTIE AND ARCHAEOLOGY – 2001 – British Museum Press

Creative Media Publishing – THE OFFICIAL GUIDE TO AGATHA CHRISTIE DEVON – 2009

Comunidade Agatha Christie Brasil – LISTAGEM COMPLETA DA OBRA DE AGATHA CHRISTIE – 2008

David Suchet – POIROT AND ME – 2013 - Headline

Dawn B. Sova – AGATHA CHRISTIE A TO Z – 1996 – Facts on File

Dennis Sanders & Len Lovallo – THE AGATHA CHRISTIE COMPANION – 1989 – Berkley BookscAllister – THE NEW BEDSIDE, BATHTUBE AND ARMCHAIR COMPANION TO AGATHA CHRISTIE – 1994 – Ungar Publishing Cia.

Dick Rilley & Pam M

Derrick Murdock – THE AGATHA CHRISTIE MYSTERY – 1976 – Pagurian Press

François Riviére – AGATHA CHRISTIE DUCHESSE DE LA MORT – 2001 Éditions du Masque

François Riviére – AGATHA CHRISTIE LA ROMANCE DU CRIME – 2012 – La Martinière

François Riviére & Jean Barnard Naudin – IN THE FOOTSTEPS OF AGATHA CHRISTIE – 1997 – Ebury Press

Frank Behre – A STUDY BASED ON A CORPUS DRAW FROM AGATHA CHRISTIE´S WRITTINGS – 1973 – Almquist & Wiksell

G. C. Ramsey – AGATHA CHRISTIE MISTRESS OF MYSTERY – 1968 – Colins

Gaylord Larsen – DOROTHY AND AGATHA – 1990 – Penguin Books

George Byron – BLACK SHEEP, RED HERINGS AND BLUE MURDER – THE PROVERBIAL AGATHA CHRISTIE - Peter Lang - 1993

Gillian Gill – AGATHA CHRISTIE THE WOMAN AND HER MYSTERIES – 1990 – Robson Books

Gwen Robbins – THE MYSTERY OF AGATHA CHRISTIE – 1979 – Penguin Books

H. R. F. Keating – AGATHA CHRISTIE FIRST LADY OF CRIME - 1977 – Weidenfeld and Nicolson

Harper Collins & John Curran – CLUES TO CHRISTIE – 2012 - Collins

Harold Bloom – MODERN CRITICAL VIEWS AGATHA CHRISTIE – 2002 – Chelsea House Publishers

Henrietta McCall – THE LIFE OF MAX MALLOWAN – 2001 – The British Museum Press

Hilary Macaskill – AGATHA CHRISTIE AT HOME – 2009 – Frnce Lincoln Ltd.

Hubert Gregg – AGATHA CHRISTIE AND ALL THAT MOUSETRAP – 1980 – Willian Kimber

James Creswell – HERCULE POIROT AND ALL HIS CARACTERS – 2011 – James Cresswell

James Creswell – MISS MARPLE AND ALL HER CARACTERS – 2006 - James Creswell

James Creswell – TOMMY AND TUPPENCE AND ALL THEIR CARACTERS – 2009 - James Creswell

Janet Morgan – AGATHA CHRISTIE A BIOGRAPHY – 1984 Fontana / Collins

Jarred Cade – AGATHA CHRISTIE AND THE ELEVEN DAYS MISSING DAYS – 1998 Petter Owen Publishers

Jarred Cade – AGATHA CHRISTIE AND THE ELEVEN DAYS MISSING DAYS – 2011 Petter Owen Publishers

Jeffery Feinmann – O MUNDO MISTERIOSO DE AGATHA CHRISTIE – 1975 – Editora Record

John Curran – AGATHA CHRISTIE´S SECRET NOTEBOOKS – 2009 – Harper Collins

John Curran - AGATHA CHRISTIE MURDER IN THE MAKING – 2011 – Willian Morrow

John Escott – AGATHA CHRISTIE, WOMAN OF MTSTERY – 2001 Oxford

José Bertaso – O GLOBO DA RUA DA PRAIA – 1983 Globo

Judith Hurdle – THE GATEWAY GUIDE TO AGATHA CHRISTIE´S ENGLAND – 1999 RDR Books

Julian Symons – A PICTORIAL HISTORY OF CRIME – 1966 – Crown Publishers

Julius Green – AGATHA CHRISTIE – A LIFE IN THEATRE – 2015 - Collins

Kathleen Tynan – AGATHA – 1978 Ballantine Books

Kelly Bautista - AGATHA CHRISTIE A BIOGRAPHY- 2012 - Hyperlink Inc.

Laura Thompson – AGATHA CHRISTIE AN ENGLISH MYSTERY – 2007 Deadline Review

Lynn Underwood – AGATHA CHRISTIE OFFICIAL CENTENARY CELEBRATION – 1990 – Collins

Marja Maknen – AFATHA CHRISTIE INVESTIGATING FEMINILITY - 2006 - Palgrave

Mark Campbell – THE POCKET ESSENCIAL AGATHA CHRISTIE – 2005 – The Pocket Essencial

Martin Fido – THE WORLD OF AGATHA CHIRISTIE – 1999 Adams Media Corporation

Mary S. Wagoner – AGATHA CHRISTIE – 1986 – Twyne Publishers

Mathew Bunson – THE COMPLETE CHRISTIE – 2000 – Pocket Books

Mathew Prichard – THE GRAND TOUR – 2012 – Harpper Collins

Max Mallowan – MALLOWAN´S MEMOIRS – 1977 Dood, Mead & Cia

Max Mallowan – THE NINMRUD IVORIES – 1978 British Museum Publications

Michael C. Gerard – THE POISONS PEN OF AGATHA CHRISTIE – 1993 – The University of Texas Press

Mike Holgate – STRANGER THAN FICTION AGATHA CRISTIE´S TRUE CRIME INSPIRATIONS – 2010 The History Press

Nancy Blue Winne – AN AGATHA CHRISTIE CRONOLOGY – 1976 – Ace Books

National Trust – GREENWAY – 2012 Greenshires

P. D. James – TALKING ABOUT DETECTIVE FICTION – 2009 – Blodeian Library

Paulo Medeiros de Albuquerque – O MUNDO EMOCIONANTE DO ROMANCE POLICIAL – 1979 – Livraria Francisco Alves Editora

Peter Haining – AGATHA CHRISTIE MURDER IN FOUR ACTS – 1990 Virgin Books

Peter Haining- AGATHA CHRISTIE'S POIROT – 1995 - Boxthree

Peter Haining – ASSASSINOS A MESA DO JANTAR – 1995 – Francisco Alves

Peter Saunders – THE MOUSETRAP MAN – 1972 – Collins

R. A. York – AGATHA CHRISTIE POWER AND ILLUSION – 2007 - Palgrave

Randall Toye – THE AGATHA CHRISTIE WHO´S WHO – 1980 Holt, Rinehart and Winston

Randall Toye & Judith Gaffney – THE AGATHA CHRISTIE CROSSWORD PUZZLE BOOK – 1981 – Wings Books

Regina Gonçalves – EINSTEN, PICASSO, AGATHA E CHAPLIN – 2010 – Viajante do Tempo

Richard Hack – DUCHESS OF DEATH – An Unauthorized Biography of Agatha Christie – 2009 Phoenix Books

Richard T. Ryan – AGATHA CHRISTIE TRIVIA – 1987 - Bell

Russel H. Fitzgibbon – THE AGATHA CHRISTIE COMPANION – 1980 – Popular Press

Sophie Mijjola-Mellor – UN DIVAN POUR AGATHA CHRISTIE – 2006 – L´espirit du Temps

Stela Carr & Ganymédes José – A MORTE TEM SETE HERDEIROS – 1997 – Editora Moderna

Sun Holiver – O ASSASSINATO DE AGATHA CHRISTIE – 2007 - Soller

Susan Rowland – FROM AGATHA CHRISTIE TO RUTH RENDELL – 2001 – Palgrave

Thomas Godfrey – MURDER FOR CHRISTMAS - 1981 – Wings Books

Tito Prates – VIAGEM A TERRA DA RAINHA DO CRIME – 2013 – Chiado Editora

Tom Adams – AGATHA CHRISTIE COVER STORY – 1981 – Dragon´s Word

Vanessa Wagstaff & Stephen Poole – AGATHA CHRISTIE A READER´S COMPANION – 2004 – Aurum Press

SITES

Agatha Christie Official Site

IMBD – Agatha Christie

British Museum

British Library

University of Exeter

University of Reading

Orkut: Agatha Christie Brasil

Facebook: Agatha Christie, Grupo Agatha Christie Brasil, Página Agatha Christie Brasil & Língua Portuguesa.

Índice Remissivo

Números

4:50 to Paddington. *Consulte* A testemunha Ocular do Crime
5, Northwick Terrace 50
22, Creswell Place 135, 141, 143, 175, 184
22, Lawn Flat Road 185, 197
31, Gerrard Street 153

A

A Atriz 76
A Ausência 195
A Aventura do Apartamento Barato 136
A Aventura do Pudim de Natal 81, 242, 297
A Aventura Natalina 76, 81. *Consulte* A Aventura do Pudim de Natal
Abney Hall 83, 85, 92, 133, 151, 162, 164, 181, 190, 193, 221, 223, 238
A Body in the Library. *Consulte* Um Corpo na Biblioteca
A Boneca da Modista 51, 285
Absent in the Spring. *Consulte* A Ausência
Academia Americana de Escritores de Mistério 57
A Captura de Cérbero 60, 186, 200, 265, 323
A Carga 232
A Casa da Beleza 32
A Casa do Penhasco 163, 165, 167, 207, 286
A Casa Perdida. *Consulte* A Casa do Penhasco
A Casa Torta 208, 270
A Catalogue of Crime. *Consulte* Barzun and Taylor
Accorn Media 293
A Christie for Christmas 230, 263
A Daughter is a Daughter 155, 222, 231. *Consulte também* A Filha
Addison Mansions. *Consulte* Addison's Maison
A Destination Unknow. *Consulte* Um Destino Ignorado
A Extravagância de Greenshaw 232, 234
A Extravagância do Morto 232, 234
A Filha 250
Afternoon at Sea Side. *Consulte* Rule of Three
After the Funeral. *Consulte* Depois do Funeral
Agatha Awards 57
Agatha Christie - a Biography. *Consulte* Janet Morgan
Agatha Christie and All that Mousetrap. *Consulte* Hubert Gregg
Agatha Christie and Archaeology 167, 178, 292
Agatha Christie An English Mystery. *Consulte* Laura Thompson
Agatha Christie at Home. *Consulte* Hilary Macaskill
Agatha Christie A to Z. *Consulte* Dawn B. Sova
Agatha Christie Close-Up 228
Agatha Christie Duchess de la Mort. *Consulte* Françoise Rivièr
Agatha Christie First Lady of Crime. *Consulte* H. R. F. Keating
Agatha Christie Ltd 229, 232, 240, 251, 260, 265, 286, 291, 293, 294, 295, 296, 315, 324, 329
Agatha Christie Murder in Four Acts. *Consulte* Peter Haining
Agatha Christie Murder in the Making. *Consulte* John Curran
Agatha Christie's Devon. *Consulte* Brett Howthorne
Agatha Christie's England. *Consulte* Judith Hurdle
Agatha Christie Theatre Company 241, 293, 318, 320, 322, 324, 325, 326, 328
Agatha Christie - The Finished Portrait. *Consulte* Andrew Norman
Agatha Christie The Finished Portrait. *Consulte* Andrew Norman
Agatha Christie The Secret Notebooks. *Consulte* John Curran
Agatha Christie Trust For Children 282
Agatha Christie und Der Orient 167, 178, 313
Agatha Christie Woman of Mystery. *Consulte* John Scott
Agatha Christie Writer of Mystery. *Consulte* Carol Dommertuth-Costa
Agatha Mallowan 149, 154, 155, 156, 162, 171, 174, 197, 199, 212, 219, 220, 224, 227, 229, 231, 241, 256
Agatha Mary Clarissa Miller 17
Agatha Miller 13, 17, 19, 20, 22, 24, 25, 32, 36, 170
A is for Arsenic - The poisons of Agatha Christie. *Consulte* Kathryn Harkup
Akhnaton 177, 271, 272
AKHNATON 332
Albermarle Road 101
Albert Campion. *Consulte* Margery Allingham
Albert Finney 276, 286
Albury 107
Alemanha 141, 143, 226, 231, 246, 255, 259, 261, 263, 266, 272, 292, 314
Alfred Luland 107
Alibi 137, 163, 164, 165, 170, 219, 321
Allen Lane 78, 155, 173, 206, 214, 258
All Saints 19, 27, 154
All Souls College 244, 261
A. L. Rowse 255
A Maldição do Espelho 246, 286, 298, 304, 310, 316
A Man Lay Dead 57
A Mansão Hollow 20, 200, 272, 299
A Mão Misteriosa 191, 192, 286
Ambassador 83, 199, 222, 274
A Mina de Ouro 268, 270
A Morte da Sra. McGinty 219, 250, 269
A Morte do Almirante 164, 298
A Mulher Diabólica. *Consulte* O Caso do Hotel Bertram
A Mulher na Escada 142
A Murder is Announced 234, 285, 304. *Consulte também* Convite para um Homicídio
Amyas Boston 34
Amy Leatheran 174
Ana, A Aventureira. *Consulte* O Homem do Terno Marrom
An Agatha Christie Chronology. *Consulte* Nancy Blue Wynne
Andrew Forrest Jr 53
Andrew Norman 22, 100, 120, 127, 132, 135, 317, 327, 331
Angel Maples 257
Anna Katherine Green 53
Anne Hart 49, 304, 308, 333
Anne, The Adventuress. *Consulte* O Homem do Terno Marrom
Ansteys Cove 34
Anthony Hicks 209, 213, 219, 229, 239, 241, 247, 250, 251, 257, 282, 292, 293, 306
Antoniette's Mistake 25
A Pérola de Alto Preço. *Consulte* A Pérola Valiosa
A Pérola Valiosa 179

A Pocket Full of Rye. *Consulte* Cem Gramas de Centeio
Appointment with Death 196, 307. *Consulte também* Encontro com a Morte
A princesa Louise 37
A Quermesse da Morte. *Consulte* A Extravagância do Morto
A Ratoeira 12, 217, 218, 219, 220, 222, 223, 226, 227, 229, 232, 236, 239, 240, 241, 242, 247, 261, 264, 266, 269, 274, 293, 299, 319, 320
Archibald Christie 36, 64, 72, 98, 113, 133, 154, 192, 203, 238, 247, 273, 290, 293. *Consulte também* Archie
Archie 36, 38, 39, 40, 42, 43, 44, 46, 49, 50, 59, 64, 65, 66, 67, 69, 70, 71, 72, 73, 74, 75, 76, 78, 80, 81, 83, 84, 85, 86, 87, 96, 97, 98, 101, 102, 103, 104, 107, 108, 110, 111, 112, 113, 114
Ardernnes 49
Argentina 60, 78, 91, 229
Arnold Deutsch 187
Arpachiyah 166, 168, 169, 261
Arthur Morrison 54, 59
Ashfield 15, 17, 19, 21, 23, 25, 26, 27, 29, 30, 33, 34, 36, 38, 39, 40, 42, 43, 44, 45, 64, 65, 66, 67, 69, 75
Ashmolean Museum 175, 178, 220
Ask a Policeman 169
As Quatro Potências do Mal. *Consulte* Os Quatro Grandes
Assassinato Byfleet 108
Assassinato na Casa do Pastor 153, 160, 165, 191, 266, 299
Assassinato no Beco 174, 284
Assassinato no Campo de Golfe 62, 76, 90, 259
Assassinato no Expresso do Oriente 167, 168, 169, 270, 274, 275, 286, 315
Assassinato por Morte 283
Associação Americana dos Escritores de Mistério 228
A Study in Scarlet. *Consulte* Um Estudo em Vermelho
A Talent to Deceive - An Appreciation of Agatha Christie. *Consulte* Robert Barnard
At Bertram's Hotel. *Consulte* O Caso do Hotel Bertram
A Teia de Aranha 227, 228, 231, 274, 321
A Terceira Moça 255, 256, 262
A Testemunha Ocular do Crime 66, 159, 235, 246, 297
Atheneaum 29
Auguste Dupin. *Consulte* Os Crimes da Rua Morgue
Auntie-Grannie 13, 65, 67, 134, 157, 254
Ausência na Primavera. *Consulte* A Ausência
Austin Trevor 163, 164, 170
Autobiografia 7, 8, 11, 13, 21, 26, 36, 39, 44, 49, 63, 67, 73, 83, 84, 89, 92, 99, 126, 129, 130, 134, 135, 140, 142, 145, 147, 150, 153, 155, 157, 171, 173, 181, 191, 200, 209, 212, 214, 220, 225, 230, 238, 244, 252, 268, 270, 271, 273, 285, 297, 298
Aventura em Bagdá 214, 266

B

Babbacombe 34, 124
Barbara Mullen 209
Barbara Parker 121, 209, 219, 225, 230, 236, 244, 271, 276, 279, 284
Barbara Toy 209
Barnaby Rudge. *Consulte* Charles Dickens
Barton Road. *Consulte* Ashfield
Barzun e Taylor 249
Basil Rathbone 175
Battenga 148
Battle 85, 143, 175, 194, 249, 250, 300, 301, 310
BBC 153, 162, 175, 177, 195, 197, 200, 203, 209, 225, 242, 246, 274, 290, 293, 301, 303, 304, 305, 307, 308, 310, 311, 313, 329
Beacon Cove 15, 291

Behind the Screen. *Consulte* O Cadáver atrás do Biombo
Beirute 181, 182
Belcher 72, 74, 82, 83, 86, 97
Ben Twiston-Dais 293
Berckshire 107
Bertie Meyer 137, 193, 196, 209, 212, 214
Biblioteca da Universidade de Reading 59, 69, 71, 141
Bill Kenwright Ltd. *Consulte* Agatha Christie's Theatre Company
Billy Wilder 236
Black Coffee 154, 164, 166, 170, 212, 213, 272, 295, 313
Bleak House 52
Bob Leeming 112, 115
Bob Tappin 112, 115
Book at Bed Time 217
Booker McConnell 260
Botton Fletcher 31, 34
Brasil 46, 53, 60, 78, 100, 115, 142, 152, 168, 173, 182, 195, 196, 202, 203, 217, 229, 234, 235, 248, 256, 259, 261, 262, 264, 266, 267, 268, 269, 270, 284, 286, 294, 297, 299, 303, 307, 312, 313, 319, 320, 321, 328
Brett Howthorne 78
Bristish Civil Red Cross Voluntiers 40
Bristish Library 100
Bristol 40
British Academy 229, 276
British Institute of Persian Studies 242, 247, 264
British Museum. *Consulte* Museu Britânico
Bruce Pendergast 208, 316, 334
Bruxelas 49
Burgh Island 182, 187, 194
Butter in a Lordly Dish 204
By the Pricking of my Thumbs. *Consulte* Um Pressentimento Funesto

C

Cai o Pano 46, 176, 187, 278, 279, 282, 284, 294, 305
Caledônia 137
Cambpell Thompson 163
Campbell Christie 84, 110, 115, 132, 133, 250
Campbell Thompson 164, 165, 166
Campden Street 154, 184, 193, 230, 284
Canadá 56, 60, 62, 74, 282, 294, 315
Canárias 123, 133, 134, 135, 140, 142
canto 29, 30
Cards on The Table. *Consulte* Cartas na Mesa
Caribbean Mystery. *Consulte* Mistério no Caribe
Carlo 85, 86, 87, 89, 92, 94, 101, 103, 104, 107, 110, 112, 113, 114, 122, 123, 133, 135, 140, 152, 153, 171, 185, 189, 190, 192, 213, 251, 282, 283
Carol Dommermuth-Costa 23, 24, 26, 40, 72, 85, 112, 135, 137, 195, 205, 312, 334
Carolyne Holton 196
Carolyn Wells 55
Cartas na Mesa 174, 175, 179, 270
casal Gardner 102, 130, 203, 247, 257, 326
casal James. *Consulte* Margaret e Sam James
casal Mallowan 154, 173, 175, 214, 225, 235, 240, 242, 244, 246, 254, 259, 260, 263, 269, 305
Cat Among Piggeons. *Consulte* Um Gato entre os Pombos
Cataract Hotel 169, 176
Cem Gramas de Centeio 220, 223, 224, 225, 230, 270, 302
Chagar Bazar 174, 175, 181, 182, 184, 198
Charles Dickens 52, 145, 245

Charles Laughton 137, 165, 236

Charles Osborne 17, 19, 27, 50, 82, 100, 116, 120, 123, 134, 135, 141, 165, 191, 202, 206, 209, 221, 222, 224, 236, 242, 249, 266, 271, 298, 301, 311, 313, 314, 321, 334

Charlotte Fisher 84, 89

Charlotte Trümpler 167, 178, 179, 334

Charlotte Willhelmyna Tiet Fischer. *Consulte* Charlotte Fischer

Chelsea 102, 135, 137, 281, 334

Chesterton 55, 60

Chilsworth 107

Chimneys 92, 93, 94, 142, 143, 175, 204, 315, 318, 324

Chipre 263

Choolsy 281

Chorion 291, 315, 316, 324

Churchill 14, 255, 299

Churston 76, 78, 174, 232, 234, 293

Cia. Editora Nacional 234

Cicely Courtneidge 227

Cipreste Triste 182, 186, 274, 324

Clara 13, 14, 15, 17, 22, 23, 24, 26, 27, 28, 29, 30, 31, 32, 33, 36, 38, 39, 40, 42, 44, 65, 66, 67, 69, 73, 74, 76, 85, 87, 88, 92, 97, 119, 134, 145, 146, 147, 157, 159

Cláudia Lemes 53

Cockington Court 31, 45, 159

Coleção Amarela 169, 173, 182, 195, 196, 204, 217

Collins 52, 56, 59, 80, 86, 91, 93, 94, 133, 154, 168, 208, 254, 259, 264, 278, 282, 285, 308, 321, 326, 331, 333, 334

Come, Tell me How You Live. *Consulte* Desenterrando o Passado

Comissário Maigret 57

Conan Doyle 52, 53, 54, 58, 59, 113

Convite para um Homicídio 209, 228, 238, 269

Copacabana 203

Cork 5, 79, 80, 92, 93, 94, 101, 110, 117, 134, 185, 186, 187, 195, 196, 205, 207, 208, 209, 212, 213, 216, 222, 227, 228, 229, 230, 232, 237, 240, 241, 242, 243, 245, 247, 250, 251, 253, 254, 256, 257, 259, 261, 264, 266, 270, 271, 272, 274, 275, 276, 278, 279, 282, 305

Coronel Race 175, 195, 303

Correio da Manhã 111, 115, 116

Córsega 86, 87, 97

Cosmopolitan 166, 206

Cover Her Face 57

Crime Magazine 186

Cris Siqueira 199

Curitiba 239

Curtain. *Consulte* Cai o Pano

Cynthia Murdock 45

D

Daily Chronicle 111

Daily Despatch 152

Daily Mail 100, 101, 103, 108, 110, 112, 114, 116, 118, 119, 232

Daily News 100, 110, 111, 113, 114, 117, 119, 265

Daily Scketch 100

Dama do Império Britânico 266

Dart 129, 160, 179, 183, 192, 232, 237, 241, 257

Dartmore 146, 147

David Conde 234

David Suchet 49, 290, 291, 292, 293, 294, 306, 308, 319, 320, 327, 331

Dawn B. Sova 164, 167, 191, 311, 334

Dead's Man Folly. *Consulte* A Extravagância do Morto

Death by Drowing. *Consulte* Morte por Afogamento

Death on the Air. *Consulte* Morte nas Nuvens

Death On the Clouds. *Consulte* Morte nas Nuvens

Dennis Sanders e Len Lovallo 142, 246

Dennis Sanders & Len Lovallo 49, 103, 137, 157, 163, 165, 170

Depois do Funeral 223, 248, 284, 285

Derrick Murdoch 103, 242, 283

Desenterrando o Passado 7, 166, 171, 199, 237, 278, 284

Detection Club 94, 95, 162, 286, 298, 303, 309, 328, 332

detetive Sarah Case 56

Dicionário de Venenos de Agatha Christie. *Consulte* Katryn Harkup

Die Albenteuer 141

Dinnard 23

divórcio 84, 96, 124, 127, 133, 136, 137, 149

Dodd & Mead 186, 208, 235, 278, 285

Dolores Kavaleff 226

Doris Kenward 121, 122

Dorking 103, 112

Dorothy Hamilton Johnston 42

Dorothy L. Sayers 56, 80, 112, 136, 153, 162, 208, 309

Dorothy Olding 238, 242, 245, 254, 278

Double Sin 243

Doutora Scarpetta 57

Downton Abbey 45

Duchesse of Death 85

Dumb Witness. *Consulte* Poirot Perde uma Cliente

Dustin Hoffman 290

E

Earl F. Bergainniere 249

Ebenezer Gryce. *Consulte* Anna Katherine Green

Eden Phillpots 33, 34, 62, 79

Edgar Award 228, 314

Edgard Bohan-Carter 165

Edgard Wallace 54

Edições de Ouro 234, 248

Edimbourgh 153

Editora Civilização Brasileira 234

Editora das Américas — Edameris 256, 259

Editora Globo 169, 204, 217, 234

Editora Ypiranga. *Consulte* Nova Fronteira

Edmund Cork. *Consulte* Cork

Eduardo VIII 183, 200, 225

Edward Keeling 165

Edward McAllister 110, 127

É Fácil Matar 181, 182, 270

Egito 23, 30, 31, 33, 169, 170, 177, 194, 204, 218

Ele & Ela 268

Elephants can Remember. *Consulte* Os Elefantes Não Esquecem

El Grecco 258

Elizabeth I 23, 82, 179, 183, 198

Ellery Queen 56, 195, 228, 235

Ellezelles 49

Emile Gaboriau 53

Emperial War Museum. *Consulte* Museu da Guerra

E Não Sobrou Nenhum 182, 208

Encontro com a Morte 174, 177, 179, 266, 299

Endless Night 51, 269. *Consulte também* Noite sem Fim

Enéida Vieira Santos 182

enfermeira Charlotte 147

E no Final a Morte 195, 297

Entre Dois Amores. *Consulte* O Gigante
Érico Veríssimo 169
Ernest Duddley 191
Escócia 87, 152, 153, 155, 241
Escola Britânica de Arqueologia 165, 175, 206, 225, 244
Escola Reinhardt 176
Espanha 87, 97, 258, 272, 302, 312, 323
Estados Unidos 37, 56, 62, 73, 78, 79, 86, 100, 110, 182, 186, 195, 206, 216, 228, 235, 236, 243, 250, 255, 282, 286
Eugène Valmont 54
Evening Express 113
Evening News 81, 85, 89, 90, 92, 94, 111
Exeter 6, 36, 39, 57, 79, 93, 117, 129, 173, 243, 288, 295
Exhibitions of The British Empire. *Consulte* Mostra do Império Britânico
Expedição do Império Britânico 72, 83, 178, 326
Expedition of The British Empire. *Consulte* Expedição do Império Britânico

F

família Mallock 31, 160
Fatos & Fotos 275
Fergus W. Hume 54
Ferry Cottage 129, 241, 250, 257
Fiddlers Five 264, 267, 269
Fiddlers Three. *Consulte* Fiddlers Five
Filha é Filha. *Consulte* A Filha
Five Little Pigs. *Consulte* os cinco porquinhos
Florença 31, 211, 220
For the Armchair Detective 191
França 7, 23, 26, 29, 40, 42, 53, 57, 78, 100, 124, 136, 147, 155, 166, 189, 194, 231, 255, 272, 282, 294, 307, 311, 313, 315, 317, 318, 319, 320, 321, 322, 323, 324, 325, 326, 327
Francesca Annis 250, 300, 302
Francis Sullivan 154, 186, 200
Françoise Rivière 33, 78, 107, 120, 124, 128, 135, 311, 315, 326
Frank Behre 257, 271, 333
Frank Green 182
Frank Vosper 174, 175
Frederick Alvah Miller. *Consulte* Frederick Miller
Frederick Miller 14, 25, 43, 244
Freeman Wills Croft 56
From Agatha Christie to Ruth Rendell. *Consulte* Susan Howlland
From Doom with Death 57
Fundo Agatha Christie para as crianças 261

G

Galpton Grammar School 277, 278
Gastoun Leroux 55
Gatinhos 19, 20
General Eletric Theater 246
Geoffrey Bles 81
George Best 107, 108, 110
George Gowler 216
George Pollock 252
Georges Simenon 57
George V 200
Gerard du Marier 137
Gerard Gardner 120
Gertrude Bell 165
Gilbert K. Chesterton 55, 60. *Consulte* Chesterton
Gilbert Miller 229

Gillian Gill 100, 120, 177, 208, 308, 333
Go Back For Murder 241, 247, 326
Godalming 96, 101, 103
Goddart 108, 112
Goodyear Television Playhouse 234
Gordon Ramsey 249, 255, 259, 263, 271
Gossington Hall 159, 246
Gracie Fields 234
Graham's Magazine 51
Grande Guerra. *Consulte* I Guerra Mundial
Grand Hotel de Torquay 41, 42
Grand Magazine 75, 76, 78, 165
Grannie B 13, 65
Great Short Stories of Detection, Mystery and Horror 137
Grécia 143, 150, 176, 178, 218, 259
Green Lodge. *Consulte* Sheffield Terrace
Greenshaw's Folly 234, 327
Greenway 33, 76, 124, 129, 130, 141, 157, 179, 182, 183, 184, 185, 187, 190, 191, 192, 196, 198, 200, 202, 212, 214, 216, 220, 225, 226, 229, 232, 235, 237, 239, 241, 242, 244, 248, 250, 251, 253, 257, 258, 260, 264, 267, 273, 278, 282, 286, 292, 293, 294, 304
Grennshaw's Folly. *Consulte* A Extravagância de Greenshaw
G. Roy McRae 141. *Consulte* The Passing Mr. Quinn
Guernecy 23
Guerra do Golfo 214
Guerra dos Boers 24, 146
Guilford Bell 178, 179, 181, 259
Guiness Book of Records 255
Gun Man 22, 25, 96
Gwen Robbins 39, 42, 46, 49, 62, 71, 72, 78, 80, 82, 90, 91, 100, 101, 103, 116, 120, 121, 122, 133, 135, 153, 155, 173, 174, 175, 179, 186, 219, 222, 275, 283, 286, 333

H

Half Moon Street 184, 253
Harold Ober 187, 195, 213, 214, 225, 227, 228, 229, 230, 237, 238
Harrington Hext. *Consulte* Eden Phillpots
Harrods 101, 116
Harrogate 100, 110, 111, 112, 113, 114, 115, 116, 117, 119, 122, 123, 125, 131, 132, 170, 290
Harrogate Advertiser 100, 115
Harrogate Herald 100, 111
Hastings 45, 46, 49, 52, 60, 78, 91, 176, 255, 265, 266, 279, 305
Henrietta McCall 164, 166, 167, 179, 185, 202, 240, 242, 255, 285, 331, 334
Hercule Flambeau. *Consulte* Padre Brown
Hercule Poirot's Christmas. *Consulte* O Natal de Poirot
Hercule Poirot's Firsts Cases. *Consulte* Os Primeiros Casos de Poirot
Hercule Popeau. *Consulte* Marie Belloc-Lowndes
Hickory, Dickory, Dock. *Consulte* Morte na Rua Hickory
Hidden Horizon. *Consulte* Murder on the Nile
Hilary Macaskill 159, 160, 323, 331
Hildegarde Withers 57
Hitchcok 55
Hitler 183, 186, 187, 189, 190, 265
Hodder and Stoughtin Ltd 164
Hora Zero 194, 195, 231, 274, 299, 311, 321
Hospital de Torquay 45, 183, 224
Howard Thompson 154
H.R.F. Keating 103, 261
Hubert Gregg 103, 120, 212, 213, 216, 219, 224, 227, 228, 232, 237, 241, 242, 247, 269, 299, 333

Hubert Prichard 185, 194
Hughie Massie 212
Hugh Walpole 153
Hugo Pollock 84, 129
Hydro Hotel 112, 113, 116, 117, 128

I

Igreja de St. Mary 76, 281
I Guerra Mundial 23
II Guerra Mundial 40, 183
Ilha de Man 153
Ilhas Canárias. *Consulte* Canárias
Illustrated London News 171, 178, 182, 212, 216, 220, 238, 255
Imperial Hotel 160, 165, 190, 290
Índia 39, 79, 135, 137, 240, 251, 316, 326
Índias Ocidentais 135, 137, 251
Inpector's French Greatest Case 56
Inquérito 162
International Agatha Christie Festival 202
In the Footsteeps of Agatha Christie. *Consulte* Françoise Rivière
Intriga em Bagdá. *Consulte* Aventura em Bagdá
Iraque 153, 166, 169, 170, 175, 202, 206, 207, 208, 209, 214, 219, 223, 225, 226, 236, 240, 244, 246, 247, 249, 255, 276, 292
Irene Kafka 136, 141, 142
irmã mais velha 17, 21, 22
Irmão Wright. *Consulte* Santos Dumont
Itália 87, 96, 178, 272, 294, 327
Iugoslávia 164, 178, 242, 257

J

Jack 29, 74, 151, 152, 185, 227, 237, 238, 244, 253, 300
Jack Hulbert 227, 253
James Cain 57
James Prichard 6, 296
James Watts 27, 84, 89, 90, 92, 93, 94, 113, 114, 124, 152, 154, 181, 239
Jamie Bernthal 57, 288, 295
Janet Morgan 13, 38, 74, 76, 83, 90, 91, 100, 103, 107, 108, 115, 120, 122, 123, 127, 128, 135, 145, 146, 164, 166, 174, 204, 206, 236, 260, 303, 331, 333
Japp 60, 175, 249
Jared Cade 32, 69, 70, 100, 102, 103, 104, 107, 108, 110, 115, 117, 120, 121, 122, 123, 124, 125, 126, 127, 128, 129, 133, 134, 135, 136, 137, 148, 181, 203, 216, 222, 228, 244, 246, 247, 256, 257, 266, 285, 292, 313, 315, 325
Jean-Bernard Naudin 124
Jeffrey Feinmann 143, 154, 182, 245
Jérôme de Missolz 124
J. K. Rowland 122
Joan Hickson 6, 175, 196, 246, 290, 291, 300, 303, 305, 306, 308, 309, 310
John Brabourne 270
John Buchan 55
John Curran 59, 60, 90, 93, 104, 168, 176, 187, 191, 192, 195, 204, 206, 230, 236, 253, 264, 265, 295, 323, 325, 327, 328, 331
John Gielgud 177, 189, 276, 300, 307
John Lane New York. *Consulte* The Bodley Head
John Michael 226
John Scott 107
John Thorndyke. *Consulte* Richard Astin Freeman
José Olympio Editora 267, 307

José Otávio Bertaso 169
Judith Gardener. *Consulte* Judy
Judith Hurdle 214, 314, 331, 334
Judy 83, 84, 128, 135, 155, 192

K

Katheleen Turner 117
Katherine Woolley 149, 153, 174
Kathleen Tynan 286, 288, 290, 333
Kathryn Harkup 46, 327, 330
Kenward 101, 107, 108, 110, 111, 112, 113, 114, 115, 116, 121, 122, 127, 128
Kings Cross 114, 118

L

Lady Nancy Astor 177
L'Affair Lerouge. *Consulte* Emile Gaboriau
Lago Victória 148
Larry Sullivan 20
Laura Thompson 17, 46, 70, 83, 91, 98, 100, 101, 102, 104, 116, 120, 125, 126, 127, 128, 135, 136, 145, 146, 155, 238, 276, 319, 334
Le Coffret de Laque. *Consulte* Black Coffee
Leeds 114, 170
Leonard Woolley 140, 153, 174, 206, 240
Liberty Magazine 163
Lilly 101, 103, 112
Lindsay Lodge. *Consulte* Mrs. Silva
Lingenberg 167
Livraria do Globo 169, 173, 182, 195, 196, 234
Lizzy Borden 219
London County Hall 229
London Gazzete 260
Londres 24, 25, 29, 30, 40, 42, 49, 50, 54, 55, 64, 65, 66, 69, 71, 73, 78, 80, 81, 83, 87, 92, 96, 97, 100, 101, 102, 103, 110, 111, 113, 114, 125, 126, 135, 142, 143, 150, 153, 159, 162, 165, 168, 170, 171, 173, 174, 175, 176, 183, 184, 185, 186, 190, 191, 193, 194, 196, 197, 199, 202, 204, 209, 214, 216, 222, 224, 227, 228, 231, 232, 235, 236, 237, 241, 242, 244, 247, 248, 252, 254, 258, 264, 269, 273, 275, 282, 285, 286, 290, 293, 295, 296, 300, 306, 322
Lord Edgware's Die. *Consulte* Treze à Mesa
lorde e lady Chudleight 36
Lorde Snowdon 274
Louis Montant Miller. *Consulte* Monty
Love from a Stranger 174, 175, 202
Lucy Eyelesbarrow 235
Lucy Prichard 264
Lux Vídeo Theater 224

M

Madge 15, 17, 20, 21, 22, 23, 24, 26, 27, 28, 29, 32, 34, 42, 44, 67, 73, 74, 75, 83, 85, 86, 87, 96, 97, 113, 114, 124, 141, 145, 146, 147, 150, 151, 152, 157, 162, 164, 166, 182, 193, 211, 212, 223, 232, 254, 261
Mallowan's Memoirs 30, 164, 166, 284
Malta 170
Manchester 14, 27, 29, 83, 114, 115, 116, 181, 239, 273
Margaret e Sam James 96
Margaret Frary Miller. *Consulte* Madge
Margareth Mallowan 225
Margaret Lockwood 226, 242

Margaret Miller. *Consulte* Auntie-Grannie
Margaret Rutherford 243, 246, 248, 250, 252, 255, 256, 262, 316
Margery Allingham 56, 143
Marghery Allen 208
Marie 23, 60, 137
Marie A. Belloc-Lowndes 60
Marina de Torbay 15
Marlene Dietrich 236
Marselha 147, 152
Martin Fido 193, 313, 334
Martin Hewitt 54
Mary Ann West. *Consulte* Grannie B
Mary Fisher 171
Mary Roberts Rinehart 55, 235
Mary Tudor 23
Mary Westmacott 7, 19, 51, 70, 135, 154, 155, 169, 195, 206, 208, 213, 222, 232, 250, 284, 307, 312
Mathew Prichard 6, 73, 119, 156, 193, 220, 222, 244, 248, 251, 257, 258, 291, 293, 294, 295, 296, 326, 331
Matthew Bunson 17, 164, 179, 191, 314, 331
Max 30, 38, 82, 121, 129, 136, 143, 149, 150, 151, 152, 153, 154, 155, 162, 163, 164, 165, 166, 167, 169, 170, 171, 173, 174, 175, 176, 177, 178, 179, 181, 182, 183, 184, 185, 186, 189, 190, 191, 192, 193, 194, 195, 197, 198, 199, 202, 203, 204, 206, 207, 209, 212, 213, 214, 218, 219, 224, 225, 226, 228, 229, 231, 235, 236, 237, 238, 240, 241, 242, 244, 245, 246, 247, 248, 251, 252, 254, 255, 256, 257, 258, 259, 260, 261, 263, 264, 266, 269, 270, 271, 273, 274, 275, 276, 278, 279, 280, 281, 282, 283, 284, 285, 286, 290, 294, 298, 299, 305, 330, 331, 333
MAX 334
Max Lucien Edgar Mallowan. *Consulte* Max
Max Mellor 38
Memorial Agatha Christie Brasil 234
Memories of Men and Women. *Consulte* A. L. Rowse
Meninas 19, 20
Mensagens Sinistras. *Consulte* Os Crimes ABC
Michael Gerald 46
Michael Gilbert 103
Mignon Eberhart 56
Mike Holgate 19, 83, 133, 177, 246, 324
Miss Lemon 166, 230
Miss Marple 66, 118, 140, 154, 157, 159, 160, 161, 165, 175, 177, 190, 191, 192, 196, 209, 211, 213, 220, 221, 224, 228, 229, 234, 235, 237, 241, 242, 243, 246, 248, 249, 250, 253, 254, 255, 265, 268, 282, 283, 285, 290, 291, 297, 298, 300, 302, 303, 305, 306, 308, 309, 310, 316, 317, 320, 321, 322, 324, 325, 327, 334
Miss Perry 253, 274
Mistério no Caribe 250, 268, 270, 308
Moie Charles 209
Monalisa de Nimrud 220
Monday Matineé 202
Monty 15, 17, 24, 27, 28, 29, 67, 72, 73, 85, 86, 133, 145, 146, 147, 148, 152, 176, 205, 237
Moorland Hotel 44, 46, 49
Morning Post 113
Morris Cowley 81, 93, 103, 107, 125, 142
Morte na Mesopotâmia 173, 315
Morte na Praia 186, 187, 284, 315
Morte na Rua Hickory 226, 230, 297
Morte nas Nuvens 171, 176, 270
Morte no Nilo 174, 175, 176, 177, 195, 196, 199, 270, 285
Morte por Afogamento 164
Mostra do Império Britânico 72
Motonori Sato 168
M ou N 187, 191, 208, 274

Mountbatten 89, 90, 91, 94, 270, 275, 276
Mountbatten — The Official Biography. *Consulte* Mountbatten
Mr. A. L. Reckitt 178
Mr. Parker Pyne. *Consulte* O Detetive Parker Pyne
Mrs. Cobertt 115
Mrs. Honeybone 276, 279, 280, 282
Mrs. McGinthy Death 250
Mrs. Silva 88, 100, 101, 102, 110, 120
Murder Ahoy 250
Murder at Hazelmoore. *Consulte* O Mistério de Sittaford
Murder at Mesopotamia. *Consulte* Morte na Mesopôtamia
Murder at the Gallop 248
Murder At Vicarage. *Consulte* Assassinato na Casa do Pastor
Murder by Death.. *Consulte* Assassinato por Morte
Murder in Calais Coach. *Consulte* Assassinato no Expresso do Oriente
Murder in Four Acts. *Consulte* Peter Haining
Murder is Easy. *Consulte* É Fácil Matar
Murder Most Full 250
Murder on the Links. *Consulte* Assassinato no Campo de Golfe
Murder on the Nile 175, 199, 325. *Consulte* Morte no Nilo
Murder She Said 243, 246
Museu Britânico 129, 143, 165, 167, 169, 199, 207, 214, 216, 218, 220, 230, 261, 270, 292
Museu da Guerra 43, 44, 191, 275
Mussolini 186
Mystery Playhouse 204

N

Nan 28, 83, 84, 102, 120, 124, 125, 127, 128, 129, 130, 148, 192, 223, 238, 247
Nancy Blue Wynne 278, 282
Nancy Neele 85, 86, 96, 98, 112, 116, 128, 203, 237, 247
Nancy Watts. *Consulte* Nan
Nan Kon. *Consulte* Nan
Nash Aiyrflit Theater 213
Nash's Pall Mall Magazine 165, 168
National Archieves de Kew 101
National Illustrated Magazine 152
National Trust 257, 292, 293
Nêmesis 267, 268, 270, 272, 273, 322
Neve sobre o Deserto. *Consulte* Snow upon Desert
Newlands Corner 104, 107, 110, 112, 113, 115, 118, 121, 125, 126, 127
New Statesman 117
Newton Abbot 162
Ngaio Marsh 57, 169, 208
Nicarágua 269
Nick Carter 53
Nimrud 204, 207, 209, 212, 214, 218, 220, 234, 246, 247, 248, 252, 254
Ninho de Vespas 173
Nínive 165, 166, 214
No Fields of Amaranth. *Consulte* Veredict
Noite das Bruxas 89, 91, 94, 204, 249, 261, 269, 319
Noite sem Fim 51, 256, 259, 262
Nora Prichard 259
Nova Fronteira 22, 60, 259, 262, 266, 269, 270, 274, 284, 286, 297, 298, 299, 307, 319, 332
Nova York 15, 23, 27, 165, 175, 193, 196, 199, 213, 228, 242, 274, 325
Nursie 19, 20, 21, 22, 23, 146

O

O Assassinato de Roger Ackroyd 62, 85, 86, 88, 89, 90, 91, 92, 93, 94, 95, 134, 137, 140, 142, 157, 163, 168, 173, 186, 208, 285

O Cadáver atrás do Biombo 153, 303

O Carteiro sempre Toca a Campainha Duas Vezes 57

O Caso da Mulher de Meia Idade 170

O Caso do Hotel Bertram 157, 253, 267

O Caso dos Dez Negrinhos 182, 193, 195, 208, 234, 249, 266, 329. *Consulte* E não Sobrou Nenhum

O Cavalo Amarelo 243, 260, 270

O Chamado das Asas 32

O Clube da Terças-feiras 157

O Conflito 206

O Corpo — Um Mistério Encapsulado 198

O Cruzeiro 234, 258, 265

O Detetive Parker Pyne 169, 175, 177, 179, 266

O Deus Solitário 32

O Fantasma da Ópera. *Consulte* Gaston Leroux

O Fardo. *Consulte* A Carga

O Gigante 19, 21, 155, 178

O Grande Teatro Tupi 249

O Homem do Terno Marrom 51, 78, 81, 82, 90, 91, 93, 94, 175

O Homem que Era o Nº 152

O Incidente da Bola de Cachorro 60, 176, 323

O Indulto Agatha Christie 268

O Inimigo Secreto 60, 69, 70, 71, 74, 76, 78, 136, 141, 204, 250, 273, 328

Old Hall 159

Oldham Press 168

o limite. *Consulte* Tensão e Morte

O Malho 139, 142

O Mistério da Escada Circular 55

O Mistério da Quinta Avenida. *Consulte* Anna Katherine Green

O Mistério de Sittaford 163, 286

O Mistério do Baú Espanhol 241

O Mistério do Quarto Amarelo 55

O Mistério dos Sete Relógios 92, 142, 175, 270

O Mistério do Trem Azul 86, 101, 112, 133, 134, 135, 136, 142, 159, 176, 186, 207, 284, 285

O Misterioso Caso de Styles 44, 56, 58, 62, 63, 67, 69, 75, 78, 79, 95, 159, 173, 176, 256, 309, 325

O Misterioso Mundo de Agatha Christie 143

O Misterioso Sr. Quin 141, 143, 152, 284

O Natal de Poirot 181, 297, 318

O Número 4 90

O Ouro de Manx 153

ópera 30, 55, 115, 226, 240, 246, 261, 265, 275

Ordeal By Innocence. *Consulte* Punição para Inocência

O Retrato 19, 21, 23, 33, 70, 97, 98, 104, 135, 137, 155, 169, 174

Oriente Médio 140, 142, 143, 162, 173, 195, 199, 228, 242, 256, 264

Orient Express 167, 168, 270, 295, 319, 324, 330

Os Bondes de Ealing. *Consulte* The Trans of Ealing

Os Cinco Porquinhos 186, 187, 191, 192, 241

Os Crimes ABC 173, 174, 175, 284, 326

Os Crimes da Rua Morgue 51, 52

Os Crimes do Monograma 294, 295

Os Detetives do Amor 152

Os Diarios Secretos de Agatha Christie 60

O Segredo de Chimneys 92, 93, 94, 142, 175, 203, 324

Os Elefantes não Esquecem 269, 270, 327

Os Íris Amarelos 195

Oskar Kokoschka 264

Os Quatro Grandes 49, 51, 76, 90, 94, 101, 133, 134, 142, 266, 286

Os Quatro Homens Justos. *Consulte* Edgar Wallace

Os Relógios 249, 262

Os Trabalhos de Hércules 60, 182, 186, 200, 202, 207, 265, 297

Os Três Ratinhos Cegos 231

Os Três Ratos Cegos 200, 206, 218, 297

Os Treze Problemas 161, 164, 165, 167, 191, 284, 297

O Teatro Guayra 239

O Trem Azul. *Consulte* O Mistério do Trem Azul

O Trem de Istambul. *Consulte* Graham Greene

O Visitante Inesperado 237, 270

Oxford 27, 80, 119, 143, 154, 170, 175, 220, 235, 244, 248, 255, 257, 258, 261, 267, 273, 334

P

Padre Brown 55, 59, 60

País de Gales 170, 185, 193, 197, 198, 209, 222, 226, 250, 257, 259, 268

Palmyra 170

Papa Paulo VI 268

Paquistão 240

Paris 23, 29, 30, 37, 42, 150, 173, 221, 255, 266, 267

Parker Pyne 169, 175, 177, 179, 225, 229, 266, 301

Paróquia de Emanuel 42

Passageiro para Frankfurt 51, 141, 265, 270

Passenger to Frankfurt. *Consulte* Passageiro para Frankfurt

Patrícia Cornwell 57

Patricia Highsmith 57

Pau 23

Paulo Medeiros de Albuquerque 265, 333

Pavilhão de Torquay 39

P. D. James 58, 95

Peg 42, 103, 112, 114, 125, 134, 136

Penguin Books 62, 78, 173, 333

Pensão Internacional. *Consulte* Morte na Rua Hickory

Peril at End House. *Consulte* A Casa do Penhasco

Personal Call 242, 302

Peter Andrew 226

Peter Haining 141, 308, 311, 333, 334

Peter Saunders 12, 189, 212, 213, 216, 217, 218, 220, 222, 223, 224, 226, 228, 231, 232, 236, 237, 241, 242, 247, 264, 269, 285

Petra 177, 179

Pettelson 113, 117

Philip Ziegler. *Consulte* Mountbatten

Phillomel Cottage 174

Phillo Vance 56

piano 29, 30, 32, 39, 98, 135, 185

Píer da Princesa 36, 37

Pietr-le-Letton 57

Poe 51, 52, 54, 59

Poems 82, 271, 332

Poirot 44, 45, 49, 59, 60, 62, 67, 75, 76, 78, 79, 81, 85, 92, 95, 118, 133, 137, 152, 154, 163, 164, 165, 166, 170, 171, 175, 176, 177, 181, 186, 187, 192, 196, 198, 199, 203, 204, 205, 206, 213, 216, 219, 221, 229, 230, 232, 234, 239, 242, 243, 248, 249, 250, 255, 261, 265, 266, 269, 270, 274, 276, 278, 279, 283, 285, 286, 290, 291, 292, 293, 294, 295, 297, 299, 301, 303, 304, 306, 307, 308, 309, 311, 314, 315, 316, 318, 320, 321, 322, 324, 325, 327, 329, 331, 333, 334

Poirot Investiga 44, 62, 75, 78, 79, 81, 92, 261

Poirot Investigates. *Consulte* Poirot Investiga

Poirot Perde uma Cliente 60, 175, 176, 177, 285, 299, 310

Por que Não Pediram a Evans 170

Portal do Destino 272, 274

Postern of Fate. *Consulte* Portal do Destino
Presente em Enquanto Houver Luz 32
Princesa Margareth 225
Princípe Phillip 89
Punição para Inocência 237

R

Radio Time 228
Raimundo Magalhães Junior 235
Rainha do Crime 7, 56, 59, 78, 80, 143, 169, 235, 266, 267, 268, 323, 327
Rainha Elizabeth II 6, 89, 183, 200, 232, 275
Rainha Mary 200, 216
Ralf Stultiëns 253
Raymond Chandler 228
Redbook Magazine 175
Reggie Lucy 36, 39
Rei Eduardo 37
Rei George VI 182, 183, 189
René Clair 196
Retrato Inacabado. *Consulte* O Retrato
Revelations of a Lady Detective 53
Revista Manchete 235, 274
Rhodes 164
Richard Attenborough 223
Richard Austin Freeman 54
Richard Hack 85, 99, 100, 101, 104, 115, 116, 120, 127, 193, 199, 245, 252, 323
Richard Hannay. *Consulte* The Third Nine Steps
Rio de Janeiro 83, 203, 239, 241, 259, 264, 266, 319
Ritchie Calder 117, 122
Riviera inglesa. *Consulte* Torquay
Robert Barnad 90
Robert Barr 54, 59
Robert Galbraith 58
Robin Macartney 174
Rock House 160, 165
Rodney Kannreuther 179
Roedean 17
Roger Moore 234
Romulus Films 232
Ronald Davis e Eldon Braun 20
Ronald Regan 213
Rosalind 50, 66, 67, 69, 72, 73, 74, 75, 80, 81, 84, 85, 86, 87, 92, 96, 97, 102, 103, 104, 113, 118, 119, 123, 124, 129, 130, 133, 135, 136, 137, 140, 141, 142, 149, 150, 151, 152, 154, 162, 164, 166, 169, 176, 178, 185, 191, 192, 193, 194, 197, 198, 208, 209, 213, 214, 221, 223, 225, 226, 229, 232, 235, 238, 239, 240, 241, 247, 250, 251, 256, 257, 259, 262, 270, 271, 272, 278, 279, 281, 282, 286, 288, 290, 291, 292, 293, 298, 306, 311
Rosalind Hicks Charity Trust 232
Rosamund Hemsley. *Consulte* Peg
Royal Magazine 157
Rule of Three 247
Ruth Drapper 168
Ruth Rendell 49, 57, 95, 315, 334
Ryerson Press 62

S

Sad Cipress. *Consulte* Cipreste Triste
Salcombe 165, 194
Sanctuary. *Consulte* Santuário
Santos Dumont 29, 173
Santuário 228, 321

São Paulo 269, 290, 320
Saturday Evening Post 175, 176, 182
Saturday Night Theatre 195
Scotland Yard 60, 108, 111, 112, 128, 157, 294
Scott Palmer 209, 250, 272, 276, 302, 303, 304, 310
Scottswood 78, 81, 83, 85, 92, 97
Segredos do Romance Policial. *Consulte* P D James
Seguindo a Correnteza 204, 205, 286
Segunda Guerra. *Consulte* II Guerra Mundial
Segunda Guerra Mundial 46, 93, 116, 143, 182, 183
Septimus Winner 182
Sheffield Terrace 135, 171, 184, 185, 193, 204, 225
Sheila Sin 223
Sherbourne 107
Sherlock Holmes 53, 54, 152, 163, 175, 195, 275
Sidney Budd 209
Sidney Smith 177, 178, 199, 202, 254
Silent Pool 107, 108, 110
Sir Charles Marston 178
Sir Eustace Pedler. Pedler 82
Síria 170, 171, 179, 181, 182, 199
Sir Max Mallowan 260, 274
Sir Robert Bruce Lockhart 208
Sir Robert Mond 177
Sittaford Mystery. *Consulte* O Mistério de Sittaford
Sleeping Murder. *Consulte* Um Crime Adormecido
Snow upon Desert 33
Sócios no Crime 143, 152, 250, 297, 321, 326
Sophie Hannah 294, 295, 329
Spa 49
Sparkling Cyanide. *Consulte* Um Brinde de Cianureto
Spider's Web 242, 243, 253, 261
Sra. Inglethorpe 44
Sra. Oliver 166, 175, 219, 232, 250, 261, 269, 270, 305, 312
Sra. Pascal. *Consulte* Nursie
Sra. Taylor 146, 147
Sri Lanka 240
S.S. Van Dine 56
Star Over Bethlehem 254
St. Columbas. *Consulte* St. Couthbet's
St. Couthbert's 153
Stella Kirwan 237
Stephen Glanville 198, 202
St. James 184, 193, 231, 235, 251, 264
St. John's Wood 49, 65
St. Lúcia 251
St. Martin 83, 143, 274, 282, 286
St. Mary Mead 157, 159, 160, 235, 236
Story Teller 165
Stranger Than Fiction 83, 133, 177, 324
Stuart Palmer 57
Studio One 219
Styles 20, 44, 45, 56, 58, 59, 62, 63, 67, 69, 75, 76, 79, 81, 86, 87, 95, 96, 97, 98, 102, 103, 107, 112, 113, 114, 125, 126, 135, 159, 173, 176, 224, 256, 279, 309, 325
Styles St. Mary. *Consulte* Styles
Sunningdale 80, 81, 86, 88, 92, 93, 97, 100, 101, 102, 107, 118, 224
Surrey 101, 103, 104, 107, 115, 116
Susan Rowland 49, 208, 315, 334
Suspense 199, 219
Swan Court 202, 255

T

Taken at the Flood. *Consulte* Seguindo a Correnteza

Talking about Detective Fiction. *Consulte* P D James

Tangu-Sarumango 182

Teatro do Rio 239

Teatro Gazeta 269

teatro Mesbla 266

Teatro Princesa Izabel 264

Teledrama 231, 234

Tell Brak 174, 175, 177, 178, 181, 182, 184, 198

Ten Little Indians 182, 193, 238, 252, 272

Ten Little Niggers 193, 202, 209, 238, 261, 329

Tensão e Morte 134

Tereza Neele 113, 117, 120, 123

Testemunha de Acusação 168, 220, 223, 227, 228, 229, 234, 235, 236, 299

The 8:55 to Baghdad. *Consulte* Andrew Eames

The ABC Murders. *Consulte* Os Crimes ABC

The Actress. *Consulte* A Atriz

The Adventure of the Cheap Flat. *Consulte* A Aventura do Apartamento Barato

The Adventures of the Chrstmas Pudding. *Consulte* A Aventura do Pudim de Natal

The Agatha Christie Companion. *Consulte* Dennis Sandres & Len Lovallo

The Agatha Christie Mystery. *Consulte* Derick Murdock

The Alphabet Murders 255

The Big Four. *Consulte* Os Quatro Grandes

The Blue Cross. *Consulte* Padre Brown

The Bodley Head 59, 62, 67, 71, 74, 75, 76, 78, 79, 80, 81, 82, 91, 92, 93, 94, 136, 141, 142, 216

The Body — A Capsule Mystery. *Consulte* O Corpo - Um Mistério Encapsulado

The Body in the Library. *Consulte* Um Corpo na Biblioteca

The Book 293, 305

The Boomerang Clue. *Consulte* Por que não pediram a Evans

The Burden. *Consulte* A Carga

The Case of Midle Age Woman. *Consulte* O Caso da Mulher de Meia Idade

The Case of the Missing Lady 213

The Chevrolet Tele-Theatre 206

The Christie Archive 6, 25, 253

The Chroniches of Martin Hewitt. *Consulte* Arthur Morrinson

The Circular Staircase. *Consulte* O Mistério da Escada Circular

The Claimant 83, 254, 261, 264

The Claim of the Wings. *Consulte* O Chamado das Asas

The Clocks. *Consulte* Os Relógios

The Complete Christie. *Consulte* Matthew Bunson

The Complete Secret Notebooks. *Consulte* John Curran

The Crime at Black Dudley. *Consulte* Margery Allingham

The Disappearence of Mr. Davenheim 246

The Dressmaker Doll. *Consulte* A Boneca da Modista

The Edge. *Consulte* Tensão e Morte

The Eleven Myssing Days. *Consulte* Jared Cade

The Enquire. *Consulte* O Inquérito

The Female Detective. *Consulte* Andrew Forrest

The Floating Admiral. *Consulte* A Morte do Almirante

The Four Just Men. *Consulte* Os Quatro Homens Justos

The Gentle Art of Murder. *Consulte* Earl F. Bergainniere

The Giant's Bread. *Consulte* O Gigante

The Gift of Dyslexia. *Consulte* Ronald Davis e Eldon Braun

The Girl with the Anxious Eyes. *Consulte* Assassinato no Campo de Golfe

The Golden Ball. *Consulte* A Mina de Ouro

The Good Housekiping 163

The Grand Tour 74, 156, 248, 326, 331

The Hellenic Cruise 230

The Hollow 20, 212, 213, 216, 217, 293, 304, 318, 321

The Hound of Death. *Consulte* O Cão da Morte

The House of Beauty. *Consulte* A Casa da Beleza

The Illustrated London Magazine 169

The Illustrated London News 171, 178

The Illustred London News 175

The Incident of The Dog's Ball. *Consulte* O Incidente da Bola de Cachorro

The Kraft Theater 243

The Labours of Hercules. *Consulte* Trabalhos de Hércules

The Leavenworth Case: A Lawyer's Story.. *Consulte* Anna Katherine Green

The Life and Crimes of Agatha Christie. *Consulte* Charles Osborne

The Life and Times of Hercule Poirot. *Consulte* Anne Hart

The Life of Max Mallowan. *Consulte* Henrietta McCall

The Listener 153, 162

The Little Sisters of the Poors 282

The London Book Companie. *Consulte* The Passing Mr. Quinn

The Loniless God. *Consulte* O Deus Solitário

The Love Detectives. *Consulte* Os Detetives do Amor

The Man in the Brown Suit. *Consulte* O Homem do Terno Marrom

The Man Lays Dead. *Consulte* Ngaio Marsh

The Man Who Was the Number 4. *Consulte* O Número 4

The Manx Gold. *Consulte* O Ouro de Manx

The Mirror Cracked From Side to Side. *Consulte* A Maldição do Espelho

The Monogram Murders. *Consulte* Os Crimes do Monograma

The Moonstone. *Consulte* Wilkie Collins

The Mousetrap. *Consulte* A Ratoeira

The Mousetrap Man. *Consulte* Peter Saunders

The Moving Finger. *Consulte* A Mão Misteriosa

The Murder at The Vicarege 209

The Murder of Roger Ackroyd. *Consulte* O Assassinato de Roger Ackroyd

The Mysterious Mr. Quin. *Consulte* O Misterioso Sr. Quin

The Mysterious World of Agatha Christie. *Consulte* O Mundo Misterioso de Agatha Christie

The Mystery of Agatha Christie. *Consulte* Gwen Robbins

The Mystery of a Hansom Cab 54

The Mystery of Blue Train. *Consulte* O Mistério do Trem Azul

The Mystery of the Spanish Chest. *Consulte* O Mistério do Baú Espanhol

The Mystery of the Yellow Room. *Consulte* O Mistério do Quarto Amarelo

The New Yorker 255

The New York Times 100, 272, 278

The Old Dectective's Pupil. *Consulte* Nick Carter

The Pacient. *Consulte* Rule of Three

The Pale Horse. *Consulte* O Cavalo Amarelo

The Passing Mr. Quinn 141, 142

The Pearl of Prince. *Consulte* A Pérola Valiosa

The Phanton of the Opera. *Consulte* Gaston Leroux

The Poetry Review 31, 32, 82

The Poisons Pen of Agatha Christie. *Consulte* Michael Gerard
The Postman Always Rings Twice. *Consulte* O Carteiro sepre Toca a Campainha duas Vezes
The Rats. *Consulte* Rule of Three
The Red Signal 219
The Red Thumb Mark. *Consulte* Ricahrd Austin Freeman
The Regatta Mystery 182
The Road of Dreams 82, 93, 271
The Roman Hat Mystery 56
The Rose and the Yew Tree. *Consulte* O Conflito
The Scketch 224
The Scoop. *Consulte* Um Furo Jornalístico
The Secret Enemy. *Consulte* O Inimigo Secreto
The Secret of Chimneys. *Consulte* O Segredo de Chimneys
The Seven Dials Mystery. *Consulte* O Mistério dos Sete Relógios
The Sketch 62, 75, 76, 78, 81, 90, 133, 165, 182
The Star 135
The Strand 29, 53, 186, 265, 290
The Sunday Times 8
The Talented Mr. Ripley 57
The Techinique of The Mystery History. *Consulte* Caroline Wells
The Thirdy Nine Steps 55
The Times 56, 69, 71, 100, 108, 110, 111, 113, 115, 119, 127, 255, 300
The Trans of Ealing 24

The Triumphs of Eugène Valmont. *Consulte* Robert Barr
The Tuesday Murders Club. *Consulte* Os Treze Problemas
The White Cottage Mystery 56
The Woman in White. *Consulte* Wilkie Collins
The Woman's Day 266
They Came to Baghdad. *Consulte* Aventura em Bagdá
They Do It with Mirrors. *Consulte* Um Passe de Mágica
Third Girl. *Consulte* A terceira Moça
This Week 182, 200
Three Act Tragedy. *Consulte* Tragédia em Três Atos
Three Blind Mice. *Consulte* Os Três Ratos Cegos
Tommy & Tuppence 70, 300
Tony Randall 255, 307
Tor Bay. *Consulte* Torquay
Torbay Yacht Club 15, 290
Torquay 15, 19, 24, 25, 29, 31, 34, 36, 37, 39, 40, 42, 44, 45, 64, 74, 76, 83, 84, 87, 124, 130, 142, 145, 151, 159, 160, 162, 163, 165, 166, 170, 174, 181, 183, 184, 190, 200, 202, 203, 224, 226, 235, 260, 275, 290, 291, 298, 308
Torquay Golf Course 36, 170
Torquay Grammar School 181
Torre 45, 179, 291
Torre Abbey 45, 291
Towards Zero. *Consulte* Hora Zero
Tragédia em Três Atos 170, 171, 207, 270
Treze à Mesa 164, 304
TV Paulista 231, 234
Twickenham 163
Tyrone Power 236

U

Ugbrook House 36
Um Acidente 199, 217, 297
Uma Dose Mortal 186, 187, 206, 270

Uma Hora Contigo 32
Um Brinde de Cianureto 195, 297
Um Corpo na Biblioteca 50, 160, 187, 190, 191, 270, 282, 288
Um Crime Adormecido 187, 260, 268, 271, 283, 286
Um Destino Ignorado 51, 227, 270
Um Estudo em Vermelho 54
Um Furo Jornalístico 162
Um Gato Entre os Pombos 238, 286
Um Passe de Mágica 220, 274, 309
Um Pressentimento Funesto 253, 260, 266, 317
Un Accident. *Consulte* Um Acidente
Under Dog and Other Stories 216
UNESCO 243, 245
Unexpected Guest. *Consulte* O Visitante Inesperado
Unfinished Portrait. *Consulte* O Retrato
Unicef 254
Universidade da Pensilvânia 46, 235
Un Siècle d'Écrivains 124
Ur 140, 141, 143, 173, 239

V

Vanessa Redgrave 288
Vanessa Wagstaff & Stephen Poole 179, 334
Vanity Fair 32
Veredict 247
Veredito 236, 299
Veredity Hudson. *Consulte* Peter Saunders
Viagem à Terra da Rainha 7, 78, 243, 267, 327
Villa Margheritte 76
Vision 33, 79

W

Wallace Douglas 227
Wallingford 46, 121, 171, 177, 185, 203, 225, 226, 245, 251, 255, 267, 268, 274, 281, 287, 291
Wallys Simpson 200
Wasp's Nest 173, 177
Watson 52, 304
Westminster Gazette 100, 112, 113, 114, 115, 116, 117, 119, 120
While the Lights Lasts. *Consulte* Enquanto houver Luz
Whose Body? 56, 80
Why Didn't They Ask Evans. *Consulte* Por que Não Pediram a Evans
Wilkie Collins 52, 59
Winfrie Pirrie 34
Winterbrook House 171, 177, 240, 255, 267, 271, 272, 276, 279, 281, 282, 284, 287
Witness for the Prosecution 168, 209, 213, 224, 225, 301, 324, 329
W. Smithson Broadhead 81

Y

Yorkshire 101, 104, 111, 112, 113, 115, 118, 128, 132
Yvonne Bush 42

Cronologia de publicação livros Agatha Christie

1920 – O Misterioso Caso de Styles (Poirot)
1922 – O Inimigo Secreto (Tommy&Tuppence)
1923 – Assassinato no Campo de Golfe (Poirot)
1924 – Poirot Investiga (Poirot)
1924 – O Homem do Terno Marrom
1925 – O Segredo de Chimneys (Battle)
1926 – O Assassinato de Roger Ackroyd (Poirot)
1927 – Os Quatro Grandes (Poirot)
1928 – O Mistério do Trem Azul (Poirot)
1929 – O Mistério dos Sete Relógios (Battle)
1929 – Sócios no Crime (Tommy&Tuppence)
1930 – O Misterioso Sr. Quin
1930 – Entre Dois Amores (Mary Wesrmacott)
1930 – Assassinato na Casa do Pastor (Miss Marple)
1931 – O Mistério de Sittaford
1932 – A Casa do Penhasco (Poirot)
1932 – Os Treze Problemas (Miss Marple)
1933 – Treze à Mesa (Poirot)
1933 – O Cão da Morte
1934 – Assassinato no Expresso do Oriente (Poirot)
1934 – Retrato Inacabado (Mary Westmacott)
1934 – O Detetive Park Pyne (Park Pyne)
1934 – Tragédia em Três Atos (Poirot)
1934 – O Mistério de Listerdale*
1934 – Por Que Não Pediram a Evans?
1935 – Morte nas Nuvens (Poirot)
1936 – Os Crimes ABC (Poirot)
1936 – Morte na Mesopotâmia (Poirot)
1936 – Cartas na Mesa (Poirot, Battle, Sra. Oliver, Cel. Race)
1937 – Assassinato no Beco (Poirot)
1937 – Poirot Perde uma Cliente (Poirot)
1937 – Morte no Nilo (Poirot)
1938 – Encontro com a Morte
1938 – O Natal de Poirot (Poirot)
1939 – É Fácil Matar (Battle)
1939 – Um Acidente e outras histórias
1939 – E Não Sobrou Nenhum
1940 – Cipreste Triste (Poirot)
1940 – Uma Dose Mortal (Poirot)
1941 – Morte na Praia (Poirot)
1941 – M ou N? (Tommy&Tuppence)
1942 – Um Corpo na Biblioteca (Miss Marple)
1943 – Os Cinco Porquinhos (Poirot)
1943 – A Mão Misteriosa (Miss Marple)
1944 – Hora Zero (Battle)
1944 – Ausência na Primavera (Mary Westmacott)
1945 – E no Final a Morte
1945 – Um Brinde de Cianureto (Cel. Race)
1946 – Desenterrando o Passado (Agatha C. Mallowan)
1946 – A Mansão Hollow (Battle)
1947 – Os Trabalhos de Hercules (Poirot)
1948 – Seguindo a Correnteza (Poirot)
1948 – O Conflito (Mary Westmacott)
1949 – A Casa Torta
1950 – Convite para um Homicídio (Miss Marple)
1950 – Os Três Ratos Cegos e outras histórias
1951 – Aventura em Bagdá
1952 – A Morte da Sra. McGinty (Poirot)

1952 – Um Passe de Mágica (Miss Marple)
1952 – Filha é Filha (Mary Westmacott)
1953 – Depois do Funeral (Poirot)
1953 – Cem Gramas de Centeio (MissMarple)
1954 – Um Destino Ignorado
1955 – Morte na Rua Hickory (Poirot)
1956 – A Extravagância do Morto (Poirot)
1956 – A Carga (Mary Westmacott)
1957 – A Testemunha Ocular do Crime (Miss Marple)
1958 – Punição para Inocência
1959 – Um Gato entre os Pombos (Poirot)
1960 – A Aventura do Pudim de Natal
1961 – Cavalo Amarelo (Sra. Oliver)
1962 – A Maldição do Espelho (MissMarple)
1963 – Os Relógios (Poirot)
1964 – Mistério no Caribe (Miss Marple)
1965 – O Caso do Hotel Bertram (Miss Marple)
1966 – A Terceira Moça (Poirot)
1967 – Noite Sem Fim
1968 – Um Pressentimento Funesto (Tommy&Tuppence)
1969 – Noite das Bruxas (Poirot)
1970 – Passageiro para Frankfurt
1971 – Nêmesis (Miss Marple)
1971 – A Mina de Ouro
1972 – Os Elefantes não Esquecem (Poirot)
1973 – Portal do Destino (Tommy&Tuppence)
1973 – Akhnaton (Teatro)
1974 – Os Primeiros Casos de Poirot (Poirot)
1975 – Cai o Pano (Poirot)
1976 – Um Crime Adormecido (Miss Marple)
1977 – Autobiografia
1979 – Os Últimos Casos De Miss Marple (Miss Marple)
1979 – Enquanto Houver Luz

Livros Adaptados por Charles Osbone:
1998 – Café Preto (Poirot)
1999 – O Visitante Inesperado
2003 – A Teia de Aranha

Livros de Sophie Hannah com Poirot:
2014 – Os Crimes do Monograma
1016 – Caixão Fechado
2018 – Os Assassinatos dos Três Quartos
2020 – The Killings at Kingfisher Hil

*Apenas uma edição no Brasil 1962. Todos os contos deste livros estão em UmAcidente e outras histórias e A Mina de Ouro.
Elaboração: Tito Prates autor de Agatha Christie uma Biografia de Verdades e Guia Brasileiro da Obra de Agatha Christie
Reprodução proibida: todos os direitos reservados Revista Mystério Retrô *

Títulos dos livros Brasil–Portugal

Um Acidente e outras histórias	O Mistério da Regata e outras Histórias
O Assassinato de Roger Ackroyd	O Assassinato de Roger Ackroyd
Assassinato na Casa do Pastor	Encontro com um Assassino ou Crime no Vicariato
Assassinato no Beco	Crime nos Estábulos ou Morte Encenada
Assassinato no Campo De Golfe	Crime no Campo de Golfe ou Poirot, O Golfe e o Crime
Assassinato no Expresso do Oriente	Um Crime no Expresso do Oriente
Aventura em Bagdá	Intriga em Bagdade
A Aventura do Pudim de Natal	A Aventura do Bolo de Natal
Autobiografia	Autobiografia
Um Brinde de Cianureto	A Saúde da ... Morte ou Um Brinde à Morte
Café Preto	Café Negro
Cai o Pano	Cai o Pano
O Cão da Morte	O Cão da Morte
Cartas na Mesa	Cartas na Mesa
A Casa do Penhasco	A Diabólica Casa Isolada ou Perigo na Casa do Fundo
A Casa Torta	A Última Razão do Crime
O Caso do Hotel Bertram	Mistério em Hotel de Luxo
Cavalo Amarelo	Cavalo Pálido
Cem Gramas de Centeio	Centeio que Mata ou Um Punhado de Centeio
Os Cinco Porquinhos	Poirot Desvenda o Passado ou Os Cinco Suspeitos
Cipreste Triste	Poirot Salva o Criminoso ou As Aparências Iludem
Convite para um Homicídio	Participa-se um Crime ou Anúncio de um Crime
Um Corpo na Biblioteca	Um Cadáver na Biblioteca
Os Crimes ABC	Os Crimes ABC
Um Crime Adormecido	Crime Adormecido
Depois do Funeral	Os Abutres ou O Caso do Funeral Fatal
Desenterrando o Passado	Venha, Conte-me como você Vive
Um Destino Ignorado	Destino Desconhecido
O Detetive Park Pyne	Park Pyne Investiga
Uma Dose Mortal	Os Crimes Patrióticos ou O Enigma do Sapato
É Fácil Matar	Matar é Fácil
E Não Sobrou Nenhum	Convite para a Morte ou As Dez Figuras Negras
E No Final a Morte	Morrer não é o Fim ou A Morte não é o Fim
Os Elefantes não Esquecem	Os Elefantes tem Memória
Encontro com a Morte	Morte entre Ruínas
Enquanto Houver Luz	O Dilema
A Extravagância do Morto	Poirot e o Jogo Macabro ou Jogo Macabro
Um Gato Entre os Pombos	Poirot e as Jóias do Príncipe
O Homem do Terno Marrom	O Homem do Fato Castanho
Hora Zero	Contagem Zero ou Na Hora H
O Inimigo Secreto	O Adversário Secreto
M ou N?	Tempo de Espionagem
A Maldição do Espelho	O Espelho Quebrado
A Mansão Hollow	Poirot, o Teatro e a Morte ou Sangue na Piscina

A Mão Misteriosa	O Enigma das Cartas Anônimas
A Mina de Ouro	Não Publicado em Portugal
O Mistério de Listerdale	O Mistério de Listerdale
O Mistério de Sittaford	O Mistério de Sittaford
O Mistério do Trem Azul	O Mistério do Comboio Azul
O Mistério dos Sete Relógios	O Mistério dos Sete Relógios
Mistério no Caribe	Mistério nas Caraíbas
O Misterioso Caso de Styles	A Primeira Investigação de Poirot
O Misterioso Sr. Quin	O Misterioso Sr. Quin
Morte na Mesopotâmia	Assassínio na Mesopotâmia ou Crime na Mesopotâmia
Morte nas Nuvens	Morte nas Nuvens
Morte no Nilo	O Barco da Morte
Morte na Praia	As Férias de Poirot
Morte na Rua Hickory	Poirot e os Erros da Dactilógrafa ou Morte em Hickory Road
A Morte da Sra. McGinty	Poirot Contra a Evidência ou Mrs. McGinty Está Morta
O Natal de Poirot	O Natal de Poirot
Nêmesis	Nemesis
Noite das Bruxas	Poirot e o Encontro Juvenil ou A Festa das Bruxas
Noite Sem Fim	Noite Sem Fim
Passageiro para Frankfurt	Destino: Frankfurt ou Passageiro para Francforte
Um Passe de Mágica	Jogo de Espelhos
Poirot Investiga	As Investigações de Poirot
Poirot Perde uma Cliente	Testemunha Muda
Por Que Não Pediram a Evans?	Perguntem a Evans
Portal do Destino	Morte pela Porta das Traseiras
Um Pressentimento Funesto	Caminho para a Morte ou A Premonição
Os Primeiros Casos de Poirot	Ninho de Vespas
Punição para Inocência	Cabo da Víbora ou A Provação do Inocente
Os Quatro Grandes	As Quatro Potências do Mal
Os Relógios	Poirot e os 4 Relógios ou Os Cinco Relógios
Seguindo a Correnteza	Arrastado na Torrente ou Maré de Sorte
O Segredo de Chimneys	O Segredo de Chimneys
A Teia de Aranha	A Teia de Aranha
A Terceira Moça	Poirot e a Terceira Inquilina ou A Suspeita
A Testemunha Ocular do Crime	O Estranho Caso da Velha Curiosa ou O Comboio das 16:50
Os Trabalhos de Hércules	Os Trabalhos de Hércules
Tragédia em Três Atos	Tragédia em Três Actos
Os Três Ratos Cegos e outras histórias	A Ratoeira e outras histórias
Treze à Mesa	A Morte de Lorde Edgware
Os Treze Problemas	Os Treze Enigmas
Os Últimos Casos de Miss Marple	O Mistério da Estrela da Manhã ou Miss Marple Investiga
O Visitante Inesperado	A Visita Inesperada
Não Publicado no Brasil	A Estrela de Belém

DETECTION CLUB

O Cadáver atrás do Biombo	Por Trás do Biombo
Um Furo Jornalístico	A Caixa
A Morte do Almirante	Quem Matou o Almirante?

Reprodução proibida: todos os direitos reservados Revista Mystério Retrô ®

Títulos originais dos contos Brasil–Inglaterra

Um Acidente	Accident
A Alameda do Arlequim	Harlequin's Lane
O Alibi Perfeito	The Unbreakable Alibi
O Aparelho de Chá do Arlequim	The Arlequin's Tea Set
O Apartamento do Terceiro Andar	The Third Floor Flat
O Arlequim Morto	The Dead Arlequin
Assassinato no Beco	Murder in the Mews
Através de um Espelho Sombrio	Through a Glass Darkly
A Atriz	The Actress
A Aventura de Anthony Eastwood	Mr. Eastwood's Adventure
A Aventura do Apartamento Barato	The Adventure of the Cheap Flat
A Aventura da Cozinheira de Clapham	The Adventure of Clapham Cook
A Aventura de Edward Robbinson	The Manhood of Edward Robinson
A Aventura do Desconhecido Sinistro	The Adventure of the Sinister Stranger
A Aventura de Johnnie Waverly	The Adventure of Johnny Wavery
Aventura Natalina	Christiemas Adventure
A Aventura do Nobre Italiano	The Adventure of Italian Noble Man
A Aventura do Pudim de Natal	The Adventure of the Christmas Pudding
A Aventura da Tumba Egípcia	The Adventure of the Egyptian Tomb
A Aventura do "Estrela do Ocidente"	The Adventure of "The Western Star"
As Aves do Lago Estínfale	The Stymphalean Birds
As Barras de Ouro	Ingots of Gold
A Boneca da Modista	The Dressmaker's Doll
As Botas do Embaixador	The Ambassador's Boots
O Bule de Chá	A Pot of Tea
A Caixa de Chocolates	The Chocolate Box
A Calçada Tinta de Sangue	The Blood-Stained Pavement
Uma Canção de Meio Xelim	Sing a Song of Sixpence
O Canto do Cisne	Swan Song
O Cão da Morte	The Hound of Death
A Captura de Cérbero	The Capture of Cerberus
A Casa do Ídolo de Astarteia	The Idol House of Astarte
A Casa de Marimbondos	Wasps' Nest
A Casa de Shiraz	The House of Shiraz
A Casa dos Sonhos	The House of Dreams
A Casa Vermelha	The Red House
O Caso das Amoras Pretas	Four and Twenty Blackbirds
O Caso do Baile da Vitória	Affair at Victoria Ball
O Caso do Bangalô	The Affair at Bungalow
O Caso da Criada Perfeita ou O Caso da Empregada Perfeita	The Case of the Perfect Maid
O Caso do Empregado de Escritório	The Case of the City Clerk
O Caso da Esposa de Meia Idade	The Case of the Middle-aged Wife
O Caso da Fita Métrica	Tape-Mesure Murder
O Caso do Marido Desgostoso	The Case of Discontented Husband
O Caso da Milionária	The Case of the Rich Woman
O Caso da Moça Desaparecida	The Case of Missing Lady
O Caso da Pérola Rosa	The Affair of The Pink Pearl
O Caso da Senhora Angustiada	The Case of Distressed Lady
O Caso do Soldado Insatisfeito	The Case of Discontented Soldier
O Caso de Testamento Desaparecido	There is a Will

O Caso da Zeladora	The Case of the Caretaker
As Cavalariças de Augias	The Augian Stables
Os Cavalos de Diomedes	The Horses of Diomedes
O Cavalheiro Vestido de Jornal	The Gentleman Dressed in Journal
O Chalé do Rouxinol	Philomel Cottge
O Chamado das Asas	The Call of the Wings
A Chegada do Sr. Quin	The Coming of Mr. Quin
A Cigana	The Gipsy
O Cinto de Hipolita	The Girdle of Hyppolita
O Clube das Terças Feiras	The Tuesday Night Club
Como Cresce o seu Jardin?	How Does Your Garden Grow?
A Corsa de Arcádia	The Arcadian Deer
O Crime da Fita Métrica	Tape-Mesure Murder
A Dama em Apuros	The Veiled Lady
A Dama de Companhia	The Companion
A Dama de Véu	The Veiled Lady
Dentro de uma Parede	Within a Wall
O Desaparecimento do Sr. Davenheim	The Desapearence of Mr. Davenheim
Os Detetives do Amor	The Love Detectives
O Deus Solitário	The Loniless God
Um Domingo Frutífero	A Fruitful Sunday
O Duplo Delito	Double Sin
O Duplo Indício	Double Clue
A Erva da Morte	Herb of Death
Enquanto Houver Luz Enquanto a Noite Durar	While the Light Lasts
O Episódio da Caseira	The Case of Caretakes
A Esmeralda do Rajá	The Rajah's Emerald
O Espelho do Morto	Dead Man's Mirror
O Estalador	The Crakler
Na Estalagem Bells e Montley	At the "Bells and Montley"
Estranha Charada	Strange Jest
O Estranho Caso de Sir Arthur Carmichael	The Strange Case of Sir Arthur Carmichael
O Expresso de Plymouth	The Plymouth Express
A Extravagância de Greenshaw	The Greenshaw's Folly
Uma Fada na Sala	A Fairy in the Flat
A Filha do Clérigo	The Clergyman's Daughter
O Fim do Mundo	The Word's End
Flor de Magnólia	Magnolia Blossom
No Fundo do Espelho	Through a Glass Darklu
Gerânio Azul	The Blue Geraniun
A Hidra de Lerna	The Lernean Hydra
O Homem do Nevoeiro	The Man in the Mist
Um Homem de Fato	The Adventure of Edward Robbinson
O Homem de Nº16	The Man Who Was Number 16
O Homem que Veio do Mar	The Man From the Sea
Os Íris Amarelos	Yellow Iris
Jane Procura um Emprego	Jane in Search of a Job
O Javali de Erimanto	The Erymanthian Boar
O Jogo de Cabra Cega	Blindman's Buff
O Lampião ou A Lâmpada	The Lamp
O Leão de Neméia	The Nemean Lion
O Limite	The Edge
As Maçãs de Hesperides	The Apples of Hesperides
A Maldição dos Lemesurier	The Lemesurier Enheritance

Títulos originais dos contos Brasil-Inglaterra

A Marca do Polegar de São Pedro	The Thumb Mark of St. Peter
A Mina de Ouro	The Golden Ball
A Mina Perdida	The Lost Mine
Miss Marple Conta um História	Miss Marple Tells a Story
O Mistério da Arca de Bagdá	The Mystery of Baghdad Chest
O Mistério do Baú Espanhol	The Mystery of Spanish Chest
O Mistério da Cornualha	The Cornish Mystery
O Mistério de Hunter's Lodge	TheMystery of Hunter's Lodge
O Mistério de Listerdale	The Listerdale Mystery
O Mistério de Market Basing	The Market Basing Mystery
O Mistério da Regata	Regatta Mystery
O Mistério de Sunningdale	The Sunnindale Mystery
O Mistério do Vaso Azul	The Mystery of Blue Jar
A Moça no Trem	The Girl in the Train
Morte à Espreita	The House of the Lurking Death
Morte no Nilo	Death on the Nile
Morte por Afogamento	Death by Drowning
Motivo X Oportunidade ou O Móvel do Crime	Motive vs. Opportunity
Não Fosse pelo Cachorro	Next to a Dog
Onde Há um Testamento	The Case of The Missing Will
O Ouro de Man ou O Ouro de Manx	The Manx Gold
O Oráculo de Delfos	The Oracle at Delphi
A Paixão do Croupier	The Soul of the Croupier
Paredes que Atormentam	Within a Wall
Passando o Rei	Finessing the King
O Pássaro de Asa Quebrada	The Bird of the Broken Wing
Uma Pérola Valiosa	A Pearl of Price
Uma Piada Incomum	Strange Jest
Os Planos do Submarino	The Submarine Plans
Poirot Sempre Espera	The Under Dog
O Portão de Bagdá	The Gate of Baghdad
O Primeiro Ministro Sequestrado	The Kidnappred Prime Minister
Problema na Baía de Pollensa	Problema t Pollensa Bay
Problema a Bordo	Problem at the Sea
O Quarto Homem	The Fourth Man
Os Quatro Suspeitos	The Four Suspects
Que Bonito é o seu Jardim	Who Does Your Garden Grown?
O Rádio	Wireless
O Rebanho de Cerião	The Flock of Geryon
O Receptor de Rádio	Wireless
O Rei de Paus	The King of Clubs
O Reprimido	The Under Dog
O Rosto de Helena	The Face of Helen
O Roubo Inacreditável	The Incredible Theft
O Roubo das Jóias do G. Metropolitan	The Jewel Robbery at Grand Metropolitan
O Roubo de Um Milhão de Dólares em Obrigações do Tesouro	The Million Dollar Bond Robbery
Santuário	Santuary
A Segunda Batida do Gongo	The Second Gong
O Sinal no Céu	The Sign in the Sky
O Sinal Vermelho	Red Lights
A Sombra na Vidraça	The Shadow in the Glass
O Sonho	The Dream
S.O.S.	S.O.S.
Tensão e Morte	The Edge
A Testemunha de Acusação	Witness for the Prosecution
O Touro de Creta	The Cretan Bull
A Tragédia de Marsdson Manor	Tragédia At Marsdon Manor
Tragédia de Natal	A Christmas Tragedy

Os Três Ratos Cegos	Three Blind Mice
A Última Sessão	Last Séance
Os Vinte e Quatro Melros	Four and Twenty Black Birds
Você Tem Tudo Que Quer?	Have You Got Everything You Want?
A Voz no Escuro	The Voice in the Dark
Inéditos no Brasil	The Man Who Knew Poirot and The Greenshore Folly The Woman of Kenite

Contos de Agatha Christie

Um Acidente	A ML		O Caso do Marido Desgostoso	DPP
A Alameda do Arlequim	MSQ		O Caso da Milionária	DPP
O Alibi Perfeito	SC		O Caso da Moça Desaparecida	SC
O Aparelho de Chá do Arlequim	EHL		O Caso da Pérola Rosa	SC
O Apartamento do Terceiro Andar	PCP*		O Caso da Senhora Angustiada	DPP
O Arlequim Morto	MSQ		O Caso do Soldado Insatisfeito	DPP
Assassinato no Beco	AB		O Caso de Testamento Desaparecido	PI
Através de um Espelho Sombrio OU	A PSE		O Caso da Zeladora OU	UCM
No Fundo do Espelho	UCM		O Episódio da Caseira	TRC2
A Atriz	EHL PAE		As Cavalariças de Augias	TH
A Aventura de Anthony Eastwood	A		Os Cavalos de Diomedes	TH
A Aventura do Apartamento Barato	PI		O Cavalheiro Vestido de Jornal	SC
A Aventura da Cozinheira de Clapham	PCP		O Chalé do Rouxinol	A
A Aventura de Edward Robbinson	MO		O Chamado das Asas	MO
ou Um Homem de Fato	ML		A Chegada do Sr. Quin	MSQ
A Aventura do Desconhecido Sinistro	SC		A Cigana	MO
A Aventura de Johnnie Waverly	PCP*		O Cinturão de Hipólita	TH
A Aventura do Nobre Italiano	PI		O Clube das Terças Feiras	TP
A Aventura do Pudim de Natal	APN		A Corsa de Arcádia	TH
A Aventura da Tumba Egípcia	PI		O Crime da Fita Métrica OU	TRC2
A Aventura do "Estrela do Ocidente"	PI		O Caso da Fita Métrica	UCM
As Aves do Lago Estínfale	TH		A Dama em Apuros OU	PCP
As Barras de Ouro	TP		A Dama de Véu	PI
A Boneca da Modista	UCM PS		A Dama de Companhia	TP
As Botas do Embaixador	SC		A Dama de Véu OU	PI
Um Bule de Chá	SC		A Dama em Apuros	PCP
A Caixa de Chocolates	PCP		Dentro de uma Parede OU	PAE
A Calçada Tinta de Sangue	TP CTF		Paredes que Atormentam	EHL
Uma Canção de Meio Xelim	A		O Desaparecimento do Sr. Davenheim	PI
O Canto do Cisne	MO		Os Detetives do Amor	TRC2
O Cão da Morte	MO CM		O Deus Solitário	EHL
A Captura de Cérbero (original 1947) **	John Curran		Um Domingo Frutífero	MO
A Captura de Cérbero OU	TH		O Duplo Delito	PCP
As Profundezas do Inferno			O Duplo Indício	PCP
A Casa do Ídolo de Astarteia	TP		A Erva da Morte	TP
A Casa de Marimbondos	PCP		Enquanto Houver Luz OU	EHL
A Casa de Shiraz	DPP		Enquanto a Noite Durar	PAE
A Casa dos Sonhos	EHL PAE		O Episódio da Caseira OU	TRC2
A Casa Vermelha	SC		O Caso da Zeladora	UCM
O Caso das Amoras Pretas OU	APN*		A Esmeralda do Rajá	MO
Os Vinte e Quatro Melros			O Espelho do Morto	AB
O Caso do Baile da Vitória	PCP		O Estalador	SC
O Caso do Bangalô	TP MPA		Na Estalagem Bells e Montley	MSQ
O Caso da Empregada Perfeita OU	TRC2		Estranha Charada OU	TRC2
O Caso da Criada Perfeita	UCM CCP		Uma Piada Incomum	UCM
O Caso do Empregado de Escritório	DPP		O Estranho Caso de Sir Arthur Carmichael	MO
O Caso da Esposa de Meia Idade	DPP		O Expresso de Plymouth	PCP
O Caso da Fita Métrica OU	UCM		A Extravagância de Greenshaw	APN
O Crime da Fita Métrica	TRC2		Uma Fada na Sala	SC

ABREVIATURAS TÍTULOS DOS LIVROS DE CONTOS:

Um Acidente e outras histórias	A
Assassinato no Beco	AB

A Aventura do Pudim de Natal	APN
O Cão da Morte	CM
O Caso da Criada Perfeita	CCP
O Clube das Terças-Feiras	CTF
O Detetive Park Pyne	DPP

Enquanto Houver Luz	
A Mina de Ouro	
O Misterioso Sr. Quin	
O Mistério de Listerdale	
Morte por Afogamento	

Contos de Agatha Christie

do Clérigo	SC		Passando o Rei	SC		POIROT
do Mundo	MSQ		O Pássaro de Asa Quebrada	MSQ		
Magnólia	MO		Uma Pérola Valiosa	DPP		
do do Espelho OU	A PSE		Os Planos do Submarino	PCP		
s de um Espelho Sombrio	UCM		Poirot Sempre Espera OU	PSE		MISS MARPLE
o Azul	TP CTF		O Reprimido	APN		
a de Lerna	TH		O Portão de Bagdá	DPP		
em do Nevoeiro	SC		O Primeiro Ministro Sequestrado	PI		
mem de Fato OU	ML		Problema na Baía de Pollensa	A		TOMMY & TUPPENCE
tura de Edward Robbinson	MO		Problema a Bordo	PCP		
em de Nº16	SC		As Profundezas do Inferno OU	TH		
em que Veio do Mar	MSQ		A Captura de Cérbero			
ente da Bola de Cachorro**	John Curran		O Quarto Homem	TRC CM		
Amarelos	A		Os Quatro Suspeitos	TP		
rocura um Emprego	MO		Que Bonito é o seu Jardim	PCP		PARK PYNE
i de Erimanto	TH		O Rádio ou O Receptor de Rádio	TRC CM		
de Cabra Cega	SC		O Rebanho de Cerião	TH		
ião OU A Lâmpada	MO CM		O Rei de Paus	PCP		
de Neméia	TH		O Reprimido OU	APN		SR. QUIN
e ou Tensão e Morte	PAE EHL		Poirot Sempre Espera	PSE		
ãs de Hesperides	TH		O Rosto de Helena	MSQ		
ição dos Lemesurier	PCP		O Roubo Inacreditável	AB		
a do Polegar de São Pedro	TP		O Roubo das Jóias do G. Metropolitan	PI		
de Ouro	MO		O Roubo de Um Milhão de Dólares em	PI		CONTOS DIVERSOS
Perdida	PI PCP		Obrigações do Tesouro			
arple Conta um História	A UCM		Santuário	UCM PSE		
ério da Arca de Bagdá	PSE EHL		A Segunda Batida do Gongo	PSE		
ério do Baú Espanhol	APN PAE		O Sinal no Céu	MSQ		
ério da Cornualha	PCP		O Sinal Vermelho	TRC CM		
ério de Hunter's Lodge	PI		A Sombra na Vidraça	MSQ		
ério de Listerdale	MO ML		O Sonho	APN		
ério de Market Basing	PCP		S.O.S.	TRC CM		
ério da Regata	A		Tensão e Morte ou O Limite	EHL PAE		
ério de Sunningdale	SC		A Testemunha de Acusação	TRC CM		
ério do Vaso Azul	TRC CM		O Touro de Creta	TH		
a no Trem	MO ML		A Tragédia de Mardson Manor	PI		
à Espreita	SC		Tragédia de Natal	TP MPA		
no Nilo	DPP		Os Três Ratos Cegos	TRC2		
por Afogamento	TP MPA		Triângulo de Rhodes	AB		
X Oportunidade OU	TP		A Última Sessão	TRC CM		
el do Crime	CTF		Os Vinte e Quatro Melros	APN*		
sse pelo Cachorro	MO		Ou O Caso da Amoras Pretas			
á um Testamento	PI PSE		Voce Tem Tudo Que Quer?	DPP		
de Man OU	EHL		A Voz no Escuro	MSQ		
de Manx	PAE		The Men who Knew	Inédito		
ulo de Delfos	DPP		The Woman of Kenite	Brasil		
o do Croupier	MSQ		Poirot and the Greenshore Folly			
s que Atormentam OU	EHL					
de uma Parede	PAE					

Reprodução proibida: direitos reservados Revista Mystério Retrô ®
Elaborado por Tito Prates autor de Agatha Christie – uma Biografia
de Verdades e Guia Brasileiro da Obra de Agatha Christie

irot Investiga	PI		Os Treze Problemas	TP
oirot e o Mistério da Arca Espanhola	PAE		Os Trabalhos de Hércules	TH
oirot Sempre Espera e outras histórias	PSE		Os Três Ratos Cegos e outras história (Não Globo Livros)	TRC
s Primeiros Casos de Poirot	PCP		Os Três Ratos Cegos e outras histórias (Todas as edições)	TRC2
cios no Crime	SC		* Três Ratos Cegos e outras histórias (Globo Livros)	
			** Contos em Os Diários Secretos de Agatha Christie